福建民族与宗教

FuJian MinZu Yu ZongJiao

何绵山 主编

撰稿人（按章节顺序排列）

何绵山　王　芳　郑建辉

厦门大学出版社　国家一级出版社
XIAMEN UNIVERSITY PRESS　全国百佳图书出版单位

目　录

上篇　福建民族

下篇　福建宗教

上篇

福建民族

第一章　福建民族概述[①]

福建省是以汉族为主体的多民族散杂居省份。全省有 50 多万少数民族人口,有 54 个少数民族成分,占全省人口总数的 1.1%,为华东地区少数民族人口比例最多的省份。世居福建的少数民族主要有畲族、回族、满族、蒙古族等。全省民族乡有 19 个,民族村有 558 个。

畲族是福建省少数民族的主体,人口 38 万左右,为全国最多,占全国畲族总人口的 50% 以上。福建省 19 个民族乡中,有 18 个是畲族乡。福建畲族居住为大分散、小集中,主要分为四大社区,即:闽西社区,包括现在的龙岩和三明市南部的畲族社区;闽南社区,主要指漳州畲族社区;闽东北社区,指现在宁德市和福州北部的畲族社区;闽中社区,指莆田市和福州南部的畲族社区。

畲族是福建的一个古老民族,迄今已有千余年历史。畲族宗族活动以血统关系和族缘关系为基础,正如畲谚所说:"山哈,山哈,不是同宗就是叔伯。""山哈"是畲族人的自称。畲族村、寨、乡以血缘相近的同姓聚族而居,一般同姓不通婚,但都在本民族内部盘、蓝、雷、钟四姓中自相婚配。畲族没有本民族文字,通用汉语文。畲族民间盛传"盘瓠传说",把盘瓠描绘成神奇、英勇的英雄,尊称"忠勇王",推崇为畲族始祖。畲族把盘瓠传说按情节绘成 40 幅左右的连环式画像,称为祖图,每逢祭祖时必悬挂出来,以供

---

①　本章所引除已经注明的以外,其他均为截至 2008 年的数据。

祀奉。

福建畲族服饰具有浓郁的民族特色,其中以畲族妇女的"凤凰装"最具特色:畲族妇女喜爱用红头绳包扎头髻,高高盘在头上,象征凤髻;衣裳、围裙上刺绣着各种彩色花边,镶绣着金丝银线,象征着凤凰的颈、腰和美丽的羽毛;后腰随风飘动的金黄色腰带,象征着凤凰的尾巴。畲族的许多工艺品也具有浓郁的民族特色。

福建畲族民间文学绚丽多彩,畲族民间流传着许多富有民族特色的民间故事,著名的如:《畲族祖宗的传说》、《高辛和龙王》、《三公主的凤冠》等,叙述畲族祖先怎样创家立业和反抗侵略者,内容简单却又朴素优美。畲族是个能歌善舞的民族,山歌是畲族人民最喜爱的一种音乐形式,闽东畲族聚居区经常举行盘诗会,每逢良辰佳节、喜庆盛会、客来客往时,多有歌会,畲族男女盛装赴会盘歌。畲族人民在唱山歌时无需伴奏,最常见也最精彩的是对歌,往往由男女双方对唱,对歌双方可以各唱一条,也可以各唱多条。盘唱活动常在庭院、山野、村头、众厅和宗祠内举行,有来客对歌、拦路对歌、摆擂台对歌、做表姐和做亲家伯对歌、喜庆对歌和歌节歌会对歌等多种形式。福建畲族人民擅长二声部重唱的唱法,人们称它为"双音"。这是1958年我国著名音乐家郑小瑛在闽东畲族区发现的,郑小瑛称这种唱法为我国民歌中的一颗"稀有的明珠"。畲族的传统舞蹈与祭祀活动、婚丧节庆、生产劳动关系密切,许多舞蹈都由习俗性舞蹈和祭祀性舞蹈发展演变而来。

畲族有一些独有的民族节庆活动日,如每年三月三举行的染乌米饭祀祖先活动,每年农历夏至后的辰日举行的封龙节等。一些社区也有节日,如闽东的畲族同胞,每年农历二月二都要到福鼎双华村和福安后门坪的鼓楼山上举行庙会,称为"会亲节"。

回族在福建有10多万人,目前有惠安百崎回族乡。福建回族来源广泛,居住相对集中的有四个社区,即:闽南泉州社区,包括泉州、晋江陈埭、惠安百崎等地的回族社区,其先辈大多从海上丝绸之路而来,人称"海回",以区别陆上来的回民,为中国回族发祥地之一;闽南厦门社区,其先辈主要为明清两代全国各地移居经商的回民;闽北邵武社区,其先辈主要为外省来福建任职的回族将领及所带的兵士;福州社区,其先辈主要是全国各地因受聘、投亲、居官等迁移来福州的回民。福建回族分布广、居住分散,多次迁移是一个最主要的原因,他们先人或因避难,或因垦殖,或因从商而不断迁移,不仅大大削弱了原聚居点的力量,而且由于迁移面过广,也不可能形成强大的聚落。

党中央和各级领导高度重视民族政策在福建的落实。十一届三中全会以来,叶飞、曾志、李岚清、温家宝、司马义·艾买提、布赫等领导都曾深入民族社区调查。福建省委、省政府高度重视民族工作,多次召开专题会研究解决福建民族工作中的问题,推进了福建民族地区各项事业的发展和进步。

民族地区发展的关键在于当地劳动者素质的提高,在于拥有急需的建设人才,"教育先行"至关重要。福建省教育主管部门制定了一系列措施来保证、促进少数民族的教育发展,各级政府也多次拨出专款支持民族教育。有效的措施使福建民族教育空前发展。全省现有民族中学19所,民族乡有完全小学校108所,少数民族学龄儿童入学率达97%,普及率、巩固率、升学率与汉族地区水平接近。民族教育的发展为民族人才的培养打下了坚实的基础。例如,已有40年以上历史的宁德地区民族中学目前已成为可直接向高校保送新生的省级重点中学。近年来,民族中学每年都有150多名高中毕业生被高等院校录取,录取率占应届高中毕业生总数的80%左右,几乎所有全国重点大学毕业生都有民族中学的校友。宁德市从村到市委、市政府一级的少数民族干部有90%是从民族中学毕业的,他们已成为各条战线的骨干力量。除了普通教育得到发展外,民族地区的职业教育也粗具规模,同样培养了大批经济建设急需的人才。

改革开放以来,民族地区医疗卫生条件有了很大改善,19个民族乡都兴建了卫生院,一些民族村办起了卫生所,民族地区共有各类医务人员800多名。福建省两次召开民族医药工作会议,专门为民族乡卫生院病房改建拨款,进一步推动了民族乡卫生院基础设施的配套和完善。福建省民委和福建省委统战部联合组织省民主党派医疗专家到福安、宁德两市少数民族聚居乡村义诊,义诊人数达4000多人次。民族地区注意挖掘传统医药,闽东畲族总结出一套富有民族特色的治病方法,如擅长用"捏"、"抓"、"排"、"刮"和针刺疗法治痧症,用草药秘方治不孕症,此外,其正骨疗伤和食物疗法等也颇有独到之处,近几年还整筛选出畲族单验方300多帖,积极推进了当地畲汉人民的医疗保健工作。

福建民族地区的文化活动丰富多彩。全省曾多次举办少数民族文艺调演,各民族代表队登台献艺,让观众大饱眼福,闽东还多次举办畲族歌会和畲族艺术节,以歌以舞会友。闽东畲族歌舞团北上南下,饮誉北京、广东、澳门、新加坡等地,经文艺工作者的多年挖掘、抢救、整理、创作的畲族民族音乐舞蹈节目共100多个,其中畲族舞蹈《丰收喜》、《欢乐的鸭姑》、《晨曲》、《织裙带》、《走嫁舞》、《山哈带》等多次在全国和省、地文艺演出中获奖。民族地区的文化站开展各种娱乐活动,为民族地区的精神文明工作作出了贡献。民族地区的文化得到进一步的挖掘整理,近几年先后出版了畲族歌谣、畲族故事和畲族谚语,一些民族地区的县市和乡镇编撰了志书,有的志书以其鲜明的特色获省社会科学优秀成果奖。由福建省民委创办的《福建民族》发表了大量有独到见解的文章,受到广大读者喜爱,进一步推动了福建省的民族工作。

为了推动民族地区体育活动,福建省以省民委为主体,成立了省少数民族体育协会。近几年来,曾多次举办全省民族运动会。1995年11月,福建省派出畲族、高山族、回族、满族等少数民族共114人组成的代表团赴昆明参加全国第五届民族运动会,进行了龙舟赛等 5 个项目的竞赛和畲族打枪担、高山族竿球等 6 个项目的表演,获得多个奖项,取得华东地区最好成绩。民族地区群众体育活动同样开展得十分活跃,如流行于闽东畲族村寨的一种以木棍击竹条的体育活动"打尺寸",成为人们喜爱的体育项目。福鼎市磻溪乡的棍术"盘柴槌"、罗源县八井村畲族的"井拳"术、福安市金斗洋的"畲家拳"等,都得到进一步挖掘和整理,成为中华武术百花园中的奇葩。

要使民族地区经济腾飞,培养少数民族干部至为关键。福建省多次召开专门会议,研究对少数民族干部的培养和选拔。2007年,福建省委组织部、统战部及省民委共同制定了《福建省 2007年—2010 年培养选拔少数民族干部工作规划》,对培养少数民族干部提出了具体目标和要求。规划中的一系列有力措施不断加强了少数民族干部培养选拔力度,逐步形成了一个有利于少数民族干部队伍健康成长的良好环境。各级部门积极选拔民族干部赴京和到省内有关县、乡挂职、交流,从培养、选拔、使用三个环节使少数民族干部队伍建设落到实处。全省 19 个民族乡基本配备了少数民族领导干部,民族工作重点县县级领导班子大多配备了少数民族领导干部。

"发展才是硬道理",为了促进民族地区的经济发展,福建省委、省政府于 1994 年 4 月提出了《关于加强民族工作的若干意见》,要求全省各级领导从政治、经济和社会稳定发展的战略高度,充分认识发展民族地区经济的重要性和迫切性。省委、省政府还成立了民族工作协调委员会,成员由省里有关厅局领导组成。各级领导在制定本地发展战略规划时,都把少数民族地区发展摆上重要位置,逐步增加投入,在安排、使用事业费专款时按"同等优先"原则,向民族地区倾斜。2007 年,福建省委、省政府又出台了《福建省少数民族事业"十一五"规划》,以进一步推动少数民族和民族地区的发展。

改革开放以来,福建民族乡经济发生了根本变化。如 2008年,民族乡农村经济总收入达 92.51 亿元,农民人均收入 4639 元。福建民族经济结构,初步形成了以工业开发为主、以农业开发为主、工农结合开发等三种经济模式。以工业开发为主的经济模式,如惠安百崎乡以制鞋业为主,兼有橡塑制品、机械制造、化工、模具加工、纸制品、交通运输业等,现有企业 138 家,年产值超过 1000万元的有 15 家,人均产值居全县第一。福安市坂中畲乡以建立电机电器工业小区为龙头,共发展企业 237 家,1996 年产值达 3 亿多元。宁德市金涵畲族乡以发展工业为突破口,大力发展集体、个体、股份合作制企业,建立两个小区,形成了以建材加工为龙头,其他各业并举的产业结构。1996 年乡镇企业产值达 2.16 亿元。漳浦县湖西畲族乡开发了金鲤工业区,引进了 7 家外资企业。目前外资企业已向食品加工、农产品加工、石板材加工、矿山开发等多元化方向发展。以农业开发为主的经济,主要重视发展多种经营,改变传统以种植业为主的内部结构,大搞农业综合开发。如永安市青水畲族乡利用山区生态环境,培育反季节蔬菜,在稳定粮食产量的同时,发展农作物制种业和庭院经济。漳浦县赤岭畲族乡创办高优农业开发区,大面积种植荔枝、龙眼等名优果树,逐步形成高产优质的水果基地,目前已实现人均 2 亩的目标,水果产量达1.5 万吨。

在经济大潮冲击下,一些民族地区建立了民族经济开发区。如福安西部的穆阳民族经济开发区,发挥民族特色,开发出民族风情商贸街、闽东最大的茶叶交易和木材交易中心,形成了茶叶、餐饮、服装、日用品等系列贸易市场,发展了一大批股份合作制企业,全区脱贫率达 98.7%。福安在城阳乡铁湖民族村建立了铁湖经济开发区,引进汽车配件、修车、住宿、饮食、加油等综合配套一条龙服务的汽车旅馆项目,辐射带动了整个区的经济发展。晋江陈埭四境回族村是全省著名的亿元村,也是著名的鞋乡,商业区中的鞋材两条街,经营者高达 200 多户,有 300 多个店面。越来越多民族乡的少数民族开始弄潮商品经济,他们走出山区跑买卖,足迹遍及全国。昔日较为封闭的民族社区走出一批颇有现代经营意识的商人。

民族社区注意利用人文资源开发旅游业,并逐渐使其成为新的经济增长点。1995 年 11 月在闽东举办的闽东畲族风情旅游节,进一步引起民族地区对旅游业的关注。如龙海市隆教畲族乡利用本乡 1920 年前喷发的古火山口、素有"闽山第一峰"之称的南太武山、保留完好的明代镇海卫古城等,投资 150 万元开发了"天下第一滩度假村"、"古火山口乐园"、"镇海卫古城风景区"、"南太武山风景区"等四大景区,并成立了"旅游开发办"、"旅游公司"、"双海公司"等管理机构和经营实体,新发展旅游服务第三产业100 多家,年产值上千万元。一些民族乡开发旅游资源也获得可喜成就,如宁德市金涵畲族乡建造的"中华畲族宫",连江小沧乡淳朴的畲族风情和秀丽的湖光山色,惠安百崎回族乡的伊斯兰建筑一条街,漳浦湖西畲族乡的赵家堡,蓝鼎元、蓝廷珍府第建筑群,上杭红土地文化等,都成为当地重要的旅游。

要想致富,科技为要。各级领导十分重视在民族乡加强科技应用的指导和科技的投入,多次举办各种类型的科技培训班,千方百计地把针对性强的实用技术推广到各民族乡。在省科委的大力支持下,全省积极开展了民族科技示范乡工作,已有多个民族乡被列入省科委的科技示范乡系列,进一步促进了少数民族和民族地区的脱贫致富。

为了增加经济发展的后劲,民族地区各级部门都倾注了大量资金加强基础设施的建设,使民族地区在水、电、路等方面有了很大改观。民族乡所辖行政村全部实现通邮、通电、通电话。有 20 多万少数民族群众饮用上清洁水。一些先富起来的民族乡更是重视基础设施的建设,如惠安百崎回族乡仅 1997 年就投入 180 万元兴建自来水厂,共投入 200 多万元改造拓宽乡中的公路。漳浦湖西畲族乡近几年投资 560 万元铺设了本乡的水泥和柏油路面,投资 270 万元建了 500 门程控电话,投资 75 万元建了 3.5 万伏的变电站。基础设施的建设大大改善了投资环境,使民族乡的建设插上翅膀。

为了解决民族地区人口温饱问题,彻底挖掉穷根,福建省委提出了异地开发、异地脱贫致富的"造福工程"。1994 年,福建省委、省政府发出《关于加强民族工作的若干意见》,明确要求各有关地市县积极组织实施,按群众自愿原则,有计划地将一些山高路远、生存条件恶劣、零星分散的少数民族村集中搬迁到地理条件较好的地域,改善生产生活条件,形成新的有利于民族乡经济社会发展的格局,并提出了一系列实施"造福工程"的优惠政策和措施。1997 年,省委、省政府把解决闽东畲族世代居住茅草房问题列入为民办 15 件实事之一,当年就投资 722 万元,帮助 719 户 2859 名少数民族群众完成茅草房改造工程,从此结束了福建省少数民族群众世世代代居住茅草房的历史。

第二章　福建汉族

第一节　福建汉族概况

一、概况

　　福建有 54 个少数民族成分,是以汉族为主、多民族聚居的省份,其中汉族人口占据了 98% 以上。历史上,汉族一开始并不是福建的主要民族。福建最早的名称是"闽",其土著居民在历史上称为"闽人"。古代的"七闽"部落是被称为"蛮"的南方民族。"七闽"的分布地域甚广,包括今天的福建全部、广东东部潮梅一带、浙江旧温、台、处三府属。而福建境内汉族各姓都是起源于北方华夏人,由于历史上屯军戍边、逃避战乱、入闽作战或为官等原因而南迁定居繁衍下来的。汉人的大规模入闽彻底改变了福建人口的组织结构。入闽汉民在长期繁衍发展的过程中,逐渐形成了若干个不同的汉民系,主要包括聚居于福州、福安、福鼎等地,以讲福州话为代表的汉民系福州人;聚居于莆田、仙游等地,以讲莆田话为代表的汉民系莆仙人;聚居于泉州、厦门等地,以讲厦门话为代表的汉民系闽南人;聚居于长汀、上杭、武平、清流、宁化等地,以讲客家话为代表的汉民系客家人等。

　　那么,汉族是何时开始入闽的呢?

二、汉族入闽

远古时代,居住福建的原始人类属于海洋蒙古利亚人种。三明万寿岩灵峰洞发现的距今 18 万年的旧石器时期文化遗址和漳州、清流、三明发现的旧石器时代人类牙齿化石、人工石铺地面等,证明福建早在 18 万年前已有人类活动,创造出远古文明。当时的原始人类,大多选择靠近江河两岸的台地和滨海的丘陵居住。考古发现证明,大约在 5000~4000 年前的新石器时代晚期,原始人类已经广泛分布在闽江、汀江、九龙江、晋江流域和边海岛屿地区。这些原始人类在距今 3000 年以前(相当于中原的夏商时期),已经创造出独具特色的原始闽地文化。原始闽地文化是当今闽文化发展的萌芽,而闽文化枝强叶茂地蓬勃发展,却是在汉人入闽之后。闽地汉族的发展与中原汉民迁徙浪潮关系密切。

周晋王三十五年(公元前 334 年),越王勾践七世孙无疆与楚国作战失败,航海入闽,越国国民徙居越迁山(今福建长乐县)。越族人的体质特征和生活习惯与中原华夏族有很大差别,越人身体矮小、短面、须发少、鼻形广、眼睛圆而大,习惯傍水而居、好水斗、善于驾舟行筏,还有"断发文身"的习俗。但勾践却自称为夏禹后裔,居然同北方的齐鲁晋卫有了共同的民族意识。越族入闽之后就与土著"七闽"发生融合,并在闽中传播吴越和中原文化,闽越族由此形成。无疆又七传至无诸,无诸自立为闽越王,成为闽越族的首领。

秦始皇占领福建后,设立闽中郡,废无诸的王号,降为君长,但仍留在闽中。为了加强对闽中的控制,秦王朝一方面把大量闽越族人迁移到现在的浙江北部和安徽、江西境内等处;另一方面又把中原的罪犯流放到闽中来。这一政策客观上为闽越族的汉化创造了条件。闽中郡是福建最早的建制,但是秦在所设的闽中郡,只是名义而已,并没有实施强有力的统治。

　　秦末暴发农民起义,无诸率兵由闽中北上,闽越军队跋涉关山,深入中原,参加中州的农民起义和楚汉战争达 8 年之久。作为传播中原文化工具的汉语,当时给闽越语言极大的影响。公元前202 年,汉高祖因无诸有功,封其为闽越王。闽越国重新立国后,国势日强,多次扩大领地。由于闽越王不服中央管辖,时常叛乱,成为汉王朝劲敌。汉武帝元封元年(公元前 110 年),汉武帝派朱买臣率领大军,兵分四路进攻闽越,无诸的继承者东越王余善在闽中筑城抵御汉军。余善兵败,闽越内部发生兵变,余善被杀,闽越国 92 年的统治到此结束。汉武帝采取了迁徙政策,把闽越贵族官僚势力阶层、军队、部分人口集中地区的闽越人都迁到江淮一带居住,由此开始历史上第一次中原人口与福建的大交流。

　　北方人民到福建定居,早在秦汉时代就开始了。但大规模向福建移民,则是到两晋南北朝才形成。西晋"永嘉之乱"年间,发生了第一次大规模的汉人入闽。汉代以来,北方少数民族不断向中原内地迁徙。公元 291 年"八王之乱"爆发,这场晋室内部的战乱持续时间长达 16 年,少数民族贵族乘机起兵,晋室政权流亡南方。晋怀帝永嘉五年,匈奴攻陷洛阳,中原成了少数民族贵族势力的天下。不堪奴役的汉人大举南迁,遂形成衣冠八族(林、陈、黄、郑、詹、丘、何、胡)、官宦大户为主体的南迁潮流。这八族多为中州的簪缨世胄,有较高的文化素养,他们为避乱而携眷南逃,都带着自己的宗族、部曲、宾客等。这次南迁持续 170 多年,迁移人口达200 万之众,大大增加了福建地方人口,促进了闽越人的汉化。

　　唐高宗总章二年(669 年),为镇压闽漳"蛮僚"(土著)的反抗斗争,朝廷派河南光州固始人陈政征伐。陈政率府兵 3600 多人进入漳州,年仅 13 岁的陈元光也随父进漳,21 岁时承袭父职,定居漳州并大力开发漳州,长久驻扎下来戍闽。在其统治期间,光州等地移民发展繁衍,对闽南人口影响很大。这次大规模的汉人入闽,改变了漳州昔日满目荒凉的状况,促进了闽南地方社会的迅速发展。

唐末，又发生了一次大规模的汉族入闽，对开发福建有极大的贡献。唐末河南光州固始人王潮、王审知兄弟率众起义，一起带领着中原人马 5000 余人入闽。后梁开平年间，王审知受封为"闽王"。王审知治理福建 50 多年，使福建在中原动乱之际成为东南的富裕之邦，为福建经济文化的恢复和发展作出卓越贡献。另外，唐末，为避战乱，留居河南、安徽两省南部和江西中、北部的汉族客家人也纷纷南迁，一部分人定居到了福建的宁化、长汀、上杭、永定一带。这次入闽的客家人，人数之多，大大超过早期入闽居住在闽西的汉族。

宋元明清，先后又有大批汉族入居福建。南宋金人南下引起宋室南迁，明末清初满族人南下入主和内地人口急速发展，以及清同治年间太平天国事件等的影响，都促成大量中原汉民断断续续往南迁徙。

历次汉人大迁徙特别是唐代两次南迁人口最多、影响最大，带来了中原华夏民族先进的生产技术和文化。总体上看，北方汉人迁入福建大致有三条路线：一是沿今陇海铁路一线往东经今京沪铁路，从浙江沿海（温州等）入福建东北部（如福鼎县）；二是由河南固始光州往东经安徽省到江西省九江等地，再入福建西部；三是沿今京广铁路方向南下到广东东部滨海丘陵入福建西南部龙岩、漳州地区。这三条路线以第二条和第三条路线为主。

所以说，以秦汉为契机，一批批汉族入闽定居，他们同化了土著闽越族，并且与其携手并肩共同创建文明、发展经济，日久就成为今天的福建汉人。中原南迁福建的大量移民是有籍可查的，福建人民出版社 1984 年出版的《闽台关系族谱资料选编》在"移民资料"中介绍说，先祖来自河南固始的族谱有 16 部之多，分布于福建晋江、泉州、南安、安溪、同安、永春、漳州、龙海、仙游、长乐、诏安等地。今天，福建汉人虽然远离祖地中原，但仍然受着中原特别是河南古代文明的深刻影响。至今，我们仍可从保留下来的族谱、语言、风俗习惯和居住特点等看到闽台等地还浓厚地传承着中原汉族的灿烂文化。

第二节　福建汉族经济与文化

由于汉族占据了福建人口的98％以上,所以汉族是福建经济文化发展的主体力量,我们可以通过回顾和陈述闽地经济文化的发展历程和特点来看福建汉族经济文化的发展与变迁。

一、社会经济发展概况

(一)古代社会经济

从福建原始人类的经济生活内容看,主要有三大特征:一是渔猎、采集与农业经济结合,形成多形态的经济结构,可以为原始人类提供丰富的物质资料,促进人体成长发育。二是农业和手工业紧密结合。根据考古的发现,福建原始人类除从事农业、渔猎外,还从事手工业劳动,主要有陶瓷业、纺织业和造船业。农业和手工业的结合,巩固了自给自足的原始经济,不利于交换经济的发展。三是锄耕农业获得高度发展,却始终没有向犁耕农业过渡,而且畜牧业也不发达,社会前进步伐较慢。

无诸统一"七闽"后,原先比较落后的"七闽"迅速发展成为百越诸族中最强大的一支。"七闽"和越族融合而形成闽越族。闽越族的风俗习惯和汉族有很多不同之处。其一,聚居在沿海、沿江地方,习惯于水上生活,善于驾舟在江河、海水中捕捞水产。喜欢居住干栏式房屋,人们称之为"巢居"。其二,"断发文身",在身上刺上龙、蛇一类图案花纹,这是远古人类"图腾崇拜"的反映。其三,实行悬棺葬,将棺椁安置在悬崖绝壁的洞穴中。其四,凿齿,即拔掉左右门牙或者侧齿,以为成年或婚姻标志。其五,语言为胶着语,即一字多音,与汉语一字一音的孤立语有显著区别。

秦统一中国后,派兵南下到福建,削去无诸等王号,置闽中郡,从此福建正式纳入中央版图。秦二世时期爆发农民起义,无诸率军反秦,后又佐刘邦攻楚,刘邦登帝位后,汉廷对闽越实行分而治之的政策,封无诸为王,加速了闽越社会的汉化和封建化进程。无诸复国后,注意休养生息,发展经济,于是国势日渐强盛。此时,铁器在福建已普遍使用,器形和中原汉代铁器遗物相似。农业和手工业得到发展。特别是手工业生产,产品种类增多,制造十分精美,如荃葛等,成为驰名且专供诸王侯享用的精品。商业活动已有一定的规模,货币普遍使用。清代,在建瓯、崇安开山时,掘到23窖汉代铜钱;后在邵武、福州及闽北各地也发现汉钱。可见汉代闽越社会经济已初步繁荣。

汉武帝时,无诸的继承者东越王余善起兵反汉失败,闽越国被灭。

三国鼎立时期,福建属吴国势力范围,被建设成重要的水师基地。当时,温麻船屯能用五板制造海船,称为"温麻五会";还制造青桐大舡、鸭头舡等各类船。晋左思《吴都赋》称:"宏舸连舳,巨舰接舻……篙工楫师,选自闽禺。"说明福建培养出大批优秀的海员。随着航海事业的发展,孙吴与海外的联系加强了。福建不单是孙吴的海军基地,还是孙吴联系岭南及东南亚各国的交通枢纽。海上交通发达,也促进了福建社会经济的发展。

在古代,生产力发展与否不仅取决于有无先进的生产技术传播,更取决于人力资源的多寡,在这方面福建显然先天不足,所以,福建社会经济真正发生巨变,是在大批汉民向福建迁移之后。《福建省志》对此做了具体全面的概述:"从北方迁来的人民为福建的开发提供了劳动力和先进的技术,也为郡、县的增置创造条件。耕地面积不断扩大,水利建设也陆续开展。西晋太康三年(282年),福州开凿'西湖'和'东湖',灌溉福州平原的农田。陈太建元年(569年),长乐挖掘方圆20多里的'严湖',连江也开了'东塘'。

水利的兴修,促进农业的发展。贾思勰《齐民要术》收入的福建水果品种,有建安的橘,侯官的杨桃和王檀子(即黄皮果)等等。畜牧业尤有突出的发展,闽中成为南朝著名的'畜牧地'(《旧唐书·柳晃传》)。从六朝古墓出土的器皿中有关于猪、狗、鸡、鸭的陶器和雕塑,也反映当时家庭副业之兴盛。福建手工业也相当发达。有建筑、冶铸、制瓷、烧灰、砖瓦、金银首饰、蚕丝等行业。尤其是制瓷业发展迅速,福州怀安和泉州磁灶,是著名的产瓷之乡。福建烧制的青瓷,在全国享有盛誉,造型复杂而多样,有饮食用具、陈设用具和文房用具类等。这些日用器皿还根据实用和美观的原则,进行雕塑和装饰。此外,南朝时,建安所产绵(丝)的质量超过东南其他产丝地区,织造的'彩缎'畅销各地;造船基地不断扩大,技术上也有很大提高。'晋安港'发展成为海外商船往来的集散地,吸引着许多外国商人和文化人。"①

隋朝统治福建以后,发生了两次农民大起义,第一次起义,是因为隋朝统一南方后,将其严苛的制度施行于南方,引起了民众的反抗,福建是抗隋军队最后坚持的地方。第二次大起义发生于隋末,燃遍全国各地的农民起义烈火将隋朝推翻,福建民众也起来攻城略地,共同摧毁了隋朝的统治。总之,在隋朝统治福建的 30 年内,社会动乱不安。不过,就像秦末农民大起义将闽中与中原的历史联系在一起一样,隋代的两次农民大起义,也使闽中的民众与中原民众的命运息息相关,二者更紧密地结合在一起。为了压制地方士族豪强势力,隋朝对福建进行整顿,对原有州、县进行裁并,闽中仅设闽县、建安、南安、龙溪四县。

及至唐代,福建经济文化开始走向繁荣发达。在唐代前期,福建还被视为蛮荒地带。但到了唐中叶以后,由于连绵不断的战乱,

---

① 福建省地方志编纂委员会编:《福建省志·总概述》,方志出版社2002 年版。

许多北方家族南迁进入福建。从闽人的族谱来看,中唐时期,有一些人因为各种原因进入闽中,而后不再愿意回到动乱的北方,从而在福建定居;迄至晚唐,则有不少家族整族南迁入闽;唐末,更有光州、寿州二州之民南迁入闽。移民的浪潮一浪高过一浪,使福建人口骤增,逐步接近发达区域的水平。北方汉人大量移民福建,他们与闽人杂居一处,相互通婚,彼此之间的差异越来越少。唐代成为福建从人口稀少到人口密集的转折时期。外来人口的大量流入不仅为福建开发提供了丰富的劳力资源,且带来了中原先进的生产工具、生产技术、生产管理经验和文化知识,经济开发速度大大加快。福州平原整修了以西湖为核心的水利枢纽,数十万亩农田大都得到灌溉;莆田平原开展了数次大的水利工程,北部平原变为良田,莆田因而成为福建最发达的区域;晋江平原进行了烟浦埭工程,水稻田的数量大增,此后泉州地区的围海造田、连堤建桥等活动也愈加频繁,并在唐宋时期达到了鼎盛;闽北的水利工程则以拦溪筑陂为其特点,在上游拦溪筑陂,引水灌溉,从而将闽北建成福建的粮仓。整个福建的粮食产量得到大大提高,福建在唐代成为南方著名的水稻产区。晚唐朝廷在安南作战,特意从福建调去粮食,而韩愈对福建大加赞赏:"闽越地肥衍,有山泉禽鱼之乐"。①此外,对漳州"蛮獠"的征服与招抚使漳州迅速从人烟稀少发展到村落相通、重要路段车马如流。漳州一带的农业生产得到发展,山间峡谷种植低产耐旱的黍稷之类作物,平原地带普遍种上双季水稻,广种荔枝、龙眼、柑橘、香蕉、甘蔗以及花卉等经济作物。手工业也粗具规模,近海多从事制盐、造船;内地则多从事制茶、烧瓷、制陶和织染。漳州由此发展起来。唐时,朝廷十分重视安置流亡与增设州县,新设许多州、县以便于处理流亡、逃户问题。唐武德

---

① 　徐晓望:《论隋唐五代福建的开发及其文化特征的形成》,《东南学术》2003 年第 5 期。

年间(618—626年),福建的州数和县数均为隋代的2～3倍。武德之后,福建有了五州区域建置,县制增至二十四县。五代时又新设二州,新增六县三镇。景云二年(711年),设立闽州都督府,其领属范围超出福建,还包括广东的潮州。开元二十一年(733年),为加强边防武装力量,唐廷设立军事长官经略使,称福建经略军使,与福州都督府并存。始而专管军事,后来发展成为福建观察使、福建节度使,统管全省军事、民政、财政,取代道一级机构,成为地方最高长官。① 福建的手工业大有进步。唐代初年,福建进贡的土产不过是鲨鱼皮、生姜之类的东西,但到了五代时期,福建进贡的产品中,已经有了"锦文织成菩萨幡"之类的高级丝织品;建安生产的北苑茶也在唐宋闻名于天下,逐渐成为御茶;唐末福州城建设了中国第一座砖砌城墙;福建建造的大海船远航海外,运来海外各种珍奇商品;福建出土的唐代龙窑是中国最长的龙窑,反映了当时福建青瓷生产的规模。总的来说,唐代前期福建手工业产品水平不高,但到了唐末五代,福建手工业产品的质量,已经不亚于北方。② 经过较长时间的有序开发之后,福建山海经济得到全面发展,城乡商业变化显著,经济重心开始转移到沿海和闽南地区。当时的商业繁荣主要表现在城市规模不断扩大、集镇兴起及大量铸币流通等三方面。福州、泉州、建州成为当时的主要商业中心。福州是全闽最主要的交通枢纽和商品集散地,被称为"东南盛府,百货所聚"。

　　宋时,朝廷注重整顿苛捐杂税,大力推动农业生产。由于人多地少,在山区人们着力开垦大量梯田,在有泉水的地区,农田一层

---

① 福建省地方志编纂委员会编:《福建省志·总概述》,方志出版社2002年版。

② 徐晓望:《论隋唐五代福建的开发及其文化特征的形成》,《东南学术》2003年第5期。

一层地向山顶延伸,远望如天梯上行,蔚为壮观,沿海则以埭田为多。水稻普遍种植,品种繁多,不仅有了双季稻,而且还有了稻麦复种,有史料表明宋代福建上好的田地每亩可收三石米,中等田地可收二石米,福建已成为全国有影响的、以水稻耕作为主的农业区之一。稻米、粟、麦、茶叶、甘蔗、油菜、麻、水果等产量在全国占有显著地位,经济作物种植不仅面积广、产量多,而且形成专业化种植。福建沿海一带,种植果树的农户,常有一家种植数千株者。闽北的建宁、邵武也已成为重要的产粮区。海产品也很丰富,如鲨鱼、紫菜、牡蛎、香螺等都是进贡珍品。宋时福建农业的发展,不论广度还是深度,都是前代所不能比拟的。朝廷积极主张兴修水利,兴修水利的规模和受益面积都大大超过唐代,为福建当地增添了上万顷良田。福建地方吏治被进一步规范,朝廷通过整编户籍,增设州、县,以适应人口增长和土地开发的实际情况。宋时,福建人口的密度与增长速度与同期江南各地相比,都位于前列。宋代福建拥有发达的手工业。手工业的发达与技术的先进有关,宋代福建掌握了当时最先进的手工业技术。以矿冶技术来说,可以作为中国冶炼技术代表的有以下几种:其一,灌钢生产技术,福建拥有许多平炉,可以生产大量的灌钢,并向浙江等邻省销售。其二,高炉的生铁冶炼术,宋代的高炉一次可炼生铁上万斤,这一技术发明后,使中国的生铁产量骤增,遥遥领先于世界各国。据《三山志》的记载,福建下辖各县有十几座高炉,产品输出浙江等地。其三,胆水浸铜法,宋代的矿工发现:在山区含有硫酸铜的溪水里,丢入铁器,过一段时期后,铁会将硫酸铜里的铜置换出来,生成硫酸铁与铜,于是,铁器变成了铜器。这是一种廉价生产铜的方法,据《宋会要辑稿》的记载,当时福建的矿场也使用了胆水浸铜法。其四,吹灰炼银法,宋代炼银是将铅与银放在一起熔炼,以铅置换出银。宋代福建是全国最大的银产地之一,其炼银技术也是领先于全国的。总之,宋朝是我国矿冶业最发达的时期之一,这时中国的冶炼技术

领先西方数百年,而这些技术几乎都在福建的矿场中出现过,说明
宋朝福建的矿冶技术是处于当时的最高水平。再以茶叶制造来
说,宋代闽北的建安县北苑是宋朝的皇家御茶园,这里制造腊茶的
技术是宋代第一流的,所生产的龙凤团茶是文人学士梦寐以求的
珍品,由于腊茶在全国的影响,各地的商人都来到闽北购茶,建茶
也因而畅销全国市场。宋代的闽北有许多私人的茶焙,其产品远
销全国。纺织技术也很先进,在改进棉织、丝织工具后,产量大大
提高,福建已跻身于全国丝绸重要产区之列,不仅生产规模大,产
品产量多,而且以质地优良取胜。除了矿冶、制茶、纺织之外,福建
其他的行业也有许多新技术,例如造船术、蔗糖制造术、晒盐法、黑
瓷制造术等等。科技的领先使福建这些手工业都领先于全国。此
外,由于地处海疆的独特优势,福建有许多手工业专门为海外生
产,广阔的海外市场使这些产业欣欣向荣。其中最为典型的是制
瓷业。在晋江的磁灶一带考古学家发现了许多宋元陶瓷窑的遗
址,它们的产量远远超过当地所能消费的水平,而其产品每每在海
外诸国发现,说明这些陶窑主要是为海外生产的,所以,其生产规
模相当可观。① 商品经济和外贸更是相当活跃,陆路交通与内河
航运皆有发展,闽江航运更加繁忙,海内外船舶往来日益增多,福
建商人足迹遍布海内外。北宋时泉州不仅是国内海上贸易的枢
纽,也是著名的国际贸易港,被称为"涨海声中万国商",以泉州为
出发点的海上航线,伸向东亚、西亚、南亚及东非诸国,并与欧洲建
立了贸易联系。福建商人由泉州出发前往海外,一般一年往返,远
的两年往返,用五色缬绢和建本书籍,与海外交换所需之物。宋朝
的主要商品从这里输出海外,而海外的物产也从这里输入中国,泉
州成为中国与海外世界联系的主要通道。宋时朝廷分置水运职

---

① 　徐晓望:《论宋代福建经济文化的历史地位》,《东南学术》2002 年第
2 期。

官,设立了市舶管理机构,订立规章以加强对贸易的管理。福建海外贸易的活跃又反过来极大地刺激了地方造船业的迅速发展,形成了福州、泉州为中心的两个造船基地。从宋代福建的农业、手工业、商业等多方面考察来看,我们可以说宋代福建的经济是发达的,尤其是在南宋时期,福建已是国内最发达的经济区域之一,社会经济进入封建时代全盛的发展阶段。

元政府为聚敛财富,继续重视发展福建的海外交通和贸易,重用素主泉州市舶的阿拉伯人后裔蒲寿庚。泉州的海外贸易一度超过广州,泉州一跃成为世界最大的贸易港之一。与泉州贸易的国家和地区由南宋时的 50 多个增加到近 100 个。福建海商足迹遍及南洋各地并到达非洲东海岸。数量极多的印度人、波斯人、阿拉伯人、欧洲人为世界贸易大港泉州所吸引,定居当地而不返。许多中外使者或旅行家也从泉州登岸或出海。至元十八年(1281 年),杨庭璧出使马八儿就是从泉州港出航,诏谕十几个国家与元通商;马可·波罗奉忽必烈之命出使伊儿汗国,也由泉州乘船出海;摩洛哥旅行家伊本·白图泰来中国旅游,也在泉州上岸。由此可见泉州不仅在宋朝是对外贸易的中心港口,在元朝亦如此。

明代,福建社会经济进入新的发展阶段,即开始了资本主义萌芽时期。农业开始由自给自足为主向商品化经营迈进。农业生产已从单一的粮食生产转向经营经济作物,农业种植出现区域化的分工,以适应商品市场的需求;农业生产开始向多熟制和引进杂粮道路发展,如引进番薯、落花生、玉蜀黍等,以补充茶、烟、蔗和水果种植面积的不断扩大而排挤稻米主粮的生产;农民不安于农业,"辄弃耒耜而从商"的人数大大增加,沿海人民向海外流动,山区农民往他省迁移,身怀技艺者形成流动性大的市民阶层;改进农业技术,重视精耕细作,生产力水平提高。随着商品交换的发展,农民同市场的联系加强了,"佃农所获,朝登陇亩,夕贸于廛"。这是商品经济发展的反映。福建到国外谋生的人越来越多,海外华侨发展进入新时期。福建人到海外定居,成为华侨,早在唐代就已开始。宋元时期,对外交往频繁,出国定居的福建人因此大增。其人员多半是舵工、水手或小经纪人等下层穷苦人家。明中叶之后,民间私人海商兴起,福建华侨成分开始复杂化,还包括从农村出来到海外寻找生活出路的农民、渔民、手工业者、小商贩以及游民、逃兵、逃犯、海盗乃至自由海商。明代数万闽人出海后"往往久居不返,至长子孙"(《明史·吕宋传》)。17 世纪前后,东南亚的福建华人已在 50 万人以上。福建籍华侨的足迹遍布世界各地,他们富有冒险进取精神,艰苦创业,饶有成就,积累大量财富。福建华侨大多与家乡保持程度不同的联系,时时回乡里探亲,带来了形态各异的海外文化。封建人身依附关系大为削弱之后,社会上出现大批雇佣劳动者,为农工商业资本主义生产关系的萌芽奠定基础。手工业呈现不断上升的势头,在国内外占有重要地位。日本、朝鲜、琉球以及东南亚、印度洋沿岸国家和地区都欢迎福建手工业品。《闽部疏》载:"凡福之绸丝,漳之纱绢,泉之蓝,福延之铁,福漳之橘,福兴之荔枝,泉漳之糖,顺昌之纸,无日不走分水岭及浦城小关,下吴越如流水,其航大海而去者,尤不可计。"福建地处沿海,手工业品输出方便,更加刺激手工业生产,从而促进资本主义生产关系的萌芽。明中叶以后,福建矿冶业最先出现资本主义工场手工业作坊。之后,航运业中也出现"富家征货,固得捆载归来;贫者为佣,亦博升米自给"的资本主义生产关系。明代福建商业更具特色。一是商品生产、交换更加社会化。宋元时期的商贸活动,以外贸为主,以高档商品为主;明代的商贸活动内外贸并重,而以生活必需品为主。外贸由入超变为出超。二是墟市遍布各地农村,而且形成网络。商贩可根据各地不同墟期穿插进行商贸活动。三是新兴市镇崛起。如福清龙田、莆田冲泌、惠安崇武、晋江安平、龙海月港,都在此时崛起。位于漳州龙海的月港兴盛时帆樯如栉,海外客商汇聚,成为全国最大的走私港。明隆庆元年(1567 年)朝廷取消海禁,每年孟夏之后,数百艘商船自月港出发远航四海。到明万历年间,月港的国际贸易更为繁荣。四是民风由俭朴向奢侈转变。如生活不优裕,"虽贵宦巨室,闾里耻之。故其民贱啬而贵侈"。不少士大夫、地主,因而弃儒从商。①

　　清统治者为了切断东南沿海人民同郑成功的联系,不断强化"闭关锁国"政策。随着欧洲资本主义的发展,葡萄牙、西班牙、荷兰等国殖民者相继来到东方抢占殖民地,开始对中国进行掠夺和侵略。社会矛盾更加复杂,封建统治危机加深。到康熙二十三年(1684年),清廷撤销海禁,福建海外贸易迅速发展,促成厦门港的崛起。郑氏降清后,清政府在台湾设置一府三县,隶属于福建省,并把台湾和厦门都归属于台湾兵备道管辖,两地各设一名海防同知,负责稽查海口。于是,台湾和厦门的联系更加紧密。随着台湾的开发,台湾的米粮自给有余,大量地供应福建内地,每年有4000余艘军粮船进入厦门,"台运"成为厦门的一大要政。厦门成为台湾米粮输入内地的码头,是内地人民渡海的口岸,又是清廷联系台湾的总枢纽。清廷为解决福建缺粮问题,允许外商免税输入洋米,与西方国家建立贸易关系,促进了厦门港的繁荣。厦门港成为"通洋正口","货物聚集,关税充盈。至嘉庆元年,尚有洋行8家,大小商行30余家,洋船、商船千余号"。道光十五年(1835年),英国人胡夏米在寄给外交大臣巴麦尊的信上说:"厦门的商务要比天津的商务繁荣得多。"

　　近代是福建由盛转衰,沦入半殖民地半封建社会深渊的年代。早在嘉庆年间,外国侵略者就向福建输入鸦片,毒害人民。19世纪30年代以后,福建成为英商在华贩毒的第二中心。道光十七年(1837年),福建厦门等处纹银外流已剧增至千万两以上。鸦片大

---

　　①　福建省地方志编纂委员会编:《福建省志·总概述》,方志出版社2002年版。

量输入，摧残吸毒者的身心，造成白银大量外流，银价上涨，加重人民的经济负担。鸦片战争后，福建被迫开放厦门、福州两埠。洋人侵略更加肆无忌惮，在厦门大量掠走华工，除成年男女外，还有未成年的儿童。到咸丰二年(1852年)，厦门竟成为侵略者掠贩华工的最大中心。厦门、福州开埠后，欧美等国商人设行经商，商品大量涌入，福建社会经济受到严重冲击。如洋棉、洋布大量进口，福建土布业受到严重破坏。许多原来依靠种棉、纺织谋生的农民和手工业者纷纷失业。其他手工业，如冶铁、造船等，也从此一蹶不振，濒临倒闭。鸦片战争前，福建每年都有成百艘大船到日本、菲律宾和东南亚等地贸易，还有大批船只来往于中国沿海各口岸。当时，福建全省靠造船和航海谋生的约有几十万人。"五口通商"后，海运业受严重影响，至咸丰年间，"不徒洋货归洋商自运，即内地土产，亦多归其运销"。福建海运之利全被外轮夺去，造船和航运工人失去生业。咸丰十一年(1861年)、同治元年(1862年)，福州、厦门相继成立海关，税务司以下重要职员皆由外国人担任。侵略者除控制海关人事权外，还根据值百抽五的外货进口税率将外货运销内地，并从内地掠购货物出口，对福建进行外货倾销和原料掠夺。单棉纱和印花布进口税率，咸丰八年(1858年)较道光二十三年(1843年)分别降低29.97％和65.05％。同治七年(1868年)在厦门进口的洋纱比同治六年(1867年)几乎增加1倍。与此相反，华商货物运销却因"层层设卡，处处抽厘，任意增加，毫无定额"而大大亏本。外国资本的入侵，夺走福建广大农民、商人和手工业者原有的谋生之路，造成无数人失业。福建人民不但经济负担加重，所受压迫也进一步加深。官吏十分腐败，贪污公行，对人民恣意敲诈勒索，稍有不遂，便继之以杀戮。加上，侵略者以强加于中国的战争赔款、以它所带来的各种奢侈品刺激封建统治者的贪欲，进一步加重了福建人民所受的封建剥削。中日甲午战争后，帝国主义加大在福建的投资力度，尤其是日本，在福州、厦门两地的投资额达几千万日元。日本大阪商船公司还操纵了福建沿海的交通。此外,还先后在福建设立台湾银行、华南银行以及三井公司的分行或办事处,其中日本台湾银行的侵略活动最为猖狂。该行于光绪二十五年(1899 年)在台北成立,"在华发行银元纸币以福州、厦门两地为主,盛行于福建沿海一带","垄断了该省(福建)对外贸易与汇兑"。仅光绪二十七年(1901 年),日本在厦门、福州两地直接投资的企业就达 168 个。日本帝国主义以此垄断了福建的金融和贸易。此外,日本帝国主义还强占厦门"租界"。帝国主义列强加紧侵略福建的结果,使福建社会经济遭到严重破坏,手工棉纺织业逐步解体,造船、榨油、冶铁等手工业逐渐萧条,连最有竞争力的制茶、制糖业,也只能随着国际市场的变化而涨落。这些都是当时福建半殖民地社会性质在经济上的反映。

(二)现代社会经济

新中国成立后,在党的领导下,福建汉族人民紧密团结各族人民,一起实现了当家做主的权利。在 1978 年中共十一届三中全会后,中央领导全国各族人民拨乱反正,将工作重心转移到经济建设上来,坚持四项基本原则,坚持改革开放。福建汉族与各族人民一起发扬自力更生、艰苦奋斗精神,充分利用山海优势,坚持并扩大对外开放,经济走上了发展的快车道,社会主义现代化事业取得不断发展的可喜成果。经过多年的努力,到 20 世纪末,福建的对外开放已经形成厦门经济特区—沿海开放城市—经济开放区—内陆山区这样多层次开放的新格局,使开放由外向内、由沿海到内地逐步推进,从而有效地把发展沿海经济同开发内地经济密切结合起来。

进入 21 世纪,福建省经济已进入全面建设小康社会、加快经济社会发展进程和建设经济强省的新阶段。综合经济实力显著增强,经济总量和人均 GDP 保持在全国前列。产业结构日益升级优化,高优农业不断发展,食用菌、茶叶、水果、蔬菜、烤烟、花卉等汉族传统的经济作物已发展成为福建省农业的优势产业,这些农产品的产量居全国前列。工业经济支撑作用进一步增强,推动经济快速向前的火车头作用更加突出。电子、机械和石化成为三大主导产业。以炼化一体化、金龙客车、东南汽车、波音飞机维修、厦门重工为龙头的产业集群迅速崛起,成为带动地方经济快速发展和产业结构调整的重要支柱。依托福州、厦门两个国家级高新技术产业开发区和五个省级高新区的建设,以戴尔、冠捷捷联、华映光电、新大陆等为代表的电子信息企业组成了从福州到厦门的沿海IT产业集群。服务业成为国民经济的重要增长点,积极运用现代经营方式和先进技术改造传统服务业,旅游休闲、邮电通信、现代物流、社区服务、文化教育等服务业异军突起。外向型经济拉动作用增强,对外经贸规模持续扩大,出口商品结构趋向优化,机电、高新技术产品出口比重明显提高。东盟、俄罗斯、拉美等新兴出口市场也出现快速增长。全球500强企业中已有60多家在福建投资了近百个项目。近年来,陆续出台了加快县域经济发展、行政审批制度改革、农村税费改革、集体林权制度改革、发展混合所有制经济等一批政策文件,有力地推进改革向纵深发展,使经济发展和投资经营的环境进一步完善,市场经济体系逐步健全。着力加大交通运输、能源电力、邮电通信、农田水利、生态环境等基础设施建设,一大批重点基础设施项目先后投入使用,投资环境日益改善。城乡居民的生活质量显著提高,消费品市场繁荣活跃,居民购买力不断增强。全面实施科教兴省战略和可持续发展战略,加快科技教育发展和人才开发,以适应现代化建设的需要。

汉族人民和其他各族人民一起,用自己的勤劳、智慧描绘着福建更加美好的明天。

二、文化

汉代以后,中原汉族不断南迁,带来了汉族先进的文化和斑斓多彩的民俗,并逐渐成为福建文化与习俗的主体。古书中用"备五方之俗"来形容福建文化习俗的多姿多彩。福建汉人至今都还带有深刻的中原文化的烙印,不管是包括方言、音乐等在内的文化方面还是包括人生礼仪、岁时节庆以及民间信仰等在内的民俗方面,都与中国传统一脉相承。值得注意的是,虽然随着中原汉族人民南迁入闽,闽越人在福建各地的主人地位逐渐被替代,但其悠久的文化传统却不同程度地被保存,使得福建民俗文化既有深刻的中原传统特色,又随处可见闽越遗风。比如福建闽越人图腾蛇,《说文解字》云:"闽,东南越,蛇种。从虫,门声。"这里的"蛇种"就是"蛇族",即信仰蛇神的氏族。"闽"字的造字是从虫,门声。"虫"字通"蛇"解,即家门供奉蛇的氏族。闽越人之所以以蛇为图腾,是因为其祖先生活在温湿的丘陵山区,溪谷江河纵横交错,许多蛇类繁衍滋生其中,对闽越人的生命和生产造成极大威胁。《太平广记》引《宣室志》云:"泉州之南,有山焉,峻起壁立,下有潭,水深不可测,周十余亩。中有蛟螭常为人患,人有误近,或牛马就而饮者,辄为吞食,泉人苦之有年矣。"因此人们在近山的岩石上刻画蛇形以祈求神灵的保护,并建庙供奉,希望能借助于祈祷来企求好的结果。这种崇拜延续至今,到今天福建还有不少地方保留着蛇王庙,如闽西长汀县西门外的蛇王宫、长汀县平原里溪边的蛇腾寺、福清和莆田等地的蛇王庙等。平和县三平寺与漳浦县交界一带的村民,一直把蛇尊为"侍者公",把蛇当作"神明"加以顶礼膜拜,蛇与人同床共寝或同室共处更是司空见惯的事,南平樟湖板的崇蛇习俗至今还极为隆重。

(一)宗教信仰

四大宗教在福建极为兴盛,传播速度极快。佛教传入中国约在东汉初年,而西晋武帝太康三年(282年),福州正处开发之际,已有了绍因寺。晋太康九年(288年),南安也有了延福寺。唐代马祖道一禅师入建阳,是为闽地禅宗的开端。当时中国佛教宗派林立,主要有盛于北方的"渐悟"和盛于南方的"顿悟"两支,故有"南顿北渐"之说。福建在唐五代是中国佛教的中心,其寺院、僧人都是全国最多的。王审知治闽时笃信佛教,在闽地建佛寺267座,闽王发给文凭的出家僧尼,竟有3万多人,故有"山路逢人半是僧"之说。宋元明清至近现代,佛教在福建也始终没有衰竭过。宋初福建僧人达七7万多人,约为全国的六分之一,他们出游各地寺院,因此,全国各地的许多寺庙中,都有闽僧,这一地位迄今不变。宋代的名僧中有不少是福建人,例如华严宗的中兴教主净源。宋末元初,仅福州府统辖的各县,就有佛教寺庙1500座以上,这在全国来说也是罕见的。福建名僧不但常奉诏晋京,授经讲法,还常漂洋过海,如唐代泉州超功寺僧昙静,曾追随鉴真和尚东渡日本;元代的明极、楚俊等曾赴日本讲经;明代漳州名僧觉海亦赴日本长崎传法,并在长崎建有漳州寺。

道教传入福建的时间较早,在原始社会时期,福建就有方士活动踪迹。武夷山被列为道教"三十六洞天,七十二福地"的十六洞天,称为"真升化玄天",升华元化洞天真人刘少公为武夷山主。秦时,在武夷山修道的有崇安人潘遇、闽清人游三蓬,并在山中建"止止庵"宫观。西汉时,浦城子期山、福州九仙山、南平衍仙山等都有道士在修炼。唐代时福建出现了道坛庙观和职业道士,福州著名的道士有张林、符契元等人。五代时,王审知敬重道士,不少道士握有大权。宋代福建道教发展很快,不少道士屡受朝廷赏赐,新建道观如雨后春笋,著名的如福州真庆观、延平元妙观、莆田元妙观、闽县崇禧观、沙县宜福观、松溪文昌观等。泉州清源山上巨型石刻李老君像,高约一丈五六,具有很高的艺术价值,由此可看出当年道教的兴盛。宋代福建也是道教的重要基地,道教中的南宗五祖白玉蟾是福建人,他的著作很多,对道教理论的发展卓有贡献。宋代福州曾刊刻《道藏》5481卷,分装540函,这是中国历史上最早的一部《道藏》。宋元之际江西兴起"净明忠孝道",注意符箓禁咒驱邪御瘟等道术,从事股炼斋醮、作仙度人,福建亦由此出现炼养、符箓两派。前者代表人物有泉州龙兴观道士吴崇岳、长汀人王中兴、崇安人杨万大等。后者代表人物有漳州天庆观道士邱允、沙县人谢祜、长汀人梁野等。到明代,道教被取消"天师"称号,福建出现正一道和全真道。清代因乾隆宣布黄教为"国教",道教开始衰落。但在福建,民间祈祷斋醮之事及服饵丹道之术仍旧流行,并逐渐成为民间习俗。

公元 7 世纪初在阿拉伯麦加城诞生的伊斯兰教,早在唐中叶就由航路传入泉州。宋元泉州跃为东方大港后,数以万计信奉伊斯兰教的阿拉伯人云集泉州,使之成为我国最早的三个伊斯兰教区之一。汉人较少信仰伊斯兰教。

基督教在福建的传播主要是通过传教士进行的。明代时,意大利耶稣会传教士艾儒略等在明大臣叶向高的支持下,到闽北传教,并向福安、闽县等地发展,前后达 24 年,建有教堂 23 所,艾儒略曾被称为"西来孔子",誉为开教福建第一人。明末,菲律宾教省派传教士 11 人抵厦门、福州,开创"多明我会"传教区,发展迅速,郑成功还曾聘传教士为老师。清康熙年间,以白伯多禄为首的一批传教士,深入泉州、兴化、福安等地传教,先后在福建成立"圣多明我第三会"。鸦片战争之后,西方不同派系的传教士在福建展开激烈的传教竞争,基督教建的教堂、学校、医院、救济机关,几乎遍及城乡各地。无论从传教还是建教堂时间上看,还是从教派、教徒和教学数量上看,福建都较早、也较多。

除了以上四大宗教的影响外,福建的地方宗教也有很大的影响,最有名的是"三一教"。这是将儒、释、道三教合而为一的教派,由生活于明代正德、嘉靖、万历年间的福建莆田人林兆恩创建的。林兆恩认为儒、释、道本为一体,儒教为立本,道教为入门,佛教为极则。三一教在福建立足后,曾向省外扩展过,清代中末叶曾发展到台湾、新加坡一带。

福建的民间宗教也颇为风盛。其中最著名的是天上圣母、临水夫人、保生大帝这三"神"。这三尊神原型都是人，后被逐渐演化为神，赋予类人而又超人的"神"力，再借以护佑人们自身。

"天上圣母"也称为"妈祖海神"，原名林默，是五代闽都巡检林愿的第六女儿，生于宋太祖建隆元年(960年)农历三月二十三日，宋太祖雍熙四年(987年)农历九月初九日在莆田湄洲岛羽化升天。相传她逝世后经常显灵护佑过往船只，救助海难，因此被渔民视为航海保护神，在民间被尊称为"妈祖"、"娘妈"，从宋元到明清，多次被统治者褒封升级，从"夫人"、"天妃"、"天后"，直到被尊为"天上圣母"，妈祖也成为民间信仰的神祇。每年农历三月二十三日妈祖生日，到湄洲岛祭祀妈祖的情形可谓是人山人海，全岛香烟缭绕，有时还挤得水泄不通。湄洲岛渔民每逢三月二十三日的前后数日内，不敢下海捕鱼或垂钓，以示对妈祖的纪念。莆田一带因崇拜妈祖有许多习俗：因相传妈祖穿朱服，故湄洲岛妇女常穿一条上半截为红色的外裤，以此保平安；因据传妈祖生前梳船帆型发型，湄洲岛妇女也都梳此型，以求庇护；据传菖蒲为妈祖所赐，莆田一带端午节必于大门顶上悬挂艾草菖蒲；因妈祖殁于九月初九，所以莆田一带在九月初九必蒸"九重米"。此外，凡出海的三角旗上都绣着"天上圣母"四字，借以避邪。

"临水夫人"，原名陈靖姑，一般认为她是福州南台下渡陈家之女，生于唐大历元年(766年)正月十五日，卒于唐贞元六年(790年)七月二十八日。相传她因身殉产厄，故立誓"吾死后不救世人产难，不神也"，其灵魂赴闾山恳请许真君再传救产保胎之法，以救女界之难产，因此她具有"护胎救产，催生保赤佑童"的神力。妇女临产时，常供临水夫人神像于家中，婴儿生下第三日，要煮糯米供于神像前。陈靖姑后被越奉越神，被认为凡无子之妇向她请花亦可得子。婚后几年不产的妇女到庙中临水夫人像前膜拜祈祷后，跪下将衣襟牵着拱起，由老妇将注生娘娘头上插的或神座前别人还的花,拿来放在她衣襟里说:"生了后,来拜临水夫人为干妈。"接着将花插在少妇头上。取来的花,红的象征生女,白的象征生男。每年临水夫人诞辰日,要预告由多福长寿的老太太数人为庙中神像更换新衣,女士焚香膜拜,夜晚抬临水夫人神像巡行街市。每年祭日要在"灿斗"中置"童子"代替孩子,由师公吹牛角号将"灿斗"放置上。临水夫人终年 24 岁,因此女性忌在 24 岁结婚。

"保生大帝"也称"健康保护神",原名吴夲(音滔,义"进取"),也称吴真人,宋代泉州府同安县白礁人,生于太平兴国四年(979年),卒于景祐三年(1036 年)。吴夲是一位信奉道教的民间草药医生,医术高明,所治之疾,无不痊愈。治病时不论病人贫富贵贱,皆济世为怀,以其高超的医术和高尚的医德闻名于闽南一带,赢得百姓的敬仰和崇拜。他因治病救人,攀崖采药不慎跌落深渊身亡。人们在他的出生地和炼丹施药处分别修建了"真人庙"(慈济宫),历代朝廷九次追封其谥号,直到明代的"万寿无极保生大帝"。由于吴夲的医术、医德符合黎民百姓的切身利益,所以对他的崇拜久盛不衰。百姓凡有病痛都要求吴夲保佑。正月迎神赛会中,吴夲作为出巡诸神之一,乘八人抬轿,灯牌以千数。每年三月十五日是吴夲的诞辰日,社人鼓乐旗帜,楼阁彩亭前导,浩浩荡荡,至慈济宫传香以归。

事实上,古代闽越人信巫好祖、尊崇民间信仰的习俗在汉代即有记载。《汉书》上记载闽越国灭亡以后,越巫进入汉宫,得到汉武帝的宠信,让他们用鸡卜的方式卜卦,据说在越巫的影响下汉武帝还扩建了甘泉宫。可见,当时闽越人即十分好巫术,善卜卦。唐宋以来,闽越人与北方入闽的汉人不断融合繁衍后的福建人还延续着这一传统,如前述的妈祖、临水夫人,她们生前都是乡村女巫,在死后被由巫演化成神,并发展成为颇有影响力的民间信仰。又如,南平樟湖板的崇蛇习俗极为隆重,每年六月下旬开始,村民四出捕蛇,捕到后要交给蛇王庙中的巫师,巫师将蛇放入小口陶瓷或木桶中养着,并发给交蛇者一张证明。到了七月初七,凭证明领养一条活蛇才可以参加迎蛇活动。所以,闽人拜神多是由巫师作中介,因为他们认为巫师可以通过某种方式,沟通人与冥界、神界的联系,从而得到神明的宽恕。这种习俗造就了巫师这一行业。

需要指出的是,福建的民间信仰也因不同的方言区而存在着差异。例如,临水夫人和五帝的信仰主要在以福州为中心的闽东方言区内流行,妈祖的信仰中心在兴化方言区,王爷、保生大帝的信仰主要流行于闽南方言区,扣冰古佛信仰主要流行于闽北方言区,定光古佛信仰主要流行于闽客方言区。这些民间宗教信仰虽带有区域性,但其因有旺盛的生命力而持久不衰,对闽文化产生了深远的影响。

(二)婚姻

婚嫁生育是人们延续并发展家庭关系最为重要的环节,因此,这一环节历来都受到个人、家庭和社会的高度重视,从民俗诸礼的演变传承来看,其形式最为丰富,传承最为悠久。福建汉族传统的婚嫁生育习俗,也极为丰富多彩。

福州婚嫁的程序很繁杂。(1)“问字”,男家请人到女家说合;(2)“合婚”,双方交换生辰八字,由算命先生测算是否犯冲;(3)“下大帖”,选良辰吉日定聘;(4)“上半礼”,男家在定聘时,将鸡、鸭、酒、礼饼等和龙凤贴,用红拜盒送往女家;女家也用红拜盒盛拜帖及衣服裤料回男家;(5)“下半礼”,男方在婚前一月把酒肉礼品和礼金等一齐送到女家,女家以衣帽文具和糕点回赠;(6)“办亲”,女家收到男家聘金后办好妆奁,于婚前一日鼓吹送往男家;(7)“试妆”,婚前一日,新娘由伴娘梳洗打扮;(8)“接亲”,结婚之日,新郎由媒人带领,用花轿去女家迎娶新娘;(9)“坐床”,花轿到男家时,新娘由伴娘导入洞房,与新郎并坐床沿,新娘悄悄将新郎衣襟压于臀下;(10)“见面礼”,升厅拜堂后,新娘按辈分拜见众位亲戚,长辈要送红包给新娘;(11)“合卺”,新夫妇在洞房喝合欢酒;(12)“闹

房",宴后,亲友娶集新房请新郎新娘表演节目;(13)"庙见",第二
天谒家庙和六亲大小;(14)"试厨",傍晚新娘亲自下厨做菜,以验
其烹饪手艺;(15)"馎女",第三天女家父母来饷食;(16)"请回门",
女家派"亲家舅"(新娘弟弟,无弟须借一男孩代替)来请新夫妇俩
回女家;(17)"撮食",女家设宴招待亲客,女家的平辈亲友要新郎
出钱请客,或设宴,或说评话。在操办这些程序时,各地做法又有
所不同。比如福清在"迎亲"时,有"拦花轿"的独特习俗:迎亲回来
路上,人们可以用条椅等拦住花轿,只有让拦路者满意,才让通过,
新郎新娘不得生气。一路上拦的人越多,越说明新娘的才貌闻名
远近,新郎也就越光彩。有的地方有"避冲"之习:新郎迎新娘到自
己家门口时,男家放鞭炮迎新。新娘需由男方亲戚或邻居中福贵
双全的年长妇女和喜娘扶进门,此时男家的其他女眷应暂时回避,
并熄灭堂内柴火,新娘进大厅后才能见面。还有"关新人房"之习:
男家挑一聪明伶俐的男孩将嫁妆中的新马桶先接进新房,旋即与
预先呆在新房内的男女孩关紧房门。新郎、新娘拍门要求打开房
门,与门内人讨价还价。时间越长,表示新郎新娘越有耐性,意味
今后夫妻恩爱日子越长。

　　闽南一带婚嫁,很重视"六礼",即:(1)"问名",托媒人到对方
家求"生月";(2)"订盟",定下婚事;(3)"采纳",送盘担;(4)"纳
币",送聘礼;(5)"请期",呈送红帖;(6)"迎亲",男到女家迎新人。
但闽南各地对"六礼"的具体做法并不完全一样。有的地方在"问
名"时,用红纸写明男女双方年庚八字,由媒人传给双方家长,将红
纸置于神前香炉内,三天内如果家中有打破碗碟瓷器或家中有人
走路不小心踢到石头,这项婚事便作罢。在"订盟"时,有时由媒人
陪同男方到女家,女方捧茶三巡后,男方要有压茶红包给女方,压
的钱双数表示相中,单数表示没相中。在一些讲客家话的地方,男
方来相亲时,女方如果煮米粉、红蛋相待,炒"米香"相赠,表示答应
婚事。如果煮了米粉不加蛋,不炒"米香",即暗示不中意。闽南

"迎亲"有许多独特的习俗。迎亲那一天,新郎必须坐在轿上,无论寒暑,手多携白扇,以"避邪"。新郎轿后还有二轿,坐着新郎的朋友,俗称"炮嫁"。至女家时,新郎不下轿,女家接"炮嫁",二人到隔壁邻居家敬茶。"炮嫁"可伺机拿取两个茶杯带回男家,置于新郎床下,说这样会速生男孩。女家以线面鸡蛋给轿中新郎,男方则备猪脚、米团送女家,敬孝岳母,说是报答她在生养女儿时的腹痛之苦。新娘出女家时,有的地方有"一对带路鸡,两棵连尾蔗"之俗,即要伴娘护送一只即将下蛋的母鸡和一只刚会啼的公鸡做"带路鸡"到男家,新娘入洞房后,将"带路鸡"放进床下,然后往地下撒米。"鸡公"先出来,"头胎生查埔(生男)",鸡母先出来,"先生阿姐再招小弟"。婚后第三天,新娘由娘家返回时,必带两根带尾的粗壮甘蔗,蔗叶苍翠欲滴,将之放在新房门后,寓意夫妻两人日后生活像甘蔗一样,"甜头好尾",恩爱绵长。

有的地方的汉族婚俗还极为奇特。如闽南惠东妇女在婚后三天就要回娘家长住,只有逢年过节及农忙时才到夫家住几天,一年总共时间不过六七天,而这几天到夫家也是要天黑后才到,且头戴黑布下垂遮面,到熄灯后才去头布,所以有的甚至结婚多年夫妻之间还不认识。惠东妇女必须在娘家住到怀孕生孩子时,才能回到夫家安定住下。住娘家多的两三年以至于十几二十年。当地人称长住娘家的媳妇为"不欠债的",称住夫家的为"欠债的"。

由于对生育的重视,所以福建各地的生育习俗都很繁多。福州从孩子在娘胎里到周岁,每一阶段都以"喜"称:"带身喜",指妇女身怀六甲;"临盆喜",指妇女分娩后,要向近房亲戚和左邻右舍分送一碗太平面报喜,接受者则要回赠几粒鸡蛋或鸭蛋,以及数量不等的线面;"汤饼之喜",孩子出生三天时,办"三旦"酒,宴请亲友,娘家必须置办孩子的用物和产妇的食物,于当天送达男家;"弥月之喜",孩子满月时办满月酒,赴宴的客人除送红包外,还可送些小孩礼物;"坐舆之喜",孩子四个月时,可以坐竹木车了,为此办酒请客;"做晬之喜",孩子周岁时办酒请客,规模最大。客人除送"红包"外,还可送童装、玩具。

　　闽南生育习俗的每个阶段与福州大同小异,但叫法和做法不一样。孩子出世当日,叫"落土",请至亲至友吃喜饭。孩子出生三日,叫"三段",以油饭遍送亲友近邻,并把鸡蛋、鸭蛋和香饼油饭送往舅家。孩子满月,叫"汤饼会",以油饭、肉、面、酒等物品祀祖宗,敬后分赠亲友,并宴请诸亲。请有"福气"老人为孩子摸摸头,说些吉利祝贺话,再背孩子到大路上走,叫"游大街"。背孩子探井,旨在让孩子能顺利成长。孩子四个月时,叫"面桃",周岁时,称"枕头包",皆以油饭、鸡蛋(染红色)、猪肉还礼于前来祝贺的亲友。

　　由于重男轻女思想的影响,过去,福建不少地方生男生女的习俗是不一样的。闽南惠安北部男孩满月时,宴席远比女孩隆重。男家要做大量的圆面包,盖上大红印,分送全村。此外,再挑一担给岳母,由岳母家分送邻居。还要煮十几个染红的鸡蛋,浸在盆中水里,让孩子去摸了吃。闽西有些地方凡生下男孩,几天后就要请家里辈分最高的长者取名,并用一张长方形的红纸竖写"新丁取名某年某月某日",俗称"写丁榜",一份贴在祠堂,一份贴在家中正厅右边最显眼的地方,使人知道房主新添男孩。如生女,不仅不贴丁榜,而且连名字都不取。闽北有些地方人家头胎婴儿出世,做父亲的要带两个蛋、鸡头、鸡腿、鸡屁股和半瓶红酒到婴儿的外婆家报喜。生男孩的,酒瓶嘴插红纸团,生女孩的酒瓶挂红纸丝。外婆家一看到酒瓶的装饰,便知道生男生女,随即把瓶中的半瓶红酒添满让女婿带回。

　　(三)丧葬

　　丧葬是一种独特的仪礼。早在闽越时期,福建的丧葬之礼就十分隆重,当时的人们视死如生,采取了很有特色的悬棺葬(船棺葬)、崖葬等方式。这种行为既有崇信鬼神的原因,也反映了他们对未来生活的美好祝愿和期望。根据对武夷山一带闽越人的悬棺考察,这些悬棺距今已有 3400 年的历史,但其中并不是每具悬棺均有骨骸,有些空棺是为同族死者准备的,这是因为血缘氏族社会的族葬要将同族葬于一处。这种葬俗至今在某些地方仍流行。如武夷山脉松溪县花桥乡狮子崖险峻陡峭,其山崖裂隙中有深达100多米的"万棺洞",历代存放在那里的棺枢达百具,层层叠架在洞内,下层年代古远者已陆续腐朽,上层的棺枢则有些是当世放进的。福建各地汉族还有许多沿传已久的葬俗。福建民间一直存在着洗骨葬的习俗,这种葬俗的特点是:将死者入葬数年,待尸体化解后,便将葬地挖开,将其尸骨拣出,经焚烧之后,将骨头装入瓷罐中重新埋葬。闽东寿宁有称为"金瓶位"的葬俗:将死者的棺木烧后拾取骨灰置瓶以厝,这些置放骨灰瓶的处所通常地点在居所后,主要用以安置亲族骨瓶,如有余位,可卖与他人。福建客家人丧葬也很特别,如"倒寿":一般以六十岁为寿,老人年逾六十而去世,称为"倒寿"。因"寿"和"树"谐音,故在其祖宅屋后或山林,选砍一大树,作为治丧燃料之用。这些习俗不仅北方较少,甚至南方其他省份也不多见,但却在福建十分流行。

从种种繁琐的丧葬仪式和程序上,不难看出福建人十分重视丧葬。在福州一带,当逝者弥留之时,亲人必须将其床上蚊帐拆卸掉,据说是为了让死后灵魂好出窍;逝者断气后,必须雇"张穿"杂工为死者更衣(也有由亲人为其淋浴更衣的),并在大门口"贴白",放炮,告诉人们这个住宅×府××人丧事(字数须奇数)。然后派人四出报丧,再备好装满土沙的大脚桶,将素烛点燃后插在桶内(或置灯十余盏分数层于架上轮转),将其放置于逝者床前地上,仿佛为死者在奔赴黄泉的路上照明。逝者脸上需盖上白纸,以示阴阳有别。请僧或道在厅堂上诵经念咒,孝男孝孙围着七层环形油灯架打圈,环绕号哭,此谓"跂禳抬",也称"搬药梯"。"做七"在福州丧俗中最为重要。福州话"七"与"漆"同音,所以过去福州富人棺材要上七道漆。人死后每七天就要一"祭",称"做过七"。至四

十九止,一共要做七次。"做七"的过程是这样的:死亡第七天,称
"过头七",也称"孝男七",由孝男出资主持,请道士搭坛诵经,擂锣
鼓和钟磬,向城隍爷报亡。"二七"是"内亲七",由族内六亲九眷出
资延道诵经。"三七"又是"孝男七"。"四七"是"亲友七",由朋友
出资延道诵经。"六七"是"孝女七",由出嫁女出资延请尼姑诵经。
"五七"或"七七"是规模最大的活动,届时发讣告遍告亲友,请其参
加吊唁。吊唁者向亡灵叩拜,孝男孝女在旁陪祭。酒席后开始出
殡,棺柩后紧跟一队手持"哭丧杖"的孝男孝孙,尾随女眷和其他
人,一路啼哭。安葬完毕,"哭丧杖"插在墓头。送葬回来的队伍叫
"回舆",灵堂供上逝者像后,所有送葬者都必须逐个向亡灵拜别,
孝男孝女在一旁伴灵志哀。结束后,逝者家属须向亡灵早晚供奉
食物,到百日前才停止。

　　闽南一带的绝大多数地方盛行厚葬之俗,俚语有"生在苏杭,
死在闽南"之说。但闽南地区的不同市县,或同一市县的不同乡
村、同一乡村的不同人家,丧葬礼俗的繁简程度存在着很大的差
异。丧葬礼俗主要有:"搬铺",死者弥留之际,置床于厅左;"诵
经",人死后,子女延道在死者铺前念"往生咒";"路哭",出嫁女闻
丧即返,至闾巷破声而哭;"接祖",如死者为已婚女人,其娘家兄弟
和吟嫂被称为"祖",死者家人必须接"祖"来验明是否被害;"套殓
衣",孝男孝妇所穿孝衣下裙不缝,孝巾用手撕而不用剪,孝男给死
者殓衣之前,要头戴斗笠,脚蹬竹凳;"请水",孝男手捧"请水钵"至
溪边或井边,钵中放一块白布和十二枚铜钱,投钱于水中,并跪舀
一点水回家,替死者洗身;"大殓",入殓前办十二碗菜由道士献给
死者"辞生",一般三日后入土或火化;"敲棺材头",如死者父母尚
健在,入殓时父母将手持木棒敲击棺材头,表示对其未尽养老送终
孝道的谴责;"启灵",出殡时用纸糊的高丈二、面目威武狰狞的"开
路神"先导,以稻草束"草龙"殿后;"跳过棺",夫妇二人,如死者为
女方,男方拟再娶,则背上包袱,手持雨伞,从棺上跳过。闽南有的

地方丧葬习俗中还有一种与死者断绝关系的仪式称"割阄",即在入殓前,将长麻丝一端系于死者身上,另一端则由直系亲属各执一段,由道士念吉语,并将丝一一斩断,然后各人将手中麻丝包在银纸中烧掉,以表示与死者断绝来往而不被缠扰。

(四)饮食

福建汉族的主食以稻米等为主,辅以蔬菜、豆制品和鸡、鱼、猪、牛、羊肉等副食。米饭加工以蒸、焖、捞为主。捞饭在农村很普遍,系用竹制的"笊篱"捞出半熟米饭,将捞出的饭粒上甑炊熟,以备中、晚餐之用,余下的米汤和饭粒熬成粥作早餐。闽南部分地区民众爱吃"肉末粥",在粥中加肉末、蛏、葱姜和少许盐、酱油,不用佐餐菜肴,以此作早餐或晚餐。闽西连城一带农民,早餐多干饭,午、晚餐较多喝粥,且喜加入蔬菜、芋头、瓜豆等煮成菜粥。闽西北泰宁、建宁等县产竹,当地人喜用毛竹制成的竹筒蒸饭,米饭中有竹子的清香。闽西武平的"簸箕粄"是舀米浆于簸箕上猛火蒸熟成饭皮,制成小块,包上豆芽、瘦肉、虾米等食用。在南靖,农民下地干活或"肩挑走贩"时,习惯用草编小袋装米煮成饭团,俗称"茭荙饭"。闽北南平一带也有草袋蒸饭的习俗,俗称"草包饭"。福建人对用糯米和粳米加工制成的"糍粑"和"白粿"也很偏爱,或煮或炒皆可,既可作主食,也可佐餐。

福建人爱吃地瓜(又称为番薯、红薯)。明代万历年间,番薯从菲律宾传入中国。番薯一引入,就为赈济福建饥荒立功殊伟,福建人为此在福州乌山建有"先薯亭"以纪念。在莆田和闽南一些地区,旧时地瓜甚或成了当家食品,人称"万能粮"。1949年以前,古田县大桥镇以东的"大东地区",曾流传这样的俗谣:"大东三件宝,番薯米当粮草,竹片当灯火,火笼当棉袄。"闽南惠安县地多沙碛,旱地所占比例很大,主要种植地瓜,历史上有"番薯县"之称。旧时该县人民主要靠食地瓜度日,农民甚至一日三餐吃地瓜,仅逢年过节才能吃几顿大米饭。每年地瓜收成后,除少量现食外,大部分加工成粉或切成条丝状或片状的"地瓜米"、"地瓜片",以备常年食用。作为与大米互补的代用主食,番薯最常见的食法是将其与米掺和混煮。地瓜的加工有煮、蒸、烤、晾几种。近几十年来,随着生活水平的提高,以地瓜米充当主食的现象在省内逐渐减少,但在城乡人们仍普遍将地瓜用于酿酒,薯粉用来佐餐和制作各种风味小吃。

福建人历来讲究荤素菜肴的烹调,以炒、蒸、煨技术最为突出,诸端烹法样样在行。闽菜是我国八大菜系之一,以刀工巧妙、汤菜众多、调味奇特、烹调细腻为主要特点。闽菜调味偏于甜、酸、淡。这一特征的形成,与烹调原料多取自山珍海味有关。善用糖甜去腥膻;巧用醋酸甜爽口;味清淡则可以保持原汁原味,并且以甜而不腻,酸而不峻,淡而不薄享有盛名。闽菜还善用红糟、虾油、辣椒酱、口急汁等调味,风格独特,别开生面。各地饮食口味略有不同,福州地区烧菜喜用虾油、糖、酒为佐料,甜、醇、香为其菜肴风格,特别是讲究"甜"。郁达夫先生曾用"简直是同蜜饯的罐头一样,不杂入一粒盐花"这样的词句来形象地描述福州食品的味道。闽南地区则忌用虾油,喜清淡,重本味,烧汤制羹时还常加入当归、党参、枸杞等中药。闽南部分地区喜食咸,南安一带即有"无咸不成甜"、"咸甜浦(淡)无味"之说。而闽北,闽西北山区受邻省影响,加之山高水寒,烧菜时下盐、加辣椒较多,菜肴风味浓烈。

旧时佐饭多为菜蔬、腌菜、咸鱼之类,至今犹然。在福建,无分东西南北,家家户户均有早、晚餐食腌菜、糟菜、酱菜等长年菜的习惯。民间不论是对肉类、鱼类还是蔬菜,都有一套腌制、晒干技术。闽北、闽西山区多以芥菜为原料腌制"酸菜"。闽南、闽东多以萝卜腌成"萝卜干"(俗称"菜脯")。在南安市蓬华地方,用当地产的优质芥菜腌制的"盍瓮菜"(又称"窖菜")堪称腌菜一绝。据说此菜还有养肝肺、去风湿的药用价值,算得上闽省腌菜中的极品了。民间也因此有"蓬华窖菜胜过黄埔解元"的说法。古田、闽清一带所产红糟享誉八闽,当地人喜将芥菜晒干加盐,再以红糟腌存,制成四季可食的香爽的"糟菜",风味殊佳。闽北的政和、松溪、武夷山、浦城以及闽西北的泰宁、建宁一带竹乡的农民,每年制作"笋干"(俗称"笋咸"),食时其味清香,可供全年食用。沿海地区海产丰富,滨海人家多将小鱼、小虾腌制成鱼干、虾米等用以佐餐。旧时闽南平和一带俗谚"吃珍珠麂(麦饭),配凤眼鲑(咸海间鲑)",意即喝粥配咸鱼,为普通饭菜。福州地区将海边滩涂的鲜活小螃蟹(俗称"蟛蜞")洗净除脐,加盐、糖和酒糟制成"蟛蜞酥",脆且含酒香,食之嘎嘎有声,风味独到。到今天,一些"老福州"对它仍一往情深,早餐必备。

值得一提的是,福建汉人的饮食习俗与其他地方汉人相比,有个很显著的特点——讲究食补。食补分平时和节令两种情况。平时食补因家庭经济条件不一,各人体质、嗜好有别,食用什么各不相同,但当归、党参、熟地之类滋补性的药材,却是多数家庭的必备之物,当作调味品来用,既调味,又进补,一举两得。这些东西北方人从不当作调料,不生病是不吃的。南安码头镇大庭村所产黑豆,俗称"大庭黑豆",当地人称"大庭黑,大庭黑,赢过山珍雉鸡和鹧鸪"。该豆确有食用兼药用的功效,有一顺口溜称:"小小黑豆圆又黑,炖猪(脚)炖鸡连骨黑。消肿去湿又滋补,胜过补药洋参丸。"节令食补,即按节令不同而各有讲究。一般而言,春夏要多吃些凉性的食品,以求补阴;秋冬要多吃热性的食物,以求补阳。闽西武平旧俗中还有"春羊、夏狗、秋鸭、冬鸡"之说,将副食与民间适时调补结合起来。闽南一带特别注重"补冬"。立冬那天,人们除了吃鳗鱼、猪脚、鸡鸭等富有营养的食品外,还一定要吃羊肉。炖煮食品时,有钱人家还要放入鹿茸、人参、当归等滋补药材。人们认为立冬吃有营养的补品,对人的身体特别有益。

福建汉族的风味小吃具有浓厚的民俗特色,数不胜数。

1. 福州系小吃。老辈福州人有句话叫"七遛八遛莫离福州"。

意谓福州饮食的风味独好,乡人不忍离去。福州的风味小吃和名点在省内独树一帜,主要有:鱼丸、鼎边糊(又称"锅边糊"或"锅边")、燕皮、芋泥、光饼、线面、芋粿、蛎饼、虾酥等。

2. 闽南系小吃。以厦、漳、泉为代表的闽南地区风味小吃及糕点制作,以其用料考究称绝一方。主要有:海蛎煎(俗称"蚝煎"、"蚝仔煎")、土笋冻(又称"土钻冻")、手抓面(又称"豆干面粉"或"五香面粉")、沙茶面、卤面、深沪水丸、粉浆翁仔、五香卷、榜舍龟、嫩饼、油葱粿、花生酥、卷仔粿、枕头饼等。

3. 闽北系小吃。闽北山区用米制品加工的各种风味小吃颇具特色。较著名的有邵武的"铁城三糕",松溪的"肉丸"(又名蒙丸)、"芋丸"、"豆腐丸"也别具一格,建瓯的"豆浆粉条"及该县东游乡的"夹踏仔"(用熟芋拌粉成皮,用扁食馅包成鸡爪状)也很有风味。武夷山区的"苦槠糕"、"鼠曲粿"富于山野气息,是传统的清明小食。其他名点还有三明一带的蛋菰、芝麻咸饼、米冻及中秋前后特制的"老公老婆饼",大田县的九重粿,明溪的蕨须包(当地俗称"客秋包"),宁化的烧卖、鱼生等。

4. 闽西系小吃。闽西山区以羊、狗、牛肉制作各种风味小吃。风味小吃以羊鱼、乳狗肉、涮酒品(当地人又称"九头门")、珍珠粉、糖铁糕、拳头桃、灯盏糕、笑包(也称"开花馒头")、老鼠饭等出名。

5. 莆仙系小吃。莆仙一带以炒兴化粉著称,久负盛名。其他如猪戈面、蚨猴(用鲜海蛎拌地瓜粉制成,又称"代溜"、"海蛎饼"。)、蛏溜、水龙汤(以豆腐、肉、紫菜、葱汁等加工而成)、麻丸(用猪腱肉加工的鱼丸)等都是著名的风味小吃。

福建山多,盛产山货,著名的有连城地瓜干、武平猪胆干、上杭萝卜干、明溪肉脯干、永定菜干、宁化辣椒干、清流老鼠干、长汀豆腐干等,一些名菜也多以山货为原料,如武夷山以蛇肉与鸡肉烹调的"龙凤汤",闽北山区的"清水冬笋"和"酿香菇"、福鼎的"太极竽泥"等。福建气候温暖,适合种植热带、亚热带和部分温带水果,以柑橘、龙眼、荔枝、香蕉、菠萝、枇杷、橄榄、甘蔗等闻名,因此对各类水果的食用也较为讲究,如漳州有著名的"柚子宴",宴席上点"柚灯",喝"柚茶",吃柚果和柚皮蜜饯。永春的"金桔糖"、厦门的"青津果"、福州的"五香橄榄"等,名声都远播海内外。

福建雨量充沛,多红黄壤土,具有种植茶叶的优越自然条件。绿茶、乌龙茶、红茶、花茶、白茶和紧压茶是我国六大茶类,除主要为少数民族饮用的紧压茶(即茶砖、茶饼等)外,其他五大茶类福建都大量生产,且几乎每县都产茶,与浙、湘、皖、川并列为我国五大产茶区,其中一些珍品,如安溪"铁观音"、武夷山"大红袍"、福鼎"白毫银针"等名扬海内外,是茶中上品。福建茶叶生产历史悠久,南唐时闽北已有"北苑御茶园"。福建饮茶风气之盛,堪称全国之最,三两岁的孩子即会饮茶,这种情况不为罕见。饮茶有"功夫茶"、"斗茶"、"分茶"、"擂茶"等名目,各有一套繁文缛节,极其讲究,已升华为一门艺术,谓之"茶艺",非经训练难以涉足此道。一般民众日常生活中饮茶,也颇多讲究。一般而言,茶具有茶罐、茶杓、茶壶、茶盘,闻香杯、茶杯等,成龙配套,精致考究;茶杯很小,仅容一口;沏茶要用沸腾的水,且要求水质好;斟茶有"关帝巡城"、"韩信点兵"、"三龙护鼎"等程序;品茶,先在闻香杯中闻香,再饮茶,且只能小口呷,不能一饮而尽;喝茶时要细品慢尝,往往还口中啧啧有声,等等。

福建人的酿酒历史悠久,有不少好酒,如始创于清代咸丰年间的状元红酒,在闽江流域尤其是顺昌等地享有盛誉;建瓯黄华山牌特制米烧,1992年就被中华酒文化研究会评定为"中华文化名酒"。在闽北流传着"山里的汉子爱喝酒,山里的媳妇会酿酒"的说法。每年新谷归仓,不少人家就开始酿酒,大户人家酿五六坛,小户人家酿两三坛,就是不会喝酒的人家里也要酿上一坛,用于待客或作为煮菜的作料。家庭自酿的酒有颜色沱红的红酒和使用特殊的白曲进行发酵的白水酒,香气四溢,味觉绵长。

（五）禁忌

禁忌是一种信仰习俗中消极防范性的制裁手段或观念，它包含两方面意思：一是对受尊重的神物不许随便使用，二是对受鄙视的贱物，不洁、危险之物，不许随便接触。一切被"禁忌"的事物，都不可违反，否则被认为迟早会受到制裁和惩罚。福建汉族的禁忌五花八门、千奇百怪，有的甚至因互相矛盾而显得更加扑朔迷离。其广泛性和复杂性已渗透在人们生活和生产的各个方面，伴随人们一生。

福州的生活禁忌可谓无所不在。主人请吃饭时，往往将饭盛得山般高，客人尽可以表示吃不了这么多，将饭往主人饭碗里拨，但千万不要犹豫不决，更不要顺手将筷子插在饭碗上，这样极不吉利。因为在福州，灵堂棺头会供奉一碗装得爆满的"丧食"，上面直插一双筷子。除夕年饭后，必须用手纸擦小孩嘴巴，说明孩子所说"死了"、"坏了"等不吉利的话不算数。结婚宴席上不能将盘碗重叠，否则就意味着重婚。席间上的全鱼不能动，借以祝主人家全头全尾食有余。家人出远门、亲友远来、长辈做寿、新婚初嫁等必吃两只鸭蛋和一束线面泡的"太平面"。说话禁忌更多，"要碗饭"应称"来碗饭"，避要饭之意；"短裤"应称"裤长"或"半长裤"，因"裤"与"库"同音，要避"短库"之意。如某人死了，则不直呼"死"，而称"生"；"治丧衣"称"做寿衣"；"买棺材"称"选寿板"。

闽南禁忌也很繁多，人一诞生到世上就有许多规定，动辄犯忌。如新生婴儿未满月时，忌见六种人：戴孝的人、新娘、病人、孤寡、陌生人、疯子。因为戴孝的人是丧事，与喜事不能相冲。新娘是喜事，双喜亦不能相冲。其他四种人被认为会给婴儿带来不幸。赠送坐月子的妇女应为鸡，忌送鸭，因鸭阴湿，且民间有"死鸭硬嘴闭"、"七月半鸭，不知死期"之说，会令人想起"死期"，不吉利。结婚时禁忌人站门碇，也禁忌人带手电入新娘房。除夕、初一禁忌打破家具，特别是碗盘。家中出事，如病或发生意外，常插松枝，并禁忌生人进家，以避邪。凡参加丧事的人，禁忌再参加红事（如结婚），家中死人，一年内禁忌办喜事（如结婚）。出门回家或外出访友，如穿草鞋，要放在门外，不然会被认为把路上"煞气"带进来，因为草鞋是孝子带在身上行孝的东西。赠送人礼物禁忌单数，一定要双数，取成双成对、喜庆团圆之意。有一些东西禁忌赠人，如手巾、剪刀、扇子、雨伞等。手巾是办丧事时主人家送参加吊丧者的纪念品，意在永别。剪刀有"一刀两断"之意。闽南方言雨伞与"给丧"同音。扇子夏用秋丢，不能够长久。禁忌以甜粿、粽子赠送人，因为丧家按惯例不蒸甜粿、粽子，送此二物，犹如把对方当丧家。上山忌叫名，据传鬼魂知道名字后会前来纠缠。入林忌呼啸，因为怕惊动野兽。下水忌单身，上屋忌坐瓦檐口，因为这样会失事。衣服忌反穿，因为反穿是表示家中有人去世。忌用筷子敲打桌面和碗盘，忌用手或器物敲打灶台，因为这样会伤害"灶君公神"。

虽然处于同一区域，由于生活方式和生产方式不同，禁忌也不同。闽南沿海一带渔家，吃鱼禁"翻"。上面的鱼肉吃完了，得先把露在上面的鱼脊骨夹掉，然后再吃下面的鱼肉，千万不能将鱼身从盘底整条翻转过来。因为翻鱼等于翻船身，是倒霉晦气的兆头。有的地方渔民饭后不能把筷子放在碗沿，而是要把手中筷子在碗上绕几绕，以示渔船绕过了暗礁和浅滩。

（六）服饰

汉族服装纷繁复杂，变化很大。概略而论，古代汉族服装的显著特点就是宽衣大袖，讲究装饰，并对服装及装饰的等级差别有严格规定，不可僭越。从形制上看，汉族古代服装主要有裙服（上衣下裳，裳在古代是裙）、袍服（即深衣，把上衣下裳缝连起来）、襦裤服等类型。其中，裙服中的冕服为帝王百官的上等礼服；袍服（深衣）有长衫袍式及衣连裙式，前者为百官朝服及庶人礼服，后者为王后贵妇的礼服。襦裤服为平民常服。汉族人本来不穿裤子，后来受到少数民族影响，开始穿裤子了。裤子在汉族服饰中的出现，是汉族服饰文化进步的一个重要标志。另外,像帽子、靴子等,都是从少数民族中吸收过来的服饰文化,从而极大地丰富了汉族服饰的整体水平。到了近现代,汉族服装废除了等级规定,趋于简便,讲求实用,福建汉族也不例外。目前,汉族服饰的原料主要有麻布、丝绸、棉布、毛呢、皮革等,颜色种类多、色泽艳美,款式更是千姿百态,美不胜收。

在福建汉族妇女服饰中有一道亮丽而又独特的风景线,即泉州惠安女的特色服饰,服饰的整体造型美观、色彩协调,奇而不俗、艳而有韵,是汉民族服饰中最具视觉冲击力的个性服饰。

人们描述惠安女的服饰,常用到几个形容词:"封建头、民主肚、节约衫、浪费裤"。其实,惠安女的穿着是劳动创造出来的最美丽服饰。历史上惠安一带地瘠民贫,男人多外出谋生,再加上当地习俗的原因,家乡的生产劳动都由女人承担。由于地理因素,惠安一带常见山风海风。风沙最能损人容颜,因此惠安女的头部常年使用方巾和斗笠。方巾一般是两尺见方(约 70 厘米)从头顶上往下巴处扎结,两边垂到肩上,这样脸部只露出眼、鼻、口,有时风沙太大,方巾的结还可以扎在鼻子底下,这样就只露出眼睛和鼻子了,然后戴上斗笠,把头部防护得严严实实的,冬天防风沙,夏日挡骄阳,人们很难看清她们的真面目,这就是所谓的"封建头"。"民主肚"的穿着,多见于惠安沿海一带的妇女,用城里人的眼光看,她们上身的衣服短得出奇,连肚脐都没遮盖住,且整件上衣既窄又紧,连袖管都紧缚着手臂。由于这些惠安女常年在海边劳动,并且捞海菜、收渔网等操作都是要俯身在水面上进行的,如果衣服长了、松了,自然妨碍劳作。多少年来,惠安女露肚脐的上衣代代相传,穿这样的上衣在海边劳动其实最自然。"浪费裤",是形容惠安女的裤管特别宽,一般每只裤管的宽度均有 40～50 厘米,比一般人的裤管宽了一倍。为什么要"节约衫"而"浪费裤"呢?其实惠安女的宽裤管并非浪费,穿宽裤管的惠安女在海滩作业,不怕海水浸湿,不怕海浪打湿;在山上扛石头,在田里劳动,不怕汗水浸渍。由于裤管宽,湿了也不影响正常活动。况且野外、海边风大,走动几趟,很快就被吹干。因此,惠安女服饰是惠安女在长期的劳动中根据劳动方式的需要设计且不断改进才最后形成且长期保留下来的,是惠安女勤劳智慧的产物。这种以黄斗笠、银腰带、蓝上衣、宽黑裤为主要特点的服饰,很好地展示了女性身材的曲线美和婀娜多姿的神态。金黄色的斗笠和金色的沙滩是那么的协调;以蓝色为主色调的服饰,和蔚蓝的天空、蓝色的海洋融为一体;裤子的皱褶宛如大海的波浪。当一群惠安女挑着海鲜行走在金色的沙滩上,当阵阵海风吹动着美丽的头巾和宽宽的裤管的时候,惠安女宛如仙女下凡,妙不可言。

惠安女服饰融民族、民间、地方和环境特征于一体,既有民族特点,又独具地方特色,是研究闽越文化传承变迁及中华民族多元文化交融的珍贵文化遗产,它在民族服饰文化中独树一帜,是中国传统服饰精华的一部分,是现代服饰中的一朵奇葩,具有较高的实用艺术价值和民俗文化研究价值。

(七)节日

岁时民俗是一种极其杂的社会文化现象。福建的岁时民俗,一方面是闽人生产和生活经验的体现,另一方面也与闽地独有的自然环境有着密切的关系。

除夕是旧历年的最后一天,也是全年最繁忙的一天。福州话"年盲兜(年终)连没骹灯马也会跑"。福州人要蒸好白米饭贮在饭甑中,供于案前,俗称"隔年饭"。晚上要烧竹竿,后改为烧松柴,烧时撒些盐花,让其发出响声,以扫除晦气。福州人还称"除夕"为"做晦",在门缝里夹着金银箔纸,以示金银多到从门缝里盈满溢出,象征明年能发大财。闽南在除夕夜将打扫灰尘的旧扫帚丢在火里烧掉,然后全家老少用闽南话说声"今年好过年",挨个跳过火堆,以祝愿新一年快乐、吉利。漳州除夕之夜围炉,宴席佳肴有其象征意义,如鱼象征生活富余,鸡寓意家运昌兴,豆腐表示发财致富,韭菜代表幸福长久。漳州人特别看重蚶,除夕宴绝不能少。古时贝壳象征财富、华贵,所以漳州人视蚶壳如金银,食后蚶壳不得扫入垃圾,而要郑重地放置在门后或床下,预示来年发财致富。此外,还须在房门后竖放两根连根带叶的甘蔗,称"靠壁硬",取家运坚实牢固之意。闽西除夕在中庭置方桌,以大米斗置桌上,插上冬青树叶,以银圆、银镯系于冬青树枝上,又以红蛋置米上,叫"上岁饭"。闽北有些地方则要炼岁、守岁到天明。吃过年夜饭,家中的长辈便开始炼岁,就是要用最硬的杂木和木炭保证灶里和火盆里的炭火一夜不熄,寓意着香火不息、红红火火。一家人围着火盆,说天道地,是一年中最融洽、和谐、吉祥、平安之夜。而守岁是年轻人的事,青年男女会三五成群相邀相聚,尽情玩耍,直到天明,长辈是不干预的。因为这是年青人为长辈"守岁",祝他们身体健康、长命不老。

　　春节是闽俗中最重要的节日,福州俗称"做年",主要有五个活动:(1)饮屠酥。初一清晨汲上井水调和黄酒,家中人按长幼为序各饮一杯,以避瘟疫。(2)序拜。先拜天地,然后按辈分向家中长老祝寿。(3)却荤食。正月初一吃素,类似今天吃以线面配鸭蛋的"太平面"。(4)上冢。祭扫祖先坟墓。(5)入学。正月初五送子弟入学拜老师。旧时福州水上居民(俗称"疍民")有一特殊的贺年习俗:正月初二后的数日内,三五结伴的水上居民(男女老幼均有,多为中年以下女性),盛装携筐,至市内各街巷挨户唱小曲贺年。受贺的人家赠以年糕、米粿等食品。水上居民无论贫富与否,每家最少要有一人参加贺年,据说这样类似吃了百家饭,可保全家一年平安无事。所唱小曲和谐悦耳,且多与地方习俗、新年吉利有关,因此颇受青睐。闽南对过春节的日程有严格的规定,一首盛行的歌谣唱道:"初一荣,初二停,初三无姿,初四神落天,初五隔开,初六打囝仔的脚川(屁股),初七七元,初八团圆,初九天公生,初十地公生,十一请子婿,十二返去拜,十三食糜配芥菜,十四结灯棚,十五上元暝。"大意是:初一决定一年的吉凶祸福,所以一定要打扫干净,箱橱里还要放几文钱;初二没事干,妇女们归宁贺新正,并带红包及糖饼散给一般小孩;初三新娶的妇女归宁未回;初四沐浴焚香将三牲果品排在神像前,表示欢迎神明降临本家;初五告一段落,各行各业就位;初六可以打不听话孩子的屁股;(初一到初五不许打骂孩子,以图吉利。)初七将一些混合蔬菜煮食(名七宝汤),可解百病;初八一家人须团聚在一起共享天伦之乐,如妇女未归,家中人要到外戚家中兴师问罪;初九、初十是天公、地公的生辰,要排列九牲五果六斋,演戏并请道士和尚念经;十一女婿到来,岳父、岳母无微不至招待,但女婿也需带些红包给岳父家的孩子;十二贺新年的客人都回家去了;十三人们没有敬神,可食家常便饭;十四扎结很高的灯棚;十五过元宵。闽西客家习俗,正月初一,16岁以下的孩童都挎个布包成队到各家各户"打饼",也含有贺年之意。每到一家,主人便分给一人一粒糖、一块饼,年幼未能到者,则由兄、姐代领。现在拜年之俗仍盛行,而且增加了"团拜"和电话拜年的新内容。"团拜"即为集体拜年。许多单位都定于新年前后的某一时间,人员聚在一起,互相拜贺致意,既增进友谊,又可免逐家拜访之劳。电话拜年则是近几年时兴的新鲜事,主要在城镇。新年钟声一响,人们便拿起电话向亲朋好友贺年,既及时,又便捷。随着私人电话的增多,电话拜年这一新习俗逐渐流行。

闽俗重元宵,前后长达20余天,闽南尤盛,大街小巷张灯结彩,一路舞龙、舞狮、踩高跷,至深夜都极为热闹。家中除了要煮"嫩饼菜"供祖先外,还有几件事是必定要办的:一年内出嫁的女儿,娘家要在"元宵节"前买绣球灯、莲花灯各一对,差遣男孩送到女婿家中,祈祝早日"出丁"(生孩子)。已出嫁女儿在元宵节后走娘家,要备办"面前"(线面、鸡蛋之类的礼品),孝敬爹妈。有的地方未出嫁的姑娘还需在晚上"迎紫姑"(亦称"迎厕姑娘"),即吃几碗"嫩饼菜"后,三五成群到村边厕所作祷语,青年小伙子也常三五成群到厕所边偷听。福建有些地方把元宵节又称"灯节",各地对舞灯的称呼不一,有称"耍灯"的,有称"算灯"的,也有称"闹灯"或"花灯"的。长汀的"踩马灯"以反映爱情为主要内容,由一男一女或一男二女对舞。此舞蹈具有古朴、轻松诙谐的特点。"马灯舞"表演者多为少年儿童,表演者置身于马灯中段,将灯用绳挂在肩上,演出时有 4 人或 8 人列队。大街小巷、家家户户都点缀着美丽的花灯,街上供应汤圆,福建民歌《卖汤圆》中唱道:"卖汤圆,卖汤圆,元宵的汤圆圆又圆……"正是"元宵吃汤圆"的真实写照。

　　福建人也十分重视端午节。端午节不仅有吃粽子、赛龙舟的习俗,而且还要举办抓鸭子的活动。这是一种考验人们体力、毅力和技巧的民间体育竞赛。竞技场一般设在海上或河上,从岸边凌空伸出根数米长的圆木柱,上面涂满滑油,木柱的末端安装着一只盛鸭子的小木箱,箱子有一个活门。参加竞技者要登上木梯,走过这根伸向海里的圆木柱,到了末端,用手拉开小木箱的活门,鸭子就掉进水里,同时人也跃入水中去抓鸭子。通常,十几只鸭子,在一个多小时内便被参赛者抓光。

　　八月十五过中秋,厦门人有个独特风俗,喜欢众人团聚玩博饼。相传,中秋博饼,是郑成功屯兵厦门时为解士兵的中秋相思之情、激励鼓舞士气而发明的。于是,一代一代传下来,就成了如今厦门独具特色的民间习俗。中秋博饼,讲究的就是一个开心,是博一个好兆头,大多数人都愿意相信,博中状元的人,一年运气总是会特别好,这当然是因为博饼活动里倾注了人们的感情寄托。人们用这样的对联展示了博饼的欢乐场面:"八方共赏赏月赏风赏异香,千古一博博和博顺博圆满。"所以,厦门人总是对中秋节格外重视,甚至有"小春节,大中秋"的说法。月饼在厦门的博饼风俗中,有一个自己的名字,曰:会饼。这是中秋博饼必不可少的道具之一。传统的会饼是由大小不一的月饼汇聚而成的,不过现时的博饼已经不博"会饼"了,改用日用品替代或者是购货券,甚至是金银首饰、大小家电了。但不管奖品如何变换,人们所看重的是围在一起博饼的乐趣和共享中秋团圆的时刻。厦门的中秋博饼民俗已入选第一批福建省级"非遗"名录。

福建有许多独有的年节。如,农历正月二十九,福州要过"拗九节"(也称"后九节"、"孝九节"和"送穷节")。这天清早,家家户户都用糯米和红糖,再加上花生、红枣、桂圆、荸荠、红豆、胡桃、芝麻等配米煮成"拗九粥",用来祭祖和馈赠亲友乡邻。已嫁的女儿要回娘家送上一碗"拗九粥"孝敬父母,福州俗语"逢九必穷",认为人在年龄上的"九"或"九"的倍数,要交穷运,必须设法送穷。

（八）方言

语言是民族、民系最能表现自身特征的文化现象之一,福建汉民系统多源的复合,造就了福建汉族众多的方言类别。福建汉族方言的纷繁复杂在全国是少有的。福建境内有七大方言区:闽东方言区、莆仙方言区、闽南方言区、闽北方言区、闽赣方言区、闽中方言区、闽西客家方言区。福建方言还较多地保存了隋唐中原音韵的风貌。在福建方言中,大都保留着七种以上的声调,据厦门大学语言学者的调查,福建的闽东山区,甚至原封不动地保留着唐代的八种声调。不仅如此,在同一方言区内,方言内部的复杂性、特殊性在全国方言中也是罕见的。例如福州方言区的福清与福鼎、闽北方言区的南平与政和、闽南方言区的厦门与龙岩之间都有很大差异。有的县或乡内,竟没有一种统一的方言,如连城、尤溪、顺昌等地,一个县内就有几种、十几种不能相通的话。所以福建人和福建人坐在一起,弄不好就是大眼瞪小眼,鸡同鸭讲,不知所云。

福建汉族众多的方言中又以闽南方言影响较大、流传较广。闽南方言,又叫闽南话,也有人叫它河洛话或福佬话。它早期以泉州话为代表,现在以厦门话为代表。但泉州话的影响仍然很大,闽南早期剧种梨园戏,至今仍以泉州音为标准音。闽南方言有狭义和广义之分。狭义闽南方言指福建南部和台湾一带说的闽南话。闽南话在外省传播最广的是台湾,台湾岛上,除了高山族地区外,差不多都通行着近于漳州腔和泉州腔的闽南话。闽南话中有"踩水过台湾"的古谚,台湾话中有"人同祖,语同源"的俗语。闽南人移居台湾据说开始于元代,大规模迁移是在 17 世纪中叶,大量闽南人随郑成功渡海从荷兰侵略者手里收回台湾。300 多年来,闽南人和其他地区东渡的汉人,与高山族同胞一起,开发祖国的这个宝岛,在共同的生活和斗争中,闽南方言始终作为主要交际工具,保留在台湾人民的口中。特别是今天,大陆与台湾的经济、文化等方面的交流更加密切,台湾的父老兄弟不断到大陆寻根、探亲、访友,闽南话显得更加重要。广义闽南方言指福建南部和台湾一带及其以外一些地区、国家说的闽南话。全世界操闽南方言的有6000 多万人,分布于省内外和国内外许多地区和国家。可见,闽南话是一个超地区界、超省界、超国界的汉语方言。由于闽南方言保留下来的古汉语较多,因此被学术界称为"语言的活化石"。这些"活化石"对汉语古音的构拟、古籍的训释、汉语史的研究都具有重要的意义,如清朝钱大昕提出的"古无轻唇音"、"古无舌上音"等古音方面的论断,在闽南方言中就可以找到有力的例证。因此,闽南方言历来为国内外语言学家所重视。

(九)文学艺术等

被称为蛮荒之地的福建,文化开发较迟,但经过唐五代的发展,福建已是国内文化较发达的区域之一,形成了很强的文化发展氛围。在宋代福建就是南方有名的文化大省之一,成为"人文蔚起"和"礼仪教化"之方,在科举、书院、出版等各个领域,都有杰出的成就。在无形的文化产业里,宋代福建出现了许多著名的诗人、作家、历史学家、科学家,形成了一个波澜壮阔的文化浪潮。北宋时期,福建的州县学早已相当普及,而南剑州的州学业已建立 20多年了。可见,当时福建对学校建立之重视,在国内各地是十分突出的。福建广设书院是在南宋时期,当时,二程理学传到闽中,福建士子积极研究理学的原理,这就需要聚书讲学之处。于是,建学之风在福建各地兴起,各类书院如雨后春笋般地出现,迄至南宋末年,福建已有数十所有名的书院。其数量在全国数一数二。这一优势,一直保持到元代。福建的学校与书院之多,是宋代福建文化发达的表现。

在中国思想史上,使福建占有重要地位的是闽学的兴起。闽学是理学的一个流派,也是理学的顶峰。宋代福建成为理学根据地,有其内在原因。北宋时期,福建已成为儒学文化较发达的区域。著名的海滨三先生是理学的前驱人物之一。但是,北宋的理学中心主要在洛阳,尤其是北宋后期,二程兄弟相继在洛阳讲学,使理学中多了一个名为"洛学"的流派——被称为理学正宗的流派。北宋的福建人是非常好学的,他们之中,有不少人仰慕二程理学,许多人负笈千里,前往洛阳求学,在程门四大弟子中,即有两位是福建人,他们是杨时与游酢。有一次,杨游二人冒雪前往程家拜访,恰逢老师午睡,杨游二人不敢打扰,站在门外静候多时,待老师醒来发现时,地上的积雪已有一尺厚了!这就是著名的"程门立雪"的故事。北宋末实行"党锢",二程理学被禁。在万马齐喑的时代,杨时挺身而出,倡导理学,使其成为理学的中坚。宋室南渡,杨时讲道东南,使东南取代洛阳,成为中国理学的中心。杨时是南剑州将乐县人,晚年定居家乡,其高足罗从彦也是南剑州人,罗从彦的弟子是南平人李桐,李桐的再传弟子是生于尤溪的朱熹,这四位被视为理学正宗的传人,都与南剑州有不解之缘。其后,朱熹定居建阳讲学,虽说他的学生来自四方,但其中有不少是福建人。他的高足中,蔡元定是建阳人,黄榦是福州人,陈淳是漳州人,而私淑弟子真德秀是浦城人。朱熹自己,虽说祖先是徽州人,但从他祖父入闽算起,朱氏定居福建已有三代。就朱熹本人而言,他的一生70余岁,除了其中几年在外做官讲学外,大都在福建居住。所以,后人将其学术称之为闽学,是理所当然的。理学是儒学发展的高级阶段,它是使儒学超越政治学、伦理学、文学,进一步发展为以思辨为主的哲学,从而在政治学、法学、行政学、经世学等方面都有重大突破的一门学术,也是中国古代学术的总汇,在中国文化发展史上产生了极为深远的影响。由于其成就辉煌,闽学的代表人物朱熹被视为孔子之后的第一人。①

宋代福建涌现了不少文化名人和科学家。文学方面,杨亿被称为西昆体的代表人物,柳永是婉约派大师,张元幹与刘克庄的词风豪放,刘克庄还是"江湖派"诗人的领头人之一,而严羽的《沧浪诗话》是具有永恒价值的诗歌评论名著,蔡襄的散文则"清遒粹美"。在史学领域,宋代闽人有两部众所公认的史学名著,其一是郑樵的《通志》,其二是袁枢的《通鉴纪事本末》。在自然科学方面,曾公亮所著的《武经总要》,是宋代兵器制造、兵法集成的巨著。苏颂作《新仪象法要》,并制造了水运天文仪,代表了中国古代天文学的成就。此外,宋慈的《洗冤录》是法医学史上的开山名著,杨士瀛在医学理论方面的探讨引人注目,蔡襄的《荔枝谱》、《茶录》都是科学史上的著名作品。在艺术方面,蔡襄号称宋代书法四大家之首,蔡京与蔡卞的《宣和书谱》与《宣和画谱》,都是艺术史上的名著,而《乐书》及《律吕新书》等音乐方面著作的出现,也都是闽人献给中国艺术史的名著。②

近代,由于福建在历史地理文化传统等方面具有的区域特点和优势,福建成为中西文化交流的重要桥梁。福建文化此时经历着与近代西方文化交融和激荡的历程,具有强烈的使命感和鲜明

---

① 徐晓望:《论隋唐五代福建的开发及其文化特征的形成》,《东南学术》2003 年第 5 期。

② 徐晓望:《论宋代福建经济文化的历史地位》,《东南学术》2002 年第 2 期。

的开放性,对中国思想文化界产生了巨大的影响。此时期福建涌现了两批杰出人物,例如林则徐是近代中国睁眼看世界的第一人,而严复则是将学习西方文化从器物层面推进到精神层面的第一人,其他诸如沈葆桢、林纾、林觉民、辜鸿铭等人,他们或敢于舍生取义,维护中华民族的尊严,或勇于面对挑战,开眼看世界,为近现代中国社会的改革、维新乃至革命,披荆斩棘,奋斗不息。尤为值得一提的是,福建创办了近代中国第一所高等实业学堂——福建船政学堂,它不仅再次突显了福建的海洋人文特征,更培育了近代中国第一批具有西学知识的新型知识分子,他们视野开阔,通晓外语,掌握近代科技知识,从不同侧面推动着福建文化乃至近代中国文化的发展进程。[①]

在艺术方面,福建的戏曲不像其他省市那样,有一种为全省人民普遍接受的戏曲(如北京的京剧、浙江的越剧、四川的川剧),福建各个地区都有自己的戏,很难说哪一种戏最能代表福建,除流行于各城市的闽剧、莆仙戏、梨园戏、高甲戏、芗剧这五大剧种外,还有20多个大小剧种流行于各山区沿海,仅今日可查的地方剧目就多达15000多个,故有"地方剧省"之称。正是由于福建的地方剧难以互相交融,所以在莆仙戏、梨园戏和南曲中,始终保留着一些宋元南戏的剧目,一些古本和古曲在全国其他剧种中早已绝响,而唯独在福建可以听到它们的遗音。特别是被称为"中国音乐的活化石"的南音,是历史悠久的古老乐种。南音是闽南民间乡土音乐,以泉州话演唱,又称弦管、锦曲、音乐、南管,萌生于泉州,传唱到闽南、闽中、台湾省、港澳地区和东南亚各国。南音乐曲韵味典雅,旋律优美,乐曲的曲调、风格,有的与南戏音乐相互交融,有的直接吸收南戏选段和大唱段的乐曲,经加工改造,使之减少戏曲

---

① 张燕清:《福建文化生态与历史文化传承》,《东南学术》2003年第5期。

味,更符合南音的特点。在著名的《韩熙载夜宴图》中,对南音的演奏有着生动的描绘。如今在中原大地早已失传的南音,却在泉州古城完好地保留下来。现在泉州的中小学里开设了《南音治理》这门课,泉州电视台也有专门的栏目介绍南音,每年泉州还会举行南音大赛培养新人。

以上说明,由于历史文化传承上的曲折历程,福建文化的构成成分极为复杂,它与闽越文化的遗风、中原汉文化的传入、海外文化的冲击等都有密切的关系,这也从侧面说明了福建文化本身具有强大的兼容能力。

（十）建筑

居住在福建的汉族,其传统住房以木建房为主,讲究飞檐重阁和律卯结构。由于福建各地习俗和自然条件不同,在住房建筑布局和功能上也有差异。如丘陵山地的楼房就依山而建,沿海地区的屋子则注重防风防震。汉族传统民居的共同特点都是坐北朝南,注重室内采光;以木梁承重,以砖、石、土砌护墙;以堂屋为中心,以雕梁画栋和装饰屋顶、檐口见长。

厝墙是福建汉族民居建筑中的一个特色,如晋江安海镇几处明末清初建造的大厝外墙以及福清东瀚乡万安寨的厝墙。这种墙,民间虽也称“土墙”,却用了大量砖瓦石料;其叠瓦筑墙工艺堪称一绝,应称“瓦墙”更贴切些。整面墙壁,或上层为砖瓦结构,下为土料,或全用砖瓦砌就。构筑方法和形式也不尽相同。有的是在竖直的条石中间隔堆砌着砖瓦碎片,有的连住宅门框部件和柱珠上也使用各种规格的砖瓦。安海大厝的墙壁,据考是清初安海人历乱后重返故土再建家园时的发明。他们因地制宜,利用遍地废弃的瓦砾砖片及石料筑墙建厝,既清理了废墟,又节省了费用,加上建筑师们巧妙的技艺,创造了这种经久耐用而又整齐美观的碎砖瓦墙。闽南的旧式民宅,一般为一进一厅二落,富者可达三进。泉州一带至今仍有许多明清时代的大厝。清中叶,南安石井海商郑远锦所建中宪"大夫第"多至五进,两旁为护厝,并附建梳妆楼、演武厅等,整个建筑群多达112间,极为壮观。泉州后城有一片清末民初的古民屋,这些老厝多为三合院或四合院格局,乃悬山式(歇山式)五脊二落水的建筑,屋前有石铺的大庭,入门为宽敞的石庭院。横排三开张、五开张、七开张,纵深二进、三进或五进,每进同天井隔开,与回廊相接,两侧回廊外是长列厢房("护厝"),厢房之外有伙房、柴草间和储藏室。有的大户屋后还有一列雅致的梳妆楼。庭院后有花木、假山、亭阁、花园,宛如殿宇,每座面积在600~1000多平方米之间,居室多的达100多间。

在福建汉族的传统住宅中,永定的客家土楼独具特色,有方形、圆形、八角形和椭圆形等形状的土楼共8000余座,规模之大,造型之美,既科学实用,又有特色,构成了一个奇妙的世界。这些土楼多为夯土、三合土或土坯建筑,无论是圆形还是方形,都有高大的围墙、围楼和碉楼。客家人原是中原一带汉民,因战乱、饥荒等各种原因被迫南迁,至南宋时历近千年,辗转万里,在闽粤赣三省边区形成客家民系。他们居住的大多是偏僻的山区或深山密林,当时不但建筑材料匮乏,而且豺狼虎豹、盗贼环顾,加上惧怕当地人的袭扰,客家人便营造了"抵御性"的城堡式建筑住宅——土楼。在被迫离乡背井,流离他乡的过程中,他们经历了千辛万苦,大家都有深切的体会,不论是长途跋涉的流离失所,还是新到一处人生地不熟的居地,许多困难都得依靠自己人团结互助、同心协力去解决,共渡难关。因此,土楼这一独特的建筑形式很好地将本姓本家人聚居在一起,同一个祖先的子孙们在一幢土楼里形成一个独立的社会,共存共荣,共亡共辱。土楼最早时是方形的,有宫殿式、府第式,体态不一,不但奇特,而且富于神秘感,坚实牢固。楼中堆积粮食,饲养牲畜,有水井,若需御敌,只需将大门一关,几名青壮年守护大门,土楼则像坚强的大堡垒,妇孺老幼尽可高枕无忧。由于方形土楼具有方向性,四角较阴暗,通风采光有别,所以客家人又设计出通风采光良好的,既无头又无尾的圆楼土楼。圆楼是当地土楼群中最具特色的建筑,一般它从一个圆心出发,依不同的半径,一层层向外展开,如同湖中的水波,环环相套,非常壮观。其最中心处为家族祠院,向外依次为祖堂、围廊,最外一环住人。整个土楼房间大小一致,面积约十平方米左右,使用共同的楼梯,各家几乎无秘密可言。除了结构上的独特外,土楼内部窗台、门廊、檐角等也极为华丽精巧,实为中国民居建筑中的奇葩。比较典型的土楼有振成楼、承启楼和遗经楼。土楼由于独特的造型、庞大的气势及防潮抗震等优势被誉为世界上独一无二的神话般的民居建筑。客家民居建筑"福建土楼"建筑群被联合国教科文组织列入《世界遗产名录》,成为中国第 36 处世界遗产。

本章参考文献:

1. 福建省地方志编纂委员会编:《福建省志·总概述》,方志出版社 2002 年版。

2. 戴显群、黄岩旺:《唐五代中原汉民入闽及其对福建经济的影响》,《福建史志》1998 年第 3 期。

3. 徐晓望:《论宋代福建经济文化的历史地位》,《东南学术》2002 年第 2 期。

4. 徐晓望:《论隋唐五代福建的开发及其文化特征的形成》,《东南学术》2003 年第 5 期。

5. 陈支平:《福州人——福建汉族民系研究之一》,《广西民族学院学报(哲学社会科学版)》1998 年第 2 期。

6. 王秀华:《惠安女服饰文化和婚俗文化探析》,《经济与社会发展》2008 年第 7 期。

7. 张燕清:《福建文化生态与历史文化传承》,《东南学术》2003 年第 5 期。

第三章　福建畲族

第一节　福建畲族概况

一、概况

畲族是中国 56 个民族大家庭的重要成员之一,人口较少,是我国典型的散居民族之一,历史悠久,民族文化独具特色。畲族分布广泛,除西藏外,遍及全国各省市,主要聚居在福建、浙江、江西、广东、安徽 5 省 100 多个县(市)的部分山区中,台湾也有分布。畲族人多是小聚居,并和周围的汉族人交错杂处,甚至有的和汉族人居住在一个村子里。全国畲族有一半以上人口居住在福建各地。到 2006 年年底,福建全省共有畲族人口 37.51 万人,占全国畲族人口的 52.87%,占全省少数民族人口的 64.25%,其中 2/3 以上分布在宁德、漳州和福州三市,尤其以福建东部的宁德最为集中。

目前,在福建省 19 个少数民族乡中,有 18 个是畲族乡,分布在四大社区:闽西社区,这是最古老的畲族居住地,包括龙岩市上杭县官庄畲族乡、龙岩市上杭县庐丰畲族乡、三明市永安市青水畲族乡、三明市宁化县治平畲族乡等 4 个畲族乡;闽南社区,主要是指漳州畲族社区,这是畲族早期聚居地,也是历史上畲族活动最活跃的地区,包括漳州市龙海市隆教畲族乡、漳州市漳浦县赤岭畲族乡、漳州市漳浦县湖西畲族乡等3个畲族乡;闽东北社区,是目前福建主要的畲族居住地,他们完整地保留了畲族文化习俗,包括宁德市蕉城区金涵畲族乡、宁德市霞浦县盐田畲族乡、宁德市霞浦县水门畲族乡、宁德市霞浦县崇儒畲族乡、宁德市福安市康厝畲族乡、宁德市福安市坂中畲族乡、宁德市福安市穆云畲族乡、宁德市福鼎市硖门畲族乡、宁德市福鼎市佳阳畲族乡、福州市连江县小沧畲族乡、福州市罗源县霍口畲族乡等11个畲族乡,这里的畲族人口有18万人,分别占全省畲族人口的1/2、全国的1/4,另外,还有一个省级民族经济开发区在这里,即福安畲族经济开发区;闽中社区,指福州南部和莆田的畲族社区,这是畲族迁徙的中转站,人数不多,受汉族影响较大,民族特征相对不明显。

二、福建畲族的历史源流

"畲"字来历甚古。在我国最早的历史文献——《诗》、《易》等经书中已有出现,如《诗经·周颂》有"新畲"。唐时刘禹锡《竹枝词》云:"山上层层桃李花,云间烟火是人家。银钏金钗来负水,长刀短笠去烧畲。"宋时范成大《劳畲耕》道:"畲田,峡中刀耕火种之地也。"所以,这个"畲"字原是"火种田"的意思,也就是指"刀耕火种"的原始耕作方法。唐代,居住在福建、广东、江西三省交界地区的包括畲族先民在内的少数民族被泛称为"蛮"、"蛮獠"、"峒蛮"或"峒獠"。南宋末年,刘克庄的《漳州谕畲》说:"畲民不悦(役),畲田不税,其来久矣。",这是史书上第一次开始出现"畲民"的族称。畲族则自称为"山哈","哈"畲语意为"客","山哈"即指居住在山里的客户,但这个名称,史书没有记载。1956年我国中央人民政府把"畲族"确定为这一民族的族称。

关于畲族的族源,至今仍众说纷纭,莫衷一是,有畲、瑶同源于汉晋时代长沙"武陵蛮"说,有"东夷"说,有"越人后裔"说,有"南蛮"说,有"闽族后裔"说,有高辛氏近亲的"氏族部落"说等。但是,可以肯定,隋唐之际畲族就已居住在闽、粤、赣三省交界的山区,宋代才陆续向闽中、闽北一带迁徙,约在明、清时才开始大量出现于闽东、浙南等地的山区。江西东北部的畲族原住广东潮州府凤凰山,后迁至福建汀州府宁化县居住,大约在宋元之后至明代中叶以前迁到赣东北居住。各地畲族都以广东潮州凤凰山为其民族发祥地,传说他们的始祖盘瓠就葬在这里。畲族以蓝、雷、钟为主要姓氏以及妇女的头饰扮成凤凰形式等,就是为了纪念盘瓠。传说他们的始祖盘瓠因为帮助高辛帝平息了外患,得以娶其第三公主为妻,婚后迁居深山,生了三子一女,长子姓盘,次子姓蓝,三子姓雷,女儿嫁给了姓钟的女婿。他们的子孙逐渐繁衍成为畲族。畲族除了蓝、雷、钟三姓,历史上还曾有盘姓,其他人数较多的姓氏还有李、吴等。

　　古代畲族是山地游耕民族,其先民迁移至福建的活动大致可分为唐、宋、元和明、清两个时期。

　　唐代畲族先民被称为"蛮獠",闽粤赣三省交界的九龙江以西的广大山区,为"蛮獠"出没之地。史书记载的"蛮獠啸聚","黄连峒蛮二万围汀州"和"峒蛮"苗自成、雷万兴、蓝奉高等起义都和畲族先民有关。唐王朝为"靖边方",于垂拱二年(686年)在泉(州)潮(州)一带建州县,以控岭表。在当时统治者的压力下,大量畲族先民逃亡隐匿到更为偏僻的山林之中。陈元光任漳州刺史时,为缓和社会矛盾,"安仁"地区,乃开山取道,遣人将畲族先民招抚出来,使散移各处的畲族先民纷纷"归附","日将山獠化编氓",并将"归附"的畲族先民聚居一起,谓其聚地为"唐化里"。随着大量汉民迁入,"苗人散处之乡"变为"民獠杂处"之地。这个时期,畲族先民主要在漳(州)汀(州)一带活动。在畲族移民史中还有一条重要的史迹,现记载于闽浙两地各姓畲族的谱牒中,即唐光启二年(886),畲族各姓(主要是盘、蓝、雷、钟)祖先曾为闽王王审知之向导官,沿东海之滨从闽东的连江、罗源登岸,并陆续迁往闽东,浙南诸地。两宋时期,畲族的活动地域基本上仍在原有的聚居区内。《漳州谕畲》所记载的"畲事"是对宋代闽南畲族地区政治、经济较为典型的描述。宋末元初,战乱频仍,畲族迁徙范围扩大,移民的路线错综复杂。这个时期的移民相当部分是军事性质的移民,最有代表性的是陈吊眼、许夫人、钟明亮等多支抗元畲军于漳州、潮州、泉州、汀州、赣州等处的转战屯守移民。

明清时期是畲族大量迁往汉族地区以及形成目前的"大分散,小聚居"分布格局的重要历史时段,史书和地方志中关于畲民的记载也大都出现在这一时期。这个时期畲族的迁移基本上不带军事性质,而主要是基于畲族山地游耕的传统。这种迁徙的速度缓慢,迁徙的方式以家庭或家族中若干成员为单位徐徐进行,迁徙的取向是相对地旷人稀的汉族地区。概而言之,福建畲族多迁至广东、浙江,江西畲族多迁至福建,安徽畲族多迁至浙江、湖南,贵州畲族多迁至江西。明清时期,畲族经过长期的动荡和迁徙以后,已基本稳定在闽、浙、粤、赣、皖等省的广大山区,对福建经济的开发也作出了重要贡献。①

在漫长的封建社会里,畲族人民被迫不断迁徙。在深受压迫的同时,畲族人民多次起义反抗。他们往往是和被压迫的汉族人民一起,团结战斗,给封建统治者以沉重的打击。唐代,在雷万兴、苗自成、蓝奉高等人领导下的畲汉人民反抗斗争,持续近半个世纪。公元1516年谢志珊、蓝天凤为首的畲、汉人民联合起义规模最大,持续时间最长。在近代、畲族人民也掀起了不屈不挠的反帝反封建斗争。

---

① 资料来源:东方民族网-畲族-民族历史。http://www.e56.com.cn/system_file/minority/shezu/lishi.htm

第二节　福建畲族经济与文化

一、社会经济发展概况

（一）古代社会经济

福建畲族分布的地区，自然条件优越，山脉纵横交错，峰峦起伏，丘陵密布，地势大致自西北向东南沿海倾斜，山脉为东北—西南走向。主要有闽、赣两省边境的武夷山、仙霞岭、杉岭等。武夷为福建第一名山，主峰黄岗山海拔 2158 米。此外，还有闽北的鹫峰山和闽东的太姥山等。多山峦叠嶂，奇峰险谷，为著名的游览胜地。畲族地区溪流回绕，溪水多集诸山两侧之水，从深山峡谷中跌宕奔流出来，汇入闽江、瓯江、汀江。闽江源于武夷山，流经福州，注入东海。瓯江源于龙泉溪，汇丽水大溪与青田小溪后，流经温州，注入东海。江长、流域面积广，为畲族地区的水运交通提供了便利条件。畲族地区的气候属于亚热带季风气候区，受海洋性气候的影响很大，温暖湿润，四季分明。年平均气温约在 16℃ 左右，一般冬季比较寒冷，霜期短，少下雪。但各地畲族所处的地理环境不同，又有一定的差异。闽东畲族最多的福安市，年平均气温 16~18℃，无霜期 260~270 天，年降雨量在 1540~1700 毫米左右。畲族地区物产丰富。农作物品种繁多，稻谷有面稻、光稻、早晚稻、六月黄、八月白、早晚糯、重阳糯、师姑早、大早、小早、无芒秫、麻子秫等。还有"山稻"，又称"畲米"，米质上乘，煮食味香。畲民在近山之地普遍种植薯芋，产量高，是畲民不可或缺的粮食作物。林区面积大，树木种类多，常见的有松、杉、樟、楠、柏、桉、青冈栎、泡桐、竹等，也有世界稀有的珍贵树种——检皮栎、檫树和柳杉等。木材蓄积量以松、杉为最大。用材林有松、杉、杂木等，经济林有厚朴、茶叶、油桐、油茶、柑桔、乌桕、雪梨等。闽北畲族居住地区也是我国重要的林区之一,素有"绿色金库"之美称。畲族居住地区的土特产以香菇、茶叶、油桐、蓝靛最负盛名。此外,名贵药材和南方水果也都有出产。畲族山区地下矿藏有铁、煤、金、铜、钼、明矾、石墨、石膏、硫黄、滑石、云母石、瓷土以及其他多种有色金属。有的储量相当丰富,根据1977年福建省地质局调查,闽东畲族地区藏有方铅矿、闪锌矿、辉钼矿、黄铁矿、磁铁矿和镜铁矿等多种矿石矿物成分。

自古以来,农业经济是畲族的主导经济。唐朝时,畲族先民主要在漳(州)汀(州)一带活动。他们和汉族一起,拓荒垦殖,使林木阴翳、荆棘丛生的荒地,"渐成村落,拓地千里",山区得到开发,生产得到发展。随着唐王朝在畲族地区设治,对畲族先民"劝农桑,定租税",要求畲民"纳贡赋",畲族地区的封建地租原始形态出现。宋元时期,畲族地区的社会经济比唐代有了进一步的发展,汉族地主和封建官吏对畲民进行赋税征收,土地掠夺也随之加重,畲民丧失赖以生存的生产资料,过着极其贫困的生活。由于封建统治势力在畲区日益加强,促使畲族内部发生阶级分化。如南宋时期的漳州有所谓"西九畲酋长相继受招"和"南畲三十余所酋长,各籍户口三十余家,愿为版籍民"的记载。《元史》也记载元初畲军中"有恒产者"和"无恒产者"存在区别。明清时期,畲族地区的社会经济生活相对比较安定,封建社会已经确立,其社会经济状况和当地汉族基本一致。当畲族迁到闽东时,自然条件较好的平坝地方已多为汉人开垦,畲民只能在自然条件较差的地方,开山劈岭,建造田园。凡山谷冈麓地带,"皆治为陇亩",有水源之处开为梯田,仰赖降雨的山地,辟为旱田。

畲民在垦荒造田,扩大耕地面积的同时,还大量学习汉族的先进生产技术,如改良农作物、增加品种,闽东、闽北种植稻谷品种就非常多。特别是各地畲民利用"火田"、"火地"种植番薯等薯类杂粮,主产的薯类成为昔日山区不可或缺的主粮。他们还利用山区的特色经营多种经济作物。茶是畲民种植的传统经济作物,畲区几乎无园不种茶,如闽东畲民种植的"福安大白茶"、闽北畲民种植的"武夷茶"皆品质优良,畅销各地,颇负盛名。香菇为闽浙畲乡所普遍种植,明代起曾列为"贡品"。制作蓝靛的菁也是早年畲区种植的主要经济作物,明清时期,"福建菁"名闻全国,菁民遍布八闽,畲族中不乏种植加工菁者。闽西汀州畲区菁民"刀耕火耨,艺蓝为生,编至各邑结寮而居"。闽中兴化畲区"擅蓝靛之利"。闽东宁德畲区"西乡几都菁客盈千"。福建大宗菁的种植和加工均出于畲民之手,于是"菁寮"成为畲族聚居区的代名词。除上述茶、香菇、菁等的种植外,畲民还种植苎麻,苎麻的种植、加工及苎布的生产,解决了畲区穿衣问题。①

　　清乾隆年间,"编图隶籍"、"编甲、完粮"的政治经济政策才逐渐实行至畲族地区。

　　1840 年鸦片战争以前,畲族社会是一个以自给自足的自然经济为基础的封建社会。鸦片战争以后,畲族也和全国各族人民一样逐步地沦入半殖民地半封建社会的悲惨命运中,畲族地区社会经济文化的发展呈现缓慢性和不平衡性。资本主义列强入侵我国,清政府被迫开放福州等通商口岸,使资本主义列强的商品源源不断地经由水陆交通运输至福州口岸附近的闽东口岸,对畲族社会经济产生了严重影响,使其小农业和家庭手工业相结合的自给自足的自然经济逐渐走上崩溃的道路,畲族地区的经济生活发生了急剧的变化,但封建土地所有制和剥削关系依旧保存下来,绝大部分土地仍然集中在汉族地主手中,而广大贫苦畲民则向汉族地主租佃土地,承受高额的地租剥削,生活陷入朝不保夕的境地。他们为了求生存、得解放,整个近现代时期,始终同汉族人民一起展

① 资料来源:东方民族网-畲族-民族历史。http://www.e56.com.cn/system_file/minority/shezu/lishi.htm

开如火如荼的反帝反封建斗争,经受了斗争的洗礼。

　　(二)现代社会经济

　　新中国成立后,党和政府的民族政策使畲族人民实现了当家做主的愿望,有关地区的各级人民代表大会在代表名额上对畲族都给予了适当照顾,并大力培养和提拔畲族干部。同时,畲族居住比较集中的地区建立了民族乡。经过社会改革,受压迫的畲族人民拥有了自己的土地、茶园、山林。党的十一届三中全会以后,农村实行生产承包责任制,畲族山乡的经济搞活了,多种经营,变山为宝,乡镇企业蓬勃发展。进入21世纪以后,在进一步扩大开放的浪潮中,各级政府继续贯彻落实民族政策,广泛开展民族团结进步活动,大力扶持畲族地区发展。畲族人民也发扬自力更生、艰苦奋斗精神,加快建设步伐,畲族地区经济建设稳步发展,人民生活水平明显提高,社会事业面貌发生了深刻的变化。

　　在全省各地,畲族山乡已成为对国内外资金具有很强吸引力的地方,经济发展前景十分美好。有的畲乡经济以农业开发为主,重视发展多种经营,改变传统以种植业为主的内部结构,大搞农业综合开发。如永安市青水畲族乡利用山区生态环境,培育反季节蔬菜,在稳定粮食产量的同时,发展农作物制种业和庭院经济;漳浦县赤岭畲族乡创办高优农业开发区,大面积种植荔枝、龙眼等名优果树,逐步形成高产优质的水果基地,已实现人均2亩的目标,水果产量达1.5万吨。有的畲乡经济以工业开发为主。如福安市坂中畲族乡以建立电机电器工业小区为龙头,共发展企业300家左右,1996年产值达3亿多元;宁德市金涵畲族乡以为发展工业为突破口,大力发展集体、个体、股份合作制企业,形成了以建材加工为龙头、其他各业并举的产业结构,1996年乡镇企业产值就达2亿多元;漳浦县湖西畲族乡开发了金鲤工业区,引进了7家外资企业,目前外资企业已经向食品加工、农产品加工、石板材加工、矿山开发等多元化方向发展。福安畲族经济开发区还发挥民族特色,开发出民族风情商贸城、闽东最大的茶叶交易和木材交易中心,形成了茶叶、餐饮、服装、日用品等系列贸易市场,发展了一大批股份合作制企业,全区脱贫率达 98.7%。

　　而且,全省畲乡积极利用优越的自然条件和人文资源开发旅游业,并逐渐使其成为新的经济增长点。1995 年 11 月在闽东举办的闽东畲族风情旅游节,进一步引起了其他畲乡对旅游业的关注。龙海市隆教畲族乡利用距今 2460 万年前喷发的古火山口、素有"闽山第一峰"之称的南太武山、保留完好的明代镇海卫古城等,投资 150 万元开发"天下第一滩度假村"、"古火山口乐园"、"南太武山风景区"、"镇海卫古城风景区"等四大景区,并成立了旅游公司等管理机构和经营实体,新发展旅游服务第三产业 100 多家,年产值 1200 多万元,使旅游业成为隆教畲族乡的支柱产业。其他畲乡的旅游资源开发也获得可喜成就,如宁德市金涵畲族乡建造的"中华畲族宫"、连江小沧畲族乡淳朴的畲族风情和秀丽的湖光山色、漳浦湖西畲族乡的赵家堡以及蓝鼎元和蓝廷珍府第建筑、上杭畲族乡红土地文化等。现在,"畲族风情节"、"畲族歌会"、"畲族艺术文化节"等节庆活动已成为福建文化旅游品牌,每年前来畲族聚居地观光的游客达数十万人次。

二、文化

　　畲族作为中华民族的一个古老民族,源远流长,在历史的长河中,形成了鲜明、独特的文化和习俗风情。

(一)宗教信仰

　　畲族的宗教信仰富有民族特色,主要是祖先崇拜。

　　盘瓠是畲族祖先崇拜的对象,盘瓠传说在畲家世代相承,广为流传。在闽浙粤赣皖,传说内容虽有地域性的差异,但基本情节相同。畲族称盘瓠作"忠勇王",闽东浙南畲族还称作"龙麒"、"盘护"、"高皇",皖南畲族还称作"龙猛",粤东畲族还称作"护王"、"盘大护"、"盘古大王"等。盘瓠的原型构成有龙犬、鱼龙、龙与麒麟等诸多说法。这是畲族原始图腾崇拜观念的形象化表现形式。畲族先民以拟人化的手法,把盘瓠描塑成神奇、机智、勇敢的民族英雄,尊崇其为畲族的始祖。祖图,又称"盘瓠图",是畲族信仰的主要标志之一。畲族把有关始祖盘瓠的传说画在布上,制成约40幅连环画式的图像,代代相传,称为"祖图"。畲族民间还有《高皇歌》(又称《盘瓠王歌》),记述盘瓠王不平凡的经历,歌颂其英勇杀敌、繁衍子孙的丰功伟绩,它被尊为畲族的祖歌、史歌,用畲族语传唱至今。畲族每年还定期举行隆重的祭祀,族人共聚祠堂,悬挂祖图,是早期原始社会中图腾崇拜的残迹。畲族社会中广泛流传的盘瓠神话传说,以及与此相联带的盘瓠的图腾礼仪、图腾标志、图腾禁忌等,典型地反映了畲族图腾文化的特色。

盘瓠传说和祖先崇拜形成了畲族最原始、最基本和最核心的民族宗教的神灵。畲族民间信仰还有其他世俗神灵,属多神崇拜。他们崇拜的神灵有:

第一类,神圣化的族内英雄与历史传说人物:1.族内英雄神圣化,指历史上确有其人,曾有过非凡业绩,生前受村民拥戴,死后被奉为神灵,不仅为本村本姓所膜拜,而且成了灵威弥漫一隅的地域性神灵,并为当地族内人所共同祭祀。如闽东福安金斗量(今名金斗洋)的"雷氏三十二公"雷朝宝,生于清康熙年间,武林高手,时人称为"豹子师傅"。2.历史传说人物的神圣化,是传说故事中的主人公因其高尚的言行或超凡的力量为族人所神往,族人以此立庙祭祀,寄托某种心愿,寻求某种庇护。著名的畲家传说人物有雷万春等世俗神灵。

第二类,职业性神灵。由于受到农耕经济占主导地位的影响,畲村产生了农神。长期的狩猎生活则形成畲家的猎神崇拜。如闽东畲族猎神有吴三么等。畲家戏班的戏神是雷海清。

第三类,神格化的自然物体。畲家自然神中与农耕生活关系最为密切的是谷神、谷娘、谷仙子、种子仙、稻秧仙、青稻仙、黄稻仙等。另者多是位于畲村附近的巨型或奇形岩石或树木。由于这些物体形象迥异，便传演出精灵化的传说，并作为神灵供奉。畲家生儿育女常请这些"石母"、"树神"庇佑，并将自己的子女托付于这些自然神祇，将子女的名字冠以"石"字或"树"字，如"石贵"、"石禄"、"树生"、"树发"等。

第四类，汉族社区渗入的民间俗神。畲汉杂居，畲族受汉宗教文化的影响，供奉灶神、土地神现象普遍存在。由于地域的差别，亚文化圈的不同，各地汉族地区渗入畲村的民间俗神也不尽相同。

第五类，世俗化的道释诸教尊神。《建德县志·风俗》载，"畲客也信佛"。一般供奉的有佛教神灵观世音菩萨，道教神灵有"三清"、"三官大帝"、"真武帝"等。畲族将上述诸神一并供奉，他们很少营建独立的佛寺，一般也没有道观，仅供于神堂神龛上或仅设立感应灵台供奉于住宅中。

第六类，鬼魂幽灵。畲村流传厉鬼有五通鬼、天吊鬼、伤亡鬼等。①

总之，畲族宗教信仰是以氏族神灵与世俗神灵相结合为崇拜对象的多神崇拜。

（二）婚姻

畲族婚姻是一夫一妻制，恋爱婚姻比较自由。虽然畲家婚恋较自由，但还崇尚"父母之命，媒妁之言"，定亲过程仍然庄严审慎。畲族婚姻的整个程序包括查亲、合婚、相亲、得定、送日、迎娶、闹洞房等，别具情趣。

畲家有"女有十八难，男有二十难"之说，即女性18岁忌出嫁，男性20岁忌娶亲，一般畲家男女结婚都避开这个年龄。有的畲族

---

① 　资料来源：东方民族网-畲族-宗教信仰。http://www.e56.com.cn/system_file/minority/shezu/zongjiao.htm

青年男女社交比较开放,在劳作、出行、节日、婚礼等公开场合互相认识,并往往以歌传情,以歌做媒,经过对歌比"肚才",表达各自的心迹。随着多次约会,相互了解,当双方认定是真正的情人时,就暗订终身。女方私赠男方银质手镯或戒指。男方递送白色"兜肚"(畲族称"肚稿袋")或其他珍贵物品给女方。而男方就主动托媒向女方父母求亲,有的畲族青年男女是由两个媒人,即男女双方各一人,前往说合。即使预先由父母提亲,媒人介绍,也得经男女青年双方同意方可成亲。媒人初到女家说亲,女家有诚意才进行相亲。

"查亲",首先女方由姑母或姨母陪同前往男家看"人家"。男家备酒菜招待,双方互相了解情况,如果男家备上点心、蛋,女方来人肯接受,即表示同意,回去前,男家送"收手信"糍粑等。女方回家后即由男方父母进行定亲,讲聘礼,定结婚迎亲吉日。随后男女双方经常来往,男方可主动到未婚妻家助工、犁田、插秧、秋收等。

订婚畲语叫"得定",即正式"定婚"。一般选择农历五月端午节或八月中秋节前后的吉日。男方备好礼物,一般有长寿面两包、红枣、礼饼5公斤、猪蹄1个(6公斤)、其他猪肉若干公斤、鱼鲞一盒、衣料一套、制"凤凰冠"的"髻栏"一盒、银手镯一副、银戒指一盒(带响铃)、聘金(银元)若干,托媒人送往女家。女方将礼物点收后,则商定婚嫁时间。这时女家用红纸再次写女儿的生庚交给媒人,带回给男家,并给回赠猪肉两刀、黄金或糯米粽40至60粒。女家将猪肉分别送给六亲。六亲收到礼物后,便知某人的女儿已许配。

男方择好娶亲吉日并通知女家叫"送日"。连同礼饼、猪肉、线面、冰糖、红枣和"龙凤礼帖"由媒人和亲家伯等人送往女家。女方根据吉日单办喜事,并将男方送的"送日"饼、猪肉由姑娘直接分送给舅母、姨母、姑母等家。母舅等亲戚得知后便留她"做客",即叫"做表姐"。"表姐"进村,男青年一定要与其对歌,一般均唱"嫁女歌"来揶揄她。好让准新娘通过与村里男性歌手的盘对训练,在新婚对歌时不出洋相。闽东畲族至今还保留着"作表姐"这一婚俗。依照男家吉日单,女家即请本民族裁缝师傅到家为姑娘"开剪",要特制成套的"踏轿衫"、"踏轿裙"、"月白腰带"、"印花苎布蚊帐""红色苎布袋"和其他式样新衣服,还分别铸制银质"凤凰冠"和锡酒瓶、锡茶壶、锡罐等,并备箱、精杠和棕衣、锄头、斗笠作为陪嫁。旧时,富裕户还有用耕牛陪嫁的。近年来畲村人民生活水平提高,陪嫁品档次随之提高,有高矮橱、办公桌、缝纫机、洗衣机、沙发、自行车、收录机、电视机等。"送酒米"是由男家出钱,女家代酿酒的习俗。男家要送给女家"箩二"酒米(即十二斗糯米),由未婚新郎和媒人做伴挑送女家。由女家代酿红酒,作为宴请六亲九眷、抬轿之人的"婚嫁酒"。

《永春县志》、《建阳县志》分别记载道,古畲家婚俗"嫁女以刀斧资送","嫁赀,稍充裕者予以田器,此外无他物"。除农具陪嫁外,还带已孕的壮母羊或带仔母羊以及农作物的良种等。闽东畲家古婚俗中男女方还有互赠布匹之俗。男家聘礼中定有一卷苎布,古俗"一筒布",一般为 12 匹,1 匹门幅 1 市尺,长 1.2 丈。女家嫁妆中有细苎布若干匹,还有苎布缝制的"三袋"1 套,包括红苎布袋 1 副,"昼袋"2 个,用于出工劳作时装饭的陶罐,"肚袋"(即肚兜)2 个,新娘红色,新郎蓝色。嫁妆都以红布铺盖,唯有一块黑布是留给公婆做裤子的。

闽东畲族在男女完婚的前两天,有"迎亲伯"风俗,即男方必须选择一位机智的男子,全权代表夫家挑着礼物,来女家接亲。"迎亲伯"须懂礼节,能言善歌。一般对歌历时两夜。闽西山羊隔等畲村与"迎亲伯"相类似的角色称为"娶嫁公",他带上 5 至 7 人,其中 1 人是能对歌、炒菜的,步行到女方家。这天女家故意在村外路上堆放杉棘枝条或荆棘条。"娶嫁公"把棘条等搬开,说明已带来歌手;把棘条等在路中竖起,说明不仅有歌手,而且要求女家起歌台,连夜对歌。畲族迎亲中还有"借镬"、"求蚵"、"对盏"、"留箸"、"千金饭"、"踏米筛拜祖"、"分酸"等习俗。①

　　新娘出嫁的前夜,要在中堂摆起香案,备三牲福礼,恭请祖公神。由女家长辈搀扶行将出嫁的姑娘在香案前行祖公礼,告之姑娘出嫁地址,并祈求神明保佑新娘上路平安。有的畲村将祖公礼放在迎亲人马到后进行。新娘出嫁前都要以歌代言,哭诉与爹娘等亲人的惜别,以示对娘家的留恋,为娘家讨吉利。《哭嫁歌》内容包括《哭爹娘》、《哭哥嫂》、《姐妹恋》、《哭母舅》等。畲家古婚俗,迎亲"不事肩舆,新娘出阁与新郎同持一缴,步行到乾宅,沿途唱歌取乐"。新娘走嫁时,都穿自己编织的草鞋,鞋帮用红头绳系着,鞋面串着石珠之类。新娘走嫁,一行8人,名曰"双喜"。如果这天同村有两个姑娘出嫁,同走一条路,谁先谁后则需要协商,一般让夫家远者先行。为了避免先行者带走"风水",后行者都要用1头黄牛,角系红布,插上红花,在前面踏路,走嫁者随其后,一般认为牛踏路为新路。因此,富裕人家的嫁妆中还有1头踏路牛。

　　畲族姑娘出嫁穿"新婚衣"时,要梳扎"凤凰头",以示青春年华的结束,所以姑娘出嫁梳妆时都要进行一场"反梳妆"的争辩。争辩的最终结果是由舅母抱着梳妆,才准备上轿。新婚女临出门时,要和胞兄弟行"分酸"礼,表示婚女仍愿为自家兄弟分担辛劳,并撒"五谷米"以祝愿娘家吉祥如意。由"大姐"扶向厅堂对祖宗三跪拜后上轿。畲家古俗"走嫁"时新郎新娘同行,女父殿后,"至婿家,亲宾已先匿,庭无一人,新妇必先詈之曰:'汝家绝人种耶!'众始出应之曰:'正赖汝来接人种耳。'"(《建阳县志·舆地志五·畲民风俗》)。今俗迎亲新郎不往女家,故仪式略有不同,并有地域差异。畲族拜堂仪式隆重,中堂照壁有大红双喜字,横眉书"凤凰到此",

────────────

　　①　资料来源:东方民族网-畲族-风俗习惯。http://www.e56.com.cn/system_file/minority/shezu/fengsu.htm

左右书"安邦定国功建前朝帝誉高辛亲敕赐,驸马金卿名垂后裔皇子王孙免差徭"。闽东畲家左右神堂所祀的地方神和祖公神的红纸要重写刷新。长几桌上要放香案、祖牌、祖图、斗灯等。几桌上的一对喜烛长夜点燃,忌半途熄灭。

举行"拜堂"礼仪时,新娘先进厨房灶前小坐再转回中堂行礼,有的畲村新娘先入洞房后再转厅堂,有的畲村是拜堂后新娘与新郎先进厨房,新娘向灶门添一次火,然后再回新房。拜堂时,闽东风俗先由"主婚郎"用秤钩钩去新娘的红盖头巾,新郎由伴郎引至厅堂,立于左侧,先向天地,继向"香火堂"祖宗牌位行三跪九叩礼,新娘则手执花手绢遮掩脸部,不拜。

畲族的新人床铺帐眉上挂 1 串粽子,床铺上放着婴儿的轿车,车上放蓝色的花尿布。入新房时,由新郎手执一对红喜烛引路,新郎入洞房后,脱去衣冠出房招待宴席上的宾客。青年男女则前去"送落房"。

"送落房"即闹洞房。新郎要与新娘吃"合酒",连喝三杯,桌上备有熟鸡蛋(去壳)一盒、鸡腿一盒、酒杯一盒。一般新娘婚后三天就要邀新郎一同回娘家做"头转客"。要选一酒量较好的挑"女婿担",两人步行到岳父家。一路鸣炮,村中人闻讯多来夹道欢迎。女婿见了上辈老人,便拱手鞠躬行礼。进入岳家后,要住宿一二日,轮流到亲房内叔翁家"计亲",最后一晚由岳父设请"女婿酒"。宴席间"提壶"者常要请女婿唱令歌、行酒令。三轮酒后,常由挑担的"姻家伯"代唱令歌二首,代女婿讲感谢话,祝吉利话。酒后,请女婿吃晚饭,此时岳母捧出满碗饭,给女婿吃,这叫"饭心饭"。按婚俗碗内放着一包"饭心包",含有岳母疼爱女婿,暗里赠"私家"之意。这时桌旁契母们(内兄嫂)即欢唱"饭心歌",使女婿懂得丈母娘养女之恩、嫁女爱婿之意。女婿得到"饭心包",吃完饭后,得掏回敬的"红包钱",放在碗里,以示酬谢岳父母的恩惠。散席后,女婿送"分花包"给一门亲属、男女小孩,作为首次见面的"见面礼"。

第二天夫妻返家。当晚即在男家举行"回门会",设宴请房下叔父等上辈人,祝新婚圆满。

　　畲族家庭人口一般是 3 至 5 人,7 人以上的较少。畲族家庭类型多是由父母和子女两代组成。三代同堂户,一般是独生子女家庭,或者是兄弟分家后,父母和当时尚未娶亲的幼子同住的家庭。罕见四五代同堂者。畲族家庭成员在家庭中地位有别,分工不同。丈夫为一家之长,妻子为"内当家"。儿子长大成人后,继任家长。畲家视长子为"家督",他有支配财产与继承宗祧的优先权,畲谚云:"长子阿爷(父亲)职。"他是父亲农业生产的有力助手,又兼有协助父亲监督教养弟妹的责任。在不分家的多兄弟的家庭中,父亲年老,也可由长子任家长,但这种现象在畲村较为少见。畲族家长作风民主,不独断专行,在三代同堂的家庭中,年富力强的当家人对其年迈体衰的父母的意见往往十分尊重。①

　　(三)丧葬

　　人死,畲语称"做老人"、"老人千岁"。畲族老人逝世,断气时就得移放后厅床上。死者床头需点一盏灯或一支蜡烛,畲语称"照眼火",日夜不灭,意给死者借光,使其顺利前往"阴府"、"瑶池"。孝男和孝女每日三次给亲人烧"床前纸",意给死者亡魂赴阴府时乘船、坐轿等使用。入棺时还得把这些纸钱灰,包成一包装放死者衣袋里入棺。长辈人死了,得连夜报丧,风雨无阻。远路的亲戚接到消息时,要煮点心蛋面给报丧人吃。报丧人要把点心吃光,不得剩余,否则犯忌。若是母亲死,要专人先到母舅家报丧,这叫请"后家"。需等他们到后才能入殓。娘家人前来奔丧,孝男孝女头戴白帽,身穿麻衣,脚穿草鞋或鞋头缝一块白布的旧鞋并准备草垫或棕衣放在大门前等候母舅等人的到来。娘家人临门时,孝男孝女跪地哭迎，经母舅等上辈人伸手扶起才能起来，再引导娘家亲人给亡母吊唁。邻居得送香纸祭奠，至于报丧、做坟墓、找棺木等都由邻里帮助，叫"助丧"，不需要支付工钱。入殓前要给死者换穿寿衣，先得由孝男用秤把七重或五重的衣裤称过，记清重量，并点燃香火，在衣襟边烧个洞为记，然后由孝男向天地哭叫："阿父啊（或母啊）！你衣服共七重几斤重，衣襟做了记，莫穿错。"而后给亡人穿衣。老年人逝世的穿着：女性仍然头戴"凤凰冠"，挂银耳环，穿青蓝色踏轿衫和裙，捆月白色腰带，扎脚布，穿单鼻布鞋入棺。男性则多穿蓝白色半长衫、长裤、双鼻布鞋，头戴青色帽环。若死者有上辈人或父母健在，死者还得披麻戴孝，在鞋帽处缝一块白布。若父母早故，已墓葬了，则死者可头戴红顶帽，否则只戴帽环入棺。

生前有奏名（即学过巫师之术）的人逝世时，先不准子孙啼哭，应请本民族巫师行"报终"礼，立一香炉，点上三支香两支烛，由巫师念咒，意为帮助死者收去生前所带的阴兵，给死者布好"罗城"保护。然后把尸体停入厅床上，才准开声哭泣。入棺时，死者要头戴宫帽，身穿青色或蓝色道袍。道袍的前胸后背有太极八卦图案。入棺时还得把死者生前用过的"法印"、"牒身"袋挂在其脖子上并将马鞭、笏等一起放入棺内。这时，巫师念咒，请神来为亡人超度，摘去"奏名"衔才可盖棺。盖棺后，孝男孝女孝孙等双脚跪地巡棺，从左至右，不得越过棺材头，连续巡跪三遍后才可出棺，将其抬到山上埋葬。富家墓葬，穷家土葬，待三四年拾骸放在陶瓮内，再择吉重新墓葬。

（四）饮食

畲族地区粮食作物以水稻、番薯为主，麦子、玉米、黄粟、荞麦次之。番薯俗称甘薯、地瓜。秋天番薯收成时，畲民把它制成丝，晒干成番薯丝（又称番薯米、地瓜米）。畲民普遍以番薯丝掺米炊食，俗称"番薯丝饭"，或煮成稀饭。番薯淀粉可加工成"粉扣"（似面条,俗称"番薯粉溜")煮食,多作待客点心或用于佐餐等。故俗语有"种番薯吃番薯,番薯当粮也当菜"之说。畲民还用玉米磨成细粉,加少量食盐,和米炊食,叫做"包罗糊"。闽东畲民地瓜米占口粮的70～80%,吃大米饭的极少。新中国成立后,番薯逐渐成为猪饲料,到20世纪80年代,大米成为主粮。除米饭外,还有以稻米制作成的各种糕点。另外,畲族还有特色的香竹饭和乌米饭。有些畲族地区流行吃香竹饭,就是把大米与水按1∶2的比例装进翠绿的竹筒里,用芭蕉叶塞紧筒口,斜放于篝火中翻烤,先用温火烤,待筒内水沸后改用旺火,水汽将干时撤去明火,直到筒口发出饭香时,便破筒取食,味道清香,松软可口。每年农历三月三是畲族的传统节日,各家照例要蒸乌米饭,用来聚餐、赠友、祭祀祖先。乌米饭的做法是把野生植物乌树叶捣碎煮汁,然后捞出树叶,在汁中放入糯米,这样作出的饭颜色乌黑,数日不馊,用猪油炒热,香软可口。

畲族家家户户都种蔬菜,除日常鲜吃外一般家庭常把芥菜、萝卜腌成咸菜,做当家菜食用。调味少用油,重用姜。饮料,多用糯米酿酒。

畲族大都喜食热菜,一般家家都备有火锅,以便边煮边吃。除常见蔬菜外,豆腐也经常食用,农家招待客人最常见的佳肴是"豆腐酿"。肉食最多的是猪肉,一般多用来炒菜。竹笋差不多是畲家四季不断的蔬菜。有这样的说法:一年十二个月中只有八月无笋,用茭白替代。竹笋除鲜吃外,还可制作成笋干长期保存。畲族主人招待客人吃点心,一般是煮米粉,略高于碗面,上有"品"字形排列的三块小方肉,肉皮向上,露出碗面;再煎两只蛋成两圆块盖在三块肉上,上加些米粉;再加两条染红的米粉拉开成"十"字形,东西北三头垂下碗外半寸,南向一头只有至碗面的三分之二。客人吃时,首先用筷子轻轻地把两条红米粉移至碗中,蛋只可吃一块,肉可吃一或两块,米粉不可吃过半。吃过后,将肉、蛋盖好,再把红米粉照原样放回,筷子也应放得整齐,主人才欢喜。

畲家生活俭朴,平日对饮食品味式样不讲究,重在吃饱。"春节"期间(正月初一至初三)吃3天白米饭,有的用大米蒸饭时另捞一角,供小孩或接待客人之用。平时煮上一两碗粗菜即可上桌。客至,小孩不上桌,怕争菜怠慢客人。农忙时,难以及时备办菜肴,只用盐汤或青菜一碗也能对付。但到屠宰自养的猪时,常割一二斤猪肉,邀亲友邻居品尝。在春耕、秋收前,为迎接繁重劳动,都要杀羊、杀鸡、杀兔、买猪蹄滋补养身。

畲民喜欢饮酒,畲族的酒以白酒和自家酿制的糯米酒为主。

饮茶是畲家日常必不可少的,大部分以自产的烘青茶为主,多以茶待客。

(五)禁忌

畲族禁忌多,有生产上的也有生活上的。

生产上的禁忌有:大年初一忌挑粪;农历正月二十日禁做田工,有"正月廿做田工,不够补天穿"的谚语;二月十九日观音生日,忌挑粪做秽事;春分禁用牛,忌挑粪,不到河边洗衣服,不晒衣服;三月三不下田;三月二十三日是白马王生日,忌挑粪;分龙节不准动铁器,不下田劳动;清明和八月初忌锄田、挑尿桶;立秋不能动土,禁用牛;冬至勿进菜园地,否则据说蔬菜会长虫。

生活上的禁忌有:除夕忌扫地,初一至初四禁扫地,初五早上扫地,把垃圾放在路口烧掉,叫"送年";春节三天和春节前一天以及正月十五日不准骂人,不准向邻居借用具、引火、点灯;初一债主不许上门讨债;出门做客要"七出八不出";女有"十八难",男有"二十难",即女18岁禁出阁,男20岁不能娶亲;孕妇禁吃野兽肉、兔肉,看戏,做功德,跨牛绳、犁耙和扁担;产妇40天内忌沾冷水、吃青菜和肥猪肉,少吃食盐(只吃米饭、鸡蛋、红糖、酒等);结婚当天,点燃香火堂上的一对花烛,若熄灭了就预兆不吉;家有老人寿棺,平时不能开启,否则不吉;母死,舅家未来人不能收殓;家室有孝,三年内不唱山歌,在孝丧期内不许参加喜庆活动,出殡棺木抬出时忌触门的两旁;山獐入室不许捕杀,要放走为吉;慰问病人、春节送红包等要在上午,否则被认为对双方都不吉利;不能称畲民为“畲客”,更不能叫他们为“畲客儿”、“畲客婆”,他们认为这是对他们极大的侮辱,只能称他们为“畲民”或“畲族人”、“山哈人”;忌食狗肉;客人到门,都要先敬茶,一般要喝两道,客人一定要喝,喝了就表示接受主人的热情好意,不喝,主人会不高兴,有话不敢说或不愿意说,不会答应客人的请求,还有说法是“一碗苦,两碗补,三碗洗洗嘴”,客人只要接过主人的茶,就必须喝第二碗,如果客人口很渴,可以事先说明,直至喝满意为止,若是来者是女客,主人还要摆上瓜子、花生、炒豆等零食。

　　上述禁忌,因年远世湮,加上生活现实的缘故,所以许多并无付诸实施。中华人民共和国成立后,一些不利于生产和民族发展的禁忌已逐渐革除。

　　(六)服饰

　　畲族的传统服饰自成体系,历代史乘均对此大肆渲染,并引为人文景观。畲民“男女椎髻跣足”(清·李调元《卍斋璅录》卷三),衣尚青、蓝色,着自织麻布。男子短衫,“不巾不帽”;妇女则高髻重缨,头戴竹冠蒙布,饰呈璎珞状。民国期间,据地方志记载,福州侯官和闽南德化的畲服,与清代并无二致。古田县畲民,戴斗笠,穿草鞋,妇女以蓝布裹发,戴冠,着短衣,束腰带,裙不过膝,跣足。建阳畲族男子服饰与汉人略同,女子不缠足,不施膏泽,无金银饰物;服色唯蓝、青、白三色,常披蓑衣顶笠、跣足。顺昌畲服尚蓝、黑二色,男子多穿大襟、青色阔袖短衫;未婚女子梳独辫,扎红色绒线。女孩至16岁,即用成年妇女装饰,头上戴铜簪冠(铜簪多的达120根,少者也有60～70根),似扇状,用红布条及几串小圆珠缠绕头上,戴大耳环,衣服的颈领、袖口、衣襟都以红布镶边。大襟衣服用铜纽扣,缚围裙(短裙也镶红边),脚穿翘头单鼻绣花鞋,少穿袜,常裹白布红边的绑腿。政和一带畲族服饰与顺昌相近,其妇女鞋前绣花的习俗延至20世纪50年代。

到了当代,由于长期与汉族杂居,互相濡染,目前福建畲族男装已基本无异于汉族,仅庆典时或婚喜日可见其民族服装。部分畲族妇女日常仍保持其传统服饰。

畲族男子服装有两种:一种是日常穿的大衣襟、无领青色麻布短衫,下着长裤,冬天穿无裤腰的棉套裤。老年人间有用黑布扎头巾,外罩一件背褡。另一种为结婚或祭祖时穿的礼服。结婚时穿青色长衫,祭祖时穿红色长衫。在长衫的衣襟和胸前绣有龙形图案或花纹,四周镶红白花边;长衫的开衩处绣有白云纹,头戴青、蓝或红色方巾帽,讲究的用红顶黑缎官帽,帽檐镶有花边,帽后垂着两尺多长的彩色丝带,脚穿白色布袜和圆口白底黑色厚布鞋。

畲族妇女服装以自织的青、蓝色麻布服为主(宁德、福安、霞浦一带尚黑色麻布),大襟小袖,衫的领、袖口和右襟多镶花边,色彩绚丽。花纹多且边纹宽的是中、青年妇女服装;花纹少、边纹窄的是老年妇女装束。旧时不分季节都穿短裤,裤脚镶有锯齿形花边,束黑色绑腿,打赤脚。现在也穿黑色长筒裤,有的裤沿镶一条红布,一贯至裤腿(如霞浦白露坑妇女)。一些妇女喜穿八幅罗裙。裙长及脚面,四周镶花边,中间绣白云纹。穿黑色短裙的也很普遍。妇女结婚时,在衣襟处缝有铜钱,象征由娘家带去的"子孙钱"。妇女劳动时,腰间悬一条围身裙,俗谓"拦腰"(部分男子也束拦腰)。妇女束花腰带,腰带为编织的,料有蚕丝、棉纱两种,有黑、白、红等色。福安金斗洋一带,已婚妇女束红色宽腰带(约4指宽),红腰带外再用2种素色细绢带交叉成剪刀结。霞浦白露坑妇女,系白布高腰带于腹部之上,束结处在正前方,结穗垂下约7寸,正面看上去呈"T"形,十分惹眼。畲族妇女一般用简陋的织机编带,带长约2米,宽约0.4米,两端穗状,织有美丽的纹案。纹宽1

厘米,通常是双菱形与其他几何形相结合的纹样。畲族妇女多穿尖头、有穗绣花鞋。宁德一带用青布纳成,鞋尖结一颗红绒圆球。畲民还喜穿"木桥鞋",据说人备一双。此鞋与拖鞋相近,仅临睡前穿。这种木桥鞋,用两块长方形木板为鞋底,底上两端钉上两块木头,前后不分,宛如桥形,是畲族人独有的"木屐"。

福建畲族分布面广,各地畲服型制略有不同。仅闽东地区就可见以下几种类型:

福安、宁德一带畲族妇女,服装较古朴,上衣尚黑,花纹较简,大襟服斗上绣的花纹少,只在衣领(高2厘米)上绣水红、黄、大绿等色的马牙纹。沿服斗边缘缝一条三四公分宽的红布边,边沿下端靠袖头处绣上一块角隅纹图案。袖口缝1寸多宽的红布边。宁德漈头、南岗妇女所穿上衣为五纽,纽扣多为锡或银质,除镶红布边外,领边衣缘也绣花或添花边,结婚时外罩较长的背心。福安妇女也有尚蓝青色麻布的。两地妇女多着黑色长裤,裤长过膝;鞋为黑布镶红口的"单鼻鞋",底较厚。福安畲女结婚时穿"大鼻鞋"。绑腿形如三角形,白色为主,多用于结婚或节庆。所穿围身裙(俗称"合手布")长1尺,上端有一段3寸多的红布横缝裙身上,裙身上端两角绣有花纹。裙多黑色,腰束花带,于端庄中见俏丽。

福鼎畲族妇女的服装与浙江苍南相近。服饰着色比福安等地讲究,风格艳丽。当地妇女把加工的苎麻收存至农闲或雨天时纺线,织成夏衫、布袋、蚊帐、围身裙、裙带等。其服饰均由专门的衣匠缝制,黑色右襟为常服,但上衣大襟则以桃红色为主调,加配其他色线。所绣花纹面积大,花朵鲜艳夺目。衣领与袖管处绣花边(衣领高4厘米,比福安多2厘米,多用水红、水绿为底色,加纹饰),胸前偏右绣有一块碗大图案,图案为百鸟朝凤、草木花卉。衣领两头下端,缀两粒红绒球"杨梅花",中间镶各色料珠,闪闪发光,非常美观。袖口分饰红、绿色布条。用于婚嫁之服则更加考究,一般是上红绸衣，下灰绸或红绸裙。鞋呈黑色，布底单鼻，秃头阔口，除鞋头外两侧也绣花。

霞浦畲女服饰介于上述两地区之间。西路与福安相近，东路与福鼎略同。但大襟、小襟尺寸前后一致，为便于翻穿，各做一个服斗，很有特色。衣色也尚黑，袖口以蓝色布条缝制。服斗和花边下端的琵琶带多为粉红色缀白细花图案，很雅致。领上绣大叶牡丹、小叶牡丹、莲花等花纹，还有双龙抱珠，用色丰浓。服斗上的花样有：梅花、梅雀、凤凰、牡丹、"鳌鱼望凉亭"、"鹿竹"、"曲龙上天"、蟠桃等。颜色分大红、桃红、水绿、蓝、白、大黄等几种，有的还配金线。霞浦东路草岗一带还有一种水绿色的围身裙，与红色上装搭配，更添姝丽。但滨海的罗赤村等地的畲族人受汉族影响较大，妇女多着汉装。

宁德南部的飞鸾、南山等地及福州地区的罗源、连江的畲族妇女，其服装纹饰最绚烂。当地妇女无分四季均穿黑色短裤，打黑色绑腿，还用花绳系上，显得很精干。衣服全黑色，上衣长，无纽扣，宽领交叉于胸前，故又称"对领衣"。领呈四角形，长 9 寸、宽 1.5寸，领上镶花边，一斜襟拖至腋下，按红黄绿、红蓝、红黑、红水绿的顺序排列成柳条纹图案，与古籍"好五色衣服"的记载相吻合。上领黑底上绣一条水红、黄搭配的粗线条自然花纹，有的妇女袖口一段另拼接杂色布，但颜色与围裙和领口配套，多为水红色。围身裙的图案花纹以大朵的云头纹为其特征，裙边配上柳条纹，非常醒目，围身裙多为结婚时用。罗源畲女腰间还系两条带子，一条为蓝底白花，一条是苎织朱红布，中间隔有赭色和白色条纹，宽约 5 寸。鞋多为黑布厚底翘头鞋，鞋面中间突起，绣有花纹。整套服装，自上而下整体看来色调很丰富，较之前述三种类型更富层次感。①

①　资料来源：《福建省志·国民俗志》"惠东女及畲族服饰"部分。ht-tp://www.fjsq.gov.cn/showtext.asp? ToBook＝39&index＝37

闽东畲服中最具特色的是"凤凰装"。畲族妇女喜用红头绳扎头髻,高盘于顶,俗称凤髻。在衣裙上刺绣着各种彩色花边,多是大红、桃红夹着黄色的花纹,镶绣金丝银线,象征着凤凰的颈、腰和羽毛;而后腰随风飘曳的金黄色腰带,象征凤凰的尾羽;周身悬挂叮当作响的银器,象征凤凰的鸣啭。相传畲家始祖盘瓠与高皇三公主成亲时,帝后娘娘给三公主一顶珍贵的凤冠和一件镶有珠宝的凤衣,祝愿女儿生活吉祥如意。婚后三公主生下三男一女,她把女儿从小打扮成凤凰模样。当盘瓠之女长大出嫁时,美丽的凤凰从广东凤凰山衔来五彩斑斓的凤凰装以作贺礼。畲族女儿仿穿凤凰装,相沿成习,延续至今。

福建畲族妇女的头饰独具风格,其发式繁复不在汉族的惠安女之下,而式样更是五花八门,各地无一雷同。服饰研究专家认定有罗源式、福安式、霞浦式、福鼎式、顺昌式、光泽式、漳平式等多种。大体上,畲家少女是用红绒线扎辫缠盘于头上,前留几绺刘海,无特殊饰物,至多在两鬓夹两支银笄,订婚后取下一支,表示已经许人。已婚妇女样式增多,云鬓高髻,各呈其艳。罗源畲女头发梳成螺式,髻高七八寸,称"凤凰髻"。福鼎畲女出嫁时,将头发捆成一束,高堆成髻,冠以尖形布帽,形似半截牛角,上贴一片短银牌,轻薄如纸;顶端缀有银饰物等,下垂前额,遮向面部;三把银质头花插在前顶,围成环状;头花下沿系有珠料、银片等饰物垂至眼前,轻摇徐晃,极为典雅。福安畲女把头发挽成"碗匣式",上束一红带;发梢翘起似凤凰翼,发上端横压银钗,并斜插一簪,耳戴一副大圆银耳坠。以高髻和秀雅著称的还有"霞浦式"和"光泽式"。各地畲女头发间还环束黑、蓝、红绒线,分别标示老、中、青的年龄层次。结婚时,福州畲女必戴凤冠,凤冠前沿系一根特别细小精致的竹管,外包红布,下悬一条尺把长、寸余宽的穗状红绫,像一条耀眼的红色头箍。冠上有一块圆形银牌(有的加悬3块小银牌于大牌上),垂至额前,畲族人称为"盘龙髻",翘然而立,十分美观。顺昌一带成年畲族妇女,头上戴铜簪冠(铜簪多者达 120 根,少者也有60～70 根),似扇状,用红布条及小圆珠串绕在头上。政和、光泽等地老年畲族妇女则把头发盘卷起来,再用黑布或罩束成筒状,显得清爽。

畲族妇女的首饰有银项圈、银链、银手镯等。妇女人人戴耳环,式样有大圆环、小圆环、珠坠环、璎珞环等。

畲女喜戴尖底暗黄斗笠。嫁女时,女家嫁妆除一般衣物外,斗笠、蓑衣等必不可少。畲女斗笠以霞浦产竹笠最有名。由于花纹细巧,形状优美,加上水红绸带、白绢带及各色珠子相配,更显得巧艳。制作斗笠的竹篾,细的不到 0.1 公分,一项斗笠上层篾条达220～240 条之多,相当精细,故畲女十分喜爱,以之为美。畲家编织物主要有围身裙带子,带上除饰柳条外,还编饰几何纹,有的编字,如"百年好合"、"五世其昌"等吉利语。另外一些年长的妇女,头上喜披红方巾,从头顶至背部,以此为一家主妇的标志。在集墟市场和路途中,畲女五颜六色的独特服饰,风采灼灼,常令路人驻足回望。每逢畲族大型庆典,各地畲家姑娘众聚一堂,总要穿上最漂亮的民族服装一展姿容。

(七)节日

畲族的时令和节日与汉族一样,以农历计时,按二十四节气分段,有鲜明的季节性。而且,由于散居民族的聚落的特点,畲村的岁时风俗既有全民族的普遍性,又有地域和宗族的独特性。几百年来,畲族岁时习俗世代相传、保存完好,特别是"二月二"、"三月三"、"九月九"等畲族传统节日隆重热烈,富有民族韵味。畲族的岁时风俗在总体上有三大特点:其一,与盘瓠传说、祖先崇拜和民族历史相关联,节日多为怀念、崇拜祖先和神灵而设;其二,与长期的农业社会形态相适应;其三,与汉族社区的岁时风俗相融合。

春节,即"新年",俗称"做年"。除夕夜,又称"做大年",家家户户打扫干净房屋,贴新对联,粮仓及坛坛罐罐,刷上红纸封条,以祝仓盈库满、人寿年丰。畲家还蒸制"黄米果"(又称"黄金糍")。当夜"吃隔岁"时吃去部分黄米果,余者藏入谷柜,至正月十五再取出食用,称"隔岁有余",黄米果可吃至清明。正月初一举行"讲酒会",老人唱《高皇歌》讲畲族历史。小孩则走入竹林里"摇竹娘",他们双脚并立在粗壮的毛竹前,扶着绿竹摇动,边摇边唱:"摇竹娘,摇竹娘,你长我也长,旧年是你长,新年让我长,明年你我一样长。"正月初二为"赶山发铳"日,村中青壮年男子扛土铳带猎狗,上山开铳,报祝猎神。正月初五"开年驾"。畲家认为正月初一至初五为"正年",俗称"五日年"。有的畲村认为初一至初八为"正年",俗称"上八日"。但春节活动往往延续至正月十五"元宵节"或正月二十日,甚至于月底。

祭祖节,每年农历正月十五日,举行祭祖活动。畲族村寨建有宗祠、支祠或祖寨。内供畲族祖先的祖牌,有的还塑有蓝姓和雷姓始祖的塑像,祠内摆有龙头杖、香亭、香案、香炉等。祭祖开始,先放神铳三响,鞭炮连声,锣鼓喧天,祭案上摆供茶酒三牲。凡本族祠后裔当年结婚者、生有男孩子者、家有老翁做寿者,均要送"两日制"龙烛一盒,焚香叩酬。祭祖时,由本族长辈讲述祖先功绩、始祖由来、发族的世系行第,并讲述家族家范,教导族人向善。

二月二"会亲节",是畲族传统节日之一。畲族人由于族支繁衍,子孙散于浙南、闽东各地,省亲路远,探亲无期,便约定每年春耕前的农历二月二为"会亲节",迄今已有200多年历史。节日时,人们从四面八方云集而来,访亲友、致问候。入夜,约为信号的信炮凌空而起,一队队提灯游村的人贯穿行于各个畲村,山谷里礼炮齐鸣、烟花怒放。

观音节,畲族村寨群众普遍奉祀"观音佛母"。每年农历二月十九观音生日、六月十九观音得道日、九月十九观音过南海日都举行纪念活动,认为她能普度众生,救苦救难,多数人家在节日里吃一天"观音素",以保平安。

三月三"乌饭节"，也是畲族传统节日之一。每逢农历三月初三日，畲族村寨的家家户户都要做乌米饭，全家共餐，缅怀祖先。畲族乌米饭的传说之一是纪念唐代畲族英雄雷万兴。相传，唐总章二年至开元三年（669—715）畲族英雄雷万兴、蓝奉高率领闽南、粤东人民起义时，于景泰六年（707）冬天，被唐军围困在山上，钱粮尽绝，起义军靠一种叫"乌稔"的野果充饥，度过严冬，于翌年三月三日冲出重围，杀退敌军，取得胜利。后来，畲族同胞每逢三月三都做乌米饭，纪念民族英雄，由此成为传统节日。福建宁德畲族蓝姓子孙，新中国成立以后，在吃"乌饭"后还要吃白米饭，以示"忆苦思甜"，另创新意。而今，更多地方在"乌饭节"举行盛大歌会，人们以山歌盘答，通宵达旦，专称为"三月三歌会"。1987 年在宁德市猴盾畲村举行的三月三歌会，有 3000 余人参加，唱 7000 余首畲族山歌民谣，成为一次大型群众文化活动盛会。

"林公"节，畲村每年农历三月十六日，家家备祭品、排香案、敲锣击鼓，礼祭"林公忠平王"。

牛歇节，农历四月初八日，习俗与汉族相同。是日凌晨，畲民牵牛上山吃露水草，俗称"玉露仙草"，又把牛牵往水边，用竹制的牛梳洗刷牛身，以除虱定心。并解缰卸犁一天，拿泥鳅或鸡蛋泡酒，用竹筒灌喂又以米粥或番薯丝粥等精细饲料喂养，以酬耕作之劳。

端午节，俗称"五月节"，为畲家一重大节日，习俗略同于当地汉族，是为缅怀楚大夫屈原死难的节日。家家都会组织人上山采回三指大的茅竿叶，裹粽子，敬祖宗。但畲村裹粽样式不同，三角粽极少，有的地区如福安畲区多裹"菅粽"，菅粽为圆柱状，上扁下圆，用菅草叶条扎成 5 节，意为"五月节"。也有横枕式的"横巴粽"。各家还备制"雄黄酒"，于中午时刻在住房各个角落喷洒一遍，以除瘟驱疫。有的畲村五月初四过节，或者五月十五过节，称"小端午"。

乞巧节，农历七月七这一天，各族群众对村里的水井要进行一次清洗，叫做"洗井"，洗井完毕，要放 7 种豆到井里给"喜鹊"吃（把井水喻为银河），让"喜鹊"吃完豆，就地搭桥，使牛郎织女相会。这一夕，畲族青年男女围坐井边盘唱山歌，求偶谈爱，表示自己会像牛郎织女般对爱情忠贞不渝。这种盘歌活动，经常通宵达旦进行，中间不断出现激动人心的高潮。这一天，村里老人都不能干涉年轻人的求偶盘歌活动。

农历七月十五日中元节，俗称"七月半"或"鬼节"。是日，畲村开启祖牌、祖谱、祖图，备全猪全羊置于祠堂、众厅或祖厝祭拜。祭祖后吃"太公饭"。在此节前后，畲民结伴上山行猎，称为"秋社"或"秋猎"。

中秋节，农历八月十五日，畲族长辈要买月饼分给孩子和馈送亲友，举家吃个"中秋暝"。晚餐后，男女老幼到户外赏月，青少年点燃篝火，手击竹筒，迎"田元帅"，游中秋，唱山歌。畲族供奉"田元帅"——雷海清为神灵，到了农历八二十三日，还做"元帅福"。每逢这一日，畲村就要杀鸡、宰鸭，备酒菜、三牲福礼供祭"田元帅"，祈求驱邪保平安。

尝新节，畲语称"吃新"。山区畲村多种中稻，农历八、九月间水稻收割，为庆丰收，择吉日将新收成的大米蒸饭，先装满两大碗，摆在厅前供祭天地，当晚全家尝新。传说这天"多一人尝，多一人粮"。

农历九月初九重阳节，畲家男女爬山登高，成群结队结伴而行，家家户户多蒸制"重阳糕"。每年农历九月九，畲家还定点举行目连山歌会，目连山歌会是福建畲族传统民族节目，在霞浦马洋、溪南等地的畲乡，目连山歌会的规模很盛大。这一天的歌会与其他节日歌会不同的是，这一天歌会，是对人们孝悌行为和对当地僧人仪韶效法目连行善事迹表示崇敬和称颂而举行的。这天，畲族青年男女像过年一般三五成群，放开歌喉，以人世间各种真善美的事物为题，在盘歌中窥探对方的心思、品德，互比才思，甚至谈情说爱，订婚立约。目连山歌会是畲族青年的盛会，时常夜以继日地盘唱山歌民谣,歌声不绝。

每年秋夜后,闽东畲村有谷神节。秋收后,谷物归仓,设供品敬谷神,并举家会餐,俗称"理园埕"。

冬节,农历十一月冬至日,是日为"天赦日",畲村户户以糯米磨粉,拌和水,捏成半月形"黄米果",以萝卜丝、咸肉等为馅,以此食物作礼品馈赠亲友。冬至的前一夜,合家团聚,人人动手搓糯米汤圆,俗称"搓圆",让全家人品尝。传说"冬节有糍圆,作息有头门"。冬节日,以汤圆祭祖,同时在农具、粮仓、牛头、牛身、牛尾各黏2个汤圆,不结果的树木也须黏。拾骨重葬也多择此日。①

（八）文学艺术

畲族使用自己本民族的语言——畲语,畲语属汉藏语系苗瑶语族,99%的畲族操以福安畲话为代表的方言。福安畲话既接近于汉语客家话,又保持着古畲语的成分,它在语音上与客家话稍有差别,有少数语词跟客家话完全不同。畲族无本民族文字,通用汉文。畲族人民在迁徙过程中,在拓荒殖土的同时,创造了绚丽多姿的文化艺术,具有鲜明的民族特色。畲族文学艺术十分丰富,包括畲族歌谣、畲族谚语、畲族民间故事、畲族舞蹈等。

畲族人民喜爱唱歌,畲族歌谣是畲族文学的主要组成部分,多以歌唱的形式表达,代代相传,并不断得到丰富与发展,所以畲族文学基本上是民间口头文学。他们每逢佳节喜庆之日,歌声飞扬,即使在山间田野劳动、探亲访友迎宾之时,也常常以歌对话。畲族歌的内容多样,有记述本民族迁徙和历史大事的长篇叙事诗歌,有富有艺术魅力的歌颂劳动和爱情的杂歌,有取材于汉族民间神话故事、章回小说、评话唱本等而编成的小说歌,还有风俗歌、祭祖歌等。畲族流传下来的山歌约有1000多篇、四五万行。长篇叙事山

---

① 资料来源:东方民族网-畲族-传统节日。http://www.e56.com.cn/system_file/minority/shezu/jieri.htm

歌有《高皇歌》、《长毛歌》等，内容大同小异，其中以《高皇歌》流传最广。《高皇歌》如实地反映了原始社会一直到封建社会畲族先民对世界的认识，追溯了畲族的起源和历史，具有强烈的思想性、艺术性和人民性，"因而被畲族人民称之为'传宗歌'"。畲语杂歌，数量极多，内容丰富，富有艺术魅力，形式多种多样，语言生动活泼，讲究比兴，山野气息浓郁，情感淳朴真挚，是畲族山歌中的精粹部分。小说歌题材广泛，情节生动，其中流传最广、深受群众欢迎的有《钟景祺》、《蓝佃玉》等。风俗歌，是畲族风俗文化的再现。祭祖歌，其歌词内容与汉族道教类同，其曲调源于民间，颇具特色。畲族唱歌的形式有独唱、对唱，此外还有二声部重唱，这是我国民歌演唱中稀有的形式，丰富了我国的民间音乐。[①] 2006 年 3 月，霞浦县的"畲族小说歌"、宁德市的"畲族民歌"被正式列入国家首批非物质文化遗产名录。

　　畲民谚语，畲语称之为"插头话"、"嘴头话"、"凑头话"或"讲古语话"。丰富多彩的畲民谚语是畲族人民在长期的生产斗争实践中创造、积累的，是畲族人民世代创作留传的语言艺术奇葩。它具有浓郁古朴的民族特性，从内容上看，具有哲理性、科学性、经验性和实用性，有的还具有阶级性和时代性。谚语涉及的范围很广，大到国家大事，小至家庭琐事，从自然生产到立身处事，从时政到社交，从道德修养到生活琐事，无所不有。仅福建宁德地区文化局搜集的闽东畲族谚语就有 2552 条之多。分九类：时政、事理、修养、社交、民族宗教、生活、自然、农林、工商等。例如："国家国家，有国才有家"、"当官讲派头，百姓吃苦头"、"官有印，民有秤"、"理教好人，法治恶鬼"、"人死留名，虎死留皮"、"勤劳生巧，懒会生病"、"众心齐，泰山移"、"根不正，苗必歪"、"银钱如粪土，正义值千金"、"勤是摇钱

　　① 资料来源：东方民族网-畲族-艺术天地。http://www.e56.com.cn/system_file/minority/shezu/yishu.htm

树,俭是聚宝盆”、“靠人粮满仓,靠天空米缸”等。①

　　畲族民间传说故事广泛流传的有《畲族祖宗的传说》、《高辛和龙王》、《三公主的凤冠》等,叙述他们的祖先创家立业和反抗侵略者斗争的事迹。畲族对于有关自然现象如日、月、星、风、雨、雪、电、水、火、烟、雾等的诸天神和歌神、爱神等都有传说,反映了远古时代畲族人民巢居穴处、刀耕火种的原始社会生活的情景,以及畲族人民勇于同自然作斗争的精神。此外,还有《雷神和四姑》、《卖炭》等民间故事,以及反映风物的传说故事如《凤眉鸟》、《石林花》等。在长期的生产斗争和阶级斗争中,畲族人民还创造出谚语故事如《神砍刀》、《花囡与泥囡》等,大多情节曲折,风趣生动,引人入胜。

　　因为播迁靡定,畲族舞蹈大多已失传,但在畲族婚丧礼仪和巫师行罡作法时仍有独特的舞步。福建畲族舞蹈有“敬茶舞”、“龙头舞”和“踏步舞”、“刀铃舞”等。“龙头舞”是畲族迎祖请龙头公仪式上的舞蹈,“踏步舞”是祭祖仪式中的舞蹈,与浙江省的“功德舞”相似。自新中国成立以来,舞蹈工作者对这些舞蹈素材进行整理、加工、发展,并赋以新的内容,创作了不少畲族舞蹈作品。“敬茶舞”这个带有仪式性的舞蹈至今仍保留在福建畲族传统的婚礼中。传统的畲族婚礼,是举行盘歌和表演民间舞的最好时机。当日,新娘由舅母帮助穿戴盛装,在众人的簇拥下,坐上红轿,由媒人引路,前往新郎家。晚间在新郎家举行隆重的婚礼仪式,宴请亲朋好友及邻居。宴毕分几个歌场,主、客歌手进行长夜对歌。在小型的通宵贺喜酒之前,由新郎等十名男子分别模拟男女老少的神情,面对面站成两竖排,在一名端茶者带领下,跳起“敬茶舞”。端茶者手捧茶盘,双臂向上晃一圆圈端至胸前,“踏步”屈膝向众人做

---

　　①　资料来源:山客之家网-各地畲族-畲民谚语。http://www.shezu.net/666/dv_rss.asp? boardid=20&id=1347

"施礼"动作,众人肘部架起,双手手指交叉于胸前,同时屈膝做回礼动作。端茶者循一定路线,按东西南北方向反复做"施礼"动作。端茶者腰肢灵活,双臂晃动,茶水却毫不外溢。敬茶舞过程中,端茶者和其他表演者以吉祥话互相祝贺,整个会场充满了幸福的欢声笑语。①

目前,福建已经拥有一批从事畲族文化研究的队伍,有经常性的畲族文化活动,畲族文化对外交流也日益活跃。20 余年来,先后成立了畲族文化研究会、畲族歌舞团等机构,建成中华畲族宫、畲族博物馆、畲族革命纪念馆、畲族民俗文化示范点、畲族历史文化示范点、畲族茶文化示范点等,并成功举办了 1986 年中国福建首届畲族歌会、1990 年中国闽东首届畲族文化艺术节、1995 年中国闽东畲族风情旅游节、1997 年闽东大黄鱼招商暨畲族文化节等活动。宁德畲族歌舞团是全国唯一的以畲族命名的民族专业表演团体,也是福建省仅有的民族歌舞团。建团后开发创作了 100 多个民族文艺节目,其中《难为迎亲伯》被搬上银幕并印成邮票,畲族节目《行嫁》、《我的家》、《手指舞》、《歌是山哈传家宝》、《畲乡的早晨》等均获得殊荣。宁德畲族歌舞团还多次应邀赴澳门、新加坡进行艺术展演,也经常到国内各地演出,以艺术的形式向世人展示畲族文化。畲族文艺作为交往的使者,在国内外播下了友谊的种子。

(九)体育

畲族人民酷爱体育活动,体育活动项目也很多,"打尺寸"、"盘柴槌"、节日登山、骑"海马"和竹林竞技等,都是畲族民间流传的十分有趣、别具一格的体育活动。尤其是练拳习武之风盛行,经千百年传承,已形成独具一格的民间武术。

---

① 资料来源:东方民族网-民族舞蹈-畲族。http://www.e56.com.cn/minzu/minority_dance/minority_dance_content.asp? minority_dance_ID=62

畲族武术:新中国成立前,畲族群众习武是为了反抗压迫和剥削,新中国成立后则是为了强身健体、陶冶性情,丰富文化生活。畲族武术是在吸取南少林精华的基础上形成的,具有步稳势烈,发力短、猛、狠,攻守严谨,进攻多用指法、掌法等特点,基本上分棍术和拳术两大类。棍术种类多,动作名称复杂多样。由于棍术器械的长短及其功用有别,又有不同的名称:一种叫"丈八棍",长一丈二尺,由单人耍弄;另一种叫"齐眉棍"(或称"盘柴槌"),长六尺(或四尺八寸),供两人对打。棍术动作复杂多样。有双头糙、三步跳、四步半、七步、九步、猴子翻身、天观地测等。拳术(又叫"打工头")在一些畲族山村十分普及。作为拳术的一部分,还有令人叫绝的点穴功夫,有这种绝技者多是德高望重的老拳师。

打尺寸:畲族传统体育活动,流行在福建东部的畲族聚居地区,常在劳动休息时举行。公元 700 年左右,畲族英雄蓝奉高率领畲族起义军在福建长汀抵御唐军,因寡不敌众,起义军渡江撤退,蓝奉高自己一人断后,英勇地抵挡追兵,终于守住了汀江城。畲族后代子孙为纪念英雄,经常练习射箭等武术本领。每逢二月二、九月九农闲,就围场"打尺寸"。参加者至少两人,多则五六人。在活动场地上画一个圆圈,一人手持木棍站在圈内,用棍击竹条飞向前方,其他人在前场奔接,接到者可得一定"尺寸"。未接住的竹条被就地捡起后可向圆圈投去,持棍者可用手接,也可用棍击出。若竹条投中圈内未被接住或未被击出,则投者得胜,持棍者换人。如竹条投落圈外,或被击出,其落点经丈量后,根据距离远近给予持棍者一定"尺寸"。在规定的时间内先得到规定"尺寸"或得"尺寸"多者为胜。

节日登高:畲族传统体育活动中最引人入胜的是登山活动。每逢春暖花开的三月三和秋高气爽的九月九,畲族山区都要举行登山比赛。比赛地点选在畲族聚居的海拔 600 米以上的高山上。届时不分地域、不分男女,连过路的畲族客人都可以参加。

天不亮,参加者就穿着节日盛装来到登山地点,等太阳升起,一声鸟枪响后,比赛开始,最先到达指定地点的为优胜者。待参加者都登上山,一场有趣的盘歌就开始了,歌手各显身手,气氛十分活跃。

骑"海马":是在海滩足踩名叫"海马"的滑溜板飞速前进。"海马"本是生产工具,用于海水退潮后在滩涂上讨小海。明嘉靖年间,戚继光在闽抗倭时,曾训练士卒骑"海马"追逐倭寇,效果奇佳。生产中休息时骑"海马"比速度、比花样、比负重,既惊险诙谐,又热闹壮观,很精彩诱人。①

竹林竞技:这是畲族人民利用山区竹林丰富的优势来开展的一项竞技体育活动,有爬竹竿、弓箭射击、打秋千等等。爬竹竿,即选几株挺拔翠绿的毛竹,沿竹往上爬,看谁爬得快、爬得高。快而高者就获胜。在爬竿时,赛者动作敏捷,花样新颖,有的爬竿只用双手不用脚蹬,有的倒立着身子用双手往上攀爬。弓箭射击,选用一些好竹子,砍下做成弓箭,比赛时视射程远近和准确程度来决定胜负。打秋千与汉族、朝鲜族的不同,做法是把翠绿的、碗口粗、十分柔韧的新毛竹拉弯下垂,在竹子末梢用嫩枝编成圈状座位,人坐其上,便可摆荡。荡秋千的人利用毛竹弹力和重心的变化,可以在半空中上下悠荡出许多惊险动作,颇有地方和民族特色,观者赏心悦目。

"操石磉":是推石头角力。"操"即"推","石磉"即"石块"。石块呈扁圆形。底面光滑,大者百来斤,小的几斤至几十斤不等。比赛地点一般在石铺的路面上。对抗的两组各有一个人站在自己的石块上,其余组员二三人或推或拉站立石上的人,使他足下蹭踩的石块猛撞对手石块,谁的石块被撞后滑到路边,谁便输了。

---

①　资料来源:东方民族网-畲族-民族体育。http://www.e56.com.cn/system_file/minority/shezu/tiyu.htm

（十）工艺

勤劳淳朴的畲族妇女,不但是生产能手,也是能工巧匠,制作的手工艺品种类丰富,色彩斑斓,具有独特的民族风格。

刺绣:畲族妇女喜欢在衣裳的领上、袖口、衣襟边和围裙上刺绣图案花纹。花纹有写实的自然纹,如梅花、牡丹、莲花、桃花、菊花、竹花、兰花、喜鹊、凤凰等,有变形的几何纹,如万字、云头、云勾、浮龙、山头、柳条等。生活用品上装饰刺绣图案的有枕套、帐帘、童帽、鞋面、兜肚、五谷包、烟捻子袋等。绣品色彩对比鲜明,因而亮丽喜人。畲族姑娘精心织绣的绣帕或彩带,送给心爱的情侣,是最好的定情物。新中国成立后,这种工艺技术更加得到了发扬光大,成为抢手的旅游产品和出口产品。

竹编:畲族地区盛产石竹、斑竹、金竹、雷公竹等竹子,为竹编工艺品生产提供了丰富的原材料。精巧的竹编工艺品必须经过选料、破竹、破篾、拉丝、编织、染色、插花、喷漆等几十道工序。除日常生活用的屏风、挂联、枕头、席子、椅子外,还有许多造型生动、美观精巧、色彩鲜艳的筐、篮等。如鹅形筐,以鹅身为容体,以回首的曲颈为提梁,以乳白原色竹篾为羽毛,栩栩如生,美观实用。许多竹编工艺品已远销海外,深受人们的青睐。竹编中堪称畲族一绝的是斗笠。其竹篾细若发丝,一顶斗笠的上层篾就有 220 至 240 条之多。从斗笠的外缘来看,有两条边和三条边两种。从斗笠的上一面看,有斗笠燕、三层檐、云头、燕嘴、狗牙、斗笠星等多种不同的花纹。斗笠以五彩九重篾编织而成,既精致轻巧,又滴水不漏,配上水红绸带及各色珠子等,更加耀眼夺目,是畲族妇女最喜爱的一件装饰品。畲族妇女在外出赶集或走亲访友时,都要戴上花斗笠。

剪纸:畲家剪纸又称刻纸,工艺简练、古朴,饶有浓郁的装饰情趣。多以原色纸张剪成,以黑白组成对比,多用于刺绣鞋、帽、烟袋、包袱等日常生活用品上图案花纹的底图。剪纸线条流畅,富有民族风格和地方特色,内容大多表现民间喜闻乐见的花鸟、走兽、人物、吉祥图案等,尤其剪刻鸟、兽、人物,形象生动,栩栩如生。刻工纤毫毕露,深得人们喜爱。

（十一）建筑

畲族称房为"寮"或随当地汉人称为"厝"。清代以前,畲族的住房大都是以竹子为架搭成的"悬草寮"。这种茅寮称"千柱落脚"或称"千枝落地",四面通风,呈"介"字形。架料多缚成框格型,寮面的茅草也是打成草匾之后盖上的。大多没有隔间。前后开门,不开窗户,没有烟囱。一般占地20平方米左右,寮高3米,墙高2米左右。有的"山寮"成"人"形。它仅在寮中央竖1排3至5根树杈,杈上架着横杠,两边斜靠若干木条,扎上横条（竹片）,覆盖茅草而成。茅寮结构低矮,阳光不足,泥土地面十分潮湿。清代,畲族地区出现了"土墙厝"。土墙厝为土木结构,四面以土筑墙,屋架直接安装在山墙上,屋顶呈"金"字形,瓦片屋顶,土木结构的住宅有4扇、6扇、8扇、10扇之分,有的10扇厝可以住一二十户人。

现代,畲族村寨大都分散于山冈和丘陵,少数在沿海和海岛上,所以他们依山建房,聚族而居,自成村落,多选择在向阳、有水源的山坡上建木结构泥墙（少数砖墙）瓦顶房,建房坐向多坐北朝南,门前多种树木。有楼房和平房两种,楼房少,平房多。平房一般为方形,屋顶呈"金"字状,有厅堂、边房和天井。室内一般都是一厅、左右厢房,中间厅堂,又分前后庭,中有木屏间隔,两旁留两个小门,左门顶上设神位,右门顶上设祖宗神位,后庭放置日用杂物。左右两厢房各分隔为两间卧室。右厢房后段多为厨房,厨房一般不设烟囱。每家灶前均设有一个火塘或火坑,为冬天全家围坐烤火取暖或待客之地。畲民盖房,不是一气呵成,而是分期进行,农闲时多干,农忙时不干或少干,因此盖房所需的时间往往会拖上好几年。一家盖房,往往邀请亲友和寨中其他劳动力帮忙。

有的助木料、木皮，有的助砖瓦，有的助人工，大家发扬团结、互助、友爱的传统美德，同心协力把房子盖好。帮工不计报酬，只招待饮食，请木工、泥瓦匠，要付工钱。建房要择吉日，破土动工后要定朝向、立合砖，俗称"定磉"，木工动锯斧要定"驾马"日，房主要备茶、酒、五果，焚香鸣炮祭供鲁班，祭后才动工、上梁。其后，要请銮驾，贴柱联，压梁谷，挂红布，中堂上书"紫微銮驾"，进宫柱贴联"建屋喜逢黄道日"、"上梁幸遇紫微星"，中庭放个"斗灯"，以示照耀千秋大业。新屋落成要举行隆重的庆祝入宅礼，房主肩挑"祖宗担"，让上辈人先入宅，晚辈后进。

（十二）历史名人

畲族代代人才辈出，他们在政治、经济、军事、文化等方面都显示出杰出的才能。

明代闽北崇安（今武夷山市）兄弟诗人蓝仁，蓝智。蓝仁（1315—1391年以后），字静之，作《蓝山集》；蓝智（生卒年不详），字性之，作《蓝涧集》。二者合为《二蓝集》。他们的诗作开"闽中十才子"先河。

清代闽南漳浦军事将领蓝氏家族蓝理，蓝廷珍等人。蓝理（1649—1720），字义甫，号义山。清康熙二十年（1681）从水师提督施琅攻台湾，充当前锋，拖肠血战，击沉舰两艘，迫郑克塽降清。他官至浙江定海镇总兵，又擢福建提督。康熙帝曾赐"所向无敌"牌坊。蓝廷珍（1664—1729年），字荆璞。他跟从蓝理镇守浙江舟山，精骑射，又善火攻，谋划皆合古法。先后任浙江定海把总，温州镇游击，澎湖副将，南澳镇总兵，福建水师提督等。屡征海上，敌闻风皆称"谨避老蓝"。

漳浦蓝氏家族还有史学家、政治家蓝鼎元（1680—1733）。蓝鼎元字玉霖，号鹿洲。康熙年间从族兄蓝廷珍征台湾，对开发台湾提出19点建议，深受康熙赏识。雍正年间负责分修《大清一统志》，又授广东普宁知县，在官有惠政，断察如神，有"南包公"之誉，今流传的公案小说《蓝公案》即根据他写的《鹿洲公案》整理而成。其知识广博，尤精台湾、南洋、福建及东南海疆事。著有《鹿洲初集》、《东征集》、《平台纪略》、《棉阳学准》、《修史试笔》、《潮州府志》等。

清代理学家雷铉(1696—1759)。雷铉字贯一，号翠亭，闽西宁化人。雍正十一年(1733)进士，朝考第一名。精研理学，著有《象山禅学考》、《阳明禅学考》、《经笥堂文集》等。[①]

(十三)礼仪及其他

畲族男子一人多名。有乳名(小名)、世名、讳名、法名等。乳名是小时父母给予的爱称；世名为按祠堂里规定的"排字世项"的字头排取的名；讳名乃是按排行的不同而得名的；法名乃学师时取的名字。法名不一定人人都有，要根据本人是否祭过祖来决定。凡祭过祖的人，都有资格取得一个法名。法名亦称"醮名"，其取名类似男人成年礼活动。但一个男子至少有三个名字，即本(乳)名、世名和讳名。妇女一般只有两个名字，即乳名和讳名。

畲族医药专科性强，具有特殊的传艺方式、独特的疾病观和治疗方法，擅长用捏、抓、挑、刮和针刺疗法治痧症，用草药秘方治不孕症及正骨疗伤，盛行食物疗法。

本章参考文献：

1. 蒋炳钊编：《畲族史稿》，厦门大学出版社 1988 年版。

2. 千里原主编：《民族工作大全》，中国经济出版社 1994 年版。

3. 雷伟红：《畲族商品经济发展存在的问题及对策》，《商业经济与管理》1999 年第 5 期。

4. 雅嘎热、韦鹏飞、祁崇海等：《中华各民族》，民族出版社 2000 年版。

5. 编委会：《中国民族文化大观·畲族编》，民族出版社 1999 年版。

――――――――

① 资料来源：东方民族网-畲族-民族历史。http://www.e56.com.cn/system_file/minority/shezu/lishi.htm

6.福建省炎黄文化研究会编:《畲族文化研究》(上、下册),民族出版社 2003年版。

7.王逍:《文化自觉与畲族经济转型》,《贵州民族研究》2007年第1期。

8.陈国强:《福建畲族源流考》,台胞之家网,2008年4月11日。http://www.tailian.org.cn/n1080/n1173/n3268/106889.html

9.东方民族网—畲族。http://www.e56.com.cn/system_file/minority/shezu/shezu/shezu.htm

第四章 福建回族

第一节 福建回族概况

一、概况

回族,自称"回回"或"回民",是世居福建的少数民族之一,全省有回族乡(即泉州百崎回族乡)1个,回民10.98万人,占全省少数民族人口的18.81%。目前,福建回族居住相对集中的有四个社区,即:闽南泉州社区,这是省内最大的一个回族社区,包括泉州鲤城、晋江陈埭、惠安百崎等地,这里的回族大多是通过海上丝绸之路而来的古阿拉伯、波斯人的后裔,人称"海回",以区别陆上来的回民,该处是全国回族发祥地之一;闽南厦门社区,主要为明清两代全国各地移居经商的回民后裔;闽北邵武社区,这个社区回民的先人主要为外省来福建任职的回族将领及所带兵士;福州社区,主要居住着由全国各地因受聘、投亲、居官等迁移来的回民。所以说,福建回族分布比较广、居住分散,多次迁移是一个最主要的原因,他们或因避难,或因垦殖,或因从商而不断迁移,不仅大大削弱了原居住点的力量,而且由于迁移面过广,也不可能形成强大的聚落。

二、泉州回族社区的历史源流

分散在中国各地的回族,由于受当地其他民族影响的程度不一,所以他们的文化、语言及宗教信仰也呈现很大的差异。泉州回族社区是目前福建省回民居住较为密集、回民经济较为发达的社区,特别是其中的惠安百崎和晋江陈埭回族社区。同时,泉州回族社区也是中国回族中的一个特殊族群,是受汉族文化影响比较深刻的一支。

五代时,泉州刺史王延彬"多发蛮舶,以资公用……郡人藉之为利,与招宝侍郎"。20世纪70年代,泉州惠安出土了10世纪波斯蓝色瓷瓶碎片,这表明当时泉州与波斯已有贸易。宋朝时期,泉州是中国第一大港,也是海上丝路的起点,其地位已经取代了唐朝时期的广州。北宋元祐二年(1087),泉州设置市舶司,随后设立来远驿、蕃坊、蕃学,并允许创建清净寺和建立外国人墓葬区。于是,阿拉伯、波斯穆斯林客商纷至沓来,最多时达十几万人,他们在泉州建清真寺、设蕃坊。据泉州《重立清净寺碑》载,元代泉州城内的清真寺"增至六七"座。早在南宋就寓居广州的阿拉伯人蒲开宗,原为占城富商。于南宋嘉泰四年(1204)以前从广州举家迁徙泉州。蒲开宗因贸易有功,被授予"承节郎"官衔,并于嘉泰四年任安溪县主簿。蒲氏长子蒲寿晟,于"咸淳七年(1217)知梅州";次子蒲寿庚,于景炎元年(1276)"授福建、广东招抚使总海舶",但是他却投附元朝,官至闽广大都督、兵马招讨使、中书左丞,权倾一时。因此蒲氏家族及其他"蕃客"的势力,在宋元时期,可以说左右了泉州的政局及贸易,对促进泉州回族的发展和伊斯兰教的传播有着巨大影响。然而到了元末明初,泉州的情势起了很大的变化。元至正十七年到至正二十六年(1357—1366),泉州港的波斯人万户赛甫丁、阿迷里丁和市舶使阿巫那,介入元末宫廷内讧的夺权斗争,泉州港巨额的税收成为争夺的焦点,史称"亦思巴奚战乱",泉州伊斯兰教受到严重打击。虽然后来元将陈友定数平战乱,但是他同时也大量杀害西域色目人,大部分的阿拉伯和波斯商人纷纷离去。入明之后,朝廷宣布"禁蒲姓者不得读书入仕",回民和伊斯兰教受到严重影响。至明永乐五年(1407),皇帝颁布保护伊斯兰教敕谕,泉州伊斯兰教才得到保护,至今敕谕碑仍砌于清净寺墙上。但是明朝政府也废除了泉州的"市舶司",又宣告"禁海",不但海上丝路为之中断,泉州回族发展的繁华景象,也一去不复返了。

元朝末年,阿拉伯裔的商人丁谨(1251—1298)由杭州迁移至泉州。后来因为海上丝路已断,他的曾孙丁善(1343—1420)只得弃商务农,迁居晋江的陈埭,其后裔就是今日泉州的回族,而陈埭也有"万人丁"的别名。陈埭丁氏家族,由于和中国其他地区回族隔离,历代皆与汉人通婚,因此到明朝初年,便已受汉族影响渐深。明嘉靖、万历年间的丁衍夏(1518—1599)在其《祖教说》中就曾提到本民族传统习俗的一些变化情况。祭祖、设祖宗牌位等中国民间信仰,已经成为陈埭丁氏家族普遍接受的习俗,然而正因为丁氏回族接受汉族文化程度较高,他们历代科举入仕的人很多,甚至泉州一带的汉人家族也难与伦比。陈埭回族外迁的也不少,包括广东雷州半岛约2万人,及台湾1万多人。

泉州回族除了陈埭丁氏之外,还有蒲姓(蒲寿庚家族)、金姓(元将金吉的后裔)等,但是都很分散,规模比较大的就是惠安百崎的"九乡郭"。泉州回族郭氏的始祖是郭德广。其先人是来华经商的阿拉伯穆斯林,定居于杭州富阳郭家村。后裔伊本·库斯·德广贡因罹于元朝"反色目"的排外风波,附胃于汾阳郭氏望族,改名郭德广。郭德广于"元季宣差微禄,奉命督糈来泉供应,于是时干戈扰攘,弗克还朝,即纳室于泉,卜居行春门外,后改迁法石,依例占籍"(《百崎郭氏族谱序》)。明朝洪武九年(1376),郭德广的次孙郭仲远(1348—1422,名泰,号毅轩,字仲远)携妻儿由法石迁徙惠安,"择于惠邑海滨百崎山下筑室居焉"(《百崎郭氏族谱序》),成为百崎郭氏开基祖。百崎郭氏现有13000多人,遍布于白奇、里春、田吟、斗门头、后塘、后海、加坑、山兜、埭上、大山、岙厝、下埭、克圃等13个自然村,素称"九乡郭"。郭德昭的其他后人则分布于府城东街新府口、公界巷、菜巷、忠义巷、西街头附近,以及城东杏宅、大坪等处,现有 3500 人。明代迁往南安蓬岛、山城的,也繁衍至 8000多人。明万历及以后由蓬岛外迁浙江、海外等地的,也发展至数万人。

明代,泉州回族内部出现了不少的儒士化知识分子,他们在儒礼所涉及的典章制度里,找到了儒、道、释、回四者最根本的共同点,即敬天、奉天、法天,对己要其心诚敬,其行明洁。清代,泉州回族与伊斯兰教有几次重兴,均由到泉州任职的穆斯林官员捐资协助。如康熙四十八年(1709),都督陈有功、提标陈美等目睹泉州伊斯兰教式微,“即延师谏督我教门诸子,学经解纂”,重兴通淮街清净寺,重修灵山圣墓;同治十年(1817),提督江长贵来官泉州,自聘阿訇,倡导教务。

新中国成立后,以清净寺为中心,泉州回族人开展一系列活动。如 1951 年,创办清真民校,组织清真文工队宣传土地改革、抗美援朝、婚姻法、垦荒。以后又配合宣传“三反”、“五反”。又自编歌剧、相声,到前线慰问海防战士。1955 年,成立泉州市伊斯兰教协会。“文化大革命”期间,停止宗教活动。到 1978 年后,随着民族政策和宗教政策的贯彻与落实,不少回族恢复了民族成分,人口逐渐增多。1983 年,召开泉州第二届穆斯林代表会议,黄秋润连任伊协主任。同年,清净寺进行全面修缮。1985 年以来,从宁夏、安徽等地聘请阿訇主持清净寺教务,举办阿拉伯语学习班,翻译宋元时代阿拉伯文字石碑。以后 20 多年来,接待多批中、近东地区国家的大使、参赞来寺参观。一些地方还开辟回族史馆,修建回族祠堂,展示回族的历史和文化。①

---

① 　资料来源:闽南人在线论坛-闽南文化-伊斯兰教在泉州的传播。ht-tp://www.510173.com/bbs/dv_rss.asp? s=xhtml&boardid=8&id=1822

第二节　福建回族经济与文化

一、社会经济发展概况

（一）古代社会经济

古代福建回族的经济基础，主要是农业、手工业和商业。

自古以来，福建回族人民因长期与汉族人民杂居共处，其耕作技术大体上与汉族人民差不多。所谓"今……习俗，久同华族"，就是上述论断的有力佐证。他们以牛犁耕，引水灌田，注意选育良种，适时耕作和施肥。农作物则因所处地域不同而有所区别，主要种植稻米、小麦、玉米、瓜果、蔬菜以及豆类等。从事农业的回族人，绝大多数兼营商业、手工业。即使有较多土地的富裕者，往往也不例外，单纯经营农业的极少。

手工业在回族的社会经济中占有重要的地位。回族工匠在元代是受到蒙古统治阶级的重视的。最初他们中大多数在官营作坊从事建筑、纺织、兵器、制革、制金银器等各种劳作，只有少数被分配给各级王公贵族、后妃为奴。明朝代元而兴，原有的回人和回族工匠大都归附于明朝。于是原来在官营手工业作坊工作的工匠，大都成为个体工匠或转入其他行业。随着明代封建经济的发展及回族农业生产规模的扩大，一些具有回族特色的手工业也应运而生，并不断发展壮大。在福建回族的发展过程中，具有重要影响的手工业生产主要是制香业。制香业是和回族传统的香料贸易业相联系的。福建泉州蒲家，自元以来就一直从事制香行业，明初时逃亡至永春、德化等地。但在到达永春、德化后，仍然继续经营制香业。如蒲氏 14 世孙蒲世茂在永春创置的香浦室，一直延续至新中国成立以后。

在历史上，回族向以善经商闻名。在回族先民中，就有许多来自阿拉伯、波斯以及中亚各国的商人,他们不仅是陆上丝绸之路的重要使者,也是海上丝绸之路的重要使者。例如泉州蒲寿庚家族,就是经由海上而达于中国,并以经营香料、珠宝发家而饮誉中华的。这些回族商人很善于与国外商人建立密切的商务关系。居住在福建东南沿海的回族商人,则多从事珠宝、医药、绸布等的运销。在元代,泉州已经是他们从事商业活动的中心之一。他们有的产销兼营,有的专事运销,有的半农半商,也有肩挑叫卖,或零星贸易兼充经纪的,形式多种多样。①

(二)现代社会经济

当改革开放的春风吹拂神州大地时,勤劳智慧的福建回民和当地汉族同胞一起,发扬"爱拼才会赢"的精神,大胆探索,艰苦创业,走出一条"以市场调节为主,外向型经济为主,股份合作制为主,多种经济成分共同发展"的具有侨乡特色的经济建设路子。

1. 百崎回族乡

百崎回族乡是福建唯一的回族乡,地处泉州惠安南端,泉州湾北岸,三面环海,一面连陆,与后渚港隔海相望,泉州沿海繁荣大道、通港路贯穿而过,后渚港、秀涂港、后渚大桥、晋江大桥就在周边,与泉州只有一桥之隔,交通非常方便。全乡面积 16.7 平方公里,其中陆地只有 8.63 平方公里,有耕地 173 公顷。下辖白奇、里春、莲埭、下埭、后海 5 个行政村,共 13 个自然村,人口 10000 多人,其中郭氏回族人口占 81%,所以素有"百崎郭"或"九乡郭"之称。1990 年 8 月经福建省人民政府批准,独立建制百崎回族乡,是福建省 19 个少数民族乡中唯一的回族乡,也是泉州市唯一的少数民族乡。

百崎乡的自然资源十分丰富。百崎人秉承了阿拉伯后裔经商

① 资料来源:《回族的经济和文化历史》,宁夏新闻网-回族-回族历史。http://www.nxnews.net/382/2007-12-28/12@268833.htm

意识强的传统,工业起步早,民营经济活跃。近年来,已形成了制鞋、航运、机械制造、橡塑、模具、电脑刺绣等一大批企业,全乡大小企业 100 多家,从业人员 1.2 万人。2006 年工业总产值 25.1 亿元,上缴利税 4072 万元,财税连续多年高基数、高增幅:2004 年增长 50.7%,2005 年增长 31%,2006 年增长 34.2%,经济总量居全县第六。2006 年乡财政收入 755 万元,人均年收入 7313 元。2007 年,人均纯收入已达 7790 元,居于全省 19 个民族乡第一位,超过全省平均水平。百崎乡属大泉州总体规划中洛秀组团的重要组成部分,随着大泉州的跨江东拓,洛秀新城区的动工建设以及秀涂港、惠南工业园区的开发建设,区位优势更加凸显,是未来的市中心区、台商投资区。①

2. 陈埭丁氏回族社区

陈埭丁氏回族社区,地处泉州晋江,位于泉州湾南畔晋东平原"闽南金三角经济繁荣带",包括江头、岸兜、溪边、西坂、鹏头、四境、花厅口 7 个回族行政村,人口 22000 多人,是福建省回族较集中的聚居地,也是明代以来泉州地区回族社区的重要组成部分。历史上陈埭丁氏回族为泉州的繁荣和发展作出了巨大的贡献,目前,陈埭丁氏回族社区已经成为闽南侨乡一颗璀璨的明珠。

改革开放以来,号称"万人丁"的陈埭回民,在市场经济中勇立潮头,社区中的乡镇企业不断调整和优化产业结构和产品结构,"筑巢引凤",建立起了雄厚的产业基础,多年来经济发展速度和人均年收入幅度,均高于周边汉民族村镇的增长。1985 年,全镇(含汉族企业)工农业总产值突破亿元大关,首先成为福建全省第一个亿元镇而名闻全国。回民人均收入不断提高,涌现出不少极有实力的回族企业家,不少回民生活已达到小康水平。2003 年,占当地人口 30% 的陈埭回民村,缴纳税收已占陈埭镇的 59%,回民成

①　《惠安百崎回族乡》,《领导文萃》2007 年第 8 期。

了当地纳税的一支生力军。7个回民社区,2003年实现工农业总产值58.89亿元,上交国家税收3.06亿元,出口交货总值27.5亿元,年纳税额超500万元以上企业就有4家。①

　　乡镇企业的崛起为陈埭回族社区农业综合开发提供了强大的物质基础。土地适度规模经营进一步完善,已有70%的土地承包给种粮专业大户,农民开始追求种粮和农业综合开发效益的最大值,自觉地加大对农业基础设施的投入,农田水利配套建设日臻完善;农业新技术、新品种等广泛推广,农业机械化程度不断提高。社区已被列为全国粮食自给工程座谈会参观点,整个示范片向更高标准、更具规模农业田园区方向迈进。原以产粮为主的已开始按市场发展多种经营,鹏头村建立375亩水产养殖场,江头村蔬菜基地面积已扩大到200多亩,四境村创办350亩综合农场,已具规模。

　　回族社区按城市化规划,加大对基础设施的投入力度。近年来社区多渠道集资,先后投入近亿元用于社区水、电、路、通信等基础设施建设。7个回族村工业小区主干道、环村路,条条实现大道水泥路面化,把7个村联成一大片,形成村村通往泉州、晋江机场等四通八达的交通网络;继四境11万伏输变电站建成投入使用后,江头11万伏输变电站又开工建设。旧村改造和建新村工程在四境村率先实施后,带动了其他回民村旧村改造的步伐。鹏头村被泉州市定为旧村改造、建新村试点村;四境村陈埭旧街改造首期拆建工程进展顺利,北从溪边、西坂、四境直通湖中连接青阳的4公里长、36米宽的鞋材一条街已形成,拥有多类制鞋原辅材料经营户300多家,被誉为福建第一鞋材批零市场,与广东东莞、浙江温州并称为全国三大鞋业原辅材料市场。

　　另外,陈埭回族旅居台、港、澳以及东南亚的宗亲还有好几万

---

① 　丁惠兰:《陈埭回族村缴税逾3亿》,《泉州晚报》2004年4月24日。

人。改革开放以后,海外宗亲相继回乡探亲、办厂、经商。如1985年,以华侨丁魁梧为团长的菲律宾回乡探亲团到陈埭探亲谒祖,菲律宾是丁氏回族旅居海外人数较为集中的地方,那里有著名的清真五姓(丁、郭、马、白、金)联谊会。他们与回族村乡亲建立了密切的关系。随后,他们又多次回乡参加各种庆典活动,为家乡的经济建设、社会公益事业作出很大的贡献。回族村也多次派人前往海外,加强宗亲之间的交往,增进彼此之间的了解。①

二、文化

由于回汉杂居,回族除受伊斯兰文化的影响外,还日益受到中国传统文化的强烈影响。明代,回族人的衣着已逐渐与汉人相同,使用了汉族的姓和名。明代晚期,回族人已经"士农工商通与汉人相同",但是,在共同心理状态、经济生活、宗教信仰和风俗习惯等方面,回族仍表现出自己的特点,被认为"同类则相遇亲厚"、"自守其国俗,终不肯变"。

(一)宗教

回族人信仰伊斯兰教,伊斯兰教是严格的一神教,故其风俗习惯大都与此有密切联系。

根据伊斯兰教教义,宇宙的最高主宰是安拉。安拉汉译意为真主。真主是独一无二的,既无所不在,也无始无终。宇宙中除真主外,不再有任何其他神。因此,大多数回族人都把真主作为自己的唯一信仰。

回族人因崇奉伊斯兰教,故在回民聚居区内,一般都建有清真寺。清真寺由教长主持寺务,并管辖聚居区内回民的宗教庶务,收集"天课",俗称之为"教坊"。"教坊"与"教坊"间是平等的,没有从

---

① 丁显操:《在海上"丝绸之路"的起点——记今日福建陈埭丁氏回族》,《中国民族》2001年第3期。

属关系。清真寺既是回民宗教活动的场所，也是其所管辖聚居区内回民从事社会活动的场所和单位。泉州清净寺就是我国现存最早的一处伊斯兰教建筑，为国务院公布的第一批全国重点文物保护单位之一，是我国现存最早、最古老的具有阿拉伯建筑风格的伊斯兰教寺。

依照《古兰经》规定，凡信仰伊斯兰教的人，都必须遵照《古兰经》和《圣训》行事（《古兰经》是所有伊斯兰教教徒的经典、行动准则，《圣训》则是注解，其中也包括穆罕默德的议论、行为以及得到穆罕默德许可或默认的种种事实）；还要按规定完成五项功课：念、礼、斋、课、朝。

念，包括2项内容：一是从小就要念会"清真言"。"清真言"共有三句：原意是"万物非主，唯有真主，穆罕默德是主的钦差"。就是说，要信主认圣，否则便失去"以麻尼"（信仰），不能成为穆斯林。二是要遵从真主所命令的一切，念《古兰经》，按《古兰经》所说的去做，坚定认主从圣的信念。念是五功之首，也称为"作证"。

礼，又称拜功。每日需五次面向天房，向安拉叩拜。每次礼拜之前，要先"小净"（洗脸、鼻、手和脚）或"大净"（洗全身）。进行礼拜时，除赞念真主外，"毋外虑，毋旁顾，毋搔手，毋举足，毋作声"，"神存心临，内粟外竞"，"故犯者复礼（犯礼）"。按规定，做礼拜分别定于寅、午、申、酉、亥时。又称晨礼、晌礼、晡礼、昏礼、宵礼。晨礼须在天亮时进行，四拜；晌礼约在午后一时，十拜；晡礼在日落前约一箭高时，四拜；昏礼在日落后红霞未散之时，五拜；宵礼在红霞散尽至中夜之间，九拜。每七日一大拜，称"主麻"，又叫"聚礼"。"聚礼"定于星期五中午至午后一时举行，为集体聚拜，寓有联络之意。举行"聚礼"时，至礼拜寺大殿前，要先脱鞋，礼拜时要五体投地。

每年举行两次会礼。一为"开斋节"，一为"古尔邦节"。"开斋节"前,每个家庭成员,都要向穷人发放"开斋捐",粉刷房屋,打扫院落,并着盛装到清真寺或郊外聚会。会礼时,要先向阿訇道安,接着互道"色俩目"。仪式结束后,再由阿訇率领,集体游坟扫墓,或各家各户扫墓,为逝者祈祷。在"古尔邦节"上,一般先会礼,后宰牲。家境好的要宰羊,富有的宰牛,或骆驼。驼为大牲,牛为少牲,羊为配牲。宰牲时,牛羊粪便、血液及食后骨头需深埋,不得随便丢弃。

日礼可以独礼,越时可自补;聚礼、会礼不能独礼,越时不能补。妇女不能参加会礼。

斋。就是戒食、色,谨嗜欲,减寤寐。凡穆斯林男女(男 12 岁以上,女 9 岁以上),每年都须封斋一月。在封斋期间,每天在东方未发亮以前吃喝,透亮后停止,直至太阳下山后才能复食。斋月的终期,"以见月为度"。一般是 29 天或 30 天。若封斋 28 天见月,也开斋,但过后需补斋一日。如未见月,则继续斋戒,但一般不超过 3 天。孕妇、乳媪、病人、旅行者、年老体弱者、经期妇女、佣工,不必封斋,但过后需补斋。

课,又称"天课",是伊斯兰教上层向教徒征收的一种课税。原是为了调和贫富之间的对立,劝说有钱人向贫苦人进行施舍,是一种自愿的捐助,后发展成为伊斯兰国家的一项制度。依据教法规定,凡有资财的,每年应交纳其财产的 1/40,商品和现金交纳 2.5%,农业税为 5%～10%。中国穆斯林按定制纳"正课"较少,但要根据家境情况交纳"学粮"。课税定额,实际上并不完全划一,地区不同,其税额也各有区别。

朝,是指朝觐。又称"朝克尔白"、"朝天房"。"克尔白",汉译意为"立方体形的房屋"。"朝克尔白",是穆罕默德前往麦加城第 6 年后开始的。因在麦加城中心有一座圆形长廊"禁寺",寺中心有座方形石殿,石殿东南有一圆形黑陨石,被视为圣物。据传,该殿是由阿丹依天上原形修建的。公元 623 年,穆罕默德根据阿拉伯人的传统习惯，将其定为教徒朝拜方向，从此这里便成为世界穆斯林的朝拜中心。

朝觐是每个穆斯林的宗教义务。一个穆斯林倘一生能朝觐一次，既是一件善功，又可获得"汉志"（又称"哈只"）称号。因此，许多穆斯林对朝觐都很重视。凡有条件的人，都纷纷前往。无条件的，则在原籍沐浴聚礼、宰牲纪念。如郑和的祖父和父亲，都相继到过麦加。

崇"五典"，也是回族人的重要传统习俗。所谓"五典"，就是孝顺父母，夫妻互爱，长幼互敬，兄弟和睦，朋友忠信。"五典"是中国伊斯兰教学者根据《古兰经》和《圣训》，吸收儒家思想而概括出的5条义务。后来汉学派还将其作为宣教的指导思想。[1]

（二）婚姻

按照《古兰经》的规定，成年男女可以自由择偶，允许多妻，但不提倡多妻。福建回族基本上是一夫一妻。妻亡后续娶者则比较常见。男女青年一旦产生爱情，可以坦率告知父母，父母一般不会反对和干涉，而且还会帮助撮合，随即托请族内长辈为媒，向对方家长求亲。若对方应允亲事，便选择吉日订婚结亲。订婚须按一定的程序进行。

首先是"立主亲"。"主亲"由男方宗族或至亲戚友中老成者并与女方相识或往来者组成，从中进行说合。一旦女方同意，即可进行"纳聘"，聘金或为牛、羊、马、骡，或为金银、衣物、钗钏、食物等。依据伊斯兰教规定，女方向男方索取聘金，应依据男方经济状况而定，不能有过高要求。据说1949年前泉州地区回民的订婚礼品，一般是黄金戒指2个，富裕回民，则加金项链一条、手镯一对。此外，还加精制"油香"或"油酥花苴"、"油酥脆花"及布匹等物。结婚

---

① 资料来源：《回族的经济和文化历史》，宁夏新闻网-回族-回族历史。http://www.nxnews.net/382/2007-12-28/12@268833.htm

要有同教公证人证明,方符条件。举行婚礼时,要请阿訇主持仪式。婚礼一般选择在"主麻日"(回族以主麻日即星期五为吉日)进行。古代福建泉州的回族婚礼中有"撒(金)豆"的习俗,两位有情人在结婚典礼上,"一把一把地掏出金豆子,当喜钱赏给那些穷人,致使他们一个个都有了钱"。贫苦回民的婚礼比较简单俭朴,通常是新婚男女双双到清真寺请阿訇念"依扎布"(婚配经)即算礼成。新婚之夜只有合家聚餐,不再举行其他仪式。

回族人一般很少离婚。夫妻离婚后,若双方都后悔,仍可复婚。但妇女离婚后,则须等3个月后再改嫁。

回族人一般只与同教人结婚。若要与外教人结亲,则须先使对方改奉伊斯兰教。在历史上,凡是回男娶汉女的,女方大都随夫改奉伊斯兰教。凡是回女嫁汉男的,汉男也多改奉伊斯兰教。[①]

(三)丧葬

回族人提倡薄葬,葬礼简单、朴素,但却有较多的禁忌。人去世后,回族不称为死,而要称为"昌提"(阿拉伯语,逝世)、"无常"、"口唤"或"归真"(意即回归至真主阙下),死人称为"亡人",尸体要称为"埋体",以示与其他民族的区分。当人病危将死时,便要请阿訇或有威望的人念"讨白",意谓忏悔词,以向安拉表示"悔罪"。当其咽气后,则要将"埋体"置于厅堂中的床上,将原有衣服脱去,用净水加以洗濯,并用白细布自下而上包裹,然后盛入木匣,送往埋葬。"埋体"未葬之前,回族有守夜的习惯。守夜的亲朋好友都要洗大、小净,以保持"埋体"房内的洁净。葬时由参加送葬者站"正那则",意谓代亡人拜主。但禁止排列供品敬奉。自病人咽气之日起至送葬,遗体一般不得停放超过3日。3日内死者家属不动烟火,吃食俱由亲友邻居赠送。按伊斯兰教规定,亡人是顺命归真而

---

① 资料来源:《回族的经济和文化历史》,宁夏新闻网-回族-回族历史。http://www.nxnews.net/382/2007-12-28/12@268833.htm

去,家人亲朋应当相信真主的前定,而嚎哭被看作是对亡人逝去的
"不满"和"怨恨",故亲属不得悲哭。行土葬,一般都葬于公共墓地
中。送葬时,要以钱散给贫人,谓之做好事。富者多散,贫者量力
而行。葬后 7 日、40 日、100 日、周年、3 年,及生、逝之辰,均行纪
念之礼。

(四)饮食

回族有严格的饮食习惯,并与其他穆斯林民族创造和发展了
中国清真饮食文化。"清真"一词在宗教意义上是指回族成员虔诚
的伊斯兰教信仰及其相关的宗教行为;在个人生活行为意义上是
指讲求心净、身净、居处净和饮食净。回民讲求食物的可食性、清
洁性及节制性,民间概括为"饮食净"。主要食米、面。有蒸馍、烙
饼、馕、包子、饺子、汤面、拌面等食物。逢年过节,喜食油香、馓子
及各种油炸食物。在动物的可食性方面,受伊斯兰传统文化及中
国传统文化"食可养性"观念的影响,通过"审物之形象、察物之义
理",一般选择"禽食谷、兽食草",且貌不丑陋、性不贪婪懒惰、蹄分
两瓣能反刍的牛、羊、驼、兔、鹿、獐、鸡、鸭、鹅、雁、雀、鱼、虾等为
食,并且除水产物外须念"台思米",断喉宰之方可食用。狼虫虎豹
熊、驴马骡猪狗、狐猫鼠蟒蛇、鹰鹞鸳鲨鲸等与酒、动物之血属禁食
之物。因为伊斯兰教教义认为,人们的饮食,是可以颐养性情的。
食生性良善的食物,便可增益人的善性;食生性恶浊的食物,便会
滋长人的恶性。是以果、谷、瓜、蔬之属,俱可食。而禽兽之属,性
纯吃草谷者可食,性不纯而食秽污者不能食。

回民习惯在做、吃食物及进行其他一些日常活动时,都要口念
或心念"比思敏俩习。"。"比思敏俩习"为阿拉伯语,意为"以真主
的名义"。如平素炒菜、做饭,油、菜入锅前,吃饭、喝水之前,以及
担水入缸,均念"比思敏俩习",以表明回族人时刻不忘真主造化万
物之恩。此外,在吃蒸馍、烙饼、馕时,也一定要先口念"比思敏俩
习",再掰做两瓣或更多的小块来吃。回族女主人在厨房炸油香、

馓子等食品时,也必须先念"比思敏俩习",且讲究包括家人在内的其他人没有小净不能进厨房。主人认为做这些食物时,须有虔敬的心灵和纯洁的身体,这样炸出的食物,才色泽宜人,酥脆香甜。

回族饮料较讲究,凡是不流的水、不洁净的水均不饮用。回族也喜饮茶和用茶待客,但是禁烟、酒。

(五)禁忌

回族的禁忌十分严格。禁食猪肉,这是回族最重要的禁忌。《古兰经》讲:"人们啊,你们应食地面上合义的、清洁的食物。"又说:"禁止你们吃自死物、血液、猪肉,以及诵非真主之名而宰割之动物。"至于为何禁食猪肉,伊斯兰教明确指出,猪为"秽物",是"不洁之物";故不予食之。忌食猪肉并非是回族独有的习俗,世界上所有信仰伊斯兰教的人民都有同样的禁忌。回族不仅忌食猪肉,而且对其他民族盛过、做过猪肉的炊具、碗筷、器皿也不用、不接触。有人甚至连"猪"字也厌恶提起,回族严格忌食猪肉的习俗,使得他们在日常生活中,明显区别于其他民族。①

除此之外,回民忌食一切动物的血和自死动物,吃蒸馍和烙饼等时不用嘴咬,禁食烟、酒、毒品。不在所用水井、水塘直接用手取水,也不将取水器中的水倒回井和水塘,不在水井、水塘附近洗涤衣物和蔬菜。严禁在果树下、水沟旁及河边大、小便,不允许在人前袒胸露臂。不在背后议论和诽谤别人。严禁求卜问卦,否则会被认为是丧失了信仰,要受人唾弃的。严禁放高利贷、偷盗和抢劫,不赌博。反对任何偶像崇拜,故不挂人物像和动物图片,凡有眼睛的图像都不能张贴。禁坐门槛。禁踩蚂蚁。不将小孩穿过的衣服送别人……

_____

① 　马建春:《回族的俗信禁忌》。开远阿专网 2002-2-9

（六）服饰

回民的服饰，根据性别形成了男子服饰和女子服饰，且男女服饰区别很大；根据年龄形成幼儿服饰、成年服饰和老年服饰，回族妇女的年龄服饰更清楚，有未婚服饰、已婚中年服饰和已婚老年服饰；根据地区、季节和宗教职业形成不同的服饰等。长期散居于汉族群众中间的回民，服饰则多与汉族相同。

传统上，回族男子喜欢戴号帽，穿白衬衫、白高筒布袜、白布大裆宽松裤等。他们的鞋子则一般是自制的方口或圆口布鞋，也有用麻和线自制的凉鞋；随着社会的发展，大多数回民现在到商店购置各种布鞋和牛皮鞋、凉鞋等，但忌穿猪皮鞋。农村男子的袜跟、鞋垫一般都是绣花的。回族男子戴的无檐号帽，亦称"顶帽"、"孝帽"、"回族帽"或"礼拜帽"，意为回族的号头和标志。号帽从颜色上看，有白、灰、蓝、绿、黑五色，分春、夏、秋、冬不同的季节来戴。一般春夏秋季戴白色帽最多，冬季戴灰色或黑色的。大多数回族喜欢戴白帽。回民有些白色号帽很精致，镶有金边和美丽的花纹。有些泉州的回民，在帽前正中用金黄色线绣着阿拉伯经文"真主至大"，有的绣有"清真言"，即"万物非主，惟有真主，穆罕默德，真主使者"。当回民过节参加会礼时，放眼望去，一顶顶白帽白得耀人眼目，好像一片银河。

回民还特别注意面容的修饰。男子必须留胡须，认为留胡须是一种风度美和大丈夫气概的表现。回族男子还喜欢随身佩带一把小刀，俗称腰刀。回民挂腰刀，一是为了装饰，二是为了随时宰牲、救牲。这种习俗与唐代杜环记载的阿拉伯人"系银带，佩腰刀"的习俗是一样的，是从阿拉伯传入我国回族人民当中的，后来逐渐成为回族人民的习惯。

回族妇女的衣着打扮也是很有特点的。一般都头戴白圆撮口帽，戴盖头（也叫搭盖头）。回族人民认为头发、耳朵、脖颈是妇女的羞体，必须全部护严。回族人民戴盖头的习俗，一是受阿拉伯国家的影响。在阿拉伯地区,原来风沙很大,水源较少,人们平时难以及时沐浴净身。为了防风沙、讲卫生,妇女们自已缝制了能遮面护发的头巾。后来许多阿拉伯、波斯商人把这种习俗带到了中国。二是受伊斯兰教的影响。《古兰经》说:"你对信女们说,叫她们降低视线,遮蔽下身,莫露出首饰,除非自然露出来的,叫她们用面纱遮住胸膛,莫露出首饰,除非对她们的丈夫,或她们的父亲,或她们丈夫的父亲,或她们的儿子,或她们的丈夫的儿子,或她们的兄弟,或她们的弟兄的儿子,或她们姐妹的儿子,或她们的女仆,或她们的奴婢,或无性欲男仆,或不懂妇女之事的儿童……"我国回族仍遵守这些信条,虽然已弃用面罩,但也以头巾护头面。一般把头发、耳朵、脖子都遮掩起来,所以,久而久之便逐步形成了回族妇女戴盖头的习惯。泉州一带回民的盖头,一般都是绿、青、白三种颜色,有少女、媳妇、老人之分。一般少女戴绿色的,已婚妇女戴黑色的,有了孙子的或上了年纪的老年妇女戴白色的。回族妇女的"盖头",讲究精美,在样式上,老年人的盖头较长,要披到背心处;少女和媳妇的盖头比较短,前面遮住前颈即可。回族妇女还喜欢在盖头上嵌金边,绣风格素雅的花草图案,看上去清新、秀丽、明快、悦目。回族妇女的传统衣服一般都是大襟衣服,但装饰内容却比较丰富。回族妇女老少一般都备有节日服装;经常礼拜的人,还专门有一套礼拜服。回族妇女一般不穿超短袖衫、短裤和裙子,忌赤脚行走。

大部分回族女子从小就要扎耳朵眼子,七八岁时要戴耳环;同时,还喜欢戴戒指、手镯,有的还点额、用凤仙花染甲等等。已婚妇女还要经常开脸,显得清秀、干净。回民戴戒指的讲究与土耳其、巴基斯坦、埃及等国家的穆斯林以及中国汉族的讲究相同:戴无名指上表示已婚,戴中指上表示没有对象,戴小拇指上表示已有对象但还未结婚。回族妇女喜欢戴饰品,除了爱美以外,据说还能使人心明眼亮。回民当中有句顺口溜说:"姑娘眼睛亮,耳环子挂两旁。"这话确有道理。眼部穴位在耳垂中央,戴耳环可以刺激耳部眼睛的穴位。[①]

如今,随着对外开放和商品经济的发展,城乡回民的服饰较之新中国成立前和新中国成立后的 20 世纪五六十年代有了很大变化。特别是居住在城镇里的中青年男女,紧跟时代潮流,穿戴打扮丰富多样。

（七）节日

回族过节不过年。回族人民习惯于欢度一年一度的开斋节、古尔邦节、圣纪节等传统节日和阿舒拉节、法图麦节、登霄节等节日,不过回历年,也不过阴历年——春节。回族的传统节日是与伊斯兰教分不开的。新中国成立后,人民政府规定开斋节、古尔邦节、圣纪节为信仰伊斯兰教各少数民族共同的民族节日,并规定节日放假 1 至 3 天。回族一年过的节日也主要是这三大节日。节期是按伊斯兰太阴历计算出来的,节日在一年的哪一天,按日历计算,年年都有变化。

开斋节,阿拉伯语是尔代·费土尔,尔代在汉语中是"节"的意思,尔代·费土尔就是开斋节,又称"大节"、"大年"、"大聚"。穆斯林在伊斯兰历九月（来麦丹）封斋（把斋,守斋）一个月,白天不吃不喝,夜晚才可饮水进食。一个月过后,十月初见新月时而开斋不再封斋。庆祝开斋节则含有纪念艰苦、克服困难、取得胜利的意味。在开斋节那天,穆斯林要穿着节日盛装,点燃芭兰香,到清真寺参加会礼,庆祝节日。这天广大回族群众举行庆祝会,各地的回族家庭都要用香油（芝麻油）炸油香,炸馓子,炸萨日撒,熬杏仁羊肉粥,炸油香还要馈赠至亲好友、乡亲邻居,共话节日。

古尔邦节,是阿拉伯语尔代·阿祖哈尔的意译,又称"宰牲

---

① 佚名:《回族服饰》,伊斯兰教之窗网 2004-04-09。http://www.yich. org/ysls/Class108/Class109/200404/2168. html

节"、"献牲节"、"大会礼日"。伊斯兰历12月10日为古尔邦节,即自封斋日算起100天为古尔邦节。古尔邦、阿祖哈尔含有"牺牲"、"献身"之意。回族隆重过这个节日,有提倡牺牲自我,献身人类之精神的意思。宰牲节这一天穆斯林沐浴熏香,着节日盛装,到清真寺参加会礼。回族群众根据自己的条件宰鸡、宰羊、宰牛,然后分成"份肉"(一份一份的肉)接待宾客或分送亲友。

圣纪节,是伊斯兰教创始人穆罕默德的诞生纪念日。这一天又正好是穆罕默德逝世的日子,又称做"圣忌"。中国的穆斯林习惯将圣忌和圣纪合并纪念,称为办圣会。在清真寺诵经纪念,然后与会者会餐,炸油香,吃打卤面、全羊菜等。

回族的三大传统节日,具有全民性、稳定性、纪念性等特点。如回族的开斋节和古尔邦节,无论信教不信教,无论城市还是农村,无论大人还是小孩都过这些节日。

(八)文学艺术等

由于回汉杂居,回民通用汉语和汉文。但是,福建回族人民在文化、科技、艺术方面的成就不小,涌现出李贽、海瑞、丁拱辰等不少杰出人物,对祖国的文化发展作出了贡献。

李贽,明代杰出的思想家、史学家,反封建思想启蒙运动的先驱。李贽是晋江(今福建省泉州市)人,本名林载贽,回族,因其三世祖叔被官府所杀,遂改姓李,号卓吾、宏甫、百泉居士等,嘉靖三十一年(1552)举人。李贽的思想具有很强的蔑视传统和权威、追求自由解放的性质,他公开向封建伦理挑战,批评男尊女卑思想,反对道学家宣扬的"伪道统"。他在文学上还提出"童心说"理论,主张创作抒发己见,反对复古摹拟。其主要著作有《藏书》、《续藏书》、《焚书》、《续焚书》等,有诗作300余首,存于《焚书》、《续焚书》中。

祖籍福建的海瑞,是明代中叶著名的政治家,回族,字汝贤,号刚峰,生于广东琼山(今海南海口)。嘉靖年间举人,授福建南屏县教谕。海瑞为官清正,均赋徭、抑豪强、平冤狱,颇有政治声誉。后入京授户部主事,上《治安疏》,触怒嘉靖皇帝,被削职入狱。出狱后,又因为人刚正多次受权贵排挤诬陷。海瑞于任所"卒之日,无一语及私,贫无可治棺椁",出殡时,"小民罢市","如丧慈母","酹而哭者百里不绝"。朝廷闻之,赠太子太保,谥忠介。海瑞刚正不阿,为官廉洁、俭朴自奉,被后人誉为"海青天"、"南包公"。著有《备忘录》,收在《四库全书》中。

　　丁拱辰,清代兵器制造家,中国近代科技领域的先驱。又名君珍,字淑原,号星南,回族,福建晋江县(今泉州)陈棣镇岸兜村人。丁拱辰自幼读书刻苦,学习兵法、天文历算和地理等。后随父亲经商,业余时间博览群书,常"静夜仰观星象","通三角八线之法",精心研究天文,改造旧仪器,制造出了"象限全周仪"。道光十一年(1831),丁拱辰出国经商,先后到过菲律宾、伊朗、阿拉伯等地。道光二十年(1840)回国。鸦片战争的爆发,促使丁拱辰毅然弃商研究起了军事科技,并立下"富国强兵"之宏愿。他开始潜心钻研兵器,吸收外国先进技艺,撰著《演炮图说》,并仿洋式,自铸大炮 40门,捐献给清廷以抗击英国侵略者。这些炮均采用滑车绞架,炮身可移动方向,调整射击方位,便于操纵,是中国当时新一代的火炮。后来丁拱辰经反复实践,将《演炮图说》修订成《演炮图说辑要》,全书分 4 卷 50 篇,插图 110 幅,说明并绘图显示各种炮式、炮弹、火箭及轮船、战舰的制法和运用,成为一部介绍西方武器制造技术的专著。丁拱辰除精于火炮制造外,还研究火车、火轮船,写出了一篇论述火车的《西洋火车轮船图说》,还设计了一辆铜火车和蒸汽机车模型。另外,他还编纂了《增补则克录》、《西洋军火图编》等军事著作。①

---

①　资料来源:东方民族网-回族-历史人物。http://www.e56.com.cn/system_file/minority/huizu/lishirenwu.htm

当代,福建各地回族也十分重视对历史文化的研究,纷纷修建回族祠堂,展示回族的历史和文化,先后开辟了"陈埭回族史馆",出版了《陈埭回族史研究》、《陈埭丁氏族谱》、《陈埭回族社区历史沿革与社会发展史》、《陈埭丁氏宗祠》等书籍。泉州市还开通了第一个姓氏网站——晋江陈埭丁氏回族网站,以大量图片、历史资料介绍了丁氏家族的发展史、活动情况,设置了"旅泉宗亲"、"故园风情"、"今日丁氏"、"千里寻亲"、"海外乡音"、"寻根问祖"、"风流人物"、"丁氏宗谱"等 10 多个栏目。

(九)体育

回族视习武为"圣行",其传统体育项目主要有赶木球、掼牛、爬木城等。

(十)建筑

在回族聚居区一般都有清真寺,体现了回族人"围寺而居"的特点。清真寺又称"礼拜寺",是回族穆斯林举行礼拜和宗教活动的场所,有的还负有传播宗教知识、培养宗教职业者的使命。清真寺在回族穆斯林心目中有着重要位置,也是回族建筑艺术的代表。回族清真寺一般可分为宫院型(即四周围墙、走廊)或圆顶型(屋顶为圆拱形)两大类,都以庄严、神圣、肃穆、幽静为总的审美特征。均由礼拜大殿、讲经堂、宣礼楼、学房和沐浴室几大部分组成,礼拜大殿为其主体建筑。早期的回族清真寺多为圆顶式,即阿拉伯式。明代以后,回族清真寺多是以木结构为主的中国古代宫殿式的建筑,布局多为四合院形式。

在回民数量较多的福建大中城市一般都有历史悠久、规模较大的清真寺,如泉州清净寺、厦门清真寺、邵武清真寺、福州清真寺、晋江陈埭清真寺等,以泉州清净寺最负盛名。泉州清净寺,又名麒麟寺,阿拉伯名叫"艾苏哈卜大寺",即圣友寺,是国务院公布的第一批全国重点文物保护单位之一。泉州清净寺创建于伊斯兰历 400 年,也就是公元 1009 年,是仿照叙利亚大马士革伊斯兰教礼拜堂的建筑形式建造的,占地面积约 2500 平方米,是阿拉伯穆斯林在中国创建的现存最古老的伊斯兰教寺,体现了独具特色的古阿拉伯伊斯兰建筑风格,也是国内罕见的石结构清真古寺。泉州清净寺大门高达 20 米,宽 4.5 米,全系青、白花岗石砌叠而成的,是一个三层穹形顶的尖拱门,分外、中、内三层,在外中两层的上部都有青石作圆形穹顶,有着和我国古建筑的"藻井"相类似的石构图案,顶盖采用中国传统的莲花图案,表示伊斯兰教崇尚圣洁清净,门楼正额横嵌阿拉伯文浮雕石刻。

另外,在福建的回族建筑中,陈埭丁氏回族祠堂也是值得关注的。始建于明代初年的陈埭丁氏回族祠堂是回汉民族文化融合的产物。祠堂坐北朝南,长 42.57 米、宽 21.16 米,占地面积900 多平方米;三进,前为门厅(又叫牌楼),中称正厅(又叫"中堂"),后面是后厅,三者之间各由一庭院(俗称"天井")隔开。颇为奇特的是在门厅和后厅的两侧建厢房和廊庑前后相连接,把正厅围绕于中间,构成一个中文"回"字形;而且其外围的东北端,即东墙与北墙的交接处出现一个削角,宛如楷书的"回"字,其左上角有一顿,书写笔法称为"右折",真是别具一格。这种建筑形制,倘若分开单体来看,无论是门厅、中厅还是后厅,基本上是属于我国汉族的传统建筑形式,尤其富有泉州的地方建筑特色,俗称"宫殿式建筑",乃为当地汉族文化的一种体现;但从总体来看,这种"回"字形的建筑形制,却显示出回族文化的色彩,因为汉族所建的宗祠从无采用这种形制。再者,这座宗祠装饰有精美的木雕和石雕,亦基本上采用当地汉族的传统工艺,但有的地方刻上阿拉伯文字。所以,从建筑方面来看,陈埭丁氏宗祠既有汉族文化的内涵,也有回族文化的内涵,是回汉文化融合的一种象征。陈埭丁氏回族祠堂历经修葺、重建、扩筑,目前是福建省内历史最悠久、规模最宏大、保存最完整的回族祠堂。1991年被列为"福建省第三批省级文物保护单位",2006 年又被列为

"第六批全国重点文物保护单位"。

（十一）礼仪及其他

回民有一个传统习俗，即每人都有一个"回回名"，又称经名。回民在婴儿出生后，除本人的汉姓名之外，皆要请阿訇给小孩再起一个阿拉伯语的名字，以表明其穆斯林身份，并在某些宗教活动的场合中使用。有的还要举行命名仪式，请阿訇念经。亲友们要携带礼物祝福。"回回名"多取自《古兰经》中的"圣贤"或"圣妻"、"圣女"名。常见的男性名有：穆罕穆德、阿里、易卜拉欣、达吾德、侯赛因、哈桑、尔撒等。女性名有：阿依莎、法蒂玛等。当孩子长到4岁又4个时辰时，要由家长带领到清真寺去学一次阿拉伯文字母，称之为"赢学"。男孩12岁、女孩9岁时称"出幼"。男孩出幼要举行"割礼"，即割去阴茎上的包皮。"出幼"后要按照伊斯兰教规定，按时礼拜并在清真寺里学经文。如遇有吉凶诸事，须请阿訇诵经，谢以银钱，"谓之布施"。①

本章参考文献：

1. 丁显操：《在海上"丝绸之路"的起点——记今日福建陈埭丁氏回族》，《中国民族》2001年第3期。

2. 蓝炯熹：《城市化进程中的福建回族社区——以晋江市陈埭镇回族七村为例》，《回族研究》2003年第4期。

3. 王正伟：《回族的葬礼概述》，中国回族网2002-2-9。

5. 马建春：《回族的俗信禁忌》，开远阿专网2002-2-9。

6.《惠安县百崎回族乡·百崎民族小学》，泉州市民族宗教网2007-12-06。

7.《泉州祠堂·陈埭丁氏宗祠》，泉州历史网。http://qzhnet.dnscn.cn/qzh47.htm#chendaiding

----

① 资料来源：《回族的经济和文化历史》，宁夏新闻网-回族-回族历史。http://www.nxnews.net/382/2007-12-28/12@268833.htm

8.《清净寺》,人民网-地方-地方专题-中国泉州-旅游泉州-名胜古迹,
2006-03-23。http://unn. people. com. cn/GB/22220/60205/60210/60228/
4230465. html

9. 东方民族网-回族。http://www. e56. com. cn/system_file/minority/
huizu/huizu. files/huizu. htm

第五章　福建满族

第一节　福建满族概况

一、概况

满族是我国历史悠久、文化发达的少数民族之一。满族史称"诸申",直系先人为明代的女真,最早的族源可追溯到公元前中国史籍中所记载的肃慎人。肃慎在汉以后的史书中被称为"挹娄"、"勿吉"和"靺鞨"。

满族是福建省世居的少数民族之一。2007 年,福建省有满族7094 人,其中约 70％集中在福州和泉州两地,其余分散在龙岩漳平、长汀、连城和三明沙县等地。[①] 福建满族的分布总体上呈现大集中、小分散的特点。但居住区域相对集中的福建满族在具体分布上又略显分散。福州市区内的满族主要生活在东门大街、汤门大街、秘书巷、井大路、仙塔街、道山路、鳌峰坊、水域巷、八角楼巷等地;郊区和郊县则有三个聚居区:新店聂厝、洪山赤升和长乐琴江,特别是琴江,这里居住着原全国沿海四大水师营之一——福州三江口水师旗营官兵的后裔。泉州满族散布在晋江的粘厝埔、深沪、山柄,南安的梧坑,泉州的西街等地,以粘姓为主。

---

① 　编委会:《2007 福建年鉴》,福建人民出版社 2007 年版。

二、福建满族的历史源流

福建省有满族先民的历史可以追溯到元朝末年,一支女真贵族后裔从北方徙居泉州,经过发展繁衍,成为今天福建满族的一个组成部分。清顺治三年(1646),清军长驱直入福建,推翻了南明隆武政权。康熙十九年(1680),清朝在福州固定设置八旗驻防,以旗营为中心的满族聚居区域逐渐形成。旗人独特的历史文化和特殊的政治背景,使他们在福州成为一个相对独立的社会群体,其后裔构成了福建满族的另一个组成部分。

居泉州的女真后裔源自吉林会宁的女真族完颜部,是金朝宗室完颜宗翰的后人。完颜宗翰(1078—1136)乃金国始祖函普的第九世孙、金景祖完颜乌骨乃的长曾孙。"完颜宗翰"是汉名,其女真名为粘没喝,汉族史家简称为"粘罕"。函普及其后代世袭该部落的首领位置,至乌骨乃,因为他的长子劾者性格柔和,次子劾里钵有胆有谋,乃接替长子成为部落首领。劾里钵的儿子完颜阿骨打最终统率女真各部灭辽国,建立金国。完颜宗翰是完颜阿骨打的侄子,他"内能谋国,外能谋敌",在金国享有显赫地位。完颜宗翰有两子,长子真珠、次子割韩奴。公元1149年金丞相完颜亮在弑杀熙宗自立为君后,恐怕宗室不服,皇位之争难息,于是大杀宗室里有权位者,残暴肆虐。为避免夺权猜疑的纠葛,真珠和割韩奴兄弟就取父名之首音为姓,改姓"粘",脱离完颜帝系宗室之姓氏,表示与皇位无争,得以避祸并逐步南迁。粘氏后嗣均在金、元两朝任显要官职。1296年,元太宗窝阔台继汗位,启用粘氏六世粘重山为左丞相。粘重山因灭南宋有功,被赠太尉,再封魏国公。粘重山生一子名南台,粘南台事元历任江淮安抚使、中书评章政事,卒袭魏国公。粘南台生一子温博察儿,是粘氏第八世祖,粘温博察儿事元,官至河中府。当时元政府因为华北女真人势力太大,恐为后患,就想方设法将其分散,没有完全汉化的女真人多被遣回东北,安置于今辽南一带。而粘温博察儿本生长在江淮之间,已汉化,故仍留居江淮之间,而后因倭寇为患(当在明初),为避战乱,由海路南迁,至福建泉州府晋江县(今泉州市)之永宁(泉州市东南26公里,今为永宁镇)海岸杨丹登陆,到永宁安家落户,粘温博察儿成为入闽始祖。粘温博察儿的坟墓在杨丹海滨的高岗上,业已被福建省文化厅列为三级古迹加以保护。后粘氏子孙自永宁稍向西迁,移居于当时晋江县的龙湖镇,亦称浔江,今称衙口村,后世子孙繁衍众多,在衙口村形成厝庄和顶粘两个粘氏村落,并在衙口村建立粘氏大宗祠,粘姓遂为泉州满族大姓。粘温博察儿生三子:长子名子寿,次子名子禄,三子名子正。子寿一支,主要居于衙口、粘厝埔;泉州城区及南安市梧坑、晋江市金井和深沪、石狮市永宁镇沙美村和梅林村等是子禄的派流;子正一支,则居于萧妃村(也称烧灰村)、许婆庄、梧坑、杆柄村一带。其后粘氏族人有的先后分迁于厦门、福州、香港、台湾及国外的马来西亚、新加坡、菲律宾等地。现在,满族粘氏主要居住在泉州鲤城区4个街道、浮桥、江南镇,晋江市龙湖镇和石狮市永宁镇。[1]

　　清军入闽是满族大规模进入福建的开始。最早见于史载的清兵入闽驻防,顺治十四年(1657)五月,"固山"郎名赛率满洲营官兵三千屯兵福州城中。清朝在福建固定设置八旗驻防,始于康熙十九年(1680)。在诛灭跟随吴三桂叛清的"三藩"之一耿仲明并将其部属撤回京师之后,清廷派遣杭州副都统胡启元率领镶黄、正白、镶白、正蓝四旗兵马1026名进驻福州。两年后,即康熙二十一年(1682),清政府又把耿仲明属下兵马1000名也编入上三旗,在驻防福州的四旗内行走,并设福州将军一名。清代,福州是全国13个设置将军一级官员的驻防单位之一,在军事上占据重要的地位。

---

　　① 李天锡、粘国民:《福建省晋江县龙湖乡粘氏满族情况调查》,《满族研究》1990年第2期。

最初的福州将军一职由汉军旗人担任,直到雍正六年(1728年)阿尔赛被任命为福州将军之后,该职位才大多选派满族人担任。清代的福州是福建政治、军事、经济、文化的中心,清政府派驻的政府机构和八旗兵营均设于此。福州是闽浙总督衙署及福建省的按察司署、布政司署所在地。福州城内,以鼓楼为中心,分布着布政司署、按察司署、福州府理事厅、总督署等军政重要部门,此外,还有盐道署、粮道署等经济管理机构。乾隆时期,福州办理汉军出旗为民事宜。乾隆二十年(1755),驻京的2000余满八旗(含家眷计4000余人)到福州驻防。旗营东以水部门、东门、汤门城墙为界,西以大斗彩巷为起点,经大墙根珠玛河沿,通过秀冶里水门衙至水部门止。该区域分布着镶黄旗堆、镶白旗堆、正白旗堆、正蓝旗堆及蒙古营共五大旗营。此外,该地还有将军署、巡抚署、左翼副都统署、右翼副都统署等军界高级将领的署衙。这一独特的区域被福州当地人称为"旗下街"。"考福州驻防向未设立营垣,官署兵房连延东门、汤门、水部门一带,与民居壤地相接。兵丁营房历岁久远,间有迁移,但不得令越出旗汛,以失驻防之根本。"军政民合一的八旗制度,使八旗官兵和家属有独立的居住区域和生活方式,清代的福州由此形成了一个独特的社会群体。福州旗营既是军事组织,又是一个小社会,旗营官兵可以结婚生子,家庭在旗营中拥有相对独立的地位。以旗营为中心聚族而居的满族文武官员、兵丁及家眷的人数最多时达数千人,这些原驻京师的满八旗官兵在福州置产立业、娶妻生子、营造坟茔,定居下来,他们的后人就成为今天福州城内满族的主体部分。

福州八旗驻防的另外一个重要组成部分是镇守闽江口要塞的三江口水师旗营。雍正六年(1728),兵部侍郎牛钮奏请"于江宁、杭州、荆州、京口、广州、福州等处驻防水面,勤加操练",被朝廷采纳。同年,福州将军奏请设立福州三江口水师旗营,经朝廷议政大臣会议"复奏照准",令创建官署、兵房1321间,并以炮山高地火药

库、钟楼为中心在长乐洋屿半岛周围荒地围建城墙。雍正七年
(1729)10月,征南将军赖塔奉旨挑选531名行营旗兵进驻琴江,
组成三江口水师旗营,这是当时全国沿海四大水师旗营之一。水
师旗营布局类似太极八卦,故又称"旗人八卦城"。这些兵丁是福
州四旗汉军的余丁,俗称"老四旗",设领催、鸟枪、弓箭、交甲、大
刀、挑刀和藤牌兵等。这支水师归福州将军统辖。乾隆时期福州
办理汉军出旗为民之时,按计划,三江口水师旗营的汉军应裁去一
半,再由京城派遣满八旗填补。结果,因京师旗人畏惧路途遥远和
海上风大浪急、生活艰苦,未能换防成功,于是,这部分汉军旗人便
留下为清廷御疆。在长期的八旗组织生活中他们与满八旗无论在
政治、经济上还是在语言、习俗等方面逐渐趋于一致,直至完全融
入满族之中。清末民初,福州满族社会发生巨变。清代的福州旗
人,把持了福建的军政要职,身份、地位十分显赫,即便是那些八旗
军中的中下级军官、兵丁,乃至眷属,地位也均高出普通百姓。旗
人可以不事劳作,以俸禄为生;有专供的居住区域和居所,子弟进
专设的满文学校就学;遇有旗营下级职位空缺,可优先补缺。"辛
亥革命"后,旗人四散,大多隐匿身份。在清朝时期吃惯了俸禄的
旗人,在民国时期日子过得十分清苦,人口数也随之下降。1954
年中共福州市委统战部组织的"福州市回、满族调查"结果显示,当
时福州市仅有满族227户,591人(男296人,女295人),除5户
仍聚居在原清兵营外,其余均散居在汉人中间。清以后的民国时
期,福州城区的满族社会呈现出解体的状况。[①]

　　1949年中华人民共和国成立之后,党的民族政策得到落实,
使福建满族享有与汉族同等的政治经济地位,有不少在此之前改
报汉族的满族也消除了心理障碍,整理出历史渊源,恢复了满族成

---

　　①　林文斌主编:《福建省少数民族古籍丛书·满族卷》,民族出版社
2004年版,第1～4页。

分,满族人口逐渐增多,一些地方还成立了满族联谊会。

第二节　福建满族经济与文化

一、社会经济发展概况

北方的满族祖先以氏族、部落为单位,栖息在"白山黑水"之间,过着原始的渔猎生活。历经漫长的岁月,发展了原始农业和饲养业的生产,并创造了原始文化。其曾被夫余征服,至三国始与中原往来,经济进一步发展,从狩猎和渔猎发展到农业生产的精耕细作。满族入关后,积极吸收中原的先进农业生产技术和先进文化,其封建经济得到进一步发展。南迁入闽的满族经历了500年左右的繁衍发展,但是一部分人基本上仍世代以农业为主。不少满族农民住所偏僻,土地贫瘠,靠天吃饭,经济收入微薄,生活毫无保障,加上苛捐杂税、抽丁派款以及医疗卫生条件不好,甚至出现绝户现象。如《浔海粘氏谱牒》记载:"二十三世弈潮,耀公之子,绝,弈甘,德晋公之子,绝。"又如晋江粘厝埔在1932年6月间的20多天内就因霍乱死了11人。[①] 也有一部分入旗的福建满人,由于把持了军政要职,拥有显赫的身份、地位,就可以不事劳作,以俸禄为生,居住、就学、晋职都获得优待。如清末福州旗营每月发放的粮饷,是旗营官兵衣食之所依。马甲每名每月四两二钱银子,老米一担;步甲每名每月二两五钱银子,老米五斗;养育兵每名每月只有七钱银子,无米。至1900年"庚子赔款"前,马甲和步甲还能领到冬衣钱、瓦片钱和房银。所谓冬衣钱,就是马甲、步甲的寒衣费,每人每年三两银子;所谓瓦片钱,就是因为福州每年均要遭受台风袭

---

① 李天锡、粘国民:《福建省晋江县龙湖乡粘氏满族情况调查》,《满族研究》1990年第2期。

击,住房上瓦片遭受损坏,须补添瓦片,每年发给一两银子左右;所谓房银,就是房子修缮费,每十年发一次,每次约十两银子左右。依当时福州百姓的生活水平,这些钱粮是相当优厚的。又如,在科举考试中,清廷以满人文化水平比汉人低为由,另定考试办法和录取标准。根据院试规定,考生进考场时,不准携带任何书籍和抄本,考生进考场要进行仔细的搜查。对满族考生则例外,听其自由带书入场,不加过问。满人秀才考试,虽然也由福建全省学政(学台)主持,但它是独自举行的,考试科目和录取要求都与汉人考生不一样,考试结果也是另发一榜。乡试阶段,表面上是汉满考生同时进行考试,可是内容不同,中试标准另外特别制定,取中名额也是指定分配的,不论其文章水平怎样,整个举人榜中必须划出 3 名分给旗人,所以当时闽省举人榜为 103 名,就是这个缘故。① 但是辛亥革命以后,靠朝廷奉饷维持生计的旗人失去了生活来源,有很多旗人开始经商或出外谋生。由于生活所迫,有的人甚至拆毁房屋,用瓦片和木材换取食物。当时也有人在国民党政府中当官,但他们的生活也不富裕,一样要为了生计四处辛劳。

新中国成立后,民族平等的政治权利和改革开放的大好形势,鼓舞了满族人投身社会主义现代化建设的热情,指引着他们迈向勤劳致富的大道。满族农民纷纷挖大井搞水利,扩大可耕地面积,利用赤土坡地种水果,绿化山坡、保护水土,为发展当地生产创造了条件。改革开放以来,随着乡镇企业的发展,许多满族农民由纯农业收入变为多种经济收入,农闲时就在当地企业工作甚至外出打工,开办家庭企业的人也逐渐增多。大多数满族人脱贫后,正从温饱奔向小康。例如泉州南安霞美镇梧坑,是个满族粘姓聚居的民族村,这是个丘陵山村,三面环山,只东南村道通向邱店。该村

---

① 麻健敏:《清代福州满族社会教育形态的演变及影响》,福建社会科学院网站-学术研究-福建文史,2007-05-21。

满族人口占泉州市粘姓满族人的一半，达 1400 多人，人均耕地面积 0.23 亩，人均山地面积有 2 亩多。梧坑人因地制宜地让这片黄金宝地结出了丰硕成果：山上的松柏、相思木、油茶层层翠绿；地里的稻谷、地瓜、花生、大豆等粮食可以自给；还有漫山遍野的杨梅、橄榄、芒果、龙眼、梨子、荔枝，一年四季为家家户户带来了可观的副业收入；加上农闲时年轻人外出打工、经商的人增多，户户的经济条件均大为改善。近几年来，当地以公办民助的方式建起民族小学新校舍，修建村水泥路，安装变压电为家家户户送电照明，进一步提高了当地文化、生活水平。有些满族乡亲在外面事业有成后，不忘为家乡兴办公益事业，并建立了慈善基金会。全省居住在城区的满族人则大都是企事业单位的职工、教师、干部，生活比较稳定，其中有不少是建筑、教育、卫生等行业的先进工作者，和其他各民族兄弟一道在各自的岗位上，为建设国家贡献自己的力量。

二、文化

（一）宗教信仰

古代满族曾信仰萨满教，崇拜祖先，有祭天、祭祖的习俗。后来，受佛教、道教和儒家思想的影响，崇拜对象变得多元化。一般满族家中除供观世音、关公、楚霸王神位外，还喜欢供"锁头妈妈"，用麻线栓一支箭在门头，一年祭三四次，祭时一般在晚上把箭头拿下来，摸黑磕头，祈求"锁头妈妈"保佑一家平安。[1]　在清代，福州满族家庭就普遍有供奉祖先的习俗。又，泉州晋江粘氏族中的老人也回忆说，1949 年前这里曾经有春秋二祭，祭祀仪式与汉族大致相同，但是祭坛用具、器皿等摆设均以黄颜色为主，主祭官及陪祭者均着黄色长袍，这是表示不忘其发源地长白山的黄土地，同时

---

[1]　东方民族网-满族-宗教信仰。http://www.e56.com.cn/system_file/minority/manzu/zongjiao.htm

黄色也象征着高尚、祥和、安全。在宣读祭文时,他们不用闽南话而用普通话,因为祭文中有不少先祖的名字,名字字数多,汉族乡亲称其祭祖是读"番仔话"。[①]

在有萨满教观念的满族人看来,万物皆有灵,并以崇奉氏族或部落的祖灵为主,特别是由祖先亡灵所形成的鬼神观念以及人间的各种疾病与死亡所造成的恐惧,是萨满教神灵观念的核心。满族也有偶像崇拜,但是这些偶像只是接近人形的编织物或画像,并且要萨满巫师的施法方可"显灵"。如福州驻防八旗中的满族人就借用汉族的方法,通过立祖先牌位、神龛,挂祖先画像,摆家谱进行拜祭。这种社会现象虽然并不具有典型意义上的萨满信仰形式,但是他们立祖先牌位的寓意与汉族是有本质不同的。福建满族在成分上比较复杂,这在一定程度上也导致了其社会信仰文化的多样性。

(二)婚姻

满族婚姻是一夫一妻制,原来一般实行族内等级婚,后来限制放松,可与汉族通婚。自古以来,满族不兴早婚,没有类似"指腹婚"、"娃娃婚"等童婚。男女年龄到十六七岁,即可订婚、结婚。婚姻一般由父母包办。

福州长乐琴江满族村,至今乃保持着自己独特的婚俗。满族村青年男女的婚姻较自由,不论男方相中女方还是女方相中男方,先要邀请一位与对方交情较深的人当媒人,若双方父母没意见,先由男家剪一副男方的鞋样,再配金手镯一副,由媒人送到女家,叫"压鞋样"。女方收到定情聘物后,亲事就定了,双方就选择一个吉日"下定"。下定时,双方门前张灯结彩。男家两人抬着装有十色盒子的"杠",携带聘金随媒人送到女家,于是又一对男女喜结良

---

① 李天锡、粘国民:《福建省晋江县龙湖乡粘氏满族情况调查》,《满族研究》1990 年第 2 期。

缘。满族村的婚礼为期三天。迎娶前,男女两家分别要邀请一位族中的老妇充当娶、送亲奶。娶、送亲奶必须是子孙满堂的好命人。第一天男家送"杠"来,杠内装着十色盒子。女方有陪嫁,"杠"要加一对鹅"叫街"。陪嫁必须在中午送到男家。天黑时,花轿才进门,叫"坐高堂"。进门后,花轿放在厅堂左边,轿内座位上放手炉一个,名曰"暖轿"。此时奏乐,新郎独自先拜天地祖先及长辈亲人,请亲友吃"高堂酒"。散席后,由族亲中选一十来岁的男孩到新郎床上睡觉,曰"压炕"。翌日,五更鸡刚叫,男家先用小轿送娶亲奶到女家,配合送亲奶为新娘梳妆,花轿由礼生、乐队引导去女家接亲。此时天刚亮,女家大门紧闭,接亲队伍拥挤在门前。一年轻礼生敲门,女家在门内问:"什么人?"答:"娶亲的。"门内传话:"花炮来。"男家将花炮递进门内。女方收下后又问:"什么人?"答:"娶亲的。"里面又传话:"乐奏来。"顿时门外唢呐齐奏,乐毕,门内又传话:"大包来。"礼生忙将早已备好的大红包递上,直到发完。这时门才开,在鞭炮声中,接亲的队伍随着花轿潮水般地涌进女家大门。天色微明,新娘上轿了,娶、送亲奶同乘小轿到男家。鞭炮声、唢呐声响成一片。花轿一落地,两个扶轿杠的男孩取下挂在轿杠上的两个写有"百子千孙"的灯笼,挂在洞房前阳尘板上。接着两个男孩铺红毯,从花轿边铺到洞房门口。娶、送亲奶掀开轿门,将新娘从轿里扶出。新娘双手各执一个花瓶,内装五谷,曰"聚宝瓶"。此时亲人一律避开,怕冲撞喜神。洞房门槛上放着糊有红纸的木马鞍,新娘跨过马鞍,两个扶轿杠的男孩就喊:"新娘跨马鞍,四季保平安!"进洞房后,新娘坐炕上。炕沿放一只红斗,斗口用红纸封住,中间插一根尺。这时小舅子送来点心与洗脸水。新郎用尺挑下新娘头上的盖头后,娶、送亲奶为新娘梳妆,之后新娘吃汤圆,表示团圆。中午用"杠"抬来八碗五盘大席,新郎新娘都不动筷。下午四五点时喝合欢酒毕,新郎新娘在娶、送亲奶陪伴下出洞房拜堂:先拜天地,二拜高堂,最后夫妻对拜。第三天,新娘回娘家前,要向长辈——告别,然后坐小轿回家。新郎要等小舅子催两次后才上岳父家。[①]

（三）丧葬

满族的传统丧葬以土葬、火葬为主。

泉州晋江粘氏满族采用土葬,据称死者需用白布缠身,口含铜钱,脚绊红线,在入殓前方取掉。他们的出殡仪式较为独特,显示其先人以黄为特色的传统。除前导牌外,有一把三层凉伞,上书"女真满族完颜粘氏",还有黄色大灯及八位身着大袖黄长衫的宗亲擎着八面三角形黄缎龙旗等。1949年后这些习俗被废除尽净,现在有所恢复。[②]

琴江满族人的丧葬习俗与周围汉族人存在不少差异。汉族人将棺材放在一边,他们是放在当中。汉族人穿麻衣,他们穿白布衣长褂,跟当年当兵的一样,还带凉帽,没有顶。出殡时"棺材头先走",即将死者抬出门外时,头先往外抬。当地汉人送葬回来时都要挂红,他们则是哭着回来,穿白的。守孝要三年,这是清朝时的规定。清明节他们只上坟,不祭,而当地汉族要祭祖。农历七月半和三十晚上他们要"烧包袱",而当地汉人没有这个习俗。[③] 满族人烧纸是将纸叠成包袱状,俗称"烧包袱"或"烧口袋"。

（四）饮食

满族人的主食即到现今,除食用大米和白面之外仍然保留了传统的食品及其制作方法,主要有玉米、高粱、小米、大黄米、大豆、小豆等。满族人喜欢吃面食,传统主食有煮饽饽（饺子）、

---

① 张端彬:《长乐琴江满族村独特的婚俗》,《福州晚报》2005年3月1日。

② 李天锡、粘国民:《福建省晋江县龙湖乡粘氏满族情况调查》,《满族研究》1990年第2期。

③ 刘正爱:《自我,他者与国家:福建琴江满族的认同》,《民族研究》2006年第6期。

米饭、高粱米、豆干饭、豆糕、酸汤子等。尤其喜欢吃黏食和甜味食品,如饽饽、年糕等。火锅、全羊席、酱肉也是满族人传统的吃肉方法。满族人吃火锅通常以羊肉为原料,他们喜欢将酸菜、蘑菇、粉丝、虾仁先放入锅内,再将切成薄片的羊肉铺在酸菜上,放进火锅内煮开后,配上作料即可食用。除羊、猪肉外,狍子、鹿、野鸡、黄羊的肉都可以做火锅料。火锅现已成为冬季佳肴。酸菜是他们喜欢的素食,或炒,或炖,或凉拌。逢节庆日,满族人都吃饺子,阴历除夕年饭必吃手扒肉。满族还有许多风味小吃和种类繁多的点心,"驴打滚"、"萨其玛"、"绿豆糕"、"凉糕"、"豆面卷子"等都很出名。

传统的满族人每天早上起来都要"开锅灶",就是在做早饭前要把锅碗瓢盆都洗一遍。

(五)禁忌

满族忌杀狗、吃狗肉和用狗皮,不戴狗皮帽子。明末以来满族人就有不食狗肉之俗。民间相传老罕王努尔哈赤被明兵追杀,昏睡在荒草甸里,追兵放起火来,跟随他的大黄狗沾水灭火救了罕王,最后自己却累死了。为报答大黄狗"救驾之恩",满族人从此不吃狗肉,不穿狗皮缝制的衣服。实际上,满族敬犬习俗是在长期狩猎生活中形成的。因为满族长期从事狩猎,狗乃不可缺少的"助手",可以看家、狩猎、拉纤、拉爬犁、侦察、传递情报等,所以满族有敬犬之俗,平时对狗精心豢养,狗死埋葬,他们不打狗杀狗,不吃狗肉,不戴狗皮帽,不铺狗皮褥。在满族人家里做客,不要戴狗皮帽进门,不要当着主人的面赶狗,更不能说狗的坏话,否则主人会认为你是当面侮辱他,会不客气地下逐客令。家中人就餐,长辈不动筷,晚辈人绝不动筷;过年杀年猪时,有把亲友、邻里请来同吃白肉血肠的习惯。

许多人对乌鸦没什么好印象,甚至有厌恶之感。但满族人例外,禁捕食鸦鹊,认为鸦、鹊为吉祥之鸟,当为原始图腾崇拜之遗,也出于"神鹊救主"之意。民间相传努尔哈赤遭明兵追杀，躲在树洞中，一群鸦鹊飞来，掩护罕王脱险，所以满族不伤害鸦鹊，并且忌食鸦鹊。

满族以西为上，将西墙作为供奉祖先的神圣位置，不准在此挂衣物、张贴年画；西炕俗称"佛爷炕"，供有神圣的"祖宗板子"。忌讳人们尤其是女人随便坐卧。不许从锅灶、火塘的三脚架上越过，不能用脚蹬踏或者随便坐在锅灶上或火塘边；不准在锅灶口或塘上烤脚、袜子、鞋靴。

满族家祭中的禁忌有：不许怀孕者、衣狗皮者、疯癫者、僧丐、衣孝者入祭；祭祀用过的神糕、神肉，路人可以分享，但一般不能带走，吃完后不允许擦嘴；祭祀吃剩的骨头和肉必须送到高岗上，或撒到江河中；祭祀前要进行斋戒，包括沐浴更衣，不能喝醉酒，不能食肉动荤，不能参加吊丧等等；此外祭祀之日还有十二禁忌，包括意不诚笃、仪度错乱、器物不洁、生气口角、衣冠不整、闲谈外事、喜笑无度、长幼无序、投犬顿器、刀勺声响、内祭未毕不洁出屋、外祭未毕不洁入屋等。

满族及其先世风俗还禁裹足，女子一向保持天足，不裹脚。清入关前，满族进入辽沈地区，与汉族接触较多，亦有妇女效汉族裹足之习。崇德三年(1638)七月，清太宗为此下诏严禁满族妇女效仿汉人裹足，违者重治其罪。其后顺治、康熙年间也曾屡次限制满族新生女子裹足。此一措施保持了满族固有传统。

(六)服饰

历史上，满族男子喜欢穿长袍马褂，头顶后留发，束辫垂于脑后，戴圆顶帽，下穿套裤，脚着呈船形的双鼻皮条布鞋。妇女则多喜穿旗袍，梳京头或"盘盘髻"，戴耳环，腰间挂长手帕。满族入关后，满汉服装渐趋一致，但旗袍却以其独特的魅力流传下来。旗袍是满族妇女的传统服饰。旗袍的特点是立领，右大襟，紧腰身，下摆开衩。古旗袍有琵琶襟、如意襟、斜襟、滚边或镶边等。经过不断改进，旗袍的样式逐渐成为直领，窄袖，右大开襟，钉扣袢，紧腰身，长至膝下，两侧开衩。旗袍具有东方色彩，能充分显示女性仪态的雍容文雅，被认为是表现女性美的典型民族服装，称誉世界。

大拉翅是清代满族贵族妇女的发式，盛行于光绪、宣统年间。其式，顶发梳成圆髻，脑后发呈燕尾式。这种发式因头板如两翅张开而得名。马蹄底鞋是满族妇女穿的高底鞋，亦称"旗鞋"。旧时满族妇女皆天足，喜穿木制高底鞋，底高达三四寸，鞋底外形及落地印痕皆似马蹄，故名。少女至十三四岁始用。民国以后，已不多见。

（七）节日

满族受汉文化的影响，主要节日与汉族大体一样，重视过农历新年、正月十五灯节、五月初五端午节、八月十五中秋节等。但是满族人民有些节日也有自己的民族特色，其中有的具有历史纪念意义，如最具民族传统的颁金节。颁金节在农历十月十三日，因1635年十月十三日，皇太极颁诏废除女真旧名，定满洲为族名，因此这一天就成了满族命名纪念日。七月十五是满族的中元节，也被视为超度亡灵的"鬼节"。届时，各处寺院设立道场，燃灯念经，要举行各种超度仪式。院内西侧向东摆一架木屏风，屏风上挂有鸡冠花、毛豆枝、鲜藕等，为供月兔之用。屏风前摆一张八仙桌，桌上供一大月饼。祭时，人们焚香磕头，妇女先拜，男人后拜。此外，满族还有二月二龙抬头、虫王节、走百病等节日。

值得一提的是，福建琴江满族还很重视农历七月初三。1884年农历七月初三，中法马江海战爆发，驻防三江口的水师旗营官兵以火枪、土炮、木帆船抵抗法军的坚船利炮。当时水师右翼佐领黄恩禄率三营旗兵赴三江口，以大屿岛为屏障，利用法军不谙地形的弱点，在琴江水道上设下埋伏，待法舰经过时，点炮轰击，重创法舰。但海战最终还是以清军的失败告终，整条江水都被鲜血染红,琴江人冒着生命危险捞起 500 多具殉国将士遗体,葬于江畔西山,并在山顶建起忠烈祠。阵亡者中有七八十名琴江人。此后,为了纪念先烈,每年农历七月初三,村人自发来到江边,放漂水莲灯超度忠魂。年复一年,过七月初三成了琴江人的一个特定习俗。①

（八）文学艺术等

满族有自己的语言文字,满文在中国通行了约 300 年。18 世纪中叶由朝廷推广的"国语旗射",给福州水师旗营的汉军旗人也带来一定的影响。从水师旗营初建时起,清廷就派员外郎到此地,专门教授满文满语。如果在福州将军面前不能用满语介绍自己,就会被免去职务,满语说得好的则有可能晋升为官。据说,直到道光朝(1821—1850)福州将军至此地阅操时,该水师中还有能用满语与将军对答的佐领。但是,这种学满语、说满语的风气并没有真正渗透到福建满族的日常生活中去。在长期与汉族杂居的生活中,满族在经济、文化方面都与汉族交往密切,逐渐通用汉语汉文了。现在,只是在亲属称谓上有的满族家族还保留着满语,比如贾姓和张姓均把父亲叫成"阿玛"。有的满族村人在说普通话时也掺杂了一点东北口音,例如福州长乐琴江人称之为"旗下话"的语言就是一种与当地福州方言不同的北方方言。琴江人可以说三种不同的话:旗下话、普通话和福州方言。村民之间交流使用旗下话,与本地人(指城外汉人)说话使用福州话,其他场合使用普通话。旗下话是琴江人区别"我们(城里)"和"他们(城外)"的重要依据。尽管这种话并不是满语,但还是有人称其为"满族话"。②

---

① 林潞:《侨乡采风——踏访长乐"满族第一村"》,《福建侨报》2001年 8 月 31 日。

② 刘正爱:《自我,他者与国家:福建琴江满族的认同》,《民族研究》2006 年第 6 期。

福建满族重视教育,有良好的文化传统。如自清嘉庆年间开科以后,琴江共出秀才 289 名、文武举人 105 名、进士 2 名。光绪十六年庚寅科进士黄曾源官至翰林院编修、五省监察御史;水师旗营右翼协领黄恩禄在马江海战后被福州将军穆图善保举为"赏戴花翎及钦加协领衔",历办厦门、台湾税务;贾凝禧,马尾船政学堂毕业,留学英、法,后在学堂任教,著有天文学著作,与严复合称"二妙"。琴江小学曾有"长乐师范"的美誉。据不完全统计,20 世纪 50 年代以后,该村先后出了25 位硕士、博士,他们在科技界、文化界拥有一席之地,人才辈出的琴江亦成为福建唯一的满族历史文化名村。[①]

满族人民能歌善舞,隆兴舞和九折十八式是传统的民族舞蹈。舞蹈的特点多由狩猎、战斗的动作演变而来。而在福建满族中还流行着台阁这一文艺形式:演员被固定于隐形的"铁机"上,有人抬着,到处进行演出,所以又称为"抬阁"。传统的台阁剧目有《许仙借伞》、《哪吒闹海》、《水漫金山》、《黛玉葬花》、《玉杯缘》等。台阁在福建已经流传了 200 多年。根据文献记载,旧时福州,每逢迎春日必演戏酬神,并选出若干名男女儿童装扮成历史人物,坐于木架之上,抬之游行,俗称"抬阁"或"台阁"等。长乐琴江村里的老人们回忆说,抗日战争前村里曾演过几次,后即中断。2001 年,在福州市于山举办的文化庙会上,台阁作为琴江满族村的节目参加表演,并获得了福州市第九届文艺百花奖民间文艺大赛金奖。[②]

(九)建筑

满族传统住房一般为西、中、东三间,大门朝南开,西间称西上屋,中间称堂屋,东间称东下屋。西上屋设南、西、北三面炕,西炕

---

① 麻健敏:《清代福州满族社会教育形态的演变及影响》,福建社会科学院网站—学术研究—福建文史,2007-05-21。

② 刘正爱:《自我,他者与国家:福建琴江满族的认同》,《民族研究》2006 年第 6 期。

为贵,北炕为大,南炕为小,来客住西炕,长辈多住北炕,晚辈住南炕。满族人家院内东南侧常常立有"索仑杆",上面有斗,是满族祭天用的,斗内日常放些粮食、肉类喂鸦鹊。

由于长期与汉族杂居,加上南方的气候特色,福建满族的住房已经与汉族无异,但是个别建筑还是可以体现出满族特色的,如琴江首里街。首里街是琴江满族村保存得最完好的"旗人街",街道和整排的房屋都保持着最初的样貌。街上最有特色的是家家户户的房门。整排的土木结构房子,门窗都雕花刻画,做工精细,最独到的是临街的三扇门。中间的那扇是门上套门,在一人高的地方还有一个小小窗孔。据说这道门是整座房子的脸面,称作"喜第门",非婚丧喜庆不开此门,就是卖了房子也要把门带走。要是有人踢了这扇门,主人会认为是奇耻大辱,非同他拼命不可。门上还有一孔,据说是满族女儿家相亲用的。①

(十)礼仪及其他

满族有孝敬长辈,讲究请安问好,重视礼节规矩的传统。旧俗,男子请安要"打千",左膝前屈,右腿下弯,上身前倾,右手下垂,问好。过年行跪拜礼。女子问安要双腿并立,双手放右膝上,屈膝弓腰,问好。此外还有执手礼、拉手礼、半蹲礼、磕头礼、抱见礼等。

满族在长期的生产、生活中学会并发展了民间工艺美术,如:剪纸、绘画、刺绣、木雕、编织等等。满族民间使用大量的家织印花布和刺绣用品。家织印花布和刺绣都需要以剪纸"做花样子"。他们还喜欢贴窗花,用各种彩纸剪成各种鸟兽花卉、古今人物,贴在窗户上,栩栩如生,充满活力。满族的剪纸、印花布和刺绣都具有强烈的民族、地域特色,造型夸张、粗犷、拙朴,色彩艳丽,冷暖对比强烈,构图细腻,具有朴实、善良、温和的情感和吉祥如意的情调。

---

① 　英未未:《福建满族村》,《南方周末》2004 年 9 月 9 日。

本章参考文献：

1. 林文斌主编：《福建省少数民族古籍丛书·满族卷》，民族出版社 2004 年版。

2. 翁福祥：《台湾满族的由来暨现况》。http://www. xhistory. net/bencandy. php? fid＝11&id＝409,2007-10-22

3. 麻健敏：《清代福州满族社会教育形态的演变及影响》，福建社会科学院网站-学术研究-福建文史，2007-05-21。

4. 粘芳澂：《金源衍派　浔海传芳——泉州市粘氏姓源及概况》。http://www. ylsh. chc. edu. tw/

5. 刘正爱：《自我，他者与国家：福建琴江满族的认同》，《民族研究》2006 年第 6 期。

6. 李天锡、粘国民：《福建省晋江县龙湖乡粘氏满族情况调查》，《满族研究》1990 年第 2 期。

7. 英未未：《福建满族村》，《南方周末》2004 年 9 月 9 日。

8. 张端彬：《长乐琴江满族村独特的婚俗》，《福州晚报》2005 年 3 月 1 日。

9.《满族》，民族风情网。http://www. dlnu. edu. cn/mzfq/20070328/article/2007-06/17714. htm

10.《泉州祠堂·衙口粘氏大宗祠》，泉州历史网。http://qzhnet. dnscn. cn/qzh93. htm♯yakoulianshidazongci

11.《满族禁忌习俗》，社交礼仪网。http://www. eexb. com/yzgj/a/eekn. htm,2006-07-01

12.《满族的禁忌》，中华节日网。http://www. jieri5. cn,2007-3-28

13. 东方民族网-满族。http://www. e56. com. cn/system_file/minority/manzu/manzu. htm

14. 编委会：《2007 福建年鉴》，福建人民出版社 2007 年版。

第六章　福建蒙古族

第一节　福建蒙古族概况

一、概况

"蒙古"这一名称较早记载于《旧唐书》和《契丹国志》,其意为"永恒之火"。明洪武元年(1368 年)规定,"胡服""胡语""胡姓"一律禁止,福建的蒙古族人多有改姓埋名者。至明代落籍福建之有史籍可考者,仅出姓、萨姓等少量的蒙古族人,他们历经明、清、民国诸代,成为福建世居的少数民族。2000 年第五次人口普查统计,福建省蒙古族人口 6114 人,占福建总人口的 0.18%。分布在全省 9 地(市)54 个县(市、区)的广大城乡。其分布特点是大分散、小聚居。居住在城镇的约三分之一,以福州市居多;居住在乡村的,约三分之二强,以惠安县居多。福建蒙古族的分布与构成主要以两个家族为主,即萨姓和出姓,前者在福州市区,后者在泉州市泉港区。

二、历史源流

元至元十一年(1274)六月,元世祖忽必烈命丞相伯颜督率诸路大军伐宋。至元十三年二月,元军入临安(今杭州),宋恭帝赵显被俘。宋益王赵昰、广王赵昺逃往温州,于四月入闽。五月初一日,陈宜中、张世杰等拥赵昰在福州即帝位,是为端宗,改元景炎。南宋新政权以福州为行都,改福州为福安府,改温州为瑞安府,命诸将分别出兵浙江、江西和广东抗元。当月,被元军扣留的宋丞相文天祥从镇江逃脱后来到福安,即令其部将往江淮招集豪杰并到浙东募兵,以图恢复失地。七月,端宗命文天祥为同都督,在南剑(今南平)设都督府,筹划收复江西。八月,又命秀王赵与檡出兵浙东,驻守瑞安。同时,以王积翁为福建提刑招捕使,兼知南剑州,防守闽北地区;以黄恮为同提刑招捕使,兼知漳州,防守闽南地区。

至元十三年九月,元以副都元帅塔出、李恒等率骑兵从江西南进,以参知政事阿剌罕、董文炳等率舟师和步骑兵由浙江沿海南下,分道攻略广东、福建,围攻宋端宗政权。十月,文天祥移军汀州(今长汀),出兵江西,先后攻克宁都、雩都(今于都),江西各地纷纷起兵响应,一时军心大振。十一月,阿剌罕、董文炳占领处州(今浙江丽水),攻克瑞安,歼灭赵与檡所部后(元军歼赵与檡所部地点,《元史·阿剌罕传》、屠寄《蒙兀儿史记·阿剌罕传》、《福建通纪》以为在福安(今福州),而《宋史·二王本纪》、《宋史·赵与檡传》、《宋史纪事本末》、《蒙兀儿史记·忽必烈汗本纪》、《重纂福建通志》则载为瑞安(今温州)。《元史》成书较迟,且编纂仓促,错误颇多,故从《宋史》所载)即水陆并进攻闽。由于元军逼近,陈宜中、张世杰便奉宋帝由海道奔泉州,泉州的蒲寿庚"有异志"(《宋史》卷四十七《二王本纪》),又南走广东潮州。

至元十三年十一月,元将奥鲁赤从江西入邵武,宋知州赵时赏战败退走;董文炳由浙江入闽北,十四日攻克建宁府(今建瓯),俘知府赵崇锹,王积翁弃南剑逃回福安;阿剌罕率舟师沿海岸南下,在叛将王世强导引下,二十三日抵福安。王积翁勾结知府王刚中献城投降。阿剌罕命王刚中派人持书到兴化(今莆田)、泉州招降。

十二月初八日,泉州的蒲寿庚和知州田真子派人向元军献降书。宋参知政事兼知兴化军陈文龙拒降,杀来使,回书斥责王世强、王刚中叛宋。元军遂进围兴化。陈文龙所部"兵不满千"(《宋史》卷四百五十一《陈文龙传》),死守孤城,元军屡攻不下。阿剌罕又以陈的姻亲前去劝降,再次遭到严词拒绝。十二月二十五日,兴化军通判曹澄孙叛变,开门引元军入城,陈文龙及其一家被俘。阿剌罕以各种手段逼降,文龙指其腹说:"此皆节义文章也,可相逼耶!"(《宋史》卷四百五十一《陈文龙传》)后陈文龙被械送杭州,途中绝食而死。与此同时,塔出、李恒在江西先后攻占建昌(今南城)、南丰、瑞金等地。文天祥退回汀州,汀州守臣黄弃疾"拥兵有异志"(冯琦《宋史纪事本末》卷一百八《二王之立》),便移军漳州。十四年正月,元军破汀关,黄弃疾和监军吴浚降元。李恒即派吴浚到漳州劝降,文天祥责以大义,"缚浚缢杀之"(《宋史》卷四百一十八《文天祥传》)。

至元十四年春,忽必烈因北方诸王叛乱,召南征诸军回师,"去者大半,江南新附之地,守备骤虚"(《蒙兀儿史记》卷七《忽必烈汗本纪》)。宋军便乘势兴复。文天祥从漳州引兵西进,三月攻取梅州(今广东梅县),四月北出江西,连克会昌、雩都、兴国等赣南诸县,七月进围赣州城。在福建,陈文龙的从叔陈瓒(据弘治《兴化府志》卷四十三《陈瓒传》及《福建史稿》引《莆田玉瑚陈氏家乘》,陈瓒系陈文龙从叔。《宋史·陈文龙传》和《福建通志》则称陈瓒为陈文龙从子)乘势起兵,三月杀了元兴化守将林华,重占兴化军城。在广东,宋制置使张镇孙于四月袭占广州城,张世杰于五月攻克潮州。七月,张世杰率领淮军至泉州围攻蒲寿庚,漳州陈大举、许夫人领导的抗元畲军和兴化陈瓒的 500 名家丁也到泉州协助宋军。同时,宋将高日新收复了邵武,张清重据南剑,闽北人民奋起抗元,万余名起义军进攻建宁府,与元军进行了多次战斗。被迫降元的福州淮军将领李雄等于三月杀了元宣慰使潜说友,七月拟杀宣慰副使王积翁,事露反为王积翁所杀。王积翁见福建大部地区已重为宋所有,遂与张世杰联系,表示要反正归宋。

鉴于江南各地响应南宋的兴复,元廷即命大军继续南下,并于至元十四年七月在兴隆(今南昌)设置江西行省,以塔出为右丞,李恒、蒲寿庚等为参政。八月,李恒率军攻克赣南诸县,文天祥败走梅州。九月,元廷以唆都为福建宣慰使行征南元帅府事,听塔出节制。塔出令其由浙江南下,先解泉州之围,尔后由海道会师广州。同月,元参政月的迷失由赣入闽,攻占邵武。唆都从分水关南下,在崇安遇到"军容甚盛"(《元史》卷一百二十九《唆都传》)的宋军阻击。元军以分兵夹击和在退路上伏击,将其击败。唆都抵建宁,张清派军前来迎击,夜间遭到元军伏击,退回南剑。唆都乘势攻取南剑,大败张清所部,夺占州城。元军到福州,反复无常的王积翁再次献城投降。唆都兵临兴化,陈瓒率领家丁和三千义勇据城固守,予元军以重创。十月十五日城破,城内军民同仇敌忾,与元军"巷战终日"(《元史》卷一百二十九《唆都传》)。唆都下令屠城,三万军民壮烈牺牲,陈瓒被俘不屈,遭到车裂惨死。

十月,张世杰久攻泉州不下,唆都南援元军已经逼近,遂引军退回广东浅湾。唆都至泉州,令其子百家奴先率部分兵力航海往广东会塔出,自率主力南下与都元帅忙兀台合攻漳州。十一月,漳州宋军拒守失利,知府何清献城投降。元军遂继续南进,追击南宋残存政权。

至元十五年四月,端宗赵昰死于硐洲(今广东雷州湾外硐洲岛),赵昺继位。十六年二月,元各路大军围困宋军于崖山(今广东新会南海边),宋军无力再行抵抗,陆秀夫背负幼主赵昺投海而死,南宋亡。①

---

①　福建省情资料库·地方志之窗·军事志

三、福建蒙古人

蒙古族统治阶级在征服南宋和统治中国期间(1271 年—1368
年)蒙古族人被派往长城以南为军吏的,约有 40 万人(包括妇孺在
内)。其中有部分人被派遣进入福建,在闽的蒙古族人中多为军政
人员及其家属。

福州"萨"家蒙古族人 萨氏原信仰伊斯兰教,属"答失蛮"。
"答失蛮"氏是伊斯兰教的一派,伯克答失所创立。"答失蛮"是阿
拉伯文,"蛮"为同类之义。"答失蛮"是指有知识者。

萨氏在中原的始祖名思兰不花,忽必烈时担任军职,元英宗时
镇守云代(汉代属雁门郡,今山西大同市)。孙萨都剌,累官南台侍
御史,被赐姓"萨"。萨都剌得姓后,取汉名天赐,号直斋,是萨氏家
族定姓之始。萨都剌兄弟三人,其居长。其弟萨天与有子萨仲礼
公元 1333 年进士,"授福建行中书省检校"。萨仲礼入闽任职后,
在福州定居下来,便是雁门萨氏入闽始祖。

萨仲礼(生卒年不详),字守仁。大都路宛平县人。元江西建
昌路总管萨野芝(字天与)之子,元著名诗词人萨都剌之侄。元元
统元年(1333 年)进士,授福建行中书省检校。居三山城内之通贤
坊,享年 74 岁。明代赠侍郎詹事。与汉族通婚,娶林氏讳厚,继沙
氏讳贞,生子琅。

萨琅(生卒年不详),字用谦,号屺云。入闽第二世。性至孝,
采薪拾穗以养母,身饥寒而母恒饱暖。母疾危,萨琅昼夜侍汤药,
祈以身代。萨琅好义,后园得金珠首饰一囊,乃里人官捕逃急而偶
遗者,悉归焉。又买地掘得白金盈缸,还其故主,其人愿半分以谢,
却不受。娶林氏,生琦、磷。以长子琦贵,勒赠文林郎、翰林院编
修,诰赠通议大夫、礼部右侍郎兼少詹府少詹事。人以为盛德之
报。享寿 66 岁。《福建通志》、《福州府志》、《闽书》、《闽侯县志》俱
入孝义传。

萨琦(生卒年不详),字廷珪,号钝庵。入闽萨氏第三世。明宣德五年(1430年)进士。担任翰林院庶吉士、礼部右侍郎兼詹事府少詹事、通议大夫。萨琦为人耿介持正,世故澹如,侍亲至孝;仕20年不以家随;妻先卒,竟不娶。萨琦卒于官,享年64岁。《八闽通志》、《福建通志》、《福州府志》、《闽书》俱有传。

萨登尹(1722—1758年),字莘阶,又字升台,号若三。入闽萨氏第三支十一世。乾隆十二年(1747年)举人,戊辰会试,钦点内廷教习,壬申挑选一等,分发河南以知县用,题授陕州卢氏县,调汝宁府汝阳县,加五级,护理汝宁府知府,禹州直隶州知州,河工议叙一等,保举知州。

萨玉衡(1758—1822年),字葱如,号檀河。入闽萨氏第三支十二世。清乾隆五十一年(1786年)举人,授陕西旬阳知县,改知三水、白水、榆林、米脂等县,后任绥德知州、榆林知府。时白莲教义军由陕入川,抢渡嘉陵江,总督坐失战机,玉衡被连坐论死。幸同乡龚景瀚极力营救,得免。释归福州后,纵怀诗酒,著述颇丰。工诗,是乾(隆)嘉(庆)时期闽派主要诗人之一,誉其诗"足以震扬一代"者。后人称其诗为"学人之诗"。著有《经史汇考》、《小檀弓》、《傅子补遗》等,并续成郑荔乡《全闽诗话》、《五代诗话》、《金渊客话》、《曲江杂录》等,惜毁于火而未传。享年65岁。有《白华楼诗钞》4卷,《白华楼焚余稿》1卷,并与其侄萨龙光共同编注萨都剌《雁门集》14卷传世。《清史稿·文苑》有传。(参见《福建名人词典》)

萨龙光(1752—1816年),字肇藻,号露萧。入闽萨氏第一支长房十三世。清乾隆四十五年(1780年)举人,四十六年(1781)进士,任翰林院庶吉士,户部主事,工部营缮司员外郎,授朝议大夫,例晋赠中宪大夫。龙光乐善好施,在户部时例有餐钱,悉留以资宦僚之清贫者,同乡之谒选者多馆于其邸。乾隆五十三年(1788年)丁父忧回闽,告病不复出。疏财仗义,捐资增置鳌峰书院舍,修宗祠,葺洪江凤山桥,建东街文昌祠,疏浚河渠,恤急赈灾,皆倡输数千金不吝。曾捐巨资修葺鼓山涌泉寺,建山麓达寺门之石阶二千余级,寺僧视为大檀越而塑像祀之。乾隆五十年(1785 年)在京都重刻萨都剌《雁门集》,书版水运回闽时淹没。再次加意访求遗帙,将各版互相参校,补录许多误入他人集中之作品,以诗系年,于嘉庆十二年(1807 年)刻成《雁门集编注》14 卷,为历次萨都剌诗集中汇辑最完备、编注最系统者。萨龙光居福州时,宅黄巷,曾为大梦山祖茔、祖祠旁之西湖亭题匾"湖西第一亭"。《福建通志》、《福州通志》、《闽侯县志》俱入孝义传,《闽县乡土志》列入义侠。梁恭辰《池上草堂笔记》对其事迹记述尤详。

萨龙田(生卒年不详),字肇珊,号燕南。入闽萨氏第一支次房十三世。清道光六年(1826 年)起受族弟萨春光之聘,坐馆黄巷萨家"闻雨山房"5 年,萨春光之孙萨承流、萨承钰皆受业其门下。道光 11 年(公元 1831 年)中举人后被杨庆琛聘为记事,并随邀游于洞庭、衡岳之间。著有《湘南吟草》一卷。

萨察伦(1770—1829 年),字肇文,号珠士,榜名虎拜。入闽萨氏第一支四房十三世。嘉庆九年(1804 年)举人,丁丑(1817 年)大挑一等,分发云南知县,加三级,授奉直大夫,以道远不果赴。居福州时,与同乡梁章钜、林昌彝及长辈林宾日(即林则徐之父)有诗交,时常唱和。生前诗集未付印。咸丰元年(1851 年)光禄寺卿杨庆琛为萨珠士《珠光集》遗稿作序。再延半世后《珠光集》方由其从曾孙萨嘉曦编辑,以"福州一砚斋"开雕藏版,印行传世。《珠光集》录诗 251 首。民国《福建通志·艺文志存目卷四十二》有记述。

萨大滋(1818—1856 年),原名韦宝,字聿敬,号佑之,又号树堂。入闽萨氏第一支四房十三世。其与林寿图、杨浚、杨庆琛等人过从较密,时常诗酒酬酢,著有《望云精舍诗草》。

萨大文(约 1805 年生,卒年不详),字肇举,又字宗芮,号燕陂。入闽萨氏第三支十三世。道光二十年(1840 年)萨大文中举,"后再公车无所遇,即澹于仕进,杜门不出。家贫,课徒自给。来学者岁常百十人,一经指授,每相继取科名以去。吾闽咸同间名辈多出其门"。萨大文秉承家学,纵情诗酒,以其所居旧有荔影书屋,故名其诗集为《荔影堂诗钞》。

萨大年(1815 年生,卒年不详),字肇修,号兰台。入闽萨氏第三支十三世。清道光二十八年(1848 年)进士。钦点内阁中书,国史馆分校,陞侍读,后改任建宁府学教授。萨大年公余之暇,与友朋时相唱和,因幼时兄弟数人常在荔影书屋吟诗作对,且与萨大文兄弟之情甚笃,故亦名其诗集为《荔影堂诗钞》。

萨莲如(女,生卒年不详),入闽萨氏十四世,为萨龙光第十女。尝受业于姚履堂邑侯。适举人林星海。林固知诗,莲如相与唱和,多雅音。自题其居曰挽鹿,有《挽鹿山庄诗草》一本(载《闽中闺秀诗话》,唯未见诗录)。业师姚履堂殉节,萨莲如"有诗哭之,阐扬忠荩,字字沉著"。萨莲如亦善画,尤工蝴蝶。《福建通志·列女传·清》、《清代闺阁诗人征略》卷四、《历代妇女著作考》、《中国美术家人名辞典》、《福建画人传》,均有传记。

萨克特(生卒年不详),字聿葵,号敬轩。入闽萨氏第一支次房十四世。道光二十一年(1841 年)进士。历署德州、宁阳、捿霞、朝城、成武等州县,己酉科山东乡试同考官,山东章邱县书院掌教。

萨维瀚(1810—1855 年),字聿汀,号希亭。入闽萨氏第三支十四世。咸丰三年(1853 年)进士。授伊阳县知县。

萨承钰(1849—1908 年),字怀锷,号又恒,晚号廉退。入闽萨氏第二支十五世。清光绪元年(1875 年)举人,受李鸿章器重,入海军界任天津水师学堂教习。海军大臣张勤果命其测绘中国沿海炮台图。光绪十五年(1889 年)十一月始,萨承钰足迹遍台湾、香港、广东、福建、浙江、江苏、山东、直隶、奉天,历时一年多,著《南北洋炮台图说》。"图"达 12 册,详标中国沿海各地炮台地形、方位、数量、库房、规格等;"说"有 10 余万字。历任山东武城、邹平等县知县,平度知州加知府衔,授通议大夫、中宪大夫。知武城时,方行新政,兴学堂,设巡警,勤工艺,讲种植,不事粉饰,民众称善。其祖父"以孙承钰贵,得赠三品封典"。萨承钰工书,善隶。曾将萨玉衡《白华楼诗钞》、《白华楼焚余稿》,萨大文、萨大年《荔影堂诗钞》刊梓行世。卒于福州东牙巷祖居。《福建通志》、《闽侯县志》、《山东邹平县志》俱入循吏传。子嘉曦、嘉榘承父志,家刻木板古籍近20种,以"敦孝堂丛刻"或"一砚斋"等名之。福州东牙巷萨氏家刻古籍在福建省古籍木版书史中占有一定地位。

萨觉民(1826—1897年),字怀锵,号鉴藩。入闽萨氏第二支十五世。居黄巷。清江苏候补县丞。觉民因胞弟为庸医所误而夭亡,乃立志以行医济世为己任。觉民深得其长亲郭有良之医术,尤以治疗夏疫而备受称誉,时福州民众呼之为"圣手"。觉民素以救人疾苦、乐善好施为本,尝在其处方上印有"半作生涯半济世"之语,贫者求医免收笔金,且施药饵。其宗侄萨镇冰幼时因家境困难,8—11岁时曾投奔觉民家。觉民及其夫人视镇冰若亲人,并与其子辈同窗受业。后镇冰经觉民推荐投考马尾船政学堂。觉民以其医德医术,列入《闽侯县志·艺术医列传》。

萨镇冰(1859—1952年),字鼎铭。入闽萨氏第一支长房十六世。海军上将。11岁进马尾船政学堂,学轮船驾驶。同治十一年(1872年)毕业后,曾充少尉职,游历新加陂、菲律宾和日本。光绪三年(1877年)被派往英国皇家海军学院学习驾驶,1880年学成回国。1881—1893年任澄庆兵舰大副,天津水师学堂教习,威远、康济兵舰管带。1894年参加对日甲午战争,守卫威海卫基地。1896年后历任吴淞炮台总台官、北洋水师帮统、海圻舰管带、广东水师提督等。1908年率舰访问南洋,是为中国宣抚华侨之始。1909年为筹办海军大臣、海军提督;定象山为军港,增造军舰;复随载洵往英、法、意、奥、德、俄、日、美等国考察购舰。次年,为海军统制,实掌海军大权。民国后任吴淞商船学校校长、北洋政府参政员、福建清乡督办等。后复任海军总长,授肃威上将军衔。1920年一度代理北洋政府国务总理职。1922年任福建省省长。1926年卸省长职，驻南港散赈，督导灾民建屋、修路、筑桥，劝耕。1929—1933年赴闽西、闽东，并在龙岩、霞浦、南平等地施赈、筑堤、铺路，从事社会慈善事业。1933年曾支持和赞助李济深等在福州成立中华共和国人民革命政府，并任延建省省长。1934—1935年居福州，修编《雁门萨氏家谱》。1936年到山西雁门，访萨氏祖籍地。1937年往南洋考察，并宣慰侨胞。1938年取道安南（今越南）回国。抗日战争期间，历经四川、贵州、湖南、云南、广西、陕西、甘肃等地。抗日战争胜利后，回到福州。1947年被推为福建佛教医院董事长，继续积极从事社会公益事业。1949年8月中国人民解放军接管福州之日，与丁超五、刘通等联名发表文告拥护中国共产党。1949年后任第一届全国政协委员、中央人民政府革命军事委员会委员、中央人民政府华侨事务委员会委员、福建省人民政府委员。1952年4月10日病逝，毛泽东、周恩来等送了花圈，发来唁电。有《古稀吟集》、《耄年吟草》、《仁寿堂吟草》等传世。

萨嘉乐（1863—1897年），字多善。入闽萨氏第二支十六世。清光绪十四年（1888年）举人，光绪十五年（公元1889年）进士。钦点翰林院庶吉士，授翰林院检讨、国史馆协修。

萨嘉曦（1875—1959年），字多禧，号寄农。入闽萨氏第二支十六世。书法家、藏书家。清国学生，河南候补知县，钦加同知升衔，癸卯科河南乡试点名官。著有《寄庐文稿》一卷、《白华楼诗抄附录》一卷、《楹联类聚》四卷、《一砚斋楹语》二卷。刻印出版大量萨氏先贤文集，并辑先辈传赞志铭，汇为一集，取"诵先人之清芬"意，题为《先芬集》。民国24年修撰《雁门萨氏族谱》。

萨嘉榘（1877—1961年），字多溧，号逸樵。入闽萨氏第二支十六世。清国学生，陆军部主事，军资司行走，景陆工程处监修官。曾游学日本。1953年2月由福建省省长聘为首批福建省文史馆馆员。

萨起巖（1863—1930年），字多遂，号肖说。入闽萨氏第三支十六世。光绪二十九年（1903）进士，历署河南南阳、通许、延津、沈丘等县知县，钦加知府衔，赏戴花翎。

萨天与的后代从二世至七世，虽都不止一子，却均仅一子传嗣。单传至八世生七子。但有嗣的只五子，就分为五大支。从第十三世起，第四支、第五支均无传嗣。因此现在就只有第一、二、三支。1986 年统计，传至二十一世，通族人数为 1500 多人，其中当时在世的（含萨姓女子在内）近 600 人。传二十一世人口如此之少，十分罕见。

但萨家却被称为名门望族，因为其中优秀人才的比例很高。600 年来有 9 位进士、40 多位举人、10 位诗人，近百年来有 5 位将军、2 位省级干部、2 位院士（一为外籍）、2 位航天专家、12 位博士及数十位知名的教授和专家。

泉州"出"姓蒙古族人　出姓蒙古族人的远祖是木华黎（1170—1223 年）。《元史·木华黎传》曰："木华黎，札剌儿氏，世居阿难水东，父孔温屈哇以戚里故，在太祖麾下，从平篾里征乃蛮部，数立功。后乃蛮又叛，太祖与六骑走，中道乏食……太祖马毙，五骑相骇。孔温屈哇以乘马济太祖，身当追骑死之，太祖获免。有子五人，木华黎其第三子也。"木华黎是在蒙古族崛起的战火中成长的，并在蒙古族统一中国的战争中，屡立奇功。

木华黎裔孙为元太尉纳哈出。据《明史·冯胜传》曰："纳哈出者，元木华黎裔孙，为太平路（今安徽省当涂县）万户，太祖克太平，被执。以名臣后，待之厚，知其不忘元，资遣北归，元既亡，纳哈出聚兵金山（今辽宁省康平县境内），畜牧蕃盛，帝遣使诏谕之，终不报，数犯辽东，为叶旺所败，胜等大兵临之，乃降，封海西侯。从傅友德征云南，道卒，子察汗改封沈阳侯，坐蓝玉党死。"又载："元太尉纳哈出，拥众数十万，屯金山，数为辽东边害。二十年，命冯胜为征虏大将军，颖国公傅友德、永留侯蓝玉为左右副将军，率南雄侯赵庸等，以步骑二十万征之……乃降，得所部二十余万人，牛、羊、马、辎重三百里。还至亦迷河,复收其残卒二万余,车马五万……师还,以捷闻……尽将降众二十万人关,帝大悦。"

纳哈出投降明朝后,明廷将其所属的 20 万蒙古军,"分隶云南、广西、福建各司处"。纳哈出本人,于洪武二十年(1387 年)封为海西侯,二十一年七月从傅友德征云南,卒于途中。其子察罕,洪武二十一年八月(1388 年)袭封,改为沈阳侯。洪武二十六年四月(1393 年)因受蓝玉事件牵连,故被诛除。是故,纳哈出及其长子察罕均没有到过闽疆。但纳哈出所属 20 万蒙古军,其中一部分被派遣至福建,迁入福建的蒙古军,落籍福州。《出府族谱》载:"洪武中,福州中卫故军几十外姓,一百二十二户为左所。正统后,军政不修,卫军暂次逃敌循亡。嘉靖(1522—1566 年)倭夷大变,军政再修。而福中左所一册,但存张、陈、林、许、李、董、出七姓,顶起始终。明之世以屯军占籍,而有功于御倭也。吾族自洪武时,二世祖佛家奴以本等名色充入卫军,而始祖不归公称职食禄,不任其事,闲员而已。"《出府族谱》还记载:"始祖不归公,元太尉纳哈出之后,洪武中屯田福建,授指挥使,分出为姓,姚那氏,男佛家奴。"因此,出不归是元太尉纳哈出之后,并任福建屯田军指挥使,是入闽始祖。

纳哈出不归隶入闽疆,又是被朝廷派遣到福建任屯田指挥使,为何要改名更姓?这是因为洪武二十六年(1393 年)四月,纳哈出长子察罕因蓝玉事件被明廷"诛除",入籍福州屯田的纳哈出后裔怕被株连,是时佛家奴去纳哈分出为姓,由福州迁至后龙象狮,由象狮迁至涂岭新厝,再由涂岭新厝迁到照船山下洪厝坑(即现福建省泉州市泉港区涂岭镇小坝村洪厝坑自然村)。

1985 年 1 月 5 日惠安县人民政府 08 号文批准"出姓"为蒙古族成分,对出姓族谱、家庙、府第、墓志、风俗作了详尽考察,并对照元、明史,充分证明:小坝出姓祖先为元朝鲁国王蒙古族的木华黎,始祖为木华黎八世孙、元太尉纳哈出,佛家奴时为避祸,去姓"纳哈"以名"出"为姓,随后十二世至出科联提进士,再在清朝乾隆时显白天下。

南安丰州"燕山黄"蒙古族人　南安县丰州有一支"黄"姓蒙古族后裔,始祖名答剌真,元时来此地任职。

答剌真(1246－1326 年),系元世祖至元庚辰科(1285 年)进士,自燕国入泉,初任南安达鲁花赤(监督县令),后升福、广、浙司令,钦命总宪兵使,卒赠"忠勇",系燕人,入籍南安开基复姓,遂为黄氏燕山派始祖。肇基拓业,繁衍生息,至今已 700 多年。生子十人:沙裕、沙的、海达儿、安童、武贤、宾哥、荣显、璋童、富童、贵童。唯长子沙裕、次子沙的回归燕山(今北京)原籍,其余八子住南安。分布在丰州、洪濑、诗山等地,分遍南安市各乡镇及泉州市区,传今二十六世,12 万多人,明清两朝累计进士 10 人,文科举人 38 人,武举人 11 人,著名人物有:进士太常寺卿南京通政使黄河清、户部侍郎黄养蒙、刑部侍郎黄澄等,堪称闽南著名的大宗望族。

答剌真墓坐北朝南,面积约为 150 平方米,平面呈风字形,花岗岩砌筑,有墓碑、墓桌,前有石狮,东南约 40 米外有神道碑一道,上刻楷体:"黄忠勇公暨元配许氏神道碑。"经南安市人民政府批准,被列为南安市文物保护单位。

第二节　福建蒙古族经济与文化

一、社会经济发展概况

以泉州泉港区涂岭镇小坝村为例。

泉港区涂岭镇蒙古族小坝村地处泉州市泉港区涂岭村西部山区、海拔约 400 米的山沟里,是全省最大的蒙古族聚居地,又是老革命活动过的据点村。全村 697 户,人口 2515 人,蒙古族占总户数的 70％,人口占总人口的 86％,有两所小学,在校学生 248 人,教师 21 人,行政村由方圆 14 华里的八个自然村庄组成,全村劳动力 745 人,耕地 1523 亩,耕地大部分是山垅田和望天田,全村山地面积 1.2 万亩。[1]

近年来,该村石材包装手艺在惠安、南安等石材业较发达的地区颇有名气。目前承包 60 多家规模较大的石材厂的包装业务,300 多人从事石材包装。

1999 年以来,市长、市政协主席,以及市民宗委、区民宗局等领导多次深入该村现场调研,并扶持多个项目的发展,使当地“电、路、自来水、有线电视”全通。例如,1999 年 10 月成立市长六个帮扶项目(公路、学校、巨尾桉基地、龙眼嫁接、有线电视、自来水工程),经过各方努力,市长六个帮扶项目在小坝村开花结果。投建公路 5.3 公里,两所学校教学楼和教师宿舍楼按期竣工,学校的环境优化,学生的学习条件得到提高。500 亩巨尾桉旺盛茂绿,长势良好;创高优品种晚熟龙眼 200 亩嫁接全部成功;目前全村占总户数 65% 的家庭用上有线电视,引接电话 383 部,占总户数的 55%;三座储水池供全村 2515 人日常生活用水,使村民饮水获得了卫生保障,改变了过去长期吃溪流水、山坑水和刀锈水的习惯。2003 年 5 月份市政协来村调研,扶持投建燕山公路 4.5 公里。

多年来,小坝村在各级党委、政府的正确领导下,以脱贫致富奔小康为主线,在经济建设方面取得了长足的进步:

一是大力改善基础设施,优化投资环境。几年来,省、市、区、镇和村总共投入资金 170 多万元,组织群众投工投劳,拓宽、整修、铺设 10 公里长水泥路,购置安装 110 千瓦变压器 3 台,架设通讯电缆 18 千米,安装程控电话 383 部,2004 年冬已完成通 2 个自然村组 2.5 公里长的水泥路硬化。水、电、路、通信等基础设施大大改观,有力地改善了投资环境。

二是充分发挥山地优势,推进农业综合开发。开山种果是村

---

① 《春风常绿小坝村》,《中国民族》2005 年 2 期。

经济发展的主要渠道,小坝村以山为依托,以农作文章,在本村经济发展规划上,鼓励村民植树造林,让不长庄稼的1.2万亩山地变成"绿色银行",不断壮大集体经济。一位村干部在2002年种了300亩巨尾桉,按此算一笔细账:种一亩速生林成本大约在400元左右,5至7年可以成材,大约可产8立方米木材,利润可以保证在2800元左右,而且种一次速生林,可以收益三四次,利润翻番。种速生林可带来可观的经济效益,这在小坝村催起了"造林热",村民纷纷利用自家责任山种速生林。目前小坝村速生林基地发展到2000多亩,共25万多株。到2005年止,该村已有农业综合开发项目6个,开发面积2800多亩,其中龙眼800亩、余甘100亩、柑橘50亩、大柿50亩、李子300亩,巨尾桉1500亩。养殖黑山羊500多头,生猪全年存栏2130头,饲养家禽1万多头。林业生产方面全村封山育林3000亩,其中杉木500亩,整修防火林带4华里,营造杨梅1万多株。同时以本地消化和劳务输出相结合的方式,解决本村富余劳动力的就业问题,增加了村民收入。

二、文化与风俗习惯

（一）婚姻

蒙古族的婚礼都要经过媒人说亲、相亲、订婚、聘礼、许婚筵、迎亲、送嫁、行见阿姑之礼、举行结婚仪式等较为繁复的程序。如果小伙子看上了哪家姑娘,在订婚前,要托媒人带着象征和谐、甜蜜的白糖、茶叶等物品,用一块白手巾包着前去撮合,若女方收下,婚事则可以进行。随后男方父母及本人要带着哈达、奶酒、糖果等礼品求婚,一般要进行数次才能订婚。女方收下订婚礼后,男方还要向女方送三次酒,如女方将这三次酒全部收下喝掉,婚事便确定下来。当接近婚期时,男方要再给女方送一次礼。女方对送礼者热情招待,双方饮酒,对歌,相互庆贺。

（二）丧葬

由蒙古族历史上形成的生存环境和生活方式所决定,葬礼极为简单,一般不设灵床,不摆供品,不穿孝服,不烧纸钱,不用音乐。蒙古族的丧葬主要有土葬、火葬和野葬三种。较为普遍的是土葬。

（三）禁忌

火忌,蒙古族崇拜火、火神和灶神,认为火、火神或灶神是驱妖避邪的圣洁物。禁忌在火炉上烤脚,更不许在火炉旁烤湿靴子和鞋子。不得跨越炉灶,或脚蹬炉灶,不得在炉灶上磕烟袋、摔东西、扔脏物。不能用刀子挑火、将刀子插入火中,或用刀子从锅中取肉。

水忌,蒙古族认为水是纯洁的神灵。忌讳在河流中洗手或沐浴,更不许洗女人的脏衣物,或者将不干净的东西投入河中。

产忌,蒙古族妇女生孩子不让外人进产房。一般要在屋檐下挂一个明显的标志。生男孩子挂弓箭,生女孩则挂红布条。客人见标志即不再进入产房。

忌蹬门槛,到蒙古族人家做客,出入时,绝不许踩蹬门槛。

忌摸头,蒙古族忌讳生人用手摸小孩的头部。旧观念认为生人的手不清洁,如果摸孩子的头,会对孩子的健康发育不利。

（四）文学艺术

蒙古族的文学源远流长,历史悠久。有民间口头文学和书面文学两种。

民间文学有史诗、神话传说、故事、诗歌、谚语、寓言等。蒙古族的神话传说除了在古代典籍,如《蒙古秘史》、《史集》中保存了一些片段外,记载得较少。主要还是通过口耳相传的形式流传于民间。流传较为广泛的有《熔铁出山》和《天女之惠》。《熔铁出山》是关于蒙古族起源的古老传说。蒙古族的英雄史诗产生于原始社会末期,形成于阶级社会的前期。其特点为偏重于浪漫主义的幻想,描写的是传奇式的英雄同人格化的自然力或丑恶社会势力的代表蟒古思的斗争。代表作有《江格尔》、《三岁勇士谷诺干》、《喜热图蔑尔干》等。其中《江格尔》与藏族的《格萨尔》和柯尔克孜族的《玛纳斯》并称为中国的三大史诗。蒙古族的民间故事数量多,内容广。包括神话故事、生活故事、动物故事、讽刺故事、寓言故事等。主要作品有《孤儿传》、《乌巴什·洪台吉的故事》、《牧童和骏马》等。

　　蒙古族从13世纪初使用回鹘式蒙古文后便出现了书面文学。《蒙古秘史》是其中最有代表性的作品。该书不仅是一部历史巨著,还是一部文学价值极高的著作。全书三分之一的篇幅都是优美的诗歌和引人入胜的传说故事。此外,这时期还有《成吉思汗的箴言》、《成吉思汗的两匹骏马》、《金帐白桦书》等,这些作品都是源于口头文学,后经加工,以书面形式流传下来的。

　　蒙古族不论男女老少都爱唱歌,他们尊崇唱歌和善于唱歌的人。蒙古族民歌主要分为两大类:礼仪歌和牧歌。礼仪歌用于婚宴等喜庆场合,以歌唱纯真的爱情、歌唱英雄、歌唱夺标的赛马骑手为主要内容。牧歌多在放牧和搬迁时唱,内容以赞美家乡、状物抒情居多。蒙古族民歌节奏自由,装饰音多而细腻,并具有较强的朗诵性。其嘹亮、悠长、亲切的曲调,沁人心脾。蒙古族民歌从音乐特点来讲,大致分为"长调"和"短调"两大类。长调民歌是反映蒙古族游牧生活的牧歌式体裁,有较长大的篇幅,节奏自由,音域宽广,情感深沉,并有独特而细腻的颤音装饰。流行的有《小黄马》、《辽阔草原》、《富饶辽阔的阿拉善》、《思乡曲》等。短调民歌篇幅较短小,曲调紧凑,节奏整齐、鲜明,音域相对窄一些。流行的有《锡巴喇嘛》、《成吉思汗的两匹青马》、《美酒醇如香蜜》、《拉骆驼的哥哥十二属相》等。马头琴是蒙古人民最喜爱的民族乐器。因为琴杆的上端雕有一个很精致的马头,所以叫"马头琴"。马头琴的声音辽阔低沉,悠扬动听,仿佛把人们带进茫茫无边的草原。琴身木制,长约1米。共鸣箱扁平而呈梯形。以马皮或羊皮蒙面,面上绘有图案。琴杆上部左、右两侧各安一弦轴,拉弓以藤条与马尾制成。马头琴的优秀曲目很多,风格多样,如《巴雅龄》、《嘎达梅林》、《鄂尔多斯的春天》、《清凉的泉水》、《走马》、《马的步伐》等。新创作的乐曲有《草原新歌》、《草原赞歌》和《万马奔腾》等。

传统的舞蹈有"安代舞"、"盅碗舞"、"筷子舞"、"马刀舞"、"鄂尔多斯舞"等。

(五)礼仪及其他

蒙古族非常重视婴儿的出生。不论是生男还是生女,都要举行种种仪式,以示庆贺。主要的仪式包括:洗礼,用水给新生儿洗身后,用奶油涂抹婴儿全身,为婴儿祈福,蒙古语称为"米喇兀"。满月,婴儿满月时还要举行仪式,规模大小不一。蒙古族小孩满月时可以剃胎发,但不能全剃,脑门上要留一撮胎发,意为可以保命。过百日,新生儿满一百天,为孩子举行"过百日",亦称"过百日关"的庆贺仪式。其意在祝福婴儿茁壮成长,长命百岁。过周岁生日,孩子由父母抱着给每个参加者叩头行礼,参加者亦都有馈赠。此外,还要进行"抓岁"游戏。即在一盘内放上食品、衣物、书、笔等让婴儿抓取。若为男孩,还要放入小形佛像、弓、箭、火镰、蒙古刀、马鞭等。若为女孩,则放入针线、金银、玉石、手镯等。认为孩子抓到之物,就是他将来最喜欢或最擅长的。

本章参考文献:

1. 福建省情资料库,http://www.fjsq.gov.cn

2.《蒙古族卷》,海风出版社2007年版。

3. 中共泉州市泉港区委统一战线工作部网站。

4. 敖其:《蒙古族妇女服饰之特征》,《内蒙古师范大学学报(哲学社会科学版)》2002年第1期。

5. 内蒙古社科院历史所《蒙古族通史》编写组:《蒙古族通史》,民族出版社 2001 年版。

　　6.《蒙古族舞蹈艺术》,中国文联出版社 1999 版。

　　7. 苏日巴达拉哈:《蒙古族族源新考》,民族出版社 1986 年版。

　　8. 乌兰杰:《蒙古族古代音乐舞蹈初探》,内蒙古人民出版社 1985 年版。

　　9. 乌兰杰:《蒙古族音乐史》,内蒙古人民出版社 1998 年版。

　　10. 荣苏赫主编:《蒙古族文学史》,辽宁人民出版社 1994 年版。

第七章　福建高山族

第一节　福建高山族概况

一、概况

　　高山族是中国古代百越族的一部分,是台湾现存最早的土著民族。据 2000 年第五次人口普查统计,高山族人散居祖国大陆东南沿海的有 4461 人。根据 2008 年福建年鉴,福建高山族人口 477 人,约为大陆高山族人口的 10％,是祖国大陆高山族人口较多的省份。福建高山族人主要分布在漳州市,截止 2009 年 12 月,漳州全市有高山族 99 户 325 人,是大陆高山族人口最多,居住最集中的地区。漳州市华安县是祖国大陆台湾高山族同胞聚居最多的县份,现有高山族同胞 41 户 126 人。

二、历史源流

　　台湾古称"夷州"等,很早以前,当地的高山族先民就与祖国大陆人民有过交往。隋唐时期,史籍称台湾为"流求"。据《隋书》记载,隋大业六年(610 年),隋炀帝在继大业三年遣羽骑尉朱宽及海师何蛮入流求之后,再次派遣武贲郎将陈棱、朝请大夫张镇洲率兵自义安(今广东潮安)浮海入流求。在进入台湾本岛之后,陈棱军队曾与当地居民发生冲突,这场行动,最后以陈棱部"虏其男女数千人,载军实而还"告终。关于陈棱部虏获当地居民的具体人数,《隋书·帝纪·炀帝纪》载为"献俘万七千口",但同书卷六十四《陈棱传》仍如《隋书·东夷列传》所说,为"虏男女数千而归"。因此,这个数字当以"男女数千人"为准确。

关于这些被虏的台湾土著居民移入祖国大陆之后被安置于何方,目前所见的隋唐史中都未见有记载。我们根据宋淳熙《三山志》及明万历《闽都记》及《闽书》等方志的有关记载,结合有关传说材料,考证隋大业六年台湾数千男女居民移入祖国大陆之后的具体居住地应在今福建省福清县龙田镇至港头乡沿海一带的区域之内。

《闽书》的有关记载　　福建晋江人何乔远编纂的《闽书》共 154卷,修纂时间为明万历四十年至万历四十五年,"自万历壬子迄丙辰凡五年而先生之书成",现今行世的有明崇祯二年的版本。《闽书》所记上迄夏商周,下至明中叶,对福建全省的历史沿革、风土人情等情况做了比较系统、详细的记述,是福建地方志中较为重要的一种。据《闽书》卷六《方域志》中"福州府福清县"记载:"(福清县)福庐山,故名郭庐山,郭姓者居其下,皇朝邑人大学士叶向高更之曰福庐……山下有牛田场,皇朝戚继光大破倭寇于此。又三十里为化南、化北二里,隋时掠琉球五千户居此,化南里则皇朝大学士叶向高之乡。"此外,《闽书》在"化北里上都"图四还注云:"隋时掠琉球五十户居此"。五十户,可能是为五千户的笔误。

何乔远,字稚孝,明万历十四年进士,历礼部仪制郎中、光禄少卿,崇祯二年起任南京工部右侍郎。此人学识渊博,交游很广,其所纂的《闽书》集中表现了他的博识和才华。明万历四十七年,光禄大夫柱国少师兼太子太师、吏部尚书建极殿大学士叶向高在为《闽书》作序时曾写道:"……公于是尽取八郡一州五十七邑之乘而偏阅之,撷其精华去其繁冗,文其野朴析其混淆而又旁搜博采,凡遗迹逸事散见于他书者,悉行毓拾以直其峥漏为志……余穷数旬之力读之,乃竟叹曰:美哉,皇皇乎! 非但一方之信史,亦千古之鸿裁也……"在评价何乔远其人时,叶向高还写道:"生平笃学真修,无愧宋儒,里居二十余年,日惟谈道著书,诲引后进,于古今成败,国家典故无不考究,谈之历历如指掌,以名儒而兼良吏惟公其人……"。叶向高字进卿,福建省福清县人,叶比何乔远早三年举进士,由于是福建同乡,两人有着比较密切的交往和情谊。福建省博物馆存《福庐灵岩志》载何乔远题福清县福庐山诗曰:"天掷名山落海头,百万千仞不曾收,而今径入叶公手,拊鹤呼鸾驾玉虬。"诗中不但恭维了叶向高,而且也证实何乔远对福清县东南沿海的地理形势、文物古迹是熟悉的。另外,更重要的是大学士叶向高本人即为福清县"化南里"(今福清县港头乡后叶村)人,如果何乔远《闽书》所载"隋时掠琉球五千户居此"一事没有一定的史实根据,那么作为"邑人"的叶向高在《闽书序》中肯定不会轻易苟同而会有所异议的。

　　由于《闽书》对隋代台湾居民移居福清县东南沿海的"化南里"和"化北里"一事做了明确的记载,在此之后的有关古籍方志如《读史方舆纪要》、《福建通志》等大都做了类似的引述和记载。如明顾祖禹《读史方舆纪要》载说:"(福清县)化南镇在县东南六十里……相传隋时掠琉球五千户居此,因名。"连横《台湾通史》卷一《开辟纪》亦引《闽书》曰:"福州之福庐山,当隋之时,曾掠琉球五千户置此,尚有其裔。"至现在,一些研究台湾历史的论著如施联朱先生的《台湾史略》、陈国强先生的有关论著等都援引《闽书》这一记载来论证闽台人民的早期交往历史。由此可见,何乔远《闽书》的这一记载,对于后人探讨研究隋代祖国大陆与台湾人民之间的交往历史起到了十分重要的作用。但是《闽书》之载是否属于孤证呢? 回答自然是否定的。在比《闽书》更早一些的福建方志中,对隋代台湾居民移居福清地区一事就已经有过类似的记载,这就是明人王应山所著的《闽都记》。

《闽都记》的有关记载　福建侯官人王应山编纂的《闽都记》共三十三卷，此书系王氏未成之书。在王应山殁后二十余年，由其子王毓德续成之。此书现行的有该书的最早版本即明万历四十年刻本以及清道光十一年的抄本。由此可见，从时间上看，王应山的《闽都记》至少应比何乔远的《闽书》早问世五年左右。《闽都记》所记为福州府辖内各县的地理、历史沿革、风土人情、文物古迹等内容，其实也是一部重要的福州地方志。在卷二十七"郡东福清胜迹"记载中，王氏写道："化北里在（福清）县东南六十里，民居鳞次，亦多大姓，隋时掠琉球五千户居此。"这应是一条较之《闽书》同等或更为重要一些的珍贵史料。

王应山，字懋宣，福州侯官人，据乾隆《福建通志》记载，王应山"读书博览，以春秋教授生徒，四方从者如云。其诗宗大历婉而多，致监司守令常式其庐。晚年苦心编摩，著有《闽都记》三十三卷。"除《闽都记》之外，王应山还于明万历十年（1582 年）纂有《闽大记》五十五卷，可惜该本残缺不全，后人无法览其全部。王应山的《闽都记》刊印时，同邑长乐人谢肇淛曾为之作序，序中除赞扬了王氏的一苦修博学外，也对福州府域的历史沿革做了一些简要的叙述。必须指出的是，王应山与谢肇淛都为明代福州府籍的著名学者，他们居籍的侯官及长乐县与福清县山水相连，近在咫尺，三县的风土人情、语言习俗等也基本相同，作为本地籍的学者，王应山对于福清县的各种风土人情及历史沿革等状况较之何乔远等人应是更加熟悉的。因此，对于隋代台湾居民移居福清东南沿海一事，除了五千户的数字可能偏大一些外，他们应该握有一定的历史根据或史料依据。虽然我们不无遗憾地感到王应山的《闽都记》及何乔远的《闽书》对此都没有做进一步的注释说明，但是笔者在查阅比此二书更早的宋代方志《三山志》时，还是发现了与此有关的重要线索。

《三山志》的有关记载　福建晋江人梁克家编纂、宋淳熙九年刊印的《三山志》，是福建现存唯一最早版本的方志。三山是福州的别称，因此该志又是现存最早的福州府志。《三山志》全书42卷，该志上迄夏商，下至宋淳熙间，对福州及其所属的闽县、长乐、福清、罗源、连江等十二县的历史沿革、地理形胜、版籍财赋、风土人情等都做了较为详细的记载，自明清以来，此志就是研究福建地方历史的重要志书之一。

梁克家，字叔子，泉州晋江人，宋绍兴三十年廷试第一，授平江签判，召为秘书省正字，淳熙八年曾知福州，在任上修纂了《三山志》。随后曾累官至右丞相，封仪国公。此人博学广识，其所编纂的《三山志》同样也以广博取胜。该志卷三《地理类三》的"福清县旧山亭乡和崇德乡"一条中，分别出现了"归化北里"、"安夷北里"、"安夷南里"和"归化南里"四处名称异殊的地名。这里的"归化"和"安夷"的里名，不但在福清县境内，而且在同书所载的其他十一县的乡里名称中都没有发现类同的现象。据《闽书》记载，明代福清县崇德乡在"县东南五十里"，其地域基本上包含了宋代的山亭乡和崇德乡。明代的"化北里上都"即"宋归化北里。"明代的"平北里上都"和"平北里下都"，都为"旧安夷北里"。明代的"平南里五十九都、六十都、六十一都"，也属"旧山亭乡"，亦即"旧安平（夷）南里"。明代属于孝义乡的"化南里"，也即为"宋崇德乡归化南里"。也就是说，宋代的"安夷南里"和"归化北里"等四里就是明代的"化南里"、"化北里"和"平南里"、"平北里"的地域，只是时代变迁，地名有所演变而已，这一地域也正是在今福清县东南沿海的福庐山（龙田镇）至港头乡沿海一带。虽然《三山志》对"安夷南里"等四处特殊里名的来源含义没有做进一步的解析，但是据此分析，这可能仍是王应山和何乔通明确记载隋代台湾居民移居此地的重要依据之一。当然，除此之外，可能还有今日已佚而当时尚存的有关史籍的明确记载。

据三国人沈莹《临海水土志》记载，三国时期大陆人民称台湾为"夷洲"。三国吴黄龙二年春正月，孙权"遣将军卫温、诸葛直将甲士万人浮海求夷洲及谊洲"，"但得夷洲数千人还"，当时大陆人称这些台湾土著居民为"夷人"或"夷洲人"。隋代虽称台湾为"流求"，但仍称其人为"土人"或"夷人"，如《隋书》把流求列为"东夷"即显而易见。因此，有鉴于此，隋大业六年陈棱部掠获这些土著"夷人"返回大陆后，安顿这些"夷人"的地点则完全有可能被赋予"安夷"、"归化"的新地名。顾名思义，安夷者，安抚夷人也；归化者，归顺廉化也。历史上一些特殊的地名称呼总是包含着某些特殊的历史含义。这些事例是十分众多、举不胜举的。三国孙吴及隋代统治者对台湾地区的数次经略，在很大程度上是包含着"招徕远夷，拓展疆土"的政治目的的。据此分析，《三山志》中有关"安夷南里"、"归化北里"等特殊地名的出现，已经间接显示隋代台湾"夷人"是被安顿抚居于这四个乡里的。

"安夷南里"乡里的地理形势　福清县"在闽中，东南枕山接海，周围……二百六十里"，"岗峦稠迭，众派朝宗……大约负山带海，东南一都会也"。县境东南沿海地区（自龙田镇至港头、三山乡、高山镇等地）东濒台湾海峡与平潭县隔海相望，西依兴化湾与莆田县接壤。这里气候温和，雨水充沛，山清水秀，地理环境与我国台湾省基本相似。当地居民长期以来都是以海为生，兼营农事。从地理距离看，这里距台湾本岛很近，明清时期属于福清县海坛里（今日平潭县），最近处与台湾省新竹市相去仅130海里之遥。

福清建县于唐圣历二年（699 年），最初是长乐县东南界分置万安县，此后历称福店、永昌，至闽王延钧龙启元年（933 年）始改称为福清县。考古发现的材料表明，魏晋南北朝时期，福清东南沿海地区就已经有了较多的村落和居民居址，龙田等地出土的这一时期的墓葬陪葬品如青瓷器等，其组合、种类、质地都与福州闽侯等地的同期遗物完全相同。由于闽台地理位置的近似，海峡两岸人民开发的历史也较早,闽台两地人民的交往历史更是相当悠久。至隋大业初年,当时的水师就已经可以精确地计算出自建安郡东至流求的航程为"水行五日而至"了。据《隋书》记载,隋大业六年陈棱自广东潮安率兵入台,在海上漂浮月余方才抵达台湾本岛,这可见当时他们对粤台之间的海上航线是不熟悉的。在掠取台湾当地居民数千人载船同归之时,一个多月的海上航程对于增加了数千名男女的陈棱军队来说的确是麻烦不少。由于闽台之间的航程较短,在人员骤增、运载任务繁重的情况下,陈棱等人必然采取弃远求近、缩短航程、直取福建沿海的做法。而东南沿海"安夷南里"等地自然、地理环境等方面条件的基本适宜,可能也是导致陈棱等人决定直抵此地并将数千男女的台湾高山族先民安顿于此的另一原因。从以上这些推论看,当时台湾高山族先民被移居安顿于"安夷南里"等地的可能性则是完全存在的。[①]

三、福建高山人

在我国 56 个民族的大家庭中,高山族属于 22 个人口较少的民族之一,主要分布在台湾省。祖国大陆的高山族总人口约为4500 人,其中,福建省共有高山族 180 多户,470 多人,是高山族在祖国大陆人数较多的省份之一,主要分布在漳州、南平、三明等 8个设区市。从总体上看,福建省高山族同胞在经济收入、受教育程度、文化水平等方面与当地居民的平均水平基本持平,但发展也不平衡。

漳州市华安县是祖国大陆高山族同胞聚居最多的地方。华安县位于福建省南部、漳州市西北端,毗邻漳平、安溪、南靖、长泰、芗城等 5 个县(市、区),是闽南地势较高的地区。土地总面积 1315

---

① 林蔚文:《隋代台湾高山族先民移居福建新考》,《中南民族学院学报》1989 年第 5 期。

平方公里,人口 16 万人,有畲族、高山族等少数民族,其中高山族同胞有 41 户 126 人,分别属于高山族中的阿美、卑南、排湾等部族。

2005 年 9 月,福建省召开全省扶持人口较少民族发展工作会议,研究部署全省扶持人口较少民族发展工作。2006 年初,福建省对高山族家庭开展入户调查,并按"一户一档"的要求,基本摸清全省高山族家庭的情况。在此基础上,提出《关于我省高山族同胞家庭经济状况调研和对部分困难户扶持的建议》,并安排专项扶持资金 200 万元。

2006 年 9 月,扶持高山族发展工作已进入具体实施阶段。

政治上关怀。在各级人大、政协中,安排一定数量的高山族代表委员,让他们参政议政。同时,关心高山族干部成长,推荐选送处级干部到国家机关挂职锻炼,参加国家民委组织的培训,以帮助他们提高素质。

入学上照顾。选送高山族同胞到各级党校、民族院校学习。为了能使更多的高山族学生进高等院校学习,从 2000 年开始,在高招录取方面规定:"高山族考生加 20 分照顾";中招方面规定:"按升学考试总分 2% 给予加分录取,对偏远山区中的高山族考生还可根据当地的情况和需要,在以上加分基础上再酌情给予加分照顾"。①

生活上关心。1982 年政府拨出 10 万元专款、400 立方米木材、40 个招工指标,专门解决居住在农村中的高山族同胞建住房、子女就业、生活困难补助、春节慰问等方面的困难。1999 年,省财政、民政、民委、扶贫办等共拨款 200 多万元给华安县,为该县解决农村高山族群众的住房问题。2006 年以来,福建省、市两级政府相继出台有关高山族同胞住房帮扶的政策措施,切实帮助解决高

———————————

① 《福建:五方面举措打造立体关怀》,中国民族宗教网。

山族同胞住房困难问题。

扶持高山族发展生产,增加收入。有关方面根据漳州市华安县高山族农户居住的地理条件和传统的生产生活习惯,采取帮扶到户的办法,发展生态茶项目,安排扶持资金每户 1000 至 2500元,并帮助协调解决小额信贷,积极引导高山族农户有规模地种植优质茶和无公害有机茶。目前,茶叶生产成为华安县高山族同胞增收、创收的主要手段,经济收入接近当地汉族群众水平。

加强高山族所在村的"五通"建设。全省农村高山族人口分布在 8 个市、13 个县(市、区)、16 个乡(镇)、27 个行政村中。各级政府高度重视,克服户数少、居住散、投入大的困难,至 2007 年已基本实现"五通",其中通电、通电话、通广播电视的有 27 个村,通自来水的有 15 个村,通水泥路的有 15 个村,通砂土路的有 12 个村,有效地改善了当地高山族农户的生产生活条件。

第二节　福建高山族经济与文化

一、社会经济发展概况

高山族同胞是福建省各族人民的重要组成部分,做好扶持高山族同胞发展的工作,对于推动福建省社会主义现代化建设,实现全省各民族共同繁荣发展,推进全面小康社会和海峡西岸经济区建设,促进祖国统一具有特殊的重要意义。但是,福建省高山族居住分散,人口成分构成多样,经济收入相差较大,发展不平衡。福建省委、省政府历来十分重视扶持高山族发展。近年来,针对福建省高山族的实际情况,因地制宜,制定扶持政策,加大资金投入,为高山族同胞发展生态茶、落实子女就业和生活困难补助等提供帮助,使高山族同胞的生活水平有了明显提高。

为了提高工作的有效性,根据福建省高山族人口不多、居住分散的实际状况,有关方面提出"按户建档,一户一策,扶持到户"的做法,切实帮助高山族同胞解决生产生活中的突出困难和问题。一是扶持高山族农户因地制宜发展周期短、见效快的生态茶。政府通过无偿提供优质种苗、补助购买加工设备、组织技术培训等,帮助他们增产增收。对有劳动力但缺资金的困难户,采取无偿资助和贴息贷款相结合的办法,以户为单位,帮助他们发展有市场、有效益的生产性项目。各级有关部门积极主动地帮助高山族同胞谋划生产性项目,立足资源优势,培育新的经济增长点,寻找促进高山族同胞增收的新途径,增加高山族群众的经济收入,力求使高山族同胞达到或略高于所在村的平均收入水平。二是对于因企业改制而下岗的高山族同胞,按照解决"4050"人员就业的有关政策,根据他们的特长和要求,切实帮助他们实现多渠道就业,使他们拥有稳定的收入来源。三是确保社会保障和城乡救助的各项政策措施落实到高山族同胞身上。对符合低保条件的高山族家庭,做到应保尽保;对因灾、因病发生临时困难的,及时予以救助;对年老体弱的,为他们提供养老、医疗救济;对特困户特例特办,切实帮助解决困难和问题。四是切实解决高山族同胞子女的教育问题。对家庭困难的,各县(市、区)采取免收学杂费或发放补助金的形式给贫困学生以补助,帮助其完成九年义务教育乃至高中、大学阶段的学习。五是采取措施解决高山族同胞住房问题。因种种原因,目前还有部分高山族同胞住房相当困难,所在地政府和有关部门主动关心,想方设法为他们提供解困房,使他们安居乐业。

在资金扶持上,有关方面除了用好国家专项发展资金外,还适当增加各级配套资金。国家下拨的专项资金和省里的扶持经费,根据福建省各设区市高山族的不同分布和生产、生活状况进行安排。做到直接扶持到户,帮助高山族贫困家庭发展生产,提高生活水平。各地还在调查的基础上,根据贫困户的具体情况,有针对性地提出项目和资金筹措的意见供受扶持户选择,使这些扶持资金能够发挥应有的作用。

漳州市华安县　居住在漳州市华安县农村的高山族人口分散,形不成聚居村,他们的经济收入主要依靠农业生产和外出务工,很不稳定。2000年高山族农民人均纯收入仅1400元,不到当地汉族的一半。

近年来,随着铁观音茶叶生产优势的凸显,华安县扶持高山族经济发展领导小组采取有效措施,安排扶持生产经费,引导华安县高山族农户种植优质铁观音,促进群众增收,提高高山族农户自身"造血"功能。特别是2007年以来,该县重点扶持仙都镇、云山村、送坑村3个茶叶基地的建设,县里还投入200多万元建立农副产品检测中心,定期对高山族茶叶基地茶叶进行农残抽检,确保茶叶新鲜天然,不受污染。

由于茶叶生产收成较好,种茶大户人均年纯收入有了很大提高。例如,一家种茶大户兄弟二人通过种植树,收入逐年提高,他们已各自盖好4层砖混楼房,一层面积就达140多平方米;另一家种茶大户不仅建好了两层140多平方米的砖混楼房,而且把大女儿送到中央民族大学附属中学就读。

南平市延平区　南平市延平区民族宗教局在扶持人口较少民族专项资金的使用上,采取了"四个三三"的管理办法,取得了明显成效。这"四个三三"分别是:帮扶资金申请和发放"三要求三做到";帮扶工作"三行动三到位";帮扶项目及资金实行"三公开三监督";帮扶全程实行"三检查三管理"。

为确保高山族家庭困难户帮扶项目及扶持资金能够及时落实到位,延平区成立了以分管副区长为组长,政府办副主任、民宗局局长为副组长,高山族家庭困难户所在的乡镇、街道行政一把手及相关区直部门领导为成员的帮扶高山族家庭困难户协调小组;成立了以民宗局局长为组长,分管副局长为副组长,高山族家庭困难户所在的乡镇、街道分管民族工作领导为成员的帮扶高山族家庭困难户责任小组。协调小组多次召开专题会,听取高山族家庭困难户的情况,帮扶项目的确定以及帮扶资金的预分配、分配及公示情况,确保项目帮扶工作公平公正,真正把好事办好;责任小组侧重负责扶持项目的筛选、辖区范围内高山族家庭困难户状况的动态跟踪管理,以便及时调整帮扶项目及资金,使之不仅能帮助高山族家庭困难户解决重、大病和子女教育等急需解决的生活困难问题,更能帮助高山族家庭困难户积极发展生产性、经营性项目,培植家庭经济的增长源,使其具备"造血"功能,真正脱贫致富。

二、文化与风俗习惯

(一)婚姻

高山族实行严格的一夫一妻制,近亲之间不通婚。阿美人、泰雅人、排湾人地区的青年男女有恋爱的自由,通常是在生产劳动中选择对象,在歌舞活动中也可以得到公开恋爱的机会,但是结婚必须取得父母的同意。

高山族男女青年结婚的年龄在各个地区没有明确规定,一般来说泰雅人、布农人和曹人地区,男子在十七八岁熟悉农耕和狩猎之后才算成年,此时才可以结婚。高山族的女子在十五六岁熟练掌握编织技术时才可成婚。阿美人与其他高山族不同,男人结婚后要入赘女家,待生一子女后才能回到自己家里。

(二)丧葬

高山族人去世以后要给死者穿上生前最喜爱的衣服,无棺椁,但是有固定的墓地。横死者不准入祖坟,大都就地埋葬。高山族人死后家属要粗食素服居丧哀悼,服丧期时间长短不等,视与死者的亲疏和尊卑关系而异。配偶中如一方去世,另一方必须等到服丧期满之后才可另行嫁娶。

(三)禁忌

女人不能接触男人使用的猎具与武器,诸如弓、箭、枪、矛等,不得擅自进入男性会所和祭祀场地；男性不能接触女人使用的织布机和生麻，在狩猎、捕鱼及农忙期间，禁止与女性同房；成人在会所受训期间，禁止与女性接触；在捕鱼、出猎或祭祀期间，家里不能断火；祭祀期间不能吃鱼；等等。其中，祭祀中打喷嚏尤为忌讳，南部高山族人认为喷嚏意味着灵魂出壳，有招诱恶灵的危险，是祸事临头的征兆。妇女怀孕后忌用刀斧，忌食猿肉、山猫肉、穿山甲肉和并蒂果实等。

（四）文学艺术

高山族有自己的语言，属南岛语系印度尼西亚语族，大体可分为泰雅、曹、排湾三种语群。没有本民族文字。散居于大陆的高山族通用汉语文。居住在台湾的高山族同胞有自己独特的文化艺术，他们口头文学很丰富，有神话、传说和民歌等。

高山族常见的乐器有嘴琴、弓琴（方琴）、笛子、叶琴（树叶）、杵乐、竹鼓（鼓砍）、腰铃、脚铃、鼻笛等，常用于青年男女恋爱时呼唤情人和传达爱情。嘴琴长约十厘米，宽约二三厘米，用竹子削成薄片，中央开一细长的小孔，孔的一端镶上极薄的铜舌，竹片的右端结着线绳，演奏时，左手将凸面放在口上，右手轻轻拉动线绳震动铜舌便发出声音，和呼吸相配合便可成音律。鼻笛是将长约三十七八公分的两根竹笛绑在一起，用鼻孔吹的乐器。弓琴形状像胡弓，弓弦用月挑草的纤维制成，演奏时下端用左手握紧，右手的拇指和食指拨弄弓弦便发出声音。

高山族的舞蹈以模拟、反映和再现捕鱼、狩猎、农耕等生产、生活的动作、场景为主，具有鲜明的原始舞蹈色彩。其内容丰富多彩，形式多为集体群舞。人数从几十到数百，甚至上千。他们常常以熊熊篝火为中心，群集饮酒，酒酣则歌舞并作，众人携手围成圆圈，忽而"挽手合围"，忽而"连臂踏歌"，有节奏地跺脚、跳跃、摇身、摆手，场面壮观热烈。常见的高山族民间舞蹈有：拉手舞——这是高山族最为流行、最具代表性的舞蹈形式，人们通常将其称为高山族舞蹈,它是以大家共同携手且歌且舞为主要特点的;杵歌——高山族有用杵和臼舂米的习惯,杵歌表现的就是这样的劳动场景;甩发舞——这是雅美人妇女独具特色的舞蹈之一,一般参加人数不限,有长发者便可。

本章参考文献:

1. 林蔚文:《隋代台湾高山族先民移居福建新考》,《中南民族学院学报》1989 年第 5 期。

2.《中国民族报》2008 年 4 月 8 日。

3.《中国民族报》2006 年 9 月 12 日。

4.《中国民族报》2006 年 1 月 20 日。

5. 蔡中涵编著:《原住民历史文化》,"原住民教育丛书",台湾教育广播电台 1996 年版。

6. 刘如仲、苗学孟:《清代台湾高山族社会生活》,福建人民出版社 1992 年版。

7. 陈其南:《光复后高山族的社会人类学研究》,载黄应贵主编《台湾土著社会文化研究论文集》,台北联经出版事业公司 1986 年版。

8.《高山族简史》编写组:《高山族简史》,福建人民出版社 1982 年版。

9. 陈国强、林嘉煌:《高山族文化》,学林出版社 1988 年版。

10. 陈国强:《台湾高山族研究》,三联书店 1988 年版。

11. 陈国强、田珏:《台湾少数民族》,江西教育出版社 1994 年版。

12. 田富达、陈国强:《高山族民俗》,民族出版社 1995 年版。

13. 施联朱、许良国主编:《台湾民族历史和文化》,中央民族学院出版社 1987 年版。

14. 张崇根:《台湾世居少数民族研究》,民族出版社 2002 年版。

下篇

福建宗教

第八章　　福建宗教概述[①]

　　佛教、道教、天主教、基督教、伊斯兰教等五大宗教在福建有着悠久的历史和广泛的群众影响。目前可统计的教徒共有 100 万余人，宗教活动场所近 7000 座。

　　福建佛教目前共有寺庙 4300 多座，僧尼 12000 多人，居士约13 万人，无论寺庙数还是僧尼数都居大陆汉族地区首位。福建经国务院批准的全国汉族地区佛教重点寺庙有 14 座，约占全国汉族地区重点寺庙的 10%，它们分别是：福州鼓山涌泉寺、福州怡山西禅寺（长庆寺）、福州金鸡山地藏寺、福州瑞峰林阳寺、闽侯雪峰崇圣寺、福清黄檗山万福寺（黄檗寺）、厦门南普陀寺、宁德支提山华藏寺、莆田南山广化寺、莆田梅峰光孝寺、莆田囊山慈寿寺、泉州开元寺、晋江龙山寺、漳州南山寺。

　　佛教在三国时期传入福建，至今已有 1700 多年的历史。福建历史上高僧辈出，曾来福建传法的外省高僧和福建籍高僧，著名的有来建阳建寺的唐代四川人道一、制订了"百丈清规"的唐代福建长乐人怀海、与弟子共创沩仰宗的五代福建霞浦人灵祐、创建雪峰寺的五代福建南安人义存、鼓山涌泉寺开山祖师五代渤海人神晏、主持鼓山涌泉寺 23 年的明末曹洞宗最有影响的禅师福建建阳人元贤、弘法闽南 14 年的近代浙江人弘一、曾任厦门南普陀寺住持兼任闽南佛学院院长的近代浙江人太虚、中国佛教协会首任会长

---

　　① 　本章所引均为 20 世末的数据。

福建古田人圆瑛等。

福建佛教与台湾地区及日本、东南亚关系密切，源远流长。明末清初，福州鼓山涌泉寺、怡山西禅寺、福清黄檗山万福寺与台湾僧侣交流极为频繁，香火远播台湾。唐代，日本真言宗祖师空海在福建霞浦县赤岸登陆，北上长安求法。清初，福清黄檗山万福寺高僧隐元率 20 余人东渡日本，开创日本佛教黄檗宗。福建许多寺院在菲律宾、新加坡、印尼、马来西亚等国有众多下院。直至现在这些国家的佛教领袖仍然多为闽籍僧人，同福建佛教界保持十分密切的联系。

福建寺院刻经历史悠久。宋代福州东禅寺所刻《崇宁藏》和开元寺所刻《毗卢藏》，是中国历史上最早的两部寺刻大藏经。福州鼓山涌泉寺曾成为刻印佛典经书的中心，直至“文革”前，尚存明清及近代各种佛典板片 11375 块，弘一大师生前曾称其为“庋藏佛典古版之宝窟”。其他一些著名丛林也珍藏了各种佛典，如泉州开元寺就藏有宋元版佛典十二部。历史上福建因寺院众多和远离战乱，一些佛教文物保存相对完整，有代表性的如摩崖石刻、碑文经幢、稀世佛像、各类佛塔等。

福建道教现有宫观 600 多座，道士 2600 多人。道教在福建的产生与名山有关，武夷山被称为道教三十六小洞天之中的第十六洞天，霍童山被称为道教三十六小洞天的第一洞天，闽东的太姥山、闽南的清源山、福州的于山等，都与道教关系密切。福建现存著名道教宫观，有福州的九仙观、裴仙宫，福清石竹山道观，泉州元妙观，武夷山桃源洞道观，莆田东岳观等。

道教在东汉时传入福建，宋代有炼养派和符箓派，明清时有全真道和正一道。全真道主张“出家修真，炼气养神”，至近代后开始衰落。正一道画符降妖，祈福禳灾，为人驱邪超度等，其道士人称“师公”。福建道教法事名目繁多，科仪完整，其驱妖镇魔的一些动作，有时具有很强的技艺性和观赏性，因此常被借用到舞蹈中。

福建道教与台湾道教同源同流。福建南部移民入台湾开发，将家乡宫庙香火带入台湾，所供奉的神灵为两地共有。东南亚的闽籍先民对家乡的神祇特别虔诚，视为他们在海外生存、发展的保护神，在建立庙宇时，总要冠上故乡的地名或祖庙的名称，并经常回到故乡祖庙进香。

福建天主教目前有教堂 300 多座，神职人员 130 多人，教徒近 30 万人。著名教堂有福州泛船浦天主堂，长乐城关天主堂，厦门鼓浪屿天主堂，漳州东坂后天主堂，龙海岭东天主堂，福安城关天主堂、穆阳天主堂，宁德三都澳天主堂、城关天主堂、岚口天主堂，邵武东门天主堂，建瓯腊子坪天主堂，上杭城关天主堂等。

天主教早在元代就传入泉州，是全国天主教传播最早的省份之一。公元 1313 年，泉州成立了刺桐教区，为当时全国仅有的两个教区之一，负责包括杭州、扬州等通商口岸在内的东南教务。现存于泉州海外交通史博物馆（简称泉州海交馆）中的元代十字架墓碑石中，有 5 方是元代泉州天主教方济各会传教士墓葬的遗物。明代，通晓中国传统文化的意大利耶稣会士艾儒略到福建传教，因善于将其教义与中国传统习惯相结合，因此传教顺利。明末，传统文人和僧人联合反教，纷纷著文"辟邪"，由漳州人黄贞将其汇编为《破邪集》。清初，福安人罗文藻成为历史上第一位中国籍主教，在官方规定外国传教士不得传教的年代，罗文藻成为全国唯一能公开传教的天主教神职人员。1696 年福建正式成立天主教福建教区。天主教在福建的传播，使福建成为中西文化碰撞的发源地之一。

福建基督教目前共有教堂 1700 多座，教牧人员 1200 多人，教徒 47 万，另有慕道友 14 万人。较有影响的基督教堂，有福州花巷堂、铺前堂、天安堂、苍霞堂，福清城关堂，莆田城关堂，南平梅山堂，晋江安海金升堂，泉州南街礼拜堂，厦门三一堂、新区堂、新街堂等。

基督教传入福建的时间约在 1840 年前后。1848 年,厦门建立第一座教堂——新街礼拜堂,新中国成立前被中华基督教会全国总会称为"中华第一堂"。基督教由此始从厦门、福州向全省各地辐射。基督教在福建创办了医院、学校,出版报刊、书籍,并促使了闽南白话字的产生。

伊斯兰教目前在福建有代表性的清真寺有 5 座,最有名的是建于北宋年间的泉州清净寺,也称圣友寺,它是我国现存最古老的一所伊斯兰教寺,它以中世纪伊斯兰教的建筑风格为主,在许多建筑部位上又带有中国传统建筑的技艺。其他 4 座为厦门清真寺、福州清真寺、邵武清真寺、晋江陈埭清真寺。全省教徒有 3000 多人。

伊斯兰教在唐代就传入泉州,当时有不少阿拉伯、波斯穆斯林商人进入泉州,以后有部分定居下来。宋代,许多海外来的穆斯林在当地娶妻生子,代代相传。穆斯林为了满足自己过宗教生活的需要,开始建造清真寺。元代随着泉州继续成为世界贸易大港,穆斯林在泉州有很大发展,又修建了许多清真寺,只是今天已不存在了。明代,穆斯林开始在邵武发展;清代,由于泉州港的没落,海外穆斯林已不再来,而福建地处东南一隅,与内地穆斯林联系也多不方便,所以福建伊斯兰教不如宋元时期兴盛。

福建穆斯林来源广泛,除了宋元时代从海上丝绸之路而来直接定居以外,还有由北方南下经商的,外省来福建任职的,因受聘为阿訇、投亲等种种原因从全国各地来的。由于多次迁移,福建穆斯林居住分散,除极少数几个点外,只见大分散,难见小集中。

在众多的福建地方神中,最著名的是天上圣母妈祖、临水夫人陈靖姑、保生大帝吴夲。妈祖原名林默,宋代莆田人,相传逝世后经常显灵护佑过往船只,救助海难,因此被渔民视为航海保护神。陈靖姑为唐代福州人,18 岁时嫁古田人刘杞为妻。相传因福州大旱,陈靖姑脱胎祈雨,不幸劳伤而亡,临终前曾发誓扶胎救助难产。

吴夲为宋代同安白礁人,是一位信奉道教的民间草药医生,以高超的医术和高尚的医德闻名于闽南一带,因救人采药而不慎跌落深渊身亡。人民群众为纪念他,将他奉为神明。福建还有许多地方神,如广泽尊王、清水祖师、萧太傅等。随着福建人赴台湾和东南亚谋生,这些地方神也成为台湾地区和东南亚国家华人共奉的神明。

摩尼教是公元3世纪中叶波斯人摩尼创立的宗教,在唐代武宗会昌年间由呼禄法师传入泉州,元代在泉州十分盛行。明代后,逐渐被其他宗教融合。元代在晋江建造的摩尼草庵是国内仅存的摩尼教遗迹,庵中的摩尼光佛被首届世界摩尼教学术讨论会作为会徽图案。

三一教是莆田人林兆恩于明代创建的,它主张释儒道三教合一,注重三教义理的融会贯通。清朝时由于朝廷的查禁而逐渐走向衰微。

改革开放春风吹拂福建大地以来,福建省各级领导高度重视落实党和政府的宗教信仰自由政策。1981年春,当时的省委书记项南亲自抓这项工作的落实,省委、省顾委、省人大、省政府、省政协、福州军区等六大机构联合组成了落实宗教政策检查团,各地市也相应成立了检查分团,在全省范围内进行了大规模的深入、持久的检查工作。项南等领导带头分工,直接挂钩抓福州涌泉寺、泉州开元寺、漳州南山寺等寺庙的落实政策问题。项南同志高度重视海外人士对省内宗教界落实政策的反映,对海外宗教界人士来信反映的问题,多次亲自做了批示。领导的率先垂范,极大地推动了全省宗教信仰自由政策的落实,使福建在落实宗教信仰自由政策上起步早、力度大、进展快,走在全国前列。全国宗教界领袖也都极为关心、重视福建宗教工作的开展,全国政协副主席、中国佛教协会会长赵朴初曾多次来福建指导工作;全国政协副主席、中国基督教三自爱国会主任丁光训,中国天主教主教团宗怀德主教、金鲁贤副主教,原中国道教协会会长谢宗信,中国伊斯兰教协会副会长马贤等宗教界著名人士,都先后来到福建考察宗教工作。

福建各级领导在政治上关心宗教界人士,宗教界的冤假错案已全部得到平反。全省至2000年有各级宗教社会团体211个,有405名宗教界人士担任各级人大代表或政协委员。广大宗教界人士无不认为改革开放后的数十年是历史上贯彻执行宗教信仰自由政策最好的黄金时期,他们心情舒畅地开展宗教活动并积极奉献社会。

福建省各级领导狠抓宗教房产政策的落实,曾对全省各地宗教房产政策的落实进行了全面检查,使一些"老大难"问题得以解决。到20世纪80年代末,已有95%的宗教房产归还宗教团体。广大信教群众和海外华侨有感于党和政府落实宗教政策的诚意和决心,慷慨解囊,捐款捐物。如泉州承天寺、福州西禅寺都是依靠海外华侨捐资而得以修复的。

尊重和保护宗教信仰自由,是我国政府对待和处理宗教问题的一项长期的基本政策。福建各级领导排除各种干扰,切实使宗教信仰自由落到实处。在政通人和的今天,各宗教团体和广大信教群众心情舒畅地按各宗教仪轨开展了各种宗教活动。

各宗教团体根据自治、自传、自养、独立自主办教会的方针,开展自传活动,发展宗教教育出版事业。福建省佛教协会和福建省道教协会分别创办了会刊《福建佛教》和《福建道教》。省佛教协会为了满足广大佛教徒与信友的需要,还先后开设了莆田广化寺经书流通处和省佛教协会经书流通处,一些重点寺庙也相应建立了佛经流通网络。莆田广化寺翻印了大量的佛教经典,福建省佛教协会佛教基金委员会翻印了大量的佛学论著。福建基督教三自爱国会编印了许多阐释教义的书籍。这些都受到信徒的欢迎。

省市各级有关部门为宗教政策的落实,提供了种种方便,1985年初修建泉州承天寺时,在海外捐款尚未汇到的情况下,为保证进度,泉州市政府支持贷款150万元先购买大量木材。为解决进占厂家的搬迁,市委书记、市长又带领五套班子成员到现场办公。1995年,天主教福州教区在长乐古槐镇龙田村买下一块山坡地,建造了融宗教朝圣、宗教旅游和宗教文化交流于一体的系列宗教建筑——玫瑰山庄。省、市有关部门不仅在山庄审批手续上提供诸多方便,还本着特事特办的精神给教会减免了各种税费40多万元。天主教福州教区郑长诚主教曾对来访的美国广州总领事说:"今天的中国公民所享有的宗教信仰自由权利不会比美国人差。特别是在照顾宗教界困难、为宗教减免税方面可能美国还不如中国。"

办好各类宗教院校,有计划地培养年青一代爱国宗教职业人员,是党和政府宗教信仰自由政策的进一步贯彻和落实,对福建宗教界将来的面貌,具有决定性的意义。既是长远大计,又是当务之急,是一件极为重要的基本建设。1983年以来,福建宗教界先后创办或复办了福建佛学院、闽南佛学院、福建神学院、福建天主教修院及各类宗教培训班,培养了1500多名中高级年轻的宗教教职人员,逐步实现了教职人员的年轻化、知识化。

福建佛学院分为男众部和女众部,男众部在莆田广化寺内,女众部在福州崇福寺内。福建佛学院创办于1983年,是全国最早的省一级佛学院。福建佛学院男众部毕业了五期培训班、七期预科班、三届研究班,毕业、结业学生共600人,现男众在校150人,课程60%为佛学,文化课占了30%,政治课占10%。办学理念是要培养爱国爱教、热爱社会主义、有知识的接班人。

福建佛学院定期评比优秀学生,并引入了新的教学设备,学生们学习认真刻苦。福建佛学院女众部开设预科并附设半日制培训班,学生主要来自全国近20个省市。福建佛学院男女众学员以道风严谨闻名全国,赵朴初会长誉其为全国模范丛林,并欣然为广化寺男众学员赋诗:"一入山门在道心,南山风范见传承。威仪秩秩斋堂里,粒米思量大众恩。"

　　闽南佛学院创办于 1925 年,1985 年复办后强调"学修并重,学用结合"。学院分男女众两个院部,男众部设在南普陀寺内,女众部设在厦门紫竹林。中国佛教协会副会长、闽南佛学院院长、南普陀寺主持圣辉法师说:"闽南佛学院学生来自全国各省市,在校生人数也最多。因为南普陀寺与闽南佛学院同为一体,办学有后盾。……在厦门市委市政府领导下,我们取得很大成绩。下一步提高办学质量,主要抓三件事:一是师资建设;二对学生宗教情操培养;三是提高学生佛教知识。要搞素质教育。"闽南佛学院有条件很好的办公室、太虚图书馆、教学楼等。优秀学生可送往高一层学府继续深造,例如,曾在北京大学东方系当博士后的湛如法师,就出自闽南佛学院。女众部所处的紫竹林环境清幽,教学设施齐备,教学条件在国内居前列。

　　除了佛学院外,一些寺院也举办了各种类型的培训班,提高了宗教界人士的文化水平和宗教学识。

　　福建神学院创办于 1983 年,优秀毕业生送往金陵神学院深造,神学院学生学习认真,依照规定每星期利用一定的时间接受爱国主义教育,并经常开展文娱活动。

　　福建天主教修院十多年来培养了修生、修女 58 人,累计向上海佘山修院和全国神哲学院输送修生 67 人,还选送了 5 名神职人员出国留学深造。各级教区也都注意培养神职人员,闽东教区1983 年以来,培养、输送了十几位神职人员到中国神哲学院深造,已毕业回来 7 人,在外留学 2 人。

　　福建各宗教院校培养的大批年青一代爱国宗教教职人员,大部分已成为各级宗教团体和宗教活动场所的骨干力量,大大缓解了"文革"造成的宗教教职人员青黄不接、严重老化的困难,逐步实现了新老交替的进程,部分教职人员还应聘到美国、菲律宾等东南亚国家及香港地区办理教务。

　　为了落实依法对宗教场所进行管理的要求,省、市各级领导多次深入宗教活动场所检查工作。1998年,福建省宗教局部署了对全省宗教场所的检查清理工作,以福州开元寺为试点,采取了一系列有效的整改措施,并派出优秀青年僧才充实管理队伍,使开元寺面貌焕然一新,受到开元寺僧人、信徒的欢迎和社会的好评。各宗教团体也高度重视对宗教场所管理的有关规定,宁德支提山华藏寺根据中国佛教协会颁布的有关规定,结合寺务管理具体情况,制定了《支提山华藏寺管理暂行办法》,使寺务管理逐步规范化、制度化。泉州道教协会和元妙观根据中国道教协会有关规定,建立、健全各项规章制度,完善了管理机构,对驻会驻观人员提出严格要求,使工作秩序井然。

　　十一届三中全会以来,福建宗教界在与社会主义社会相适应方面迈出了重要的步伐,取得了可喜的成就。

　　为了更好地探讨福建宗教界存在的问题,1993年11月,由福建宗教部门干部、各宗教团体代表、宗教研究者在福州成立了福建省宗教研究会,举办了各种类型的研讨会和活动,创办了刊物《福建宗教》,编辑了三本会议论文集。福建省宗教局也多次召开多种表彰会、工作会、研讨会等,这些都为宗教更好地与社会主义社会相适应作出了积极的努力。

　　在政府各部门的大力支持下,福建宗教界坚持自己开辟生活来源。武夷山桃源洞道士的重要生活来源为种岩茶、开发旅游纪念品等,可劳动自养。福安万寿寺靠生产各类香自养,年产值60多万,老人退休后每月可分80多元,产品已从内销转为外销。宁德支提山华藏寺以农业为主,田产收回后,生产自足。许多寺庙基本靠农业生产,如连城中华山性海寺、闽侯雪峰崇圣寺、莆田广化寺、福州林阳寺等。一些寺庙推出有特色的服务,如厦门南普陀寺、福州西禅寺、福州涌泉寺推出素菜服务,受到人民的欢迎。福建宗教界积极为社会提供无偿服务,创办了多所义诊室,受到社会各界的欢迎。天主教三自爱国会创办了医疗卫生所、诊疗所、安老院。

　　福建宗教界积极推动与台湾的交流,据台湾"行政院陆委会"调查,近年来海峡两岸宗教交流多集中在福建省。早在上世纪 80年代末,台北临济寺、台南大仙寺、高雄弘化寺的法师或参观团就开始频频访问福建。20 世纪 90 年代初,台湾法师开始到福建讲学。至 90 年代后,台湾佛教界与福建佛教界往来更加频繁。时任福建省佛教协会会长界诠法师曾访问台湾中华佛学研究所,福建省佛教协会会长学诚法师也于 1998 年 7 月赴台参加两岸僧教育研讨会,并应邀在台湾师范大学做了演讲。福建省佛教界还于1994 年赴台举办"弘一法师书画展",受到台湾人民的欢迎。福建道教宫观每年接待台湾各地道教进香朝圣团达 1000 团以上,超过20 万人次。1997 年 3 月,以林舟为团长的泉州道教协会赴台交流访问团,与台湾 40 多个道教宫庙和道教会进行了交流。林舟道长认为台湾人民对两岸血缘、神缘有强烈的认同感,他说:"台湾'中华道教'与我们交往,他们也请不少宫观到台访问,但大陆仅请中国道协和福建道协。到福建,就说我们回家了,因为语言相通。道教在台湾都赞成统一的。"福建省基督教三自爱国会在全国最早组团赴台访问,福建省天主教爱国会也派人赴台访问,双方进一步增加了了解。

　　福建宗教界与海外交流频繁,通过互访,促进了友谊。福建佛教界与海外交流时间早,早在 1979 年,日本佛教黄檗宗访拜团 18人就到福清黄檗山拜塔谒祖,并在福州鼓山涌泉寺大雄宝殿内,与福建僧人共同举行盛大的华语诵经佛事活动。日、韩等国佛教界多次派出参拜团到福建交流。东南亚一些著名佛教领袖也多次访问福建。如新加坡佛教总会会长宏船法师曾五次访问福建,菲律宾佛教协会会长瑞今法师、马来西亚佛教总会会长寂晃法师等都多次访问福建。福建佛教界也多次出访东南亚诸国。福建伊斯兰教积极开展对外活动,省伊斯兰教协会会长曾多次出国访问,增进了与伊斯兰教世界的友谊。驰名中外的泉州伊斯兰教古寺清净寺,近几年先后接待了世界130多个国家和地区的来宾,其中包括来自37个伊斯兰教国家的宾客,他们在留言簿上题写了歌颂双方友谊的词句,伊朗、巴基斯坦、伊拉克、阿曼、沙特阿拉伯等国家还向清净寺赠送了精美的《古兰经》。福建基督教三自爱国会、天主教爱国会也都多次接待海外来宾,莆田基督教郑牧师说:"我们基督教堂与东南亚关系密切。东南亚华侨许多是基督信徒,希望能到莆田大教堂参加聚会,我们对他们加以引导,使他们更好地安心投资,顺利开展工作,使教堂成为对外开放的窗口。"

在社会主义两个文明建设中,福建宗教界涌现出许多先进单位和个人。福建省宗教局在1997年11月召开"福建宗教界为四化服务先进典型表彰大会",对宗教界为"四化"服务作出突出贡献的先进单位和先进个人进行了表彰。先进单位有努力使石竹山被评为省级十大风景区的石竹山道院、架设中阿友好桥梁的泉州清净寺、将寺院建成模范丛林的莆田广化寺、农禅并重的宁德支提山华藏寺、热心社会公益事业的邵武市基督教两会等共22个单位。先进个人有17位,最典型的是为保卫国家文物与歹徒搏斗而献出生命的将乐县博物馆原馆长、天主教徒廖国华。

福建宗教界30年来走过的路程充分说明,宗教完全可以与社会主义社会相适应,福建宗教界已成为社会主义两个文明建设、维护社会稳定的一支不可忽视的力量。

第九章　福建佛教

第一节　福建佛教的发展

佛教于两汉之际传入我国中原一带,但在西晋之际,佛教就传入闽地。西晋太康三年(282),晋安郡太守严高在郡北无诸旧城(即今福州市)建造绍因寺(后改名乾元寺),这是见诸文字记载的福建第一个寺院。寺名绍因,有"继承"意义,可能在此之前福州已有佛寺。西晋太康九年(288),南安九日山建造了延福寺,为福建省第二座佛寺。南北朝时期,福建佛教有了进一步的发展。宋昇明至南齐永明年间,在20多年时间里,福建就建有五寺,即侯官明空寺、妙果寺,长溪(今霞浦)建善寺、延福寺,松溪资福寺。此时佛教已由闽中向闽北、闽东传播。梁武帝时全省共建佛寺28座,并开始建塔,福建尼庵的建立也由此开始,闽县(今属福州)的法林尼寺,建于梁大通元年(527),正如《三山志·寺观》记载:"闽中尼寺自此始。"陈朝时福建建寺30座。陈永定二年(558),莆田郑生创建了广化寺前身金仙院。同年,印度僧人拘那罗陀到泉州,挂锡延福寺三年,翻译佛经,由此拉开福建译经的序幕。

隋代福建共建寺12座,佛教继续在闽东、闽北、闽南传播。隋初,陈后主之子镜台到永春避难。隋开皇九年(589),莆田金仙院升寺,由浙江天台山国清寺无际禅师任寺主,他数十年如一日地修持《法华经》,大弘天台祖业,剃度僧徒百人,授三归弟子万众,是传天台宗的一代名僧。

　　唐代福建佛教开始有较大的发展，全省新增寺院735座，但发展不平衡。主要在闽中、闽东、闽北，闽南也趋于兴盛。唐代传入福建的佛教有多种渠道，如三明地区就有远方僧人到此隐居修行而进行传播、从江西各寺庙传入、由广东经汀州传入、由闽中传入等，因此既有整体性，又有独立性。唐代福建高僧辈出，一些高僧如怀海、希运、灵祐、慧海等都在中国佛教史上占有举足轻重的地位。唐代福建名刹林立，一些在全国，乃至东南亚享有盛名的寺院，大都建于这一时期，如建于唐建中四年（783）的福州鼓山涌泉寺、建于唐咸通八年（867）的福州怡山西禅寺、建于唐乾宁元年（894）的福州金鸡山地藏寺、建于唐咸通十一年（870）的闽侯雪峰崇圣寺、建于唐中和元年（881）的莆田囊山慈寿寺、建于唐长庆二年（822）的泉州开元寺、建于唐玄宗开元二十五年（737）的漳州丹霞山南山寺等。《三山志》卷三十三《寺观》称当时造寺"殚穷土木，宪写宫省，极天下之侈矣"。可见这些寺院规模宏伟，富丽堂皇。

　　五代闽国之际，福建佛教独盛一时。其主要原因是统治者的重视和提倡。闽王王审知全力扶持佛教。光化三年（900），王审知在福州乾元寺开坛，度僧2000人。天复二年（902），他在福州开元寺建戒坛，度僧3000人。天祐三年（906），他在福州开元寺铸丈六高铜佛像一座、丈三尺高菩萨两座；越年，又设20万人斋于开元寺，号曰"无遮"。同光元年（923），为庆祝后唐庄宗李存勖灭梁，王审知建太平寺，铸释迦弥勒像，又作金银字四藏经。王审知还特地命令浮海运木到泉州建造仁寿塔（西塔）。闽国王氏家族其他人对佛教也极为热衷，王审知子王延钧于天成三年（928年）在福州开元寺开坛，度僧2万人。后晋天福元年（937），高祖石敬塘在福州再次度僧11000人；940年7月，王曦度僧万人，连偏远的顺昌县亦有百余受度。王审知之侄王延彬在出任泉州刺史的16年中，优礼僧人，大造佛寺，对泉州佛教发展起了极大的促进作用。王氏据闽时共新增寺院 706 座,连经济开发还处于萌芽状态的孤岛厦门,也由僧清浩建造了第一座寺院泗洲院。其正如《鼓山志》卷七《艺文·碑序》所记:"闽佛刹千有余区,本其兴废,皆王氏织其协力奉教。"南宋人黄干在《勉斋集》卷三十七中记道:"王氏入闽,崇奉释氏尤甚,故闽中塔庙之盛甲于天下。"当时福建僧人猛增,据《三山志》载,仅福州一府的僧尼就达 6 万多人,福州鼓山涌泉寺、怡山长庆寺,闽侯雪峰祟圣寺的僧人均多达一二千人。当时高僧云集。僧人地位空前提高,如雪峰义存常被迎进节度使府为僚属官将说法,官府斋僧建寺都咨请他决定。王氏在经济上对佛教也大力支持,如福州鼓山涌泉寺,据《鼓山志》卷五《田赋》载,王审知"所施膳僧之田多至八万四千亩"。统治者还以法定的方式,使寺院占有肥沃土地。当时一些贵族和富豪也舍田入寺,据乾隆《泉州府志》卷二十一《田赋》载:"是时膏腴田尽入寺观,民间及得其磽窄者,如王延彬、陈洪进诸多舍田入寺。顾窃檀施之名,多推产米于寺,而以轻产遗子孙,故寺田产米比民业独重。"莆田、仙游两县许多大姓争施财产,造佛舍为香火院,多至五百余区。

宋代福建佛教愈加兴旺,其寺院之多为全国之冠。淳熙《三山志》卷四十称福州"金银福地三千界,风月人居十万家"。《八闽通志》卷七十五《寺观》称福建寺院"至于宋极矣! 名胜地多为所占,绀宇琳宫,罗布郡邑"。仅福州府,庆历中(1041—1048)有寺 1625座;绍兴中(1131—1162)有寺 1523 座。这些寺院不仅占好地,也建得富丽堂皇,如《三山志》卷三十三《寺观》载:"祠庐塔庙,雕绘藻饰。真侯王居"。宋吴潜在《许国公奏议》卷二《奏论计亩官会一贯有九害》叹云:"寺观所在不同,湖南不如江西,江西不如两浙,两浙不如闽中。"据《泉州府志》卷十六《坛庙寺观》载,仅泉州,宋初"寺院之存者凡千百数"。连闽北建州,寺院也近 1000 座。其原因,正如《三山志》卷三十三《寺观》所载,"富民翁姬,倾施赀产以立院宇者亡限"。寺院经济发达,占据许多良田,宋人韩元吉在《南涧甲乙稿》卷十五《建宁开元禅戒坛记》中称："闽之八州,以一水分上下,其下四郡良田大山多在佛寺。"许多达官文人都喜在寺院中设立自己的读书处,以便攻读之余和高僧谈古论今,吟诵作诗,如南宋名相李纲在绍兴元年(1131)曾为邵武同乡宋禅师在泰宁建寺而作《瑞光丹霞禅院记》。一些名人也以游寺为乐事,朱熹曾多次游寺,并多处题写对联,如为泉州开元寺题:"鸟识玄机,衔得春来花上弄;鱼穿地脉,挹将月向水边吞。"为南安雪峰寺题写:"地位清高,日月每从肩上过;门庭开豁,江山常在掌中看。"两宋时期福建僧尼之多,亦为全国之首。仅福州,据卫泾《后乐集》卷十九《福州劝农文》称:"农家之子去而从释氏者常半夫焉。"《三山志》卷四十《土俗》载:北宋元丰五年(1082),福州东禅院僧冲真在城东报国寺举行法会,"斋僧尼等至一万余人,探阄分施衣、巾、扇、药之属"。至南宋建炎四年(1130)止,这种每年一次的大型法会共举行了49次。连小县闽清,宋代最盛时亦有僧尼260人,宋理宗还为闽清白云寺御书"白云山"三字,以竖碑寺前。僧尼在闽南一带也发展迅速,《宋会要辑稿》第二百册《道释》载:"至道元年(995)六月……是岁太宗阅泉州僧籍已度数万籍,未度者犹四千余",皇帝为之惊骇。据《泉州府志》记载,仅泉州市区,就有"僧侣六千",以至朱熹为泉州开元寺写了一副对联:"此地古称佛国,满街都是圣人。"宋代福建被朝廷赐号的僧人为数不少,如赐号"真觉禅师"的省澄、赐号"慧日禅师"的文矩、赐号"法慧大师"的行通、赐号"悟空大师"的清豁、赐号"法济大师"的道岑、赐号"文慧大师"的法周、赐号"真觉道者"的志添、赐号"昭应广惠慈济善利大师"的普足、赐号"昭觉大师"的子琦、赐号"灵应大师"的道询等。据《宋会要辑稿》第二百册《道释》记载,宋真宗天禧五年(1021),全国"僧三十九万七千六百一十五人,尼六万一千二百三十九人",福建僧尼为"七万一千八十人"。

　　元朝,统治者热衷于念经、祈祷、印经、斋僧等各类佛事活动,并大建塔寺以修功德。所以福建元初虽经战乱而毁废了不少寺院,但在短期内又开始发展。至元二十一年(1284)元世祖忽必烈命僧澄鉴重兴毁于战乱的宁德支提寺,历时十五载告竣。元至元二十九年(1292),平章政事亦黑迷失率军远征爪哇,从后渚港放洋,因无功而还,受杖责和没其家资三分之一的处分。亦黑迷失由此特发诚心,谨施净财,广宣佛典。延祐二年(1315),释觉琳在建阳县后山报恩寺万寿堂雕印《毗卢藏》(亦称《延祐藏》),亦黑迷失全力支持并亲任劝缘主。翌年,他刻立《一百大寺看经记》碑,指定全国一百座大寺看转藏经,据《福建通志》第四十五册载,"各施中统钞一百定,年收息钞,轮月看转'三乘圣教'一藏"。并将租田两千石,散施泉州、兴化各处寺院,以作看转藏经之资。亦黑迷失指定的一百座寺中,福建占了32座,其中泉州有17座,故《金氏族谱》附录《丽史》称泉州为"僧半城"。泉州开元寺在元代有上千僧人,昌盛一时,正如《泉州开元寺志》称:"历五代而至宋,旁创支院一百廿区,支离而不相属。至元乙酉(1285),僧录刘鉴义白于福建省平章伯颜,奏请合支院为一寺,赐额'大开元万寿禅寺'。明年延僧玄恩主持,为第一世,禅风远播,衲子竞集。复得契祖继之,垂四十年,食常万指。"

明代,福建佛教再次兴旺。由于寺院占有大片良田,又拥有免除各种赋役的特权,所以不少民田被施与僧人。明人蔡清的《蔡文庄公集》卷一《民情四条答当路》载:"天下僧田之多,福建为最。举福建又以泉州为最,多者数千亩,少者不下数百。"仅建宁一府,就有一半的农田被寺院控制。洪武十五年(1382),建宁已出现了管理佛教事务的机构"僧令司",并已有寺庙100余座。明神宗母亲慈圣皇太后,自号"九莲菩萨",曾于万历年(1573)请宁德支提寺的大迁法师入京讲法,居住慈寿寺,八个月后还山。万历十八年(1590),太后敕赐全藏678函和金冠、紫衣、黄杖、龙凤旗等物,三年之后,太后还传旨慰劳。万历二十五年(1597),太后谕以金铜合金铸造一尊重达千斤的毗卢遮那佛像送到支提山供奉；二十七年（1599），神宗又命太监赵永奉送《藏经》进山。这种殊荣促使各地官员钦敬，大众膜拜。当时宁德地区不少文人学者，都成为在家子弟。支提寺的天思法师于万历年间被请到福州开元寺讲法，听众达千余人。这时宁德地区建寺已从沿海往山区发展，一些地方如寿宁、周宁、柘荣等僻远的山区建寺数量激增。明万历年间，福清黄檗山万福寺鉴源、镜源赴京请《藏经》，得宰相叶向高帮助，朝廷赐《藏经》678 函，紫袈三袭，同时赐额，改名为"万福禅寺"。闽南一带佛教发展不太平衡，明嘉靖后，官府把寺院经济作为缓解"军储告匮"的主要渠道之一，甚至变卖寺产以充兵饷。一些豪强势族也伺机侵夺寺产，使一些寺院僧逃寺荒。如泉州开元寺、承天寺被军队占领，一度变成锻造兵器的场所。但闽南一些寺院却依旧香火旺盛，《九仙临降谱》卷二记载，福州鼓山密宗派道盛和尚曾于明弘治年间主持德化大白岩，授徒 18 人，自成"九仙派系"，其徒并分往尤溪、大田、安溪、永春、同安、龙溪、泉州、沙县等，又分布到全省89 个寺、岩、庵、庙传教或担任住持。一些偏远的地区，佛教也不同程度地发展，如上杭的佛教活动颇兴盛，仅紫金山就先后建有中峰寺、五龙寺、麒麟殿等，僧人达 200 余人。明洪武十五年（1382），上杭开始设僧会司，理佛教事务。明中后期，由于福建远离政治文化中心，一些文人不满时政而归隐林泉，促使寺院发展。厦门岛上的文人学士与高僧隐士谈禅论佛，往来无间，有些人还积极参与拓建寺院，如万历年间，名士林懋时开拓虎溪岩。正德年间（1506—1521），觉光和尚大规模扩建普照寺，使厦门佛教初具规模。

　　清初，一些不满清朝统治的人士遁入空门，但身入佛门而犹眷念故国。其中著名的如惠安的如幻，本为明诸生，当清兵下剃发令时，出家于平山寺，以后卓锡于南安雪峰寺，成为闽南的一代高僧。据《雪峰如幻禅师瘦松集》、《黄檗隐元老和尚衣钵塔记》载：福清黄檗寺的隐元，在明亡后，"登坛为衲子说戒，追念国恩，泪应声落，四众咸为饮泣"。福州鼓山涌泉寺的元贤,设法多方庇护明末遗民,并写下了"满朝袍笏迎新主,一领裂裟哭旧王"的沉痛诗句。郑成功据厦抗清时,东南沿海一批忠臣义士流寓厦门,他们或托迹山林,或削发出家,较著名的有阮文锡、姚翼明、杨秉机、林英等30余人,由此极大促进当地寺岩的开拓和建设。除虎溪岩和醉仙岩外,几乎所有的现存厦门寺岩,如万石岩、中岩、太平岩、云顶岩、宝山岩、碧泉岩、寿山岩、万寿岩、紫云岩、鸿山寺、金鸡亭、日光岩等都建于这一时期,厦门佛教得以发展。清朝统治者笃信佛法,推崇佛教,民间集资修建新寺院甚为风行。福建的各大丛林,在清代均修缮过。清统治者对福建一些寺院多有赐额。如康熙十八年,御赐福州芝山开元寺"开元寺"匾额;福州鼓山涌泉寺于清康熙三十八年(1699)时敕赐御书"涌泉寺"匾额。这一时期,福建的佛教又得到了发展。据清康熙《沙县志》记载,康熙年间当地佛教有较大发展,旧时被毁废的寺院大都复建,全县总数不下百座。

福建佛教长期兴盛不衰的原因,主要有六个方面:第一,统治者的扶持和倡导。从闽王王审知起,就对佛教予以种种优待,除了礼遇高僧,还拨了大量钱财修造寺院。历代统治者多次对福建各种寺院赐额,赠经书及赠送多种法物。第二,统治者的扶持推动了民间的崇佛风气。福建民间有捐款资助寺院的传统,不仅一般信士踊跃布施,一些地方官及告老返家官员也乐于舍钱。第三,福建寺院长期占有大量土地。寺院经济在福建经济中占有重要比重,使福建寺院长期有经济来源。第四,外省许多高僧入闽。或为避战乱,或为弘法,外省许多高僧都来过福建。正如弘一大师所言,福建"法缘殊胜"。第五,东南亚许多庙院长期为福建寺庙提供资助。福建许多寺院与东南亚关系密切,一些著名的寺院在东南亚都有廨院。如福州西禅寺在东南亚的廨院有新加坡双林寺,马来西亚槟城双庆寺,越南的南普院寺(又称舍利院)、二府庙和温陵会馆(又称观音寺)。闽侯雪峰崇圣寺在东南亚的廨院有新加坡的清华寺、马来西亚怡保的东莲小筑与心灯精舍。莆田南山广化寺在东南亚的廨院有万隆协天宫、三宝垄大觉寺、苏门答腊喃嵺大兴庙、井里汶巴杞安潮觉寺、雅加达丹基百达新疆广化寺、苏门答腊巴东西兴宫、槟城吉打广福宫等。第六，福建远离全国政治中心，历史上一些全国性的反佛运动传到福建已成强弩之末，有利于佛教力量的保存。如唐代武宗排佛，但传到福建，已被打了折扣。许多僧人藏进深山，暂避其锋，等风声一过又重返寺院。

第二节　福建佛教的特点

一、发展持久不衰（以福州为例）

福建佛教自唐五代后，虽然发展不平衡，但从全省范围上看，至近代持久不衰。一般认为，佛教传入中国后，经历了依附（东汉）、发展（魏晋南北朝）、鼎盛（隋唐）和衰微（宋代以降）几个阶段。但这种现象在福建没有出现，宋元以后，佛教在福建继续发展。其间虽然有元末战乱、明嘉靖后的倭寇骚扰和以寺院资产充军饷等因素的冲击，佛教局部受到打击，但总的还是有所发展。汉传佛教在福建的兴盛程度，可称为全国第一。据20世纪80年代末调查，全国当时的汉传佛教寺院有5000多座，而福建省就有4000多座；全国僧尼17000多人，而福建省僧尼约10000多人。福建从古到今，佛教长盛不衰，现仅以福州为例，对其兴盛程度作一描述。

（一）佛教传入福州的年代悠久

福州真正大规模开发是在唐以后，但据《八闽通志》记载，唐以前，福州就建有寺院50余座，其中最早的有侯官县的药山寺（晋太康元年，即280年）、侯官县的灵塔寺（晋太康三年，即282年）、怀安县的乾元寺（初名"绍因"，晋太康三年）。相对福建全境来说，福州的寺院是最早建立的。据王志远等专家学者考证，佛教传入中国应为公元前 2 年,这与福州建寺也不过相隔 200 多年的历史。可见佛教在较早就传入了福州。

(二)佛教传入福州后发展迅速,寺院众多

《八闽通志》始修于明成化乙巳(1485),据《八闽通志》所载,明成化前仅福州寺院就有 1100 多座。许多县城寺院密度大。如侯官县城西,密布有 60 余座寺院,西北有 70 余座寺院;怀安县西南分布有 21 座寺院;闽清县西有 40 余座寺院。1983 年,国务院确定了福建 14 座寺院为汉族地区佛教重点寺庙,其中属于福州的就有 6 座,如创建于唐建中四年(383)的福州鼓山涌泉寺,目前基本保持了明嘉靖年间的布局,有殿堂 25 个,占地 25 亩,其刻经历史悠久,至今还藏有佛经 2 万多册。唐咸通八年(867)重新修建的福州怡山西禅寺,目前有天王殿等大小建筑 36 座,加上放生池及寄园等处,占地 100 多亩,1987 年新建的 67 米高的报恩塔是目前全国最高的佛塔之一。唐乾宁元年(894)创建的福州金鸡山地藏寺,现有地藏殿等建筑 10 余座。五代后唐长兴二年(931 年)创建的林阳寺,目前有天王殿等大小建筑 20 余座,占地 7700 平方米。唐咸通十一年(870)创建的闽侯雪峰崇圣寺,历代高僧辈出,有"南方第一刹"之称。目前寺内各类建筑十余座,并藏有多种文物。唐贞元五年(789)创建的福清黄檗山万福寺,为日本黄檗宗的祖庭,目前已重修 600 多平方米的法堂和 160 平方米的大寮。除以上重点寺庙外,福州著名寺庙还有福州罗山法海寺、福州芝山开元寺、福州象峰崇福寺、长乐五峰山龙泉寺、福清灵石山灵石寺等。

(三)佛教在福州至五代时期奠定了基础

这一时期虽然不长,前后不过几十年,但建造的寺院却多达 160 多座。正如《八闽通志》卷七十五《寺观》云:"闽之浮屠始于萧梁,高者三百尺,至有倍之者,峻拔相望。……其后,王审知父子相继创建。"《三山志》卷三十三《寺观》称:"王氏入闽,更加营缮,又增寺二百六十七,费耗过之。"王氏热衷建寺,有多方面原因,如:(1)

为迎高僧而建。如鼓山白云峰涌泉禅寺,原先为潭,王审知为迎僧神晏而填其潭建寺。(2)为圆梦而建。如乌石山罗汉寺即王审知梦僧人数百来访,后访到与梦中一样之地,故命建寺。(3)为藏经而建。如金身报国寺,即王审知为收藏金、银四藏经各五千四十八卷而建。(4)为守冢而建。如王审知墓"至长兴三年,改迁于宁基里莲花峰之阳。建莲花、永兴二寺,立八僧守冢"。(5)为奉佛而建。如《三山志》卷三十三《寺观》云:乌石山有大石穴,"闽王命运土塞之,建大殿以奉佛"。(6)为表庆祝而建。如五代同光元年(923年),后唐庄宗李存勖灭梁,王审知为表示庆祝,建太平寺。

(四)佛教在福州至宋代达到鼎盛

有关资料表明,宋代福建佛教之盛居全国之冠,而福州佛教更是极为兴盛。宋代徐经孙(一说谢泌)《福州即景》诗云:"潮田种稻重收谷,道路遇人半是僧;城里三山千簇寺,云间七塔万枝灯。"据《三山志》卷三十三《寺观》载:"富民翁妪,倾施资产以立院宇者亡限。庆历中(1014—1048年)通至一千六百二十五所。"南宋"绍兴(1131—1162)以来,止一千五百二十三"。除了在城中建寺,往日人烟罕至的僻境之处也纷纷盖起了寺院。据《八闽通志》所列寺院,可看出宋代福州新建的寺院多达550余座,确实盛况空前。

(五)许多福州僧人在中国佛教史上占有重要地位

著名的如:长乐人怀海(720—814),幼年出家,后弘法江西洪州新吴县百丈山,创立了《禅院规式》,制定了一整套不同于大小乘戒律的丛林制度,特别是要寺院众僧懂得报恩、报本,尊敬祖师与祖先,把儒家的忠孝观念引进禅门,进一步促进了佛教的中国化。怀海提倡"一日不作,一日不食"的农禅并重的作风,对禅宗的发展起了极大的推动作用,其《禅院规式》原本虽已失传,但主要内容仍然成为寺院共同奉行的管理条例,现存语录有《百丈怀海禅师广录》、《百丈怀海禅师语录》各一卷。福清人希运(? —850),幼年出家于洪州黄檗山,曾谒怀海,提出"即心是佛,无心是道",于黄檗山

"弥扬直指单传之心要",僧众云集达千人,临济宗创立人义玄即出其门下。语录有《黄檗山断际禅师传心法要》、《黄檗断际禅师宛陵录》各一卷。福清人大安(793—883),少小出家,曾到潭州沩山与灵祐为友,后返回福州,为福州怡山西禅寺的开山祖师。闽县人师备(835—908),曾投福州芙蓉山灵训禅师落发,后与雪峰义存同力开垦雪峰,曾被闽王王审知迎居安国寺,礼重为师。他将"唯识无境"贯彻全部禅行,为把《楞严经》引进禅的领域作出了努力。福清人清耸(生卒不详,为宋代人),曾于福州怡山长庆寺出家,后赴宁波、杭州两地说法,为宁德支提寺第一代祖师。永泰人无应(？—976),曾受戒于鼓山神晏,后主持漳州保福院,弘法一方。福州人冲煦(？—975),曾出家鼓山事神晏,24岁开法于洪州丰城,南唐中宗李璟迎位光睦寺,后移开光、净德等大寺。古田人行霖(生卒年不详,为宋代人),于闽侯雪峰寺出家,后被神宗选为江西承天罗汉寺主持。福清人圆悟(生卒年不详,为南宋人),为偃溪佛智禅师弟子,曾收集南宋中叶以来禅林大德和参禅学道的仁宦入道机缘、示众法语等而撰成禅宗笔记《枯崖漫录》,由于它撰于《联灯会要》、《嘉泰普灯录》、《五灯会元》之后,故可用于补正。福州人悟明(生卒不详,宋代人),为南岳下第十八世、临济宗杨岐派僧人,曾于南宋淳熙十年(1183年)撰写了《联灯会要》30卷,是《传灯录》、《广灯录》、《续灯录》的会要和补正,传于丛林。侯官人善缘(？—1431),曾于永乐三年(1405)继鼓山丈席,后又应朝廷名僧之征入京,撰有《灵源集》。福清人通容(1593—1661),历主金粟、福岩、黄檗、天童诸寺,为大鉴(慧能)下第三十五世、临济宗第三十一代法孙,有《五灯严统》,并撰有《五灯严统解惑篇》、《般若心经斫轮解》、《丛林西序须知》、《祖庭钳录》等,另有《语录》二十卷行世。福清人隐元(1592—1673),曾住持黄檗七载,后应日本长崎兴福寺住持之请,率弟子20余人东渡传法,并于日本大和山(今京都宇治)建寺,名黄檗山万福寺,并以此寺为基地传禅,形成黄檗宗。著有《隐元禅师语录》、《普照国师广录》、《云涛集》、《弘戒法仪》等，并订有《黄檗清规》十章。闽清人古月(1843—1919)，出家于鼓山涌泉寺。曾在鼓山传戒，一身兼主西禅、雪峰、林阳、崇福等福州五大丛林。古田人达本(1847—1930)，曾往暹罗(今泰国)、印度礼释迦牟尼遗迹，后任鼓山涌泉寺方丈，为曹洞四十五代，曾赴南洋募化。古田人圆瑛(1878—1953年)，19岁于鼓山涌泉寺出家，1914年任中华佛教会理事长，1953年任中国佛教协会会长。著有《楞严经讲义》、《大乘起信论讲义》、《一吼堂诗集》、《一吼堂文集》等近20种，后合编为《圆瑛法汇》。

据《五灯会元》载，在福州出家或在福州寺院住锡的著名高僧还有：古灵神赞禅师，芙蓉山灵训禅师，龟山正元禅师、智真禅师，乌石山灵观禅师，灵云志勤禅师，寿山师解禅师，覆船洪荐禅师，东山云顶禅师，安国院弘瑫禅师，大普山玄通禅师，长生山皎然禅师，仙宗院行瑫禅师，莲华永福从弇禅师，南禅山契璠禅师，福清院玄讷禅师，极乐元俨禅师，芙蓉山如体禅师，罗山绍孜禅师、义因禅师，兴圣重满禅师，升山白龙道希禅师，安国院慧球寂照禅师，螺峰冲奥明法禅师，大章山契如庵主，莲华山永兴神禄禅师，报慈院光云慧觉禅师，水陆院洪俨禅师，报慈院慧朗禅师，长庆常慧禅师，石佛院静禅师，枕峰观音院清换禅师，东禅契讷禅师，长庆院弘辩妙果禅师，东禅院隆了空禅师，仙宗院守玭禅师，闽山令含禅师，祥光院澄静禅师，报慈院文钦禅师，永隆院明慧瀛禅师，康山契稳法宝禅师，鼓山智了觉禅师，龙山智嵩妙虎禅师，龙山文义禅师，鼓山智岳了宗禅师，报国院照禅师，罗山义聪明禅师，安国院从贵禅师，怡山长庆藏用禅师，永隆院彦端禅师，林阳瑞峰院志端禅师，仙宗院明禅师，安国院祥禅师，保福院清谷害禅师，仙宗洞明真觉禅师，广平玄旨禅师，升山白龙清慕禅师，灵峰志恩禅师，东禅玄亮禅师，九峰慈慧禅师，双峰古禅师，广平院守威宗一禅师，严峰师术禅师，支提雍熙辩隆禅师，白鹿山显端禅师，长庆惠暹文慧禅师，胜继超禅师,普贤善秀禅师,龟山义初禅师,广明常委禅师,广因择要禅师,天宫慎徽禅师,衡山惟礼禅师,中际可遵禅师,妙峰如灿禅师,大中德隆海印禅师,地藏守恩禅师,雪峰恩慧妙湛禅师,越峰粹妙觉禅师,鼓山体淳禅鉴禅师,雪峰大智禅师,雪峰宗演圆觉禅师,雪峰隆禅师,西禅慧舜禅师,玄沙合文明慧禅师,雪峰东山慧空禅师,东禅祖镒从密禅师,鼓山别峰祖珍禅师,雪峰毯堂慧忠禅师,西禅懒庵鼎需禅师,蒙庵东禅思岳禅师,玉泉昙懿禅师,雪峰崇圣普慈蕴闻禅师,清凉坦禅师,中际善能禅师,鼓山木庵要永禅师,天王志清禅师,鼓山宗逮禅师。

（六）留下了许多珍贵文物

这些文物多为国家级或省级文物保护单位。其如:(1)寺。如位于福州屏山南麓的华林寺大殿,是全国重点文物保护单位,为我国长江以南现存最古老的木构建筑(约建造于 964 年),不仅用料之大为全国古寺之最,其两头卷杀构造手法隋唐以后已极为罕见,故弥足珍贵。日本镰仓时期的"大佛样"建筑,也深受华林寺大殿建筑风格的影响。(2)塔。如福州鼓山千佛陶塔,为北宋元丰五年(1082)烧造,塔全高 6.83 米,座径 1.2 米,塔壁贴塑佛像 1078 尊,故称"千佛陶塔"。鼓山的神晏国师塔,塔身为馒头形,形制古朴。位于乌石山东麓的福州崇妙保圣坚牢塔,为五代闽永隆三年(941)闽王延羲在净光塔(建于唐贞元十五年,毁于乾符六年)遗址上重新建造的,因外表略呈黑色,故称"乌塔"。塔高 35 米,七层,内龛中供浮雕佛像,雕工精美,第五层壁上嵌有五代时林同颖撰、僧元逸书的《大闽崇妙保圣坚牢塔记》碑。位于福州于山西麓的定光塔,初建于唐天祐元年(904),明嘉靖十三年(1534)塔遭雷火焚毁,二十七年(1548)重建成七层八角的砖塔,高 41 米。后人发现唐代木塔的塔座上雕刻多种精细图像,并发现塔存有 38 字的金文,据考为梁天监四年(505)所书,系南朝梁时遗物,比定光塔的建造还早 399 年,为福建传世最早的金文。建于唐大中三年(849)的连江县北兜护国天皇寺寺塔,为唐代藏经阁,全高9米,塔基第二层条石转角刻出立佛,塔檐下各边雕有肃穆庄严的五尊坐佛,下设佛龛,每龛嵌有两尊青石刻的罗汉佛。(3)石刻和碑文经幢。如鼓山即有摩崖石刻611段,现存553段。从这些石刻可考察当时名人与鼓山的关系,对于研究佛教的兴衰,有一定价值。如鼓山灵源洞石壁的宋刻赵与滂诗《晏国师喝水岩》,对鼓山涌泉寺第一代住持神晏的墓塔被改为李纲墓地表示了疑问。灵源洞清刻佟国蕭诗《涌泉寺礼佛偶成》、舍利窟清刻鼓山六十五代住持道霈法师诗《舍利窟看梅》、更衣亭旁所刻鼓山涌泉寺住持虚云法师的诗,也与鼓山佛教有关。福州乌石山华严岩西侧的唐李阳冰《般若台铭》、福州乌石山塔旁的唐代碑文《唐无垢净光塔铭》、闽侯雪峰枯木庵唐代树腹碑等,亦均为珍贵文物。(4)佛像。福州保存了许多稀世石雕佛像,如福州乌石山南坡的摩崖造像,依岩凿列三座佛像,居中者高1.25米,螺髻、敬胸,双手平叠置于身前,神态端庄,衣褶流畅。左右两尊菩萨各高0.9米,头戴宝冠,结跏趺坐,双手合十。福清瑞岩山的石室中,以自然石雕琢而成释迦牟尼、文殊、普贤三佛像。瑞岩寺之右有一座高6.4米,宽近9米的弥勒坐佛,系在整块花岗石上雕琢而成。整座佛像造型生动,面容和蔼可亲,工艺精湛浑朴,其肩、手腕、足膝皆可坐人。位于罗源凤山镇城南郊外的圣水寺栖云洞内用青色花岗石雕刻的十八罗汉,为福建历史最悠久的罗汉造像。其中16尊为南宋淳祐八年(1248年)所刻,2尊为明代补雕,造型古朴,形神兼备。

(七)产生了一批与佛教有关的典籍文献

其如:(1)与佛教有关的铭记。主要记述当时的佛教活动,以闽国为例,如黄滔就写了不少与佛教有关的记、碑等,其《大唐福州报恩定光多宝塔碑记》,详细介绍了建塔的经过,描绘了当时佛教的盛况:"佛声入霄汉","西土之未有";其《丈六金身碑》记载了王审知与众僧迎新铸金身铜像及两尊菩萨归于开元寺寿山塔院的经过；其《福州雪峰山故真觉大师碑铭》，记述了雪峰义存弘法的经过和生平。(2)有关寺院志。福州著名丛林都编撰有寺院志，如《雪峰志》详细介绍了雪峰法嗣，以图谱形式予以展示，并对有关的山中名胜、寺宇、特产、僧侣和历代题咏等文献，皆录无遗。是一部不可多得的寺院志。今人周书荣已予校点，并在《福建佛教》连载。再如《黄檗山寺志》为清顺治九年(1652年)隐元禅师在圆悟、通容禅师和居士林伯春、僧行玑所襄辑的旧志基础上进行重修的；清道光三年(1823年)，住山僧清馥、道暹再次重修；1988年，福清县方志办、宗教局又进行校点，并由福建地图社出版。志分山水、寺、僧、法、塔、外护、文、释诗偈等八卷，内容丰富，为研究福建乃至中国禅宗史的珍贵文献。较著名的福州寺志还有《鼓山志》、《鼓山续志》、《西禅志》、《方广岩志》、《九峰志》等。(3)与寺院及佛教活动有关的诗文。这类诗文不仅是研究佛教在福州的珍贵资料，由于多出于名家之手，故也有较高的文学鉴赏价值。如唐代欧阳詹的《福州南涧寺上方石像记》、明谢肇淛的《游雪峰记》等，都写得声情并茂。即使一些并不著名的寺院，也有许多诗对其进行描述，据《八闽通志》中的摘录，长乐县灵峰寺，就有陈襄、张徽、湛俞、陈珏、林迥、僧子耶等人写诗纪游，其中湛俞诗"万里碧光晴望海，一堂幽响夜听泉"、林迥诗"门前红日海千里，池上白莲山四邻"等都颇有韵味。福清瑞岩寺，有林泉生诗："江流阔狭潮来往，山色有无云卷舒。"刘无竟诗："亭柱半边危立壁，石岩千漈小无门。"罗天章诗："酒兴诗狂知趣少，水光山色得秋多。"黄檗寺有熊彻诗："月塔影分山店北，暮钟声落海门边。"福胜寺，有林希逸诗："梅子黄时四月秋，小轩流水最清幽。"真是不胜枚举。

(八)对民俗产生了影响

佛教在福州传播过程中，对福州的民俗产生了一定影响，如《三山志》卷四十《土俗类二》"庆佛生日"载："是日，州民所在与僧寺为庆赞，道场蔡密，学襄为州日，有四月八日西湖观民放生诗，此风盖久矣。元丰五年，住东禅僧冲真始合为庆赞大会于城东，报国寺斋僧尼等，至一万余，元探阄分施衣巾扇药之属，迄建炎四年，为会四十有九，而罢绍兴三年，复就万岁寺作第一会。是日锱黄，至一万六千余人，凡会僧俗，号劝首数十人，分路抄题，户无贫富，作如意袋散俵。听所施予，予亡免者，真伪莫考。至乾道四年，岁大饥，谷价腾涌，城市会首，有取至三千余缗。王参政之望为帅，闻谕令粜谷赈济。不服，乃命根治尽拘其钱入官，自是遂绝。然所至乡社，亡业之民，犹有自为者甚众，似斯之类，借是为利岁，无时节率旬三二天，或集民居，或聚社庙，闾阎翁姬，辍食谇语，来赴者亦数百人。此近岁之俗也。"

（九）寺院占有大量土地，寺院经济在福州经济中占有重要比重

闽国王审知时代，土地开始多归僧寺，正如《闽书》卷三十九《版籍志》载："弓量田土，第为三等，膏腴上等以给僧道，其次以给土著，又次以给流寓。"仅以鼓山涌泉寺为例，清黄任《鼓山志》卷八载："山有寺而寺有田，传自唐末而盛于朱梁。闽越之时，其人之尊教者，各输腴田以为福田，利益之基，故其田遍福之诸邑。一邑之所治者，岁入之数赋公家五百石，他未暇论也。"又卷五称："福省鼓山，系祝圣万年山，创自五代，闽忠懿王所施膳僧之田，多至八万四千亩，遗册犹存。"正是因为福州寺院经济的长盛不衰，才刺激了福州佛教的发展和兴盛。

（十）与台湾佛教关系密切

由于地缘原因，台湾佛教与福州佛教关系一直极为密切，特别与福清黄檗寺，福州怡山西禅寺、鼓山涌泉寺关系尤为密切。正如释慧严在《明末清初闽台佛教的互动》（台湾《中华佛学学报》9 期）中所言："直至国民党政府迁台为止，台湾佛教是源自中国佛教的有鼓山涌泉、怡山长庆及福清黄檗。"许多学者也有同样看法，如田福太郎在《台湾本岛人》中记："台湾寺院大致是南方的鼓山涌泉寺，或怡山长庆寺等的末徒所开拓。"陈玲蓉在《日据时期神道统制

下的台湾宗教政策》(台湾《自立晚报》出版部 1992 年版)中认为:
"台湾寺庙多为福州巨刹鼓山涌泉寺或怡山长庆寺的僧人所开拓,
加上台湾并无佛教的教育机关,僧侣修业有远游鼓山之风。"梁湘
润、黄宏介编集的《台湾佛教史》(台湾行卯出版社 1993 年版)指
出:"永历年间,来台的僧侣,由于交通近利,基本上来自福州涌泉
寺(临济义玄——临济宗)。故此,台湾佛教,在僧侣法脉之中,大
抵都是以'临济宗'之祖派而列世。直至明永历年间,除了福州涌
泉寺临济宗的僧侣对台湾寺院法脉影响深远之外,另有一个法脉,
即是福清黄檗寺。唯此寺,遭火焚,以后即法脉中断。"当时台湾出
家僧侣要受戒,需到福州。鼓山涌泉寺是最理想的寺院,当时受戒
时间为每年阴历四月八日及十一月十七日,鼓山涌泉寺都预先广
而告之。上世纪 50 年代前台湾正统佛教有四大派系,即大岗山、
观音山、大湖山、月眉山,这四大派系皆与鼓山涌泉寺关系密切。
如清同治十一年(1872),涌泉寺僧理明在台北创建凌云寺,为台湾
观音山派的大本山;民国元年(1912),涌泉寺僧觉力到台湾苗栗大
湖乡创建法云寺,为台湾大湖山派的大本山;民国 12 年(1923),涌
泉寺僧善智、妙密在台湾基隆月眉山谷创建灵泉寺,为台湾月眉山
派的大本山。

　　(十一)与海外关系密切

　　由于其独特的地理位置,福州佛教与海外一向关系密切。如
早在 908 年前后,新罗僧人大无为游学福州雪峰,师承义存弟子、
青原下六世法嗣。827 到 840 年前后,新罗僧人龟山游学福州长
庆院。唐德宗贞元二十年(804)八月,日本僧人空海在霞浦县州洋
乡赤岸村登陆,后到福州,住开元寺。唐宣宗大中七年(853),空海
俗甥僧圆珍从九州渡海来中国,后至福州开元寺居住,从寺僧存式
学《妙法莲华经》等。福州的僧人也常赴海外弘法化缘。其影响最
大的是福清黄檗寺僧人隐元,于南明永历八年(1654)率 20 余人渡
海赴日,于日本万治二年(1659)主持京都新建的黄檗山万福寺,开

创了日本佛教的黄檗宗。福州怡山寺僧耀源,曾于光绪年间(1877—1899)年赴暹罗(今泰国)、槟榔屿、小吕宋等地募款,建成怡山大殿。福州鼓山涌泉寺住持妙莲,为修复涌泉寺,多次远渡新加坡、暹罗、缅甸等地募化。

二、历史上高僧辈出(以近代四大高僧为例)

福建历史上有许多著名高僧,或开宗立派,或持一家之说,在中国佛教史上占有重要地位,产生了深远影响。此外,外省高僧与福建关系密切,他们或云游福建,或长期驻锡弘法于福建,大大促进了福建佛教的兴盛和发展。现仅以近代著名高僧弘一法师、太虚法师、圆瑛法师、虚云法师为例,试谈高僧对福建佛教的影响。

(一)弘一法师与福建佛教

弘一法师,俗姓李,名文涛,又名广候,字息霜,亦称惜霜,别号叔同,出家后法名演音,字弘一,晚年号晚睛老人。原籍浙江平湖,祖先迁居天津已有数代。清光绪六年(1880年)出生于天津。弘一法师1918年出家,至1942年圆寂于福建泉州温陵养老院,在弘一法师出家的24年中,于福建弘法前后达14年。弘一法师在福建的弘法,不仅在他弘法活动中占有重要地位,也大大地推动了福建佛教的兴盛。

弘一法师对佛教的最大贡献,是振兴湮没700余年的南山律宗,因之被后人推崇为重兴南山律宗第十一祖。弘一法师振兴律宗的实践,大部分是在福建实施的。弘一法师之所以决定在福建弘律,主要有两个因素:其一,在其他地方弘律因缘未成,不甚顺利。他1933年1月在厦门妙释寺曾讲过:"余于前二年(民国二十年)既发宏律愿后,五月居某寺,即由寺主发起办律学院,惟与余意见稍有未同。其后寺主亦即退居,此事遂罢。以后有他寺数处,皆约余办律学院,因据以前之经验,知其困难,故未承诺。……此次在本寺（厦门妙释寺）讲律，实可谓余宏律第一步也。"①其二，在福建弘律顺利，法缘殊胜。这一点正如弘一法师于1933年3月在厦门万寿岩讲律后给芝峰法师的信中所写的"此次讲律，听众甚盛。寄住寺中者六七人，皆自己发心过午不食……现已讲《羯磨》，若欲深造，非有三五年之功夫专心研习不可，听众中有二三人誓愿甚坚固，或可发心专修也。"②弘一法师在闽南各种场合讲律后，均受到听众热烈欢迎，每次都很圆满，他也多次发出闽南"法缘殊甚"之赞叹。弘一法师在福建的弘律活动内容，主要有以下四个方面：

第一，讲演律学。一是在寺院为僧人讲。如1934年1月至2月在厦门妙释寺讲《四分律含注戒本》，2月至5月在厦门万寿岩讲《随机羯磨》。1935年1月在厦门万寿岩讲从日本请回之灵芝元照律师所著《阿弥陀经义疏》。从1937年元旦开始，在南普陀旧功德楼讲《随机羯磨》、《羯磨集法缘戒篇》等。二是在传戒会上为求授比丘戒者讲。如1935年11月于泉州承天寺传戒会讲《律学要略》，阐述戒律历史和内容。三是在其他场所中随缘而讲。如1934年元旦在泉州草庵讲《含注戒本》。四是为学者讲。如1941年4月在晋江檀林乡为学者讲《律钞宗要》等。五是为纪念南山律祖涅槃而讲。如1933年10月3日，为南山律祖涅槃日，弘一法师开讲《四分律含注戒本》、《戒相表记》、《删补随机羯磨》等。

第二，创办南山律学苑。1933年5月，弘一法师于泉州开元寺右侧尊胜院创办了南山律学苑，并亲撰《南山律苑住众学律发愿文》，共发四宏誓愿："一愿学律弟子等，生生世世，永为善友，互相提携，常不舍离，同学毗尼，同宣大法，绍隆僧种，普利众生。一愿弟子等学律及宗律之时，身心安宁，无诸魔障，境缘顺遂，资生充足。一愿当来建立南山律院，普集多众，广为宏传，不为名闻，不求

---

①　林子青编：《弘一法师年谱》，宗教文化出版社1995年版，第206页。

②　《弘一大师全集》（八），福建人民出版社1992年版，第285页。

利养。一愿发大菩提心,护持佛法,誓尽心力,宣扬七百余年湮没不传之南山律教,流布世间。"①这在南山律宗已湮没 700 余年的当时,可谓空谷足音。弘一法师在南山律学苑讲《四分律含注戒本》及《随机羯磨》,每次连续讲两周,分两次讲完。弘一法师鼓励学僧提出问题讨论,或以书面请示。学僧除了听律之外,还各自圈点南山三大部,以进一步深入研究。此外,弘一法师还定期出题,让各位学僧写心得,并亲自加以批改。如现存性常的十篇学律心得上皆有弘一法师言简意赅之批语,其如:"明白畅达"、"若网在纲,有条不紊"、"秩序井然,善能用心"、"珠联璧合,如数家珍"、"清楚明了,有如指掌,足征用心"等。一段时间后,弘一法师在给性常的总结批语中写道:"统观以前所作诸篇,有美毕臻,精义悉具,实有学律之天才。今后倘能专心继续研习,深入律海。三年小成,十年大成。"②表达了对培养律学人才的殷切希望。

第三,编撰、校点、订正有关律学著述。弘一法师的许多律学著作,是在福建完成的。如其最主要的律学著作《南山律在家备览要略》即作于 1940 年闭关福建永春蓬山时。此书分为四篇,即宗体篇、持犯篇、忏悔篇、别行篇,"篇中又分为门、章、节、项、支,将道宣的南山三大部《行事钞》、《随机羯磨》、《戒本疏》及灵芝的《资持记》、《济缘记》、《疏行记》按篇、门、章、节、项、支所示各类内容分别排列,还参考了道宣的《四分律拾毗尼义钞》、《释门归敬仪》,灵芝的《芝苑遗编》等著作,使读者一目了然,便于查阅,也便于精密研录,穷其幽奥。所以《备览》较为普及,成为许多在家居士的行为依据。"弘一法师在福建校点了大量律学著作,代表作包括:1933 年 8 月于泉州校点的《南山钞记》,此项工作前后进行三年才告竣。1936 年 8 月于厦门鼓浪屿日光别院校录的《东瀛四分律行事钞资

①　林子青编:《弘一法师年谱》,宗教文化出版社 1995 年版,第 208 页。
②　林子青编:《弘一法师年谱》,宗教文化出版社 1995 年版,第 210 页。

持记通释》,1939 年 4 月至 1940 年 10 月于永春普济寺校录的《四分律删繁补阙行事钞》(上、中、下卷)。为了校录律学书籍,弘一法师工作极为辛苦紧张,每日标点研习《南山律》约六七个小时。弘一法师还根据讲课需要及手头相关资料,编撰了许多律学讲义及稿本,如:1933 年 1 月于厦门妙释寺编《四分律含注戒本讲义》,2月于厦门万寿岩编《随机羯磨讲义》,8 月于泉州尊胜院编《戒本羯磨随讲别录》、《南山道宣律祖略谱》,10 月撰《梵网经菩萨戒本浅释》,1934 年 5 月于厦门南普陀后山兜率陀院撰《随机羯磨疏跋》,7 月将敦煌写本与天津刊本对校,撰《四分律随机羯磨题记》。弘一法师在福建编撰的有关律学著述,数量甚多,具体可查看《弘一大师在闽南的撰述》(《人海灯》1996 年 2 期)。此外,据台湾陈慧剑先生在《弘一大师著述及其附录作品研究》中介绍,藏于福建泉州开元寺妙莲法师处的弘一法师未刊稿还有:《行事钞资持记表记》、《比丘尼钞集解》、《删定僧戒本略释》、《羯磨略义》、《教诫新学比丘行获律仪集解》、《南山律在家备览》、《南山律宗传承史》(未完成)、《南山律宗书目提要》、《南山大师撰述时代略谱》、《六物图集解》等。

　　第四,在日常生活中坚持律戒。太虚法师在 1932 年 12 月 2日欢迎弘一法师的致词中曾说:"弘一律师在中国僧伽中可以说是持戒第一。其道德与品格为全国无论识者和不识者一致钦仰,为现代中国僧伽之模范者。"[①]全国信众之所以屡屡前来拜谒,与弘一法师在日常生活中坚持律戒、率先垂范是分不开的。瑞今法师在《亲近弘一大师学律和办学的因缘》中,曾对此作过记录:"大师于日间自订有阅读、讲律和朗诵等常课,绝不浪费时间。到了天将薄暮,则持珠念佛,经行散步,入晚即就寝,绝少点灯,颇有古德'怜蛾不点灯'的遗风。律中规定,穿不过三衣,食不逾午时,他都严守

---

① 林子青编:《弘一法师年谱》,宗教文化出版社 1995 年版,第 200 页。

不越,这是所以戒贪奢之妄念。"①弘一法师持"非时食戒"甚严,
1942年特撰《持非时食戒者应注意日中之时》,对比丘戒中的"非
时食戒"作了进一步说明。弘一法师不仅自己实践躬行,一切按律
戒行事,对别人询问也认真按律制答复。如1937年3月,南京果
清法师询问亡僧"披衣茶毗"有无违反律制,弘一法师援引南山、灵
芝著作,认为仅以小衫及裤而焚化为宜,倘有所不忍者,或可以破
旧之海青而焚化,亦无大违于律制。1941年12月,澳门佛教界有
大小乘经典中是否有轻视女性的说法之讨论,函询弘一法师请决。
法师综合律文及南山灵芝钞疏记义,列表予以答复。

在不遗余力地振兴南山律宗的同时,弘一法师广结善缘,足迹
遍布闽南。据不完全统计,仅其在闽南弘法过的寺庙就有:厦门的
南普陀、太平岩、妙释寺、万寿岩、日光岩、万石岩;南安的雪峰寺、
慧泉寺、双灵寺、树德寺、建应寺、灵应寺;泉州的承天寺、资寿寺、
开元寺、崇福寺、光明寺、百源寺;晋江的福林寺、草庵;惠安的灵瑞
山寺、瑞集岩、净峰寺、晴霞寺、科山寺;漳州的南山寺、七宝寺、瑞
竹寺;同安的梵天寺;永春的桃源殿、普济寺等。佛教院校及有关
慈善机构有:闽南佛学院、佛教养正院、温陵男养老院、温陵妇人养
老院、泉州慈儿院等。学校有:泉州梅石书院(即昭昧国学专修学
校)。经堂有:惠安普连堂、如是堂,泉州清尘堂,漳州尊元经楼等。
居士菜堂有:惠安黄成德菜堂、刘清辉菜堂、胡碧莲菜堂等。私人
住宅有:惠安王颂平宅、黄善人宅、许连木童子宅、李氏别墅、厦门
了闲别墅等。弘一法师不仅弘法范围广泛,不拘扬所,而且内容宏
扩,排期紧凑,效果极佳。弘一法师在福建弘法所以会屡获成功,
除了其严于律己的人格力量和广博的佛学知识外,其演讲也极富
特色:一是深入浅出,常用浅显的语言来表达深刻的教理;二是融
进自己的经历,以现身说法来感染听众;三是语言亲切,自然表明

---

① 《弘一法师》,文物出版社1984年版,第25页。

自己的心态;四是充满真知灼见,极富启发性。

　　弘一法师住锡福建期间,推动了福建佛教的发展,对近代福建佛教特点的形成,起了极大作用。近代福建佛教特点主要有五个方面:第一,僧教育兴盛。这与国内高僧大德云集闽南兴办教育有关,仅与弘一法师有关联的(或倡办,或讲学)的佛学院校及教育组织就有闽南佛学院、闽南养正院、厦门律学院、泉州南山律学苑、泉州慈儿院、泉州月台佛学研究社等。弘一法师还提出了系列僧教育主张,推动了僧教育的发展。第二,寺藏佛学经典浩繁,流通情况良好。弘一法师不仅在有关寺庙中编校审订了大量书稿,还向日本等请回各种经书,正如他在南普陀寺时所言,“自扶桑国请奉古刻佛典万余卷,多明清季初刊本,求诸彼邦,见亦罕矣”①。弘一法师还发掘保护了许多珍贵经版,如曾在鼓山涌泉寺发现珍贵经版,称之为“庋藏佛典古版之宝窟”,随之倡印,使其广为流布。第三,学律风气为全国之首。这与弘一法师身体力行有关,前已有略述,此不多赘。第四,与海外,特别是东南亚关系密切。东南亚有许多寺庙为闽南著名寺庙下院。弘一法师与弘法海外的法师关系密切,如与被菲律宾佛教界称为开山祖师的性愿法师、后来成为马来西亚佛教界领袖的竺摩法师等名僧都有书信往来。弘一法师培养的弟子中,也有不少成为弘法东南亚的名僧,如瑞今法师后住锡菲律宾数十年,曾荣任世界佛教僧伽协会副会长职务。第五,女众带发出家。近代闽南以“女众削发出家尼僧少,带发出家菜姑多”而成为中国佛教史上的奇观。这种现象是得到弘一法师等高僧认可的。② 法师还为晋江梵行清信女讲习会题写了“清高勤苦”四字,弘一法师圆寂后,菜姑这一修行形式在其生前友好的关心下,一直得以绵延。

---

① 　何绵山:《弘一大师与中日佛典交流》,《浙江佛教》1996 年第 1 期。

② 　法清:《闽南菜姑的起源和地位》,《闽南佛学院学报》1991 年第 2 期。

（二）太虚法师与福建佛教

太虚法师，俗姓吕，名淦森，法名唯心，别号悲华。浙江崇德（今并入桐乡）人。出生于清光绪十五年（1889），幼年失去双亲。清光绪三十年（1904）于苏州平望小九华寺出家，同年在宁波天童寺依寄禅和尚受具足戒。1947年病逝于上海玉佛寺。太虚法师在当代中国佛教史上的地位，正如台湾著名太虚法师研究者洪金莲在《太虚大师佛教现代化之研究》一书中指出的："太虚不但是典型的传统佛教的继承者，同时他又是开启中国佛教现代化的首议者；他不但是一位行动实践的改革者，同时也是一个著作等身的学者、思想家。"太虚法师与福建佛教界关系密切，主要表现在以下三个方面。

其一，积极倡导僧教育。太虚法师曾任闽南佛学院院长（兼南普陀寺方丈），对办好佛学院倾尽了大量心血。闽南佛学院之所以成为我国著名的佛教学府，至今仍在全国各佛学院中名列前茅，与早期主持院长工作的高僧大德打下的基础有着密切关系。太虚法师为佛教界领袖，一贯高度重视对僧才的培养，在其担任闽南佛学院院长的六年中，一直将佛学院作为他改革、创新中国僧教育的实验园地。"以后数年中，闽院遂为大师教育事业中心。"[①]在太虚法师的努力下，闽南佛学院面貌为之一变，不仅成为本省僧人首选学府，也成为全国各地僧人向往的学府，至1929年，学僧人数大增，有来自江苏、浙江、四川、陕西、河北、山东、河南、湖南等地的省外学僧90多名，分三个班级授课。全国各地学僧请求入学者甚多，而多不能满足。太虚法师对办好闽南佛学院的贡献，主要有以下四个方面：

第一，采取系列措施，对闽南佛学院进行调整、充实、改革，进一步提高了办学质量。如将原学院附办的小学迁往漳州南山寺，

---

① 印顺：《太虚法师年谱》，宗教文化出版社1995年版，第136页。

独立建校,之后于南山寺成立"锡兰留学团",学习英文以备留学。明确规定学院修业三年的学制和每学年的修学课程,除以佛学经论为主外,还兼修语文、外语、数学、历史、地理、哲学、艺术、体育等科目。太虚法师还倡议在学院中设立研究部,并将研究部分为"法相唯识系"、"法性般若系"、"小乘俱舍系"、"中国佛学系"、"融通应用系"等五个系,从应届毕业生中选择品学兼优的学僧进入研究部深造,并有专门导师负责指导。

　　第二,提出一整套新的僧教育观,极力推动闽南佛学院的教育改革。太虚法师在闽南佛学院做了大量专题演讲,较为系统地提出了自己的改革主张。如 1929 年 12 月讲《中国现时学僧应取之态度》、1930 年春讲《建僧大纲》,1930 年春讲《僧教育要建筑在僧律仪之上》,1931 年 3 月讲《学僧修学纲要》,1932 年 10 月讲《现代僧教育的危亡与佛教的前途》,1932 年 12 月讲《佛教的教史教法和今后的建设》,1935 年 11 月讲《师生应如何爱护学院》等。在这些演讲中,他提出了许多新的观点,其之后实践僧教育的内容和方向大体没有超出这些观点。如对僧教育没有宗旨、目标的办学方法表示了不满和失望:"中国教育模仿外国,而佛教教育就模仿中国,如'法师养成所'恰与中国士大夫式的教育一样。这在僧教育的立场来批评,他们所办的教育,不是为整个佛教情形所需要来办的,不是为信解行证全部佛教来办的,不是普及佛教教育的,这都是古代阶级式的教育遗痕。"①什么是理想的僧教育目标呢? 太虚法师提出:"我所希望的僧教育,不是去模仿学作讲经法师而已,必须要学习整个的僧伽生活,要勤苦、劳动、淡泊,要能做挑水、扛柴、洒扫、应对,以及处理事、修禅弘法的工作。从前各种僧学出来的学僧,不但不能勤苦劳动去工作,甚至习染奢华而不甘淡泊,这

――――――――

　　① 《现代僧教育的危亡与佛教的前途》,《太虚大师全书》(第 18 册),台北善导寺 1980 年版,第 89 页。

可说是模仿社会学校所得的结果，而误于'法师养成所'的，以为别种事不可干，除去讲经、当教员，或作文、办刊物以外，把平常事物都忘记了。假若全国的僧徒都来受教育，那末寺院中家常的工作都没有人去做了。结果，不但不能住持佛教，甚至消灭了佛教，堕落了佛教，像这种教育，还不如没有好。"①对于在学僧人，太虚法师提出了新的要求，即：要守清苦淡泊的原有佛教生活，尤其修学的学僧，要以过简单朴素的生活为出家人的美德。要能勤苦劳动，受过教育而有知识的僧徒，要格外的勤苦，个人的衣食与各种器具，要能自己动手去做。②对于应该有怎样的僧制，太虚法师提出学僧制、职僧制、德僧制三种。其"学僧制"，即由18岁高中毕业者，经律义院两年研习戒律，20岁受比丘戒，再入普通教理院4年（相当于大学），高等教理院3年（相当于研究院），最后再作3年参学。其"职僧制"，即修菩萨行的僧众，任职于各地的布教所、慈幼院、养老院、律仪院、教理院，或文化事业部门，或教务机关，或参学林等，从事服务僧团、整理僧制的工作。其"德僧制"，即经过前两僧制的年长僧众，可进一步选择适宜的山林茅蓬，或依止专修林，或依止杂修林，就自己选择的行门，深入地参学修行，并可为参学林的指导师，成为四众归仰的对象。③

第三，为闽南佛学院学僧讲经说法及讲授有关文化课。1927年3月，太虚法师为闽南佛学院学生讲《行为学与唯根论及唯身论》；1929年12月，讲《瑜伽真实义品》，弘一法师亦逐日亲临听讲；1930年2月，讲《大乘位与大乘各宗》、《佛学之宗旨及目的》、

---

① 《现代僧教育的危亡与佛教的前途》，《太虚大师全书》（第18册），台北善导寺1980年版，第90页。

② 《现代僧教育的危亡与佛教的前途》，《太虚大师全书》（第18册），台北善导寺1980年版，第90～91页。

③ 《建僧大纲》，《太虚大师全书》（第17册），台北善导寺1980年版，第208～211页。

《西洋中国印度哲学的概观》;3月,讲《弥勒经》;4月,讲《纪念释迦牟尼佛》;1931年2月,讲《大乘宗地图》;1932年12月,讲《大乘本生心地观经》等。其中有的演讲在太虚法师的弘法活动中占有重要地位,如《大乘位与大乘各宗》为太虚法师十年来以客观态度对大乘各宗观察后取得的成果,他对大乘各宗进行了融会贯通的研究,总结发现其遍融共摄的同共律,指出其特点有"平等门"和"特殊门"。其"平等门",指凡是大乘各宗,无一不从同一原则上,引共同依据的教理去说明发挥,不得分判谁高谁下;其"特殊门",指大乘八宗者,在大乘教理上取其一部分为所宗,各站在其自宗地位上以发挥其偏胜之玄诠,显其特殊之理境。① 其影响较大的为《西洋中国印度哲学的概观》,太虚法师针对梁漱溟、张东荪对佛教的看法,提出了"本体论——宇宙观"、"知识论"、"行为论——人生观"、"西中印度哲学与佛教"等论题,最后指出:"故梁君不须改佛以从儒,但修大乘菩萨之种姓行可也。张君不必虑佛教无共享堆积之理智,求之大乘菩萨之胜解慧亦可得也。"②在闽南佛学院的讲经过程中,有的所讲内容太虚法师自己也颇为看重,如所讲的《大乘本生心地观经》,后由胜济、窥谛、东初、灯霞、雪生等合记,成《大乘本生心地观经讲记》,"大师誉此经为'法备五乘,义周十宗',颇为推重"③。

　　第四,阐述对改革佛教的看法。太虚法师的许多改革佛教的主张和看法,是在闽南佛学院形成并宣讲的。其最著名的有1927年9月在该院所讲的《救僧运动》,太虚法师指出,积极的救僧要真修实证以成圣果,舍身利众以重胜行,勤学明理以传教法。消极的

---

① 《太虚集》,中国社会科学出版社1995年版,第83页。
② 《太虚集》,中国社会科学出版社1995年版,第307页。
③ 印顺:《太虚法师年谱》,宗教文化出版社1995年版,第191页。

救僧则是自营生计以离饥,严择出家以清源,宽许还俗以除伪。①太虚法师很看重这个演讲,在《告徒众书》中特意提到"余近日在闽南演说之《救僧运动》"并介绍了其主要内容。②

其二,到各地讲经弘法,广播法音。太虚法师在福建期间,足迹踏遍福建许多学校、佛教会及名刹,席不暇暖,与广大信众接触频繁,为讲经弘法见缝插针,不遗余力。1926 年 11 月,于厦门大学讲《缘起性空之宇宙观》,于厦门教育会讲《大乘佛法的真义》。1927 年 3 月于福州市为军政当局说法,并游鼓山、怡山诸胜;10 月,游漳州南山寺。1929 年 12 月,应厦门集美女中之请,讲《佛学的人生观》。后游泉州开元寺、承天寺、崇福寺,参观孤儿院,并住锡开元寺,为泉州民众教育馆讲《从无我唯心的宇宙观到平等自由的人生观》,又应邀为晋江县佛教会讲《佛教会是本慈悲心和智慧心所组成的》。1930 年 1 月,到南安县雪峰寺度旧年,并应安海养正中学之请讲法;3 月,于厦门南普陀寺讲《普门品》;4 月,应厦门双十中学之邀讲《民国与佛教》;并应厦大之请,讲《佛学在今后人世之意义》。1931 年 1 月,应厦门鼓浪屿武荣中学之请,讲《释迦牟尼的教育》,为中华中学讲《亚欧美佛教之鸟瞰》;2 月,应闽南信众之请,于蔡慧诚涌莲精舍讲《唯识三十论》。1932 年 11 月,应厦门新青年会之请,讲《新青年与救国之新道德》,应厦大教授所组文哲学会之约,讲《法相唯识学概论》。1933 年 1 月,应厦门大学心理学会之约,讲《梦》;2 月,于思明县佛教会讲《学佛先从人做起》。1935 年 11 月,应中国佛学会闽南分会之请,于厦大旅舍天台讲《佛学会与现实佛化》,又于厦门中山公园通俗教育社讲《佛教与现代中国》。这些演讲内容,不少在其弘法讲经的活动中有重要地

①　《救僧运动》,《太虚大师全书》(第 17 册),台北善导寺 1980 年版,第 579～583 页。

②　印顺:《太虚法师年谱》,宗教文化出版社 1995 年版,第 164 页。

位,如在泉州民众馆所讲的《从无我唯心的宇宙观到平等自由的人生观》,"以缘起无我说平等,唯识熏变说自由,后乃时时说之"。一些演讲内容系太虚法师多年思考的结晶,如于厦大文哲学会所讲的《法相唯识学概论》,过去曾初讲于世界佛教居士林,因故而中止。太虚法师利用在闽期间加以完备,此论探讨了"虚实"、"象质"、"自共"、"自他"、"总别"、"心境"、"因果"、"存灭"、"同异"、"生死"、"空有"、"真幻"、"凡圣"、"修证"诸问题,可称为其代表作之一。王恩洋、张化声、唐大圆、彦明、梅光羲、罗灿、密林、法尊、胡妙观、黄忏华等曾为此论作序。

其三,撰写大量佛学著作。太虚法师之所以为成为中国近代佛教领袖,是与其著述等身分不开的,而其中许多著述撰写于福建。一是改编。如太虚法师在闽期间,应世界书局之约,改编《佛学概论》为《佛学 ABC》以行世。二是写评语,太虚法师在阅读闽南佛学院藏书时,写下许多短评,如《评〈西田几多郎〉〈善之研究〉》、《书〈菊池宽〉〈复雠〉以后》、《附从译本里研究古禅法及禅学古史考之后》等。三是撰文。如 1931 年 2 月,作《〈相宗新旧两译不同论〉书后》、《维摩诘经中正信会员格言》。四是辩论。如 1933 年 2 月,支那内学院交来《佛诞纪元论刊定书》,对法师《佛教纪元论》有所指摘,法师故撰《复内学院书》以答复。五是解说经书。最有代表性的如 1931 年在南普陀寺所撰的《〈成实论〉大意》。《成实论》有 16 卷,太虚感慨中国鲜有对此研究者,故撰写了此文,从"十二偈与发聚"、"苦谛聚"、"集谛聚"、"灭谛聚"、"道谛聚"等五个方面阐述了自己的观点,可称为其佛学思想代表作之一。

(三)圆瑛法师与福建佛教

圆瑛法师,俗姓吴,法名宏悟,号韬光,又号一吼堂主人、三求堂主人、灵源行者、离垢子等。福建古田县平湖端上村人。出生于清光绪四年(1878 年),五六岁时,父母先后去世,由叔父照应抚养。他幼年时十分聪颖,熟读四书五经。16 岁时参加乡试,中秀才。17岁时,于夏日离家至福州鼓山涌泉寺,为增西上人收为弟子,次日剃度,三日后其叔父由古田赶至鼓山,将其连夜带回古田。18岁时,因患伤寒,病愈后即还愿出家,投福州鼓山涌泉寺,礼增西上人为师。20岁,依鼓山涌泉寺妙莲和尚受具足戒,从之学习佛教律仪。并旋即前往雪峰崇圣寺随达本方丈修苦行。21岁起外出参学,曾到常州天宁寺、宁波天童寺等处参禅。29岁在宁波七塔寺承慈运法师法印,为临济宗第四十世传人。30岁开始在福州鼓山涌泉寺讲经,31岁于宁波接待寺创办佛教讲习所,36岁任中华佛教总会参议长。51岁时任中国佛教协会首任会长,并连任七届,积极推动佛教参与社会事业,成就显著。抗战期间,圆瑛法师曾组织僧侣救护队,并亲赴南洋等地筹集经费,支持抗战。62岁时在上海被日本宪兵逮捕,面对敌人严刑审讯和利诱不为所动,近一个月后,经多方营救出狱。68岁时创办上海圆明楞严专宗学院,培养了大批僧才。75岁时代表中国佛教徒参加在北京召开的"亚洲及太平洋区域和平会议",76岁时被推荐选为中国佛教协会会长。1953年9月圆寂于宁波天童寺。圆瑛法师一生著述有20余种,由后人编为《圆瑛法汇》行世。圆瑛法师虽自21岁后外出参学,但一直关心家乡福建的佛教事业,并为此作出了积极的努力。圆瑛法师对福建佛教事业的发展所作的贡献,主要有以下几个方面。

其一,住持福建多所名刹,为福建各大丛林的修复和发展殚精竭虑。圆瑛法师与福建许多名刹关系密切,其一生住持过的道场有11处(含上海圆明讲堂及槟城极乐寺),仅福建就有5处,即:泉州开元寺、福州雪峰崇圣寺、福州罗山法海寺、福州瑞峰林阳寺、福州鼓山涌泉寺。1923年,他在槟榔屿讲经时,曾与其他法师相议回闽后重兴泉州开元寺。1924年3月回国后,即任泉州开元寺住持。当时开元寺残破不堪,僧众散去。圆瑛法师去函槟榔屿,礼请转道、转物两位法师回国来开元寺,并开工重修该寺。"由大殿以至万善戒坛及双石塔，无不加工兴修。务使崇闳庄丽，一洗荒废破旧、碎瓦颓垣之貌。"①使开元寺逐步恢复往日兴盛。兴建工作完成后，圆瑛法师推举转道和尚为住持，自己则竭力帮助转道传戒弘法。当时宁波天童寺僧众来函礼请法师任天童寺住持，圆瑛法师以曾发愿"重兴闽南古刹"为由婉拒。与此同时，圆瑛法师还积极向居士募化重修开元寺之东西石塔，其间太虚法师曾组织中华佛教代表团赴日本参加东亚佛教大会，致函要求圆瑛法师参加，圆瑛法师因全力以赴修寺，写信婉拒，为泉州开元寺的修复倾注了极大心血。1927 年 10 月，圆瑛法师应福州诸山长老和雪峰崇圣寺护法居士之请，任福州雪峰崇圣寺住持。圆瑛法师曾于 30 年前在雪峰崇圣寺追随达本方丈，此时达本方丈传法于圆瑛法师，为曹洞宗第四十六世法嗣。其住持雪峰崇圣寺语录，道出住持雪峰缘由："圆瑛三十年前，在此执饭头役，当时初入法门，未明心地，与本山鼻祖，在德山会下，职务虽同，实际迥异。所以不能与我祖共一鼻孔出气。由是阅历百城烟水，遍参知识，垂三十年，始知踏破铁鞋徒自苦，原来不离脚跟头。今夏还闽，亲蒙达本老和尚委命执寻山门，并承政绅护法，诸般过爱，只得勤勉从事。"②圆瑛法师为重振祖庭、中兴丛林作出了积极努力，如仅冬日便在寺内举行四个禅七，其住持的业绩，曾受到国际佛教学者的尊重，正如明旸法师在《圆瑛法师年谱·前言》中所记："一九二九年，大师初住福州雪峰寺，适日本著名佛教学者常盘大定博士到山访问，经过彼此诗偈的唱和，常盘博士深为佩服，并在《中国佛教史迹踏查记》中，记述大师的印象说：'圆瑛和尚率徒七八人为一团，随众和尚概为青少年，我看他年一定会从此中涌现出优秀人物。和尚很有骨气，一见面有豪杰之风并富有经理大众的才干'。"1928 年 2 月，圆瑛法师

---

① 明旸主编：《圆瑛法师年谱》，宗教文化出版社 1996 年版，第 43 页。
② 《圆瑛法汇·住持禅宗语录》，上海市佛教协会 1986 年版，第 2 页。

将福州罗山法海寺改为雪峰廨院,并重修殿宇,新建万缘堂。看到荒废的古刹得以重兴,法师高兴地赋诗:"梵王宫殿势崔嵬,古迹罗山金粟台;阅历沧桑谁是主,斩除荆棘我重来。"1931 年 1 月,圆瑛法师出任福州瑞峰林阳寺住持。在 4 月举行的进院典礼上,圆瑛法师法语曰:"瑞峰山水钟灵,一片天然佛地。衲僧今朝到此,毕竟如何布置。"1937 年 2 月,圆瑛法师辞去天童寺方丈后,全国有六大丛林争请法师前往任住持,圆瑛法师皆辞谢。"唯鼓山涌泉寺,乃闽中首刹,桑梓攸关,义不容辞,遂就任于该寺。"①圆瑛法师到涌泉寺后,即整顿寺风,自立规则,锐意改革,率先垂范,其在斋堂训话时言:"寺院兴衰,端赖规矩之有无。僧规者,即出家人自治之法律也。人人均要遵守,不得视若虚文。圆瑛既为一寺之主,先要循规蹈矩,方可整大众之规矩。我于今日定所负责任八个字:'为法为人,尽心尽力。'自立规则十二条:'不放逸,不偷安,不坏规,不图利,不营私,不舞弊,不用势,不居功,不徇情,不背理,不欺弱,不畏强。'圆瑛如所行不照所言,汝合山大众四百余人,无论何人,均可检举我的错处,都可弹劾于我。若众中何人不守规矩,我也必不可方便放过。请各尊重僧规,培养道德,立志修行,是所望焉。"②在闽期间,圆瑛法师注意修复寺塔,如为家乡古田重修吉祥寺之吉祥塔,为古田县极乐寺重修而募缘等。

其二,在福建进行了大量的弘法讲经活动,受到广大僧人和居士的欢迎。圆瑛法师弘法讲经活动范围广泛,其讲过经的寺院有多座,如 1909 年秋,在福州鼓山涌泉寺讲《护法论》,其"感普贤菩萨摩顶授记之异,由是智灯焕发,慧炬大明,深得论旨,善说法要,众为之奇。"③1922 年 7 月在厦门南普陀寺讲《楞严经》,1925 年 5

---

①　明旸主编:《圆瑛法师年谱》,宗教文化出版社 1996 年版,第 134 页。

②　《佛学半月刊》第 147 期。

③　明旸主编:《圆瑛法师年谱》,宗教文化出版社 1996 年版,第 14 页。

月又至厦门南普陀寺讲经,1926 年 1 月于福州白塔寺讲《仁王护国般若经》,1927 年 2 月在福州西禅寺讲经,1930 年 8 月于莆田梅峰寺讲《般若波罗蜜多心经》,1935 年 6 月于厦门妙释寺讲《金刚经》,1936 年 11 月于莆田梅峰光孝寺讲经。其讲经说法颇有自己的思想,并常运用形象生动的比喻,将深刻的道理讲解得通俗易懂,如 1939 年 7 月在福州鼓山涌泉寺说法云:"佛性本平等,可分僧与俗,金刚光明戒,人人皆具足,只因一念无明妄动,障蔽真净妙明,从迷积迷,以历尘劫。执我执法,种种颠倒。于本来无缚法中,自生缠缚;于本来无垢体上,自起法垢。如摩尼宝珠埋于淤泥之中,不染而染,珠光莫能透露;染而不染,珠体并无变坏。……"①除了在寺院讲经外,圆瑛法师还常到功德林、佛化社、佛教会等处弘法。如 1927 年 1 月,在福州功德林、佛化社讲经,"法筵之盛,插足无地,闻法受教欢喜无量"②。1930 年 5 月,于厦门鼓浪屿了闲社讲《金刚经》。1931 年 5 月于莆田佛教会讲经。1935 年 6 月于厦门佛教会讲《圆觉经》。1937 年 2 月于福州佛化社讲演佛学。圆瑛法师在福建的弘法活动,对福建佛教的兴盛,起了积极的推动作用,正如明旸法师在《圆瑛法师年谱·前言》中所言,大师所讲经文,"均深入浅出,博得听众的极大法喜与赞叹。讲经之处,法筵之盛,常是座无虚席"。

其三,注意培养僧才,支持创办佛学院。圆瑛法师认为僧人只有接受良好的正规教育和训练,才能真正振兴佛教。1925 年 5 月,圆瑛法师应闽南佛学院院长会泉之请,起草《闽南佛学院章程》,并主持该院开学典礼。闽南佛学院是福建省第一座新型佛教教育学府,在中国佛教史上具有重要地位。圆瑛法师对南普陀寺创办这样一所学院感到高兴,在开学典礼上欣然写诗四首,以示祝

---

① 《圆瑛法汇·住持禅宗语录》,上海市佛教协会 1986 年版,第 61 页。
② 明旸主编:《圆瑛法师年谱》,宗教文化出版社 1996 年版,第 56 页。

贺。如:"济济英才萃一堂,出家无事却偏忙,从知不为图名利,欲学如来救四方。"1937年9月,圆瑛法师于福州法海寺创办法界学院,并自任院长。1948年2月,圆瑛法师以鼓山佛学院院长名义,在《弘化月刊》第93期发表了《鼓山佛学院缘起》一文。此外,圆瑛法师注意培养青年僧人,曾亲近过圆瑛法师、受其教益后成为名僧的福建籍僧人甚多,如:晋江人瑞今法师,曾参与圆瑛法师讲习,闻法研经,受益殊深,后为世界佛教徒友谊会菲律宾分会会长;福州人明如法师于圆瑛法师在天童寺时受具足戒,后任上海玉佛寺监院;福州人明旸法师10岁时于福州白塔寺听圆瑛法师讲经有悟,长期跟随圆瑛法师,弘扬圆瑛法师事业,后任中国佛协副主席、上海龙华寺住持;仙游人宗圣法师曾于新加坡亲近圆瑛法师,后任印尼大乘佛教会会长;福州人明旭师太(明旸法师之母)为圆瑛法师之度徒,后任闽中唯一尼众律宗道场福州东门地藏寺方丈;福州人梵辉法师,曾随圆瑛法师听经,后任中国佛教协会理事。

其四,创办慈儿院,热心慈善事业。1924年9月,圆瑛法师在福建泉州开元寺创办了慈儿院,收容失去父母的孤儿,自任院长,亲自主持其事,先后培育人才数千以上。院中学科按普通学校设置,所有费用都免除。为筹慈儿院基金,圆瑛法师亲赴南洋筹款。为了慈儿院经费长期得到保证,圆瑛法师将所筹之款寄于马六甲的基金董事会,由其保管本息,由基金会将息金定期汇于慈儿院。1927年10月,圆瑛法师在《泉州开元寺慈儿院第一届报告书》序中道出了他办慈儿院的艰辛、原委及打算:"十五年春,念开办既成,而基金无着,终非持久之计,于是远渡南洋,为孤儿请愿。幸蒙各侨胞热心慈善,踊跃乐施,叻屿呷三埠,均组织董事部保管基金,俾垂永久。圆瑛先后所办孤儿院,不是求名,专为利生,一待功成,即行身退!以能成立一所,即有百数苦海众生得生极乐,成立二所,其数自倍,若更待数年,两院所养成之数百孤儿,其中有成人发达者,或独立创办,或合力建设,或补助扩充,或鼓吹推广,当有无数孤儿院诞生,即有无量苦海众生可以离苦得乐;果能各省、各县、各界同发是心,同创是业,自可使举国无乞丐之人,山林绝盗贼之薮,人多慈善之心,国有祯祥之庆,不难将恶浊世界,变成清净世界矣。"1928 年 6 月,圆瑛法师在《世界佛教居士林林刊》第 19 期发表《佛儒教理同归一辙》,再次表明了他创办慈儿院的目的,即为了行大乘之道:"即就圆瑛创办慈儿院说起来,亦是学佛大乘无我之行。……此种孤儿,既无父母之倚靠,若无人栽培,令其得教养之利益,必至流为乞丐,习染不善之心。长大之时,既无学问,又无职业,难免不为盗贼匪类。此时若能养之教之,则将来社会上,能少许多失业之人。社会和平之秩序,自可希冀矣。救济孤儿,本是大乘菩萨,慈悲之道。"

(四)虚云法师与福建佛教

虚云法师,俗姓萧,初名古岩,字德清,别号幻游。原籍湖南湘乡,因其父在福建做官,故出生于福建泉州。光绪九年(1883 年)至福州鼓山涌泉寺从妙莲和尚出家并受戒,曾于涌泉寺任过水头、园头、行堂、典座一类职事。后遍参天台山、普陀山、天童山、阿育王寺、三天竺、天宁寺、金山寺、高旻寺等名山大刹,后又访五台山、终南山、峨眉山、拉萨三大寺等,曾由西藏赴印度、锡兰(今斯里兰卡)、缅甸等国,朝礼佛迹。1920 年复兴昆明西山云西寺,1929 年回福州鼓山涌泉寺任住持,1934 年任广东南华寺住持,1943 年任广东云门寺住持,1953 年被推为中国佛教协会名誉会长。虚云法师是近代禅宗代表人物,于鼓山受临济衣钵于妙莲法师,为临济宗四十三世;又受曹洞宗衣钵于耀成法师,为曹洞宗四十七世,并中兴云门宗,扶持法眼宗,延续沩仰宗。虚云法师生平著述甚多,代表作有《楞严经玄要》、《法华经略疏》、《遗教经注释》、《圆觉经玄义》、《心经解》等,惜大多毁于 1951 年春的"云门事变"中。其存残稿,由香港岑学吕居士于 1954 年编为《虚云老和尚法汇》(上、下集)。1962 年,门人净慧法师亦将其收集到的佚稿汇编成《虚云和尚法汇续编》。岑学吕还编有《虚云法师年谱》。

虚云法师不仅生于福建,于福建出家,而且其弘法生涯与福建的关系极为密切,其对福建佛教最主要的贡献,莫如1929年至1935年之间任福州鼓山涌泉寺住持时,使鼓山<u>丛林</u>得以中兴。福州鼓山涌泉寺为闽中著名丛林,建于唐建中四年(初名华严寺),从开山灵峤禅师起,至虚云法师时已有过100多代住持。当时鼓山虽为闽邦第一名胜,但长期以来,"以其历史远,而僧习漓;以其风景优,而雅俗混;降及近代,益成为赖佛图生者所归"①。虚云法师1929年应福建省主席杨树庄之约往鼓山涌泉寺任住持,其原委正如自己所说:"予以剃染初地,缅怀祖德,义不可辞也,遂就任。"②虚云法师为中兴鼓山<u>丛林</u>,在以下几个方面进行了不懈努力。

其一,整肃寺规,重振道风。1929年,虚云法师一接任涌泉寺住持,即对涌泉寺的寺规进行了重新规定,对一些原有的寺制进行了重大改革。其中最重要的为:不许任何人在寺内私收徒众;取消小锅饭菜,一律用大锅食;取消许多首座当家,只留有一两个;取消七八十位知客,只存留五个至八个,所有如书记等僧职都取消空闲职。由于改革触及了一<u>些</u>僧人的根本利益,部分不法僧人放火烧房,企图谋害虚云法师。法师以慈悲待人,予以宽释。虚云法师在《重订鼓山涌泉寺规则序》中,对改革寺规的重要性做了强调:"原夫僧伽依止,全恃丛林,职事升迁,悉凭功绩。龙象集处,头角历然,若无规章,将安表率? 而地殊时异,制革岂同? 故于祖师遗诫之外,辅订条章,历代迁因,由来尚矣。"③当时一些僧人除看管门户外,不上殿,不坐香,虚云法师对此提出整理道风的要求,对习禅

---

①　岑学吕编著:《虚云法师年谱》,宗教文化出版社1995年版,第72页。

②　岑学吕编著:《虚云法师年谱》,宗教文化出版社1995年版,第69页。

③　《重订鼓山涌泉寺规则序》,《虚云和尚法汇续编》,第43页。

等做了具体规定："又以述前启后,事关传灯,青年不少,亟宜培植,若任其虚度优游,良负英杰,况际外侮频仍,内部凋敝,伤心惊耳,澎湃不绝,拟照诸方学社,勖兹来者。并及禅堂长香,林间实业,大小乘戒,均应诵习,授受之间,首重实益。……及二时观堂披衣和结斋仪毕,念佛至大殿,绕佛各回,如是则禅教净律,异学同学,既囿龙象,复彰翰屏,其蔚然郁起之相,可预卜焉。"①在虚云法师的努力下,住禅堂由仅有一两个僧众增加到六七十人,并恢复了旧有的十二炷香的参禅制度,逢冬加香打七。寺中的念佛堂,也有三四十众以念佛为常课。为照顾年老体迈者,还设有延寿堂,日以三炷香佛事为恒课。当时全寺常住僧约 300 余人,共同行持。寺中经忏,每于佛殿中建台。每年春初,全寺修"忏摩法",共拜万佛忏,既使烈日炎炎,也不中断。

其二,修寺盖堂,建庵造阁,使鼓山丛林面貌焕然一新。当年曾在鼓山亲近虚云法师的月耀和尚回忆起当时山中情况时写道:"虚老锐志复兴,故对于整个涌泉寺,莫不加以粉刷、油漆,焕然一新,显得更庄严美丽;被人放火烧去的房子,亦修复如故。念佛堂、延寿堂、佛学院,都是花了极大的工程改造的。如意寮,是现代化的两层洋楼,可见虚老重视病人的痛苦了。另外,还值得一提的便是人所不注意的上客堂。原有的上客堂,在一个角落里,房子又小,空气又暗,人所不愿进去的。虚老是行脚僧的老前辈,知道此中情况,因此,把上客堂修建得名副其实,清净庄严如禅堂一般了。不过范围比禅堂小一点。回龙阁,因看客者不慎而毁于火,但不久便修复了,且修造得更坚固美观。"②1931 年,虚云法师还在鼓山建了平楚庵、西林庵、云卧庵等院宇。1932 年,虚云法师在《建筑鼓山寺各堂寮胜缘疏》中,对修建山寺各堂的经过和原委进行了说

---

① 《重订鼓山涌泉寺规则序》,《虚云和尚法汇续编》,第 44 页。

② 岑学吕编著:《虚云法师年谱》,宗教文化出版社 1995 年版,第 75 页。

明："虚云自受事以来，竭蹶进行，虽次第兴复禅堂、念佛堂、学戒堂、佛学院、延寿堂、如意寮、涅槃堂，以及各处下院，然以地方贫瘠，常住清苦，规模粗备，已大不易。……鼓山年来传戒，亚堂独缺依止之所，窃维女界二众，参学各省皆少。丛林风规，既无闻见，尘俗习气从何脱离？修学无地，实堪悯念。今拟就本山平楚庵故址，在山麓接近廨院之处，建筑女修院一所，俾令来山求戒、发心参学之辈，得由本山照应，可以安心净修。于培植尼众道风，不无补益。"①鼓山回龙阁于 1934 年 9 月被游客不慎烧毁后，虚云法师即于 1935 年在《重建福建鼓山涌泉寺回龙阁募缘启示》中表达了修复回龙阁的重要性和自己急迫的心情："至寺与此高阁，尤有相依之势，盖寺之巽方稍缺，非建崇宇，不能与右方相称。寺之兴盛，即山之兴盛，亦即闽之兴盛，是闽中之山川与人物，欲其珠联璧合全贯为一气者，敝寺寮阁之重建不可缓也。"②

其三，讲经弘法，办学传戒。《虚云和尚法汇》中，收有虚云法师在鼓山所讲部分法语，除了应众居士请讲的上堂法语外，还有对众生的说法，如在鼓山新筑放生园落成时说："了知法界平等觉，贪嗔痴爱性圆明。念异十恶从心起，心忘罪灭万法空。"③为使青年僧人能进一步深造，虚云法师先设学戒堂，又改为鼓山佛学院，再改为法界学院。虚云法师还千方百计延请名师来讲课，如宗镜、大醒、印顺、心道、慈舟等都应邀前来任教，使鼓山有禅、净、教、律等整个佛法体系。当时，至夏必讲经，讲者皆各法门有名法师。虚云法师高度重视传戒，1930 年在《敕赐鼓山白云峰涌泉禅寺同戒录

---

　　①　《建筑鼓山寺各堂寮胜缘疏》，《虚云和尚法汇》（下集），第 294～295 页。

　　②　《重建福建鼓山涌泉寺回龙阁募缘启》，《虚云和尚法汇》（下集），第 294 页。

　　③　《民国二十二年癸酉在鼓山新筑放生园落成对群生说法》，《虚云和尚法汇》（上集），第 92 页。

序》中,回顾了涌泉寺传戒的历史,指出传戒的重要性,并提出改革戒期的主张:"虽奉旨传戒,八日既完三坛,法体如是,固无增减。而悬揣老人未尝不无慨叹焉。矧五夏专律,犹有未逮,数日三坛,岂范来学,今特商大众,改为五旬,庶几依法羯磨,方堪授受,仍遵旧例,开坛演戒。"①从此,每年春末,都传戒一次,并把传戒期由每期 8 天,改为 30 天。隆泉法师曾由天童寺随应慈法师参加过1933 年春的鼓山涌泉寺春期传戒,他回忆当时的盛况说:"云公老人率两序大众在天王殿外排列,欢迎应公老法师,至方丈休息。首领诸师顶礼接驾,我们三人由明观知客师招待安单,次日开讲《梵网经》,以大座仪式,鸣板集众至方丈,二位老人均被大红祖衣于法座前长跪拈香。先由云公老人拈一瓣香,供养老法师,祝词毕,插入炉中,再由老法师拈一瓣香回敬云公,祝词毕,插入炉中。如是往返各拈三次,维那师呼末后先行,至大殿唱香赞,秉佛说法后,再至法堂,由老和尚送老法师位已,老法师回送老和尚出法堂,再行唱香赞升座讲经。每日大座讲完,由我们侍者先请班首单上复讲小座,书记、客堂、库房、首领职事一一请讲,那时金山、高旻、天童禅和子来得很多,盛极一时。戒期中云公老和尚说戒,应慈老法师为羯磨,遐明首座为教授,宗镜法师为开堂大师。"②1934 年,由虚云法师倡印的《三坛传戒仪范》重印告竣,虚云法师在后跋中对一些寺院传戒不如法,滥设戒坛、私撤坛仪、不假坛规,妄矫私意等进行批评,并指出:"更有招贴四布,煽诱蛊惑,买卖戒师,不尊坛处,即淫祠神社,血食宰牲之区,妄作戒坛,十师数目证成足否,于主法师不知死活,或无僧行,结期或七日、三日,乃至一日三坛俱毕。至

---

① 《敕赐鼓山白云峰涌泉禅寺同戒录序》,《虚云和尚法汇》(下集),第315 页。

② 岑学吕编著:《虚云法师年谱》,宗教文化出版 1995 年版,第 130～131 页。

于说戒不分僧尼，缁白混杂，甚或卖牒于四众，捏名寄戒，不知律仪为何事。"最后表示重申传戒仪范的目的是为了"庶足以补过去之漏，匡未来戒法之疏"①。在虚云法师的努力下，鼓山门风重肃，与金山、高旻鼎立而三，一时成为全国丛林典范。

其四，保护经版，影印大藏。"鼓山经板最多，为海内外所无者"②，虚云法师主涌泉寺时，高度重视保护经版。1930年，粤东66岁张玉涛居士至鼓山受戒，法名观本。虚云法师念及鼓山经版历史悠久，待补全佚，故嘱观本整编《鼓山宗图》并整理经版。经两年努力，于1932年著编完《鼓山涌泉禅寺经版目录》一卷，虚云法师高兴地为之作序，回顾了鼓山从"闽王贡写本之秘笈至清代康熙复镂永通之板片"的历史，提出整理经版的重要性，并指出其整理的要求："爰拟清厘，重记目录，依补亡之例，立整理之条，加丹黄之标签，分简册之部居，考译撰之人名，纪镂梓之年代。命门人观本依此法式，循而考之，缺者补之，经夏告竣。"法师对观本所编表示满意："查其钩稽，尚能如例。"③鼓山藏有极为珍贵的元刊本《毗卢藏》，为元延祐二年（1315年）由福建省行中书省平章事亦黑迷失发起，于建阳后山报恩寺雕印，至民国，全国只有福州鼓山涌泉寺和山西太原崇善寺有此藏本，因鼓山涌泉寺自明清以来四赐龙藏，故此本无人披读，不知其是否残缺。虚云法师于1932年令门人观本始出检之，知其共残缺40余卷。法师带动十余位法师发心手钞，终于足其卷数。法师在《修补古经跋言》中高兴地写道："考延祐当元中叶，迄今七百年，人世沧桑之变，不知凡几。而此三经者，巍然尚存，虽久置不检，而免于潮蠹之坏，不可谓非神龙保护之力

---

① 《重刊三坛传戒仪范后跋》，《虚云和尚法汇》（下集），第305页。
② 岑学吕编著：《虚云法师年谱》，宗教文化出版社1995年版，第72页。
③ 《鼓山涌泉禅寺经板目录序》，《虚云和尚法汇》（下集），第242页。

矣。"①1935年,日本外务省文化事业部龙池清受命来鼓山研究佛经,暗中与虚云法师商量,要以黄金等交换《毗卢藏》,被虚云法师严词拒绝。抗日战爆发后,福州沦陷期间,日本军官曾来涌泉寺查找佛经,好在已由圆瑛法师于1939年7月运至尤溪县三峰寺秘密保存,遂使日军人一无所获。《毗卢藏》后又完整运抵鼓山,惜全部毁于"文革"中。② 1934年,陕西居士朱庆澜发起影印宋碛砂版《大藏经》,但尚缺损200余卷,拟将涌泉寺所藏《大般若经》及其他宋元善本补足,虚云法师于鼓山写了《影印宋碛版大藏序》,表达了自己发愿要在此作出功德的原因:"虚云自承乏鼓山以来,每思前明永觉诸祖,所办永通斋锓版流通法宝事业,及罗致藏典,以普益后人之困难。……虚云屡欲搜残补缺,以继承先志,以常住淡泊,力有未逮。"③

其五,整理佛教文献。虚云法师住持鼓山期间,对整理鼓山的佛教文献做了大量工作,传薪续灯,义不容辞。观其成就,主要有四个方面:一是主持增订《佛祖道影》。《佛祖道影》全称《佛祖正宗道影》,始由明代洪武年间(1368—1398)画诸祖之道影(画像)100余尊,藏之于牛头山,万历十七年(1589)由紫柏老人作序刊行。崇祯十一年(1638年),真寂院之元贤追补130尊,刻印行世。清康熙元年(1662),鼓山为霖收入117尊重刊;康熙十五年(1676),静熙启公收录166尊,编成《宗门正脉道影》。清光绪六年(1880),鼓山守一空成又增补为240尊,由苏州玛瑙印经房刊行。全书凡4卷,卷一收佛祖正宗39人,并附录旁支、牛头支。卷二收南岳正宗68人,列举临济宗,沩仰宗。卷三收青原正宗85人,包括曹洞脉、云门脉、法眼脉。卷四收教律连宗48人。虚云法师将鼓山涌泉寺

---

① 《修补古经跋言》,《虚云和尚法汇》(下集),第245页。
② 参见王铁藩:《元版〈毗卢藏〉毁灭记》,《福建文史》总第8期。
③ 《影印碛砂版大藏经序》,《虚云和尚法汇》(下集),第243页。

为霖本和苏州本相对校,并参考了许多方志、寺志,对苏州本中的讹误进行考证辨认,最后收载道影传赞 311 尊,正如他在《增订佛祖道影传赞》中所言:"存者 117 尊,皆完整无损。云住兹山,获都是册,持与苏州本相校,同者 108 尊传赞皆仍永觉老人旧题,禅诵之余,复加征集,续得若干尊,其原有传赞者,多存其旧,无者为之僭补。依世次编入,至苏州本所列世系间有讹误,另加考证,都为 311 尊,敬谨寿之梨枣。"①二是修订《鼓山联芳集》。此书是鼓山第十三代住持宋庆麟禅师所撰,第三十七代住持孤峰惠深禅师继修,但内容仅至明代简翁禅师,而《鼓山志》所记,止于清乾隆遍照禅师,且明以前与前书所记多有不符,使读者莫衷一是。虚云法师取山志与《鼓山联芳集》互相参证,并从《指月录》、《续指月录》、《旅泊幻迹》诸典籍以及历代碑刻、万年簿和各种别集中搜集资料,进行了补充订正,正如虚云法师 1935 年在《增订鼓山列祖联芳集序》中所说:"及始取山志与联芳集二本参证,以别集一一正之。乾隆以前之住持,历略折二本而增削之,庶就于简明。乾隆以后,则本于碑记、万年簿及故老遗闻可采者纪之。其无征者,或存名而阙史,昭其实也。"②虚云法师还撰写了《禅宗五派清流》附于《鼓山联芳集》后,此文不仅简述了禅宗五派的源流,而且追述作者自己与沩仰宗、云门宗、法眼宗之关系和传承,有利于了解虚云法师一身兼五宗,对中国禅宗衍变的影响。三是校正《星灯集》。1935 年,虚云法师曾在鼓山对临济宗的法脉传承进行整理考订,在临济宗原有字派之末"宗"字后增加 64 字,外演号派 80 字,并追根溯源,编纂成《星灯集》刊印。1935 年,虚云法师又对其加以校正,并制成的"本支源流系"和"各派源流"附载于后,为研究中国禅宗发展史提供了史料。四是对法系进行考证。虚云法师 1932 年撰写了《法

①　《增订佛祖道影传赞》,《虚云和尚法汇》(下集),第 246 页。

②　《增订鼓山列祖联芳集》,《虚云和尚法汇》(下集),第 288~289 页。

系考证》，对南岳下第六十世、青原下第四十五世等进行了考证，其
对南岳第三世鼓山灵峤禅师、青原第七世鼓山兴圣国师、梁鼓山扣
冰古佛、明鼓山澄芳性清律师、青原三十七世鼓山为霖道霈禅师、
青原三十七世鼓山惟静道安禅师、青原三十七世怡山空隐宗宝禅
师、青原二十九世鼓山偏照兴隆禅师、青原三十一世鼓山了堂鼎彻
禅师等的考证，有利于进一步了解禅宗在福建的发展。

其六，撰写了许多与鼓山有关的诗歌，也对在鼓山生活作了真
实的描写。如《还鼓山访古月师》："寒烟笼细雨，疏竹伴幽人。"写
出了一种幽静萧瑟的气氛。《鼓山雨后晚眺》："雨醉山初醒，寒光
入座微。荒烟依树白，落日染山绯。"渲染出鼓山雨后独特的晚景。
《别鼓山四十余载至光绪丁未岁襄莲公葬事始回山感赋》："院荒频
易主，石瘦半成顽。旧友不相识，幽禽自往想。"以景衬情，表达了
作者心中的悲凉。《鼓山佛学院学生请题牧牛颂》共 11 首，写得活
泼可爱，饶有山野情趣。《回鼓山义才禅人索诗》："不返家山四十
年，今来松竹尚依然。岭头危石皆无恙，案上金经尚有传。"写出了
一种沧桑之感。

三、各种佛教宗派流行

各种佛教宗派都不同程度地在福建传播过。中国佛教主要有
净土宗、天台宗、三论宗、律宗、慈恩宗、贤首宗、密宗、禅宗等八个
宗派，这些宗派都不同程度地在福建流传过。下面简单介绍一下
其中几派在福建的情况。

净土宗是专修往生阿弥陀佛净土的法门，由于此宗的建立是
以东晋慧远在庐山集道俗 123 人结白莲念佛社为始，故也称莲宗。
省外一些高僧曾到闽地讲经撰述，宣扬净土。如莲宗第九祖智旭
大师曾于 1640 年住温陵（泉州），在泉州小开元寺撰述《大佛顶玄
义》二卷，文句十卷；刊《佛顶玄义》，版藏大开元寺甘露戒坛。其时
如是师示寂，助其念佛，并为撰《诵帚师往生传》。次年住漳州，述

《金刚破空论》①，在泉州刊刻《蕅益三颂》、《斋经科注》。弘一大师曾于泉州大开元寺发现卷末有智旭大师亲笔题识的经书，文曰："崇祯辛巳。古吴智旭，喜舍陆却。奉大开元寺甘露戒坛，永远持诵。"②五代泉州开元寺的释棲霞，据元释大圭撰《紫云开土传》载，为"净土奉先之鼻祖也"。福建一些名寺亦为净土道场，如福州金鸡山地藏寺。建于宋代的惠安岩峰寺石壁有净土宗经文。

天台宗因创始人智常住浙江天台山而得名，因其教义主要依据《法华经》，所以也称法华宗。福建许多高僧对《法华经》有精到的研究，如隋代僧人无际，于莆田南山建瑞泉庵，精研《法华经》，为传播天台宗名僧，五代泉州刺史王延彬于泉州开元寺创新法华院，延请省权居住，"以权善《法华》故名"③。宋代晋江僧人本观，曾从泉州开元寺学《法华经》，并任法华院住持，有《法华笺》传世。宋代同安僧人法周，出家于泉州开元寺文殊院，曾三次应诏入京，讲授《法华经》等。元代晋江人释如照，于泉州开元寺刺血书写《法华经》。闽地还有许多以《法华经》命名的寺院，如宋太祖乾德二年（964）创建的位于霞浦县长春乡小罗浮村白马峰的法华寺，宋代朱熹曾到此寺游览，并题有楹句。

律宗因着重研习及传持戒律而得名，因依据五部律中的《四分律》建宗，也称四分律宗。实际创始人为唐代道宣。早在唐景云二年（711），莆田南山金仙寺（即今广化寺）僧志彦即被睿宗李旦召进宫讲解《四分律》而大受赞赏，④唐代泉州律宗僧人恒景和道深曾分别对开创南山律宗的道宣所撰《四分律删繁补阙行事钞》12卷

①　参见《莲宗十三祖传略》，上海佛学书局1995年版，第40～41页。

②　弘一：《蕅益大师年谱》，《蕅益大师净土集》，福建省佛教协会佛教教育基金委员会，1993年，附录第19页。

③　［明］元贤：《泉州开元寺志》，民国16年8月刻本，第14页。

④　参见《莆山灵岩寺碑铭》，《全唐文》，中华书局1983年版，第8699页。

进行注释,泉州开元寺曾为弘律重镇,正如明代元贤在《泉州开元寺志》中所言:"其禅、教、律三宗之彦,雀起而鼎立。"唐咸通三年(862),温陵僧人弘则从荐福寺传总律师学《四分律》,乾宁初(894年),泉州府主王审邽闻其戒行严谨,遂请其传戒度僧。唐天祐二年(905),泉州刺史王延彬于开元寺创建法院,"以居律师弘则,使授毗尼。弟子良苑,亦以律学教授,孙洛彦、本敷,俱有声色"①。开元寺初有东律庵,唐大中年间(847—859),太守改为东律祖膊院,"延神僧祖膊和尚居之,世以律传"②。开元寺内还有泗洲律院,后梁贞明间(915—921)律师知琦为开山,后弟子本宗以律名。永春僧人省权 23 岁即能讲律,王延彬在开元寺供其居位,优礼敬重。宋代晋江僧人法殊童年即入开元寺,深通《四分律》,每逢初一、十五,聚众宣讲戒本,节日则讲南山教戒。近代高僧弘一大师弘法闽南,振兴了湮没 700 年的南山律宗,因此被后人推崇为重兴南山律宗第十一祖。弘一大师在闽南弘律,主要有三个方面的内容,一是讲演;二是创设南山律学院;三是编撰校注了大批律学著作。③

　　慈恩宗因创宗者玄奘、窥基长期住过长安的大慈恩寺,故通称慈恩宗。因此宗阐扬法相、唯识的义理,故又称"法相宗"或"唯识宗"。唐末五代,慈恩宗就传入闽南。唐末仙游僧人释叔端曾习《唯识论》,并于唐乾符中(874—879)归隐山中,其徒晋江人释道昭向其学《唯识论》诸经,23 岁就通达诸经,曾闭关于泉州开元寺东罗汉阁,著述《成唯识论》近 80 卷,时人号称"唯识大师"。④ 五代晋江人释文超精研《百法明门论》、《唯识论》等慈恩宗经典,曾奉诏

① ［明］元贤:《泉州开元寺志》,民国 16 年 8 月刻本,第 12 页。

② ［明］元贤:《泉州开元寺志》,民国 16 年 8 月刻本,第 12~13 页。

③ 何绵山:《弘一大师与近代闽南佛教》,《近代史研究》1996 年第 1 期。

④ ［元］释大圭:《紫云开士传》(卷二),民国 18 年刻本,第 11~11 页。

入京讲《百法明门论》，又返泉州讲《唯识论》，被委为僧正，泉州刺史王延彬于开元寺东建清吟院供其居住。

贤首宗是唐代高僧贤首大师所创，故称贤首宗。因此宗所依的经典是《华严经》，所以又称华严宗。宋代晋江人释净源，被称为华严宗中兴教主，曾任泉州清凉寺主持，抄录澄观的《大疏》并注解《华严经》，题作《华严疏钞注》(120 卷，现存 58 卷)，撰有《华严原人论发微录》等著作多种。原高丽王子义天出家后师事净源，在中国住了 3 年后，携带佛典及儒书 1000 卷回国，使贤首宗大行于海外。[①] 闽地一些僧人对传播《华严经》作出过努力，如唐宣宗大中年间(847—859)，闽越僧志宁将李通玄在唐玄宗时所撰《新华严经论》、《略释新华严经修行次第决疑论》注在经文下，合成 120 卷。宋太祖乾德五年(967)，福建僧人惠研重新整理，定书名为《华严经合论》，流传于世。[②] 唐天宝年间(742—755)，高丽国(今朝鲜)高僧元表身负《华严经》80 卷，至宁德支提山石室礼诵《华严经》。唐宣宗大中六年(852 年)，传华严宗名僧释行标居莆田玉涧寺，泉州刺史薛凝叩以《华严经》大义。懿宗咸通十一年(870)，朝廷赐额华严寺。

密宗依理事观行，修习三密瑜伽(相应)而获得悉地(成就)，故名密宗，或称瑜伽密教。密宗在福建也流行过，如泉州开元寺的构筑形式为密宗规制。寺前照墙为"紫云屏"，天王殿为悬山式建筑，左右供密迹金刚和梵天的巨大神像。

佛教各派在福建影响最大、最为流行的是禅宗。禅宗以参究的方法，彻见心性的本源为主旨，故又称佛心宗。禅宗至五祖弘忍下分为南宗慧能、北宗神秀。慧能著名弟子有南岳怀让、青原行思，南岳下数传形成沩仰、临济两宗；青原下数传分为曹洞、云门、

---

① 中国佛教协会编：《中国佛教》(一)，知识出版社 1980 年版，第 306 页。

② ［宋］赞宁：《宋高僧传》，中华书局 1993 年版，第 575 页。

法眼三宗,世称"五家"。唐末五代以来,南宗一直为福建佛教的主流宗派。其标志有三:第一,南宗五家都与福建有着极大关系:"如临济宗的始祖义玄是福清人黄檗希运的门徒,沩仰宗创始人沩山灵祐是长溪人,曹洞宗创立者之一本寂是莆田人,立云门宗的文偃出于南安人义存门下,立法眼宗的文益则为闽县人师备的再传弟子。"①第二,历史悠久,法嗣众多,分布区域广。其中影响最大的为闽侯雪峰义存。义存为泉州南安人,曾往湖南武陵参谒出自青原法系的宣鉴禅师,后于唐咸通十一年(870)于闽侯建雪峰寺,僧众盛时达 1500 人,寺有"南方第一刹"之称。五代福建泉州招庆寺静、筠二禅师编撰的《祖堂集》,为我国最早的禅宗史,据《祖堂集》载,雪峰义存的法嗣有 21 人,其影响之大,为义存同辈人中罕见,"存之行化四十年,四方之僧趋法席者不可胜算"②。其法嗣具体如下:

福州	玄沙师备	福州闽县人
福州	长生皎然	福州人
信州	鹅湖智孚	福州人
	大普玄通	福州福唐县人
越州	镜清道怤	温州人
明州	翠岩令参	湖州人
	报恩怀岳	泉州仙游人
西兴	化度师郁	泉州莆田县人
福州	鼓山神晏	生梁国
漳州	隆寿绍乡	泉州莆田县人
福州	安国弘韬	泉州仙游县人
福州	长庆慧稜	杭州海盐县人

---

① 何绵山:《闽文化概论》,北京大学出版社 1996 年版,第 4 页。

② [宋]赞宁:《宋高僧传》,中华书局 1987 年版,第 288 页。

漳州	保福从展	福州福唐县人
韶州	云门偃禅	苏州中吴府嘉兴人
浙江	齐云灵照	东国人
福州	永福从弇	福州闽县人
泉州	福清玄讷	东国人
吉州	潮山延宗	泉州莆田县人
岳州	南岳惟劲	福州永泰县人
越州	越州鉴真	
泉州	睡龙道溥	福唐县人

禅宗五家在福建的传播，使福建出现了许多在中国禅宗史上占有一定地位的禅师。《五灯会元》中对五家闽籍或来闽弘法的著名禅师多有记载。沩仰宗如：潭州沩山灵祐、福州九峰慈慧、福州双峰古；法眼宗如：金陵清凉文益、抚州崇寿契稠、漳州罗汉智依、洪州观音从显、宣州兴福可勋、福州广平守威、广州光圣师护、福州玉泉义隆、福州严峰师术、温州瑞鹿遇安、杭州龙华慧居、福州支提辩隆、福州保明道诚、泉州云台令岑；临济宗如：汝州广慧远琏、南岳芭蕉谷泉、洪州翠严可真、福州白鹿显端、泉州凉峰洞渊、福州长庆惠暹、福州棲胜继超、建宁万寿慧素、建宁开善道琼、江州东林常总、蕲州开元子琦、福州玄沙合文、吉州仁山隆庆庆闲、金陵保宁圆玑、南安雪峰道圆、福州兴福康源、庐山罗汉系南、泉州南峰永程、潭州大沩祖瑃、福州宝寿最乐、福州广慧达杲、泉州慧明云、潭州上封本才、东京长灵守卓、福州雪峰慧空、福州东禅从密、泉州乾峰圆慧、福州鼓山僧洵、福州鼓山祖珍、福州雪峰慧忠、庆元天童了朴、泉州教忠弥光、福州西禅鼎需、福州东禅思岳、福州西禅守净、建宁开善道谦、常州华藏宗演、大沩法宝、福州玉泉昙懿、庆元育王遵璞、温州能仁祖元、福州雪峰蕴闻、建宁竹原宗元、福州清凉坦、泉州延福慧升、通州狼山慧温、福州中际善能、信州龟峰慧光、汀州报恩法演、福州鼓山安永、福州天王志清、福州鼓山宗建、福州乾元宗

颖;曹洞宗如:抚州曹山本寂、澧州钦山文邃、泉州小溪行传、泉州龟洋慧忠、福州普贤善秀、福州龟山义初;云门宗如:明州育王怀琏、福州广明常委、泉州承天传宗、福州广因择要、建州崇梵馀、福州天宫慎徽、泉州资寿院接、汀州开元智孜、泉州棲隐有评、建宁大同旺、福州衡山惟礼、福州中际可遵、福州妙峰如灿、福州大中德隆、福州地藏守恩、真州长庐道和、福州雪峰思慧、福州越峰粹珪、平江妙湛尼文照、福州鼓山体淳、平江光孝如璜、福州雪峰大智、福州雪峰宗演、福州雪峰隆、泉州九座慧邃、福州西禅慧舜。从以上可看出,禅宗五大宗中,临济一宗为最盛。禅宗不仅在福建广为传播,也有不少禅师在外省传法,分布多达十余个省。

福建大多数寺庙皆属禅宗各个宗派,虽然各派系都把据有的寺院作为繁衍本派门下弟子的祖业,但也并不都是门户森严,也不乏相互渗透,兼容并蓄。如厦门临济派下有南普陀寺、天界寺、鸿山寺、金鸡亭、龙湫亭、觉性院等12所,云门派下有妙释寺、日光岩、万寿岩、天竺岩、洪坑岩等5所;曹洞派下有白鹿洞、云顶岩、宝山岩等3所。临济宗高僧转逢,将临济宗所属南普陀寺改为十方丛林,改子孙承传制为十方选贤制。① 由此公开打开了佛门中宗派分立制度的缺口,为佛教兴盛注入了活力。宁德市各县寺庙基本属于临济宗、曹洞宗,以临济宗为多,据对福安、福鼎、霞浦、寿宁、柘荣、屏南六个县608所寺庙的调查,其中属临济宗的有415所,属曹洞宗的有193所。但一些寺庙则"禅净双修"。莆田的南山广化寺、龟山福清寺、鼓峰涌源寺、襄山慈寿寺、梅峰光孝寺被称为当地五大丛林,前三寺属临济宗,后两寺属曹洞宗。曹洞宗钟板是竖式,书写"顶天立地";临济宗钟板是横式,书写"横遍四方"。

---

① 何绵山:《闽南佛学院办学特点浅探》,《教育评论》1995年第3期;又《培养僧材的摇篮》,《闽南佛学院学报》1995年第2期。

但隶属曹洞宗的襄山慈寿寺，却用临济宗的板式，也有人称之为"两宗兼排"。泉州各寺庙大多属临济、曹洞两宗，虽分立门户，各有传人，但又法门并修，互相渗透。最典型如泉州开元寺，元代泉州释大圭撰写的《紫云开士传》中所列唐至宋代开元寺僧人83人，其中有律师、禅师、唯识大师、专修净土宗之僧人、专习《法华经》之僧人等，可谓集各宗之大成。① 此外，各名僧所修也不局限于某一宗派，如鼓山第九十六代住持道霈，先是从闻谷（广印）习净土，旋又随鼓山元贤习曹洞宗禅法，又辞永贤至杭州五年，正如他自己在《旅泊幻迹》中所云："于法华、楞严、维摩、圆觉、起信、唯识，及台、贤、性、相，大旨无不通贯。"②后又曾参临济宗师密云圆悟问法，最后重上鼓山随侍元贤，终受嗣法。

四、寺藏佛典丰富

在中国佛教史上，福建在编撰、翻刻、收藏、流通佛典方面，有特殊的贡献。

福建历代高僧著述宏富，据不完全统计，目前可查阅的有留下著作的高僧有百余人，著作近350部。③ 唐代有代表性的著述，如中华书局出版的《中国佛教思想资料选编》所选，有建州人大珠慧海的《顿悟入道要门论》、《诸方门人参问》，此为听了马祖道一讲法后所撰，发挥了禅宗顿悟思想。时书被法门师侄玄晏窃出呈马祖。"祖览讫，告众云：越州有大珠，圆明光透，自在无遮障处也。"④闽

---

① 关于禅宗在福建的发展，可参阅《福建禅宗源流探论》，《福建佛教》2004年4期。

② 参见《旅泊幻迹》，转引自石峻等主编：《中国佛教思想资料选编》（第三卷第三册），中华书局1991年版，第26页。

③ 何绵山：《论佛教在福建传播特点》，《宗教学研究》1996年第2期。

④ 石峻等编：《中国佛教思想资料选编》（第二卷第四册），中华书局1991年版，第205页。

县人希运的《黄檗山断际禅师传心法要》、《黄檗断际禅师宛陵录》宣扬直指单传心要,在当时有相当影响。五代最有代表性的著作为南唐保大十年(952)泉州松庆寺静、筠二禅师编撰的《祖堂集》20卷,辑录了古代七佛、三十三祖迄唐末五代共246位禅师的事迹和机缘,叙述了禅门诸法师的源流谱系,实录了各禅师的行状,保存了不少禅宗语录,开后世灯录体著作的先河。《祖堂集》是我国现存最古的灯录体著作(比《景德传灯录》还早50年),特别其中有不少内容是已失传或其他禅宗史料语焉不详的,因此,对我国禅宗史的研究,具有极为重要的意义。但成书100年后,逐渐在中国本土失传。1912年,日本学者关野贞、小野玄妙等对韩国庆尚南道陕川郡伽耶山海印寺所藏高丽版《大藏经》的版本进行调查,从其藏外版的补版中发现了1245年的开雕版《祖堂集》。日本学者柳田圣山在用中文出版的《祖堂集影印序》中认为:"《祖堂集》之重发现,实为本世纪初叶之事,可与敦煌古籍媲美。"①五代有代表性的名僧撰述还有南安人义存的《雪峰义存禅师语录》2卷、闽县人师备的《玄沙师备禅师语录》3卷、长溪(今霞浦)人惟劲的《南岳高僧传》,以及收进《古尊宿语录》中的鼓山开山祖师神晏撰的《鼓山先兴圣国师(神晏)和尚法堂玄要广集》1卷等。宋代有代表性的名僧撰述主要有三类,第一类是对各宗系的描述,如:福州人悟明编集《联灯会要》30卷,收入《续藏经》第136册。悟明为泉州崇福寺沙门,此书编撰于南宋淳熙十年(1183),为《传灯录》、《广灯录》、《续灯录》的汇要和补充,但也有不少新收的人物和机语,为研究中国禅宗史的珍贵文献。福清人圆悟于南宋景定四年(1263)编撰的《枯崖漫录》,收集了南宋中叶以来禅林大德和参禅学道者的入道机缘和示众法语,可补《五灯会元》之不足。建宁人道谦,于南宋绍

---

①　转引自吴福祥、顾之川校点:《祖堂集·前言》,岳麓书社1996年版,前言第5页。

兴十年(1140)编集的《大慧普觉禅师宗门武库》,不事雕琢,平易质朴。第二类是对各种经书的阐述,如有朋的《楞严·维摩经注》,戒环的《华严经要解》1卷、《楞严经要解》20卷、《法华经要解》20卷。第三类为名僧的禅语,如道英的《道英禅师语录》,了灿的《了灿禅师语录》,慧空的《雪峰慧空禅师语录》、有需的《有需禅师语录》、藏用的《藏用禅师语录》、守净的《守净禅师语录》等。元代佛教史的代表作为福建宸峰熙仲于元至正十二年(1275)所编撰的《历朝释氏资鉴》12卷,收入《续藏经》第132册。时为福州路福宁州判官的薛天祐在题记中称:"宸峰和尚心栖禅那,神游史籍,摘其实,疏其迹,而资观览,如鉴目前。"书中大多记载王公大臣对佛教的皈依,所采用的佛书近30种,有的佛书如《释氏事物纪原》已佚,一些资料有赖于此书注出而得以保存。经书阐述的代表作有妙思的《上生经解》,禅门语录代表作有樵隐的《樵隐悟逸禅师语录》等。明代建阳人元贤撰述最多,其代表作有崇祯二年(1629)编撰的《建州弘释录》,收入《续藏经》第147册。此书叙述唐代至明代生于或活动于建州(今建瓯)的佛教人物77人,以禅宗人物为主,分达本、显化、崇德、辅教四篇,间或有评论,为研究福建佛教的珍贵资料。其于清顺治八年(1651)编辑的《继灯录》,收入《续藏经》第147册。此书是作为《五灯会元》续篇而编的,对师承可考的禅师,不论有无机语述作,均加载录,以见其人面貌;如言句行迹未见传,或者是作者未见到的,也记载人名,以备后人查考。所以此书保存了一些独特的资料。元贤主要著述还有《永觉立贤禅师广录》30卷,其中卷二十九、卷三十,皆选入中华书局的《中国佛教思想资料选编》第3卷第2册中。元贤还著有多种经论注疏,如《法华私记》、《楞严翼解》、《楞严略疏》、《金刚略疏》、《般若经指掌》等。鼓山涌泉寺僧元来(安徽舒城人)著有《无异元来禅师广录》35卷,收入了他六坐道场的语录,以及各种禅语、杂著、书启、诗文、传记等,中华书局《中国佛教思想资料选编》第3卷第2册收其部分问答语录。清代有代表性的如福清人通容,其于清顺治七年(1650)时所辑《五灯严统》25卷,收入《续藏经》第139册。此书据《五灯会元》的次第,叙述了临济宗、曹洞宗等宗系人物,不乏有价值的资料。其于清顺治十一年(1654)前后撰写的《五灯严统解惑篇》1卷,收入《续藏经》第139册。建瓯人道霈的撰述甚多:语录类有《秉拂录》1卷、《鼓山录》6卷、《餐香录》8卷、《还山录》4卷、《云山法会录》3卷、《旅泊庵稿》6卷等;集古类有《圣箭堂述古》1卷、《禅海十珍》1卷等;修净土业类有《续净土生无生论》1卷、《净土旨诀》1卷、《净业常课》1卷等;经论注疏类有《心经请益说》1卷、《佛祖三经指南》3卷、《发愿文注》1卷、《华严疏论纂要》120卷,《金刚般若经疏论纂要刊定记略》3卷、《仁王护国般若经合古疏》3卷等。中华书局《中国佛教思想资料选编》第3卷第3册选有道霈著作中的部分章节。福清人隐元的著作极为宏丰,大多为语录随笔类,如:《隐元禅师语录》16卷、《隐元禅师普门寺语录》、《黄檗和尚扶桑语录》18卷、《黄檗和尚云涛集·续集·二集·三集》12卷、《松隐集·二集·三集》11卷、《三籁集》3卷、《黄檗和尚全录》18卷、《普照国师广录》18卷、《示众语录》20卷、《松隐老人随录》1卷、《黄檗隐元和尚耆年随录》2卷、《耆龄答响》及《弘戒法仪》2卷、《黄檗清规》1卷等。近现代福建著述最多的为弘法闽南14年的弘一和古田人圆瑛,弘一在福建的著述除了佛经编校注论外,还有序、跋、题记、传、年谱、铭、联、记事、法事行述等。[①]《弘一大师全集》编委会将其全部著述汇编为《弘一大师全集》,由福建人民出版社于1989年出版。圆瑛著有多种经论、语录、文集,共计近20种,后人合编为《圆瑛法汇》。

福建寺院刻印佛典有以下几个特点:第一,历史悠久。如宋代福建东禅等觉院所雕《崇宁藏》和福州开元寺所雕的《毗卢藏》,不仅是中国历史上最早的两部寺刻大藏经,也是福建现存最早的刻

---

①　何绵山:《浅谈弘一大师在闽南的撰述》,《人海灯》1996年第1期。

本。《崇宁藏》的雕印始于宋神宗元丰三年(1080)，成于宋徽宗崇宁三年(1104 年)，当时特地建一所藏院负责此事，历经冲真、智贤、道芳、普明、达杲、东禅等觉院六代住持，共收经 1430 部，5700余卷。首次采用摺装式，以后多数藏经均沿袭此版式。现全藏已佚，在一些著名寺院还存有其残卷。该藏每版 30 行，折为 5 个半页，每半页 6 行，每行 17 字。《毗卢藏》始雕于北宋政和二年(1112年)，成于南宋绍兴二十一年(1151 年)，后又两次续雕。福州开元寺曾专门设立经局负责雕印，历经开元寺本明、元忠、法超、惟冲、必强、了一等历代主持的努力，始得以完成。全藏共收经 1451 部，6132 卷，现全藏已佚，泉州开元寺存其残本。据弘一法师生前侍者、泉州开元寺住持妙莲法师介绍，泉州开元寺残本有：北宋政和三年出版的《释大方广佛华严经论》、政和七年出版的《大般若波罗蜜多经》、重和元年(1118 年)出版的《摩诃般若波罗蜜多经》、宣和六年(1124 年)出版的《大方等大集经》、靖康元年(1126 年)出版的《大云轮请雨经》、南宋绍兴十八年(1148 年)刻版的《阿毗达磨俱舍论》、绍兴二十一年(1151 年)刻版的《妙法莲华经》等，从其题识附注中可了解到刻印时间、劝募人、刻工等情况，有利于研究整个《毗卢藏》的雕刻过程。该藏每半页 6 行，每版 36 行，每行 17字。① 这种寺刻佛典的传统一直延续至今，至 19 世纪 80 年代，福州鼓山涌泉寺以传统的手工，印刷了数十种佛典，除梵册的经典外，还有《释迦如来应化事迹》、《净土诸上善人咏》、《圣箭堂述古》、《鼓山志》等。第二，刻经寺院面广。无论大小寺院，都刊印了大量的佛典。仅以福州寺院为例，如宋代，有玄沙宝峰院刊刻的《玄沙师备禅师广录》，光孝寺刊刻的《大慧普觉禅师语录》，鼓山涌泉寺刊刻的《佛说观无量寿佛经》、《仁王护国般若波罗蜜多经》、《佛顶

---

① 　妙莲法师：《我国佛教史籍的雕印和泉州开元寺藏宋元版本的整理》，《闽南佛学院学报》1991 年第 2 期。

尊胜陀罗尼经》等；明代，有怡山西禅寺刊刻的《楞严经正脉疏》，罗山法海寺刊刻的《心经宋濂宗泐合注》等。第三，刊刻佛典数量众多。如福清黄檗山万福寺曾于明代建有藏经阁，阁上另辟一印刷楼，贮有经版，逐年印刷。至道光年间（1821—1850）止共刻经 24种，有代表性的有：《黄檗山断际禅师传心法要》1 卷（后收入日本《大正新修大藏经》第 48 卷）、《庞居士语录》3 卷（后收入日本《卍续藏经》第 120 册）、《白云守端禅师语录》2 卷（后收入日本《卍续藏经》第 120 册）、《虎丘绍隆禅师语录》1 卷（后收入日本《卍续藏经》第 120 册）、《三教平心论》2 卷（后收入日本《大正新修大藏经》第 52 卷）、《石屋清珙禅师语录》2 卷（后收入日本《卍续藏经》第122 册）、《费隐通容禅师语录》25 卷、《祖庭钳锤录》2 卷（后收入日本《卍续藏经》第 114 册）、《般若心经斫轮解》1 卷（后收入日本《卍续藏经》第 41 册）、《禅关策进》1 卷（后收入日本《卍续藏经》第 114册）、《禅灯世谱》九卷（后收入日本《卍续藏经》第 147 册）、《黄檗隐元禅师语录》2 卷（日本内阁文库有收藏）、《隐元禅师又录》4 卷，①《黄檗隐元禅师云涛集》1 册、《禅林宝训》4 卷，以及《四十二章经》1卷、《梵网经》1 卷、《妙法莲华经·观世音菩萨普门品》1 卷、《药师琉璃光如来本愿功德经》1 卷、《四分戒本》1 卷、《毗尼日用》1 卷、《小法数》、《禅林课诵》等。翻刻佛典最多的为福州鼓山涌泉寺，据《鼓山涌泉禅寺经板目录》载，涌泉寺共刻佛典 359 种，其中明刻184 种，清刻 195 种，民国刻 45 种，年代不明 35 种。至民国，涌泉寺尚有完整无缺的经版 188 种（其中方册 145 种，梵册 43 种）。至1972 年，虽经"文革"初期浩劫，涌泉寺尚存明末清初所刻佛典板片 3613 块，清末民国间所刻 7696 块，及其他板片 66 块，共 11375

---

① 周书荣：《福清黄檗山万福寺的刻经及其目录》，《福建宗教》1997 年第 1 期。

块,弘一大师曾称鼓山为"庋藏佛典古版之宝窟"①。第四,许多刊刻的佛典在中国佛教史上具重要意义。福州鼓山涌泉寺分别于宋淳熙五年(1178年)、嘉熙二年(1283)所刊刻的《古尊宿语录》4卷,《续古尊宿语录》6卷,皆在中国禅宗发展史上具有极为重要的地位。前者收37家禅师言行,后者收81家禅师言行(附出两家)。此书的价值是对禅师的记述比较详细,有行迹、拈古、偈颂、奏文、与帝王的对答等,弥补了其他灯录的不足。通过对其研究,"不仅可以把握禅宗盛期之梗概,亦可观禅宗主要代表人物的思想全貌。它是研究禅宗特别是禅宗盛期必不可少的思想资料"②。福州鼓山涌泉寺所刻《华严经疏论纂要》,为百余卷,4000余页,观本在《鼓山涌泉禅寺经板目录》中称其"为海内未经见之本",③弘一大师曾在1930年10月2日写给夏丏尊的信中称:《华严经疏论纂要》"旧藏福州鼓山,久无人知。朽人前年无意之中见之,仍劝苏居士印廿五部。按吾国江浙旧经版,经洪杨之乱,皆成灰烬,最古者,惟有北京龙藏版,大约雍正时刻。今此《华严经疏论纂要》为康熙时版,或为吾国现存之最古经版,亦未可知也"④。

福建寺院藏有大量佛经。因福建地理位置偏僻,各种动乱不如中原频繁,使得一些佛典珍藏至今。以厦门南普陀寺为例,据《中国佛教名寺古刹》第一卷介绍,南普陀寺藏有五部藏经,即:《宋碛砂藏经》影印本两部,《明大藏经》(日本翻刻本)、《日本续藏经》影印本各一部,《频迦精舍大藏经》、《大正新修大藏经》各一部。据妙莲法师《我国佛教史籍的雕印和泉州开元寺藏宋、元版本的整

---

①　何绵山:《弘一大师与近代闽南佛教》,《近代史研究》1996年第1期。

②　萧萐父、吴有祥:《〈古尊宿语录〉前言》,中华书局1994年版,第26页。

③　观本:《鼓山涌泉禅寺经板目录》,民国21年版,第67页。

④　何绵山:《弘一大师与中日佛典交流》,《浙江佛教》1996年第1期。

理》一文介绍，泉州开元寺藏有宋、元版佛典 12 部，26 种，67 卷（其中 8 种 9 卷是完整的），所藏明代的有《南藏》一部（不完整）、《佛升忉利天为母说法经》，所藏清代的有《频伽藏》一部，所藏民国的有《民国缩式影印南宋版碛砂藏》一部、《民国影印宋藏遗珍》一部等。福州鼓山涌泉寺藏有明《永乐南藏》、《永乐北藏》，清《龙藏》等。宁德支提山华藏寺藏有明《永乐北藏》（部分）。莆田龟山福清寺藏有民国《频伽藏》等。鼓山涌泉寺曾藏有元延祐二年(1315)建阳后山报恩寺万寿堂刊刻的《毗卢藏》，惜毁于十年浩劫中。

五、僧教育兴盛（以闽南佛学院为例）

　　闻名遐迩的闽南佛学院是福建省第一座新型的佛教教育学府，在中国佛教教育史上具有重要地位。

　　闽南佛学院走过的路程，主要分为三个阶段。(1)发展阶段(1925—1937 年)。1925 年，广津、瑞征从安庆的安徽佛教学校学成归来，与转逢、会泉商议筹办闽南佛学院，得到各方面支持，原在安徽佛教学校执教的常惺应聘前来协助。是年 9 月正式开学，公推会泉、常惺为正、副院长，院中教务、事务，分别由觉三、广津等协助办理。首届招收学僧 74 人。学院初分"专修科"、"普修科"两个科级，后又为一些文化程度较低的学僧另设小学部。1927 年，会泉推荐一代高僧太虚续任方丈兼院长职务，这对闽南佛学院以后的兴盛产生了极为重要的影响。是年 4 月，太虚就任院长，即议定由转逢、会泉为院董，常惺为副院长。太虚在担任院长的 6 年间，一直将闽南佛学院作为改革、创新中国佛教禅教育的实验园地，并相应地开展了一系列开放式教学活动，大力推行学禅双修、学用结合。1933 年，常惺继任院长。1936 年，共推会泉复任院长。1937 年因局势紧张，被迫停办。(2)衰微阶段(1941—1945)。1941 年秋，勉强复办闽南佛学院，大醒任院长。因局势紧张，第一届学僧一年后即草草结业，大醒也辞职返回江苏，块然和尚继任院长，不久也辞职回籍。会觉继任院长,勉强维持至 1945 年日本投降后,再次停办。(3)复兴阶段(1985—至今)。1985 年 5 月,闽南佛学院举行复办开学典礼。复办后的闽南佛学院在教育设施、教学改革、学僧培养等方面,都超过创办时期的盛况,居当代佛教院校前列。院内设男、女两个院部,兼收僧、尼入学,为全国佛教院校首创。学僧来自 21 个省市自治区,其中福建籍的占 1/3。毕业后的学员,或留院任教,或参加各级佛协工作,或在各寺院任执事、管理,也有出国以及被外地聘为教师的。他们大多勤于职守,严于修持,为现代佛学建设作出积极贡献。

闽南佛学院创办以来,所以能硕果累累,成为我国著名的佛教学府,其原因主要有以下八个方面:

以南普陀寺为主办寺院。厦门南普陀寺是一座具有千年历史的古刹,是我国重点寺庙。在创办闽南佛学院的前一年(1924),南普陀寺革除早先的寺院承袭法嗣的陈规陋习(即由同一法脉的师父指定传给徒弟,徒弟再传徒弟,也称"子孙寺"),将寺改为十方丛林,使之成为十方僧侣集居、修学的大寺;并制定《十方选贤规约二十则》,选举德才兼备的僧人担任方丈,每任三年。这就为南普陀寺广揽人才创造了极好的条件。后来证明,有了南普陀寺的这个改革,该寺当年才有可能延聘国内著名高僧担任院长和教职,这对办好闽南佛学院有极为深远的意义。南普陀寺常年佛事不断,讲经不缀,藏有丰富的佛教文物和经典。这为学僧进一步研习创造了有利条件。南普陀寺最主要的特点,是与海外,特别是与东南亚关系极为密切,历代高僧远涉重洋,弘扬佛法,为新加坡、马来西亚、菲律宾等国家和地区佛教事业的发展作出巨大贡献。东南亚有许多寺院,均由南普陀寺僧侣或闽南佛学院学僧前去担任住持或兼任住持。如:新加坡的光明山普觉寺、龙山寺、普济寺、天福宫和普陀寺等;菲律宾的信愿寺、华藏寺、碧瑶普陀寺、马尼拉普陀寺、莲花寺等;马来西亚的妙香寺、吉隆坡观间寺和龙华寺等。在南普陀寺任过职或在闽南佛学院学习过的学僧,有的后来成为东南亚佛教界的泰斗,如马来西亚佛教总会主席竺摩法师、被誉为菲律宾佛教开山祖师的性愿法师、原任新加坡光明山普觉寺住持的宏船法师、菲律宾马尼拉信愿寺退任方丈瑞今法师等。他们虽然法传海外,却根连南普陀,极为关心南普陀和闽南佛学院。东南亚的一些华侨领袖兼佛教界知名人士,也关心南普陀的建设和闽南佛学院的复办。如新加坡的陈共存、何瑶琨、孙炳炎,菲律宾的蔡东南,马来西亚的许本等,都曾参观访问过南普陀并慷慨捐资助建,这就使闽南佛学院在办学经费上有了保证。1925年创办时,所有经费均由南普陀寺独立负担。1992年,院内自筹办学经费940万元,其中有相当部分即为海外捐赠,这是一般佛学院所难以企及的。

由懂教育的高僧担任重要领导。办学毕竟不同于主持寺庙,它要求领导人不仅对佛学有专深的研究,还必须懂教育。闽南佛学院第一任院长会泉法师,一生以讲经说法为己任,创办多所僧学校,都亲任主讲,对僧教育有丰富的经验。他曾求学于浙江天童寺、江苏金山寺、扬州高旻寺等寺院。1910年,在南安雪峰寺开讲《楞严经》,之后往台湾基隆灵泉寺宣讲《金刚经》,后在虎溪岩开设虎溪莲社,主讲经筵。1917年,在泉州创办优昙初级学林,在学林中多次讲演佛经。1932年,任思明(厦门)佛教演讲会主讲导师。1933年,于万石岩开设佛学研究社,亲任主讲。1934年,与弘一法师等合创佛教养正院,为我国现代佛教教育先驱者之一。太虚院长,不仅是全国佛教界领袖,还是中国佛教史上举足轻重的僧教育家。他一生创办过多所佛学院,具有丰富的办学实践经验。除了担任闽南佛学院院长外,早在1912年,他就前往南京,着手创办佛学院,拟将金山寺作为佛学院地址,虽然因故未实现,却产生了很大影响。1922年,太虚创办武昌学院,并担任院长,培养出诸如虞愚等著名佛教学者。1925年,太虚于庐山东林寺创办庐山学苑,培养出诸如会觉等高僧。1930年,太虚于北京柏林寺创办柏林佛学院。1931年,积极建议筹办四川汉藏教理院。1943年,任金剑山大雄中学董事长。1945年,任西安巴利三藏学院院长。值得注意的是,太虚曾赴欧美各国讲学,历经法、比、荷、德、英、美各国,因此视野开阔。太虚先后与巴黎、伦敦、柏林学者联合成立世界佛学院,并将武昌佛学院改为世界佛学院汉英语系,闽南佛学院改为世界佛学院汉日语系,汉藏教理院改为世界佛学院汉藏语系,柏林佛学院改为世界佛学院汉巴语系,把中国的佛教教育,纳入世界轨道。太虚为了使学僧能掌握巴利文、梵文等,派出学僧到斯里兰卡、泰国、印度等国学习。太虚有许多关于僧教育的论述,其主要如《我新理想中之佛学完全组织》、《议佛教办学法》、《僧教育之目的与程序》、《佛教应办之教育与僧教育》、《中国的僧教育应怎样》、《世界佛学院建设计划》、《佛教教育系统各级课程表》等。其他参与管理的僧人也大多为佛教学校毕业者,多年来在佛教学校讲课任职。如曾任副院长的常惺,毕业于杭州华严大学,历任江苏、安徽等佛学院讲师。曾任训育主任和代院长的觉三,毕业于湖南师范,历任安徽佛学院监学、讲师。曾任教务主任的蕙庭,毕业于安庆佛教学校、南京支那内学院。曾任代院长的大醒,毕业于武昌佛学院。曾任教务主任的芝峰,毕业于武昌佛学院。曾任事务主任的广津,毕业于安徽佛教学校。复办后任院长的妙湛也是一位杰出的僧教育家,他在《僧教育新构思》中发表了一系列搞好僧教育的独到见解,以创新的精神指出僧教育中存在的弊端:"目前国内外的佛学院,都是沿着本世纪初到四十年代佛学院的老路走过来的,以培养讲经法师为唯一的任务。培养出来的学僧,知识面很狭,除了懂得点名相或几部经论之外,其他的特长是一无所有。因此毕业后,学非所用,出路成问题。"怎样才能改变这种弊端呢?他认为:"应根据我国当前佛教界的实际需要,分系教学,除了开设主要经律基础理论课外,还要开设应用知识课。……佛学院必需由过去单一培养教理知识的僧才,转变为培养多层次多专业知识的僧才。"在怎样培养僧才问题上,他提出了自己的独到见解。他认为,佛教学院应设六个系,即:(1)教理系,学制 3 年,培养高级佛学研究人才,以适应学术研究、教学研究、国际交流的需要。(2)禅观系,学制 2 年,培养禅定、止观、密教综合修持人才,建立实验室,对神经病、高血压、癌症患者进行医疗。(3)教仪系,学制 2 年,培养僧值(纠察)、维那这些高级法务人才,使之能独立主持寺庙各种法务活动。(4)管理系,学制 2 年,培养方丈,监院、衣钵、知法、僧值、副寺等高级寺庙管理人才。(5)艺术系,学制 2 年,要求能掌握佛、菩萨、罗汉、金刚造像理论和技法。(6)医护系,学制 2 年,为寺庙和佛教安养院培养初级医护人才。妙湛还多次对怎样搞好僧教育发表讲话。1992 年 3 月,他在福建省佛教教育工作座谈会上呼吁要健全佛学院领导机构,完善各种规章制度,稳定教师队伍,改进教学方法,搞好在职人员的轮训等。他还要求:"学僧修持、持戒的表现应予评分,作为能否升级、毕业的重要依据。同时,要按照丛林僧人的要求对学僧进行管理。坚持上殿、过堂、修禅、念佛,严格僧仪、僧纪。"正是有这种严格的要求,才使闽南佛学院的学僧勤奋努力,从不稍息。

以第一流教师任课。师资是学校的台柱,闽南佛学院的管理者深谙其重要性。任课教师,皆为一流水平。师资主要来源于三个方面:(1)本院高僧,如太虚、会泉、常惺、大醒、芝峰、会觉、妙湛等。(2)院外著名高僧。来院讲过课的最著名高僧为弘一法师。弘一法师 1928 年入闽常居南普陀寺,弘扬南山戒律。1929 年,应常惺院长之请,前来讲学兼整顿僧教育,此时闽南佛学院学生已增至 60 余人。弘一注意学僧思想教育,现身说法教导学僧惜衣惜食惜福;为闽南佛学院撰《悲智》训语。之后,先后南来的蕙庭、寄尘等诸师都曾在院内讲演佛教经典。(3)著名专家教授。前后如虞愚、陈定谟、方兴、田光烈、单培根等,都是在国内享有盛誉的佛学专家。

以严密的行政组织管理学校。太虚法师高度重视闽南佛学院行政组织的落实,该院在发展时期行政组织就很严密。复兴以来,行政组织有了很大改革。全院设院长 1 人,负责全院的领导工作;副院长 2 人,协助院长工作;教务长 1 人,主持全院教学事务,副教务长 2 人,协助教务长开展工作。下设办公室、教务室、教研室,各设主任 1 人,分掌具体工作。教务室下设学生会、图书管理组、学报编辑组、打字印刷组等;办公室下设财务组、事务组、医务组等;教研室下设文化课教研组、佛课教研组、班主任教研组。正是有了严密的体系,才保证了学校的高效率运转。

课程设置全面。太虚主持院务时期,强调要培养多层次僧才,因此该院开的课程多,学科多,门类齐全。除了学佛学外,还必须学许多其他课程。国文有:语体文、文言文、文法、文学史、文字学等;外文有:英文、日文;历史有:中国史、印度佛教史、世界史、中国佛教史、自由史观、僧伽制度沿革史等;地理有:中国地理、世界地理、佛教行化地域等;哲学有:中国哲学大要、西洋哲学大要、印度哲学大要、人生哲学等;教育学有:教育原理、教授法、寺院管理法、佛教教育各论等;数学有:算术、珠算、代数、几何、三角等;艺术有:书法、音乐、图画、梵曲、建筑、雕刻等。此外,还有自然科学、体育、行持等课。妙湛主持院务时期,课程分为政治思想课、社会文化课、佛学理论课等三大部分,以社会文化课为例,分设中文、中国史、哲学、外语等科目。预科班的中文和外文课,分别采用普通初高中语文、英语教材;本科班的中文课以古汉语为主,外语课采用《新概念英语》教材,中国史和哲学史均采用普通大专院校教材。闽南佛学院注意培养学生的实际能力。1992 年 5 月,以"绍隆佛种,弘扬正法"为主题举行了演讲比赛,妙湛院长认为,这种演讲比赛"具有深远的历史意义,对发现佛教人才,培养弘法人才,振兴佛教起到了积极作用"。

招生起点高,要求严。闽南佛学院自创办起,只招收出家人,且要有一定文化素质。学僧来自全国各地,大多是各地寺院中的优秀分子。闽南佛学院在招生方面的高要求,一直沿袭到今天。复办后的招生对象纯为出家的僧、尼(包括沙弥、沙弥尼)和部分闽南菜姑。规定要年满18岁,出家2至3年以上,曾在丛林禅院参学过,具有高中以上文化程度,有一定佛学知识,熟悉早晚课诵,并能遵守丛林规矩,持有所在寺院和佛教协会介绍证,方可取得报名资格。通过佛学、文化和禅行等严格考试后,及格者才准予进入预科班学习,两年后优秀者再进入本科班学习。一些仅有初中文化程度的僧、尼,可先进附设初中文化班学习,两年后,再经考试进入预科班学习。正是这种严格的招生制度,有效地保证了生源的质量。

注重科研。学校是否办得有影响,还看其是否有高质量的科研成果。闽南佛学院自创办以来,一贯重视对学生研究能力的培养。其具体措施,一是要求每一个毕业生都要写出高质量的毕业论文,并千方百计予以结集发表。1932年有20名第三届学僧毕业,每人都作有毕业论文1篇,刊载于《现代佛教》第5卷第762期中。复办时期第三届毕业生论文,有19篇结集为《闽南佛学院第三届学生毕业论文选》,以学报形式发表。这些毕业论文,或为阐扬佛教经、律之专论,或为独到学佛见解,或阐发佛教与中国传统文化之关系,或为对于中外佛教史之研究,有较高的水平。二是开办研究部。1930年,闽南佛学院设立研究部,由太虚院长亲自从毕业生中选10人进研究部,并要求研究部学员每月要交研究笔记1册,由研究长改正。为了加强研究深度,研究部内另有“法相唯识系”、“法性般若系”、“小乘俱舍系”、“中国佛学系”、“融通应用系”等5系,由学员分别对相关的佛学理论进行研究。复办以来,所设研究部在科研方面要求更高,要求学僧每年要撰写1至2篇较高水平的专业论文,以供学术界研究讨论。研究部学僧在从事佛教各宗经论的专门研究时,都配有专业导师。重视科研的传统,使不少学僧脱颖而出,成为当代对佛学极有研究的僧人(如巨赞)。

创办刊物。闽南佛学院从创办起,就高度重视创办院刊(学报),这在全国佛学院中是颇有特点的。1928年10月,创办了《现代僧伽》刊物,由代院长大醒、教务主任芝峰任主编,南普陀寺出版发行,1932年起改名为《现代佛教》。复办之后,又创办了《闽南佛学院学报》,每年出版两期。《闽南佛学院学报》以刊本院师生论文为主,也采用高质量外稿。学报辟有"杨枝净水"、"法藏珠玑"、"古韵新声"、"一瓣心香"、"正法眼藏"、"文苑禅风"、"高山流水"、"城南旧事"、"度人金针"、"三教论坛"等专栏,还推出《纪念太虚大师诞生一百周年》等学术专集,许多论文有较高水平。《闽南佛学院学报》以上乘的质量引起佛学研究专家的交口称誉,为积淀文化,弘扬佛学作出了积极贡献。

得天独厚的背景。闽南佛学院诞生于厦门并得以迅速发展,绝不是偶然的,它有一定的背景,主要是三个方面:(1)国内僧教育运动风起云涌。闽南佛学院创办之前,国内出现了上海华严大学、宁波观宗学社、常熟法界学院、南京支那内学院、汉口华严大学、高邮天台学院等著名佛教学院,相继创办的还有岭东、九华、安庆、宏慈、拈花、河南、普陀、焦山、贵州、陕西等佛学院,这些都为闽南佛学院的创办提供了经验和人才。(2)有利的地理位置。闽南佛学院不是办在深山老林,而是办在东南名城厦门,这是一个极为有利的地理位置。清末以来,厦门为佛教重镇,许多高僧大德云集厦门。此外,赴东南亚的僧伽,大多经厦门出国南渡(如弘一法师原拟经厦门赴泰国弘法,后留厦门南普陀寺)。厦门成为与东南亚联系的桥头堡,故往往能开风气之先。(3)与厦门大学毗邻。闽南佛学院常聘厦门大学著名教授担任该院语文、外语、数学、历史、地理、科学、哲学等课教师,不但解决了师资不足的困难,还在客观上促使学僧的思想比一般佛学院的学僧更加活跃,表现出一种蓬勃朝气。

六、对福建文化产生了深远的影响

福建佛教在长期发展过程中,对福建文化产生了深远的影响。

（一）在思想上对福建士大夫产生了极为深远的影响

福建的士大夫,无论是崇佛还是反佛,思想上都受到佛教的影响。以宋代为例,如杨亿、胡安国、游酢、陈易、李纲、真德秀等本人就是著名居士,而刘子翚则受佛禅思想影响极深,正如王渔洋《带经堂诗话》卷二十载:"其《屏山集》诗,往往多禅语……先生常语文公曰:'吾少官莆田,以疾病时接佛老之徒,闻其所谓清净寂灭者,而心悦之。比归读儒书,初亦由禅入。'"①朱熹与佛教关系更密切,其佛学思想是袭承宗杲、道谦的看话禅,虽然朱熹最终"逃禅归儒",但其理论核心"理一分殊"则是源于华严宗和禅宗。明代李贽曾潜心佛学,著有《华严合论简要》四卷。林则徐也深受佛教影响,正如中国佛教协会所介绍,林则徐"是一个虔诚的佛教徒,在日理万机和戎马倥偬中,不废诵经念佛,亲笔楷书佛经五种,作为《行舆日课》,足见其持之精勤"②。赵朴初在为《林文忠公手书经咒日课》所写的序中称:"林文忠公为中华之民族英雄,志行勋烈,震铄今古,而其闲邪存诚,养心成性之功,拳拳服膺而弗释者乃在释氏之教典,观公手书日课之本,端严整秀,想见其对越之虔,信奉之笃。"在林则徐的日记、诗集、文钞中,有不少反映供佛礼佛、参禅诵经、忌日持斋、佛诞行香、求佛祈雨、写经赠友、赞扬佛子、参拜佛寺,与佛教界人士交往的内容,并一度有遁迹空门,归依寺院的念头。③

---

① 何绵山:《王渔洋与禅》,《齐鲁学刊》1995 年第 2 期;又《试论禅对王渔洋的影响》,《中国文哲研究通讯》(台湾"中央研究院")五卷一期。

② 《林文忠公手书经咒日课》,中国佛教协会 1987 年。

③ 张一鸣:《林则徐与佛教》,《法音》1995 年第 5 期。

（二）留下了许多珍贵的文物

福建因寺庙众多和远离战乱，一些佛教文物保留相对完整，是研究佛教史的珍贵实物。如鼓山曾有摩崖石刻611段，现存553段，已失58段，其中宋刻89段，元刻11段，明刻31段，清刻169段，民国刻96段，疑刻153段。从这些石刻中可考察当时名人与鼓山的关系，对于研究鼓山佛教的兴衰，有一定价值。又如晋江南天寺巨崖上所刻"泉南佛国"为南宋时泉州太守王十朋所写，气势磅礴，径大达2米，可看出当年佛教的兴盛。福州乌石山乌塔旁的唐代碑文《唐无垢净光塔铭》、闽侯雪峰枯木庵的唐代树腹碑、平和三平寺中的碑文《三平山广济大师行录》等，均为珍贵文物。建于北宋的南安桃源宫陀罗尼经幢，共七层，为南安佛教女弟子葛门陈二十二娘为追荐亡夫与双亲而建，第四层分行竖刻《尊胜陀罗尼经咒》全文。建于唐代咸通年间漳州芝山开元寺的经幢，幢上所刻《佛顶尊胜陀罗尼经》以书法遒劲飘逸而驰名于世，惜"文革"中被毁，其残片存于漳州市图书馆。建于宋绍圣年间的漳州塔口庵经幢，幢身刻有佛像及"南无阿弥陀佛"等。

（三）保存了许多稀世佛像

（1）石雕。如泉州清源山弥陀岩的阿弥陀佛立佛高5米，宽2米，头结球髻，右手下垂，左手平放胸前，足踏莲花，端庄肃穆。清源山左峰半山腰有一尊利用天然岩石雕成的立式释迦佛像，高4米，宽1.5米，左手下垂，掌心朝外，右手露肩，神态庄严。清源山碧霄岩三尊用花岗石雕琢而成的并排而坐的大型佛像，造型古朴庄严。佛教考古学家温玉成先生认为"这是一组典型的元代喇嘛教造像，主要造像特征是：内髻顶有髻珠、面相颏宽而下颏尖，均着祖右肩袈裟，细腰，佛座为低的仰覆莲座。中间释迦佛作降魔印；左侧佛左手托钵；右侧佛为禅定印。这是我国东南沿海除杭州外唯一一处有明确纪年的喇嘛教造像"①。宋代雕刻的南安九日山石佛由耸天巨石雕成,佛像袒胸趺坐在莲座上,气势雄伟,惜面部分五官已缺落。(2)佛像。福建各寺所藏各种铜铸、陶瓷、脱胎漆等工艺佛像甚多。以南普陀寺为例,寺中藏有高约 10 厘米的北魏普泰年间铸造的释迦牟尼说法铜像;高不过 20 厘米的唐代铜铸佛像三尊,背后铸有焰状的光轮,有盛唐风格;宋代手持药物的药师佛铜像;元代的观音菩萨铜像;明代的德化瓷塑观音像,高 40 厘米,洁白晶莹,形象安详慈善,线条准确流畅。

(四)对福建的音乐、舞蹈、戏曲等产生了深远的影响

(1)音乐。佛教丛林音乐曲调有本地调(用作佛事)、外地调(用作祈祷)、福州调(用作佛事)、印度调(用于焰口)等。佛教音乐吸收了许多优秀民间曲调,许多民间音乐也吸收了佛教的曲调,其代表作有流行于东山的《春天景》《思陆地》等。(2)舞蹈。如流行于闽清的《穿花舞》,早为和尚做普度时,为死者招魂引度的一种法场舞蹈;流行于莆田的《九莲灯》舞蹈,也与佛教关系密切。(3)戏曲。一是在动作上的模仿。梨园戏的一些科步身段,与对佛教壁画、石刻、塑像等人物形态的模仿有关,如观音手、观音叠座、十八罗汉科等。二是内容取之佛教。如莆仙戏传统剧目《目连》,即取材于《佛说盂兰盆经》、《佛说报恩奉公瓦经》。

(五)留下许多与佛教有关的诗词楹联

以楹联为例,其特点一是名人题的多,仅以朱熹为例,他题泉州开元寺:"此地古称佛国,满街都是圣人。"题漳州开元寺:"鸟识玄机,衔得春来花上弄;鱼穿地脉,挹将月向水边吞。"题福州西禅寺:"碧涧生潮朝自暮,青山如画古犹今。"题南安雪峰寺:"地位清高,日月每从肩上过;门庭开豁,江山常在掌中看。"二是寺内楹联

---

①　温玉成:《中国石窟与文化艺术》,上海人民美术出版社 1993 年版,第 428 页。

多。福州鼓山涌泉寺的楹联就多达几十对,如:"净地何需扫,空门不用关。""地出灵源临海峤,天生石鼓镇闽中。""高树夹明漪,本来清净宜常住;巍峰当杰阁,合有英灵在上头。""五夜功夫铁脊梁,将勤补拙;二时粥饭金刚屑,易食难消。""手上只一金元,你也求,他也求,未知给谁是好;心中无半点事,朝来拜,夕来拜,究竟为何理由。""日日携空布袋,少米无钱,却剩得大肚宽肠,不知众檀越,信心时,用何物供养;年年坐冷山门,接张待李,总见他欢天喜地,请问这头陀,得意处,是什么来由。"①

①　何绵山:《福建寺庙建筑艺术探微》,《民族艺术》1995 年第 3 期;又《独具特色的寺庙建筑》,《福建宗教》1996 年第 1 期;又《泉州开元寺建筑特点浅谈》,《云南宗教研究》1996 年第 2 期。

第十章　福建道教

第一节　福建道教的发展

道教正式形成于东汉。道教传入福建的时间很早,据《后汉书·方术列传·徐登传》载:泉州道士徐登,精医善巫术,贵尚清俭。吴、晋时,道士介琰曾住建安方山(即五虎山),从白羊公杜泌学"玄一无为"之道。著名道士左慈、葛玄、郑思远相继入闽云游或修道。西晋太康年间(280—289),泉州建有道教宫观白云庙,后改为元妙观。东晋时信奉五斗米道的卢循起义,失败后,部分起义者流散在泉州沿海,称为"游艇子"。南朝时陶弘景开创了茅山宗,曾至福州寻找炼丹之处。

福建道教在唐五代有很大的发展。据《福建通志·道士传》载,闽处士张标"有道术能通冥府"。据《闽书》载,福州人符契元为上都(即长安)昊天观道士,"长庆初德行法术,为时所重"。上清派道士司马承祯曾到宁德霍童山修炼,连江人章寿于开元年得"仙术"后,曾于延平津中斩蛇。泉州人蔡如金弃官入道,修真炼法,其声闻于朝廷,敕赐"灵应先生"。五代时闽王王延钧、晋江王留从效、节度使陈洪进都宠幸道士,热衷修建道教宫观。如王延钧以道士陈守元为宝皇宫宫主,《十国春秋》记载王昶继位后,拜陈守元为天师,"作三清殿于禁中,以黄金数千斤铸宝皇及元始天尊"。并拜道士谭峭为师,赐号"金门羽客正一先生"。留从效在泉州城里建紫极宫迎恩馆,陈洪进建奉先观于惠安城南。南唐李良佐访道人入武夷山,《福建通志·道士传》载其"遂居旧观在洲渚间",并居武夷山三十七载。

福建道教在宋代达到鼎盛。据《福建通志·道士传》记载,宋代福建较著名的道士有 51 人。大多为外出遇异人,经点化,苦炼得道者。宋代统治者追封大批道教神祇和民间信仰神祇,而福建这类神祇极多,推动了福建道教的普及。这时福建还出现了以收精炼气为主的"炼养派"和以役使鬼神为主的"符箓派",一些著名道士都分属这两大派,属"炼养派"的有泉州龙兴观道士吴崇岳、长汀人王中正、崇安人杨万大、清流人欧阳仙等;属"符箓派"的有漳州天庆观道士邱允、沙县人谢祐、长乐人陈通、长汀人梁野等。宋代还修建了许多道教宫观,如莆田建有 20 余座,泉州建有 30 余座。据《延平府志》载,仅宋嘉定八年(1215)至宋景定四年(1263),连僻远的沙县城内,都建造了 6 座道院。宋代福建道士斋醮、做法事等活动也十分兴盛,在近年出土的福州黄昇夫人墓里,发现有刻在砖质"买地券"后的符文一道,为的是保"亡灵安稳"、"生人平康"。

元、明时期,福建道教虽不似宋代那么鼎盛,但由于元代统治者对道教的全真、正一两大教派亦予支持,明代统治者对道教采取推重与利用控制相结合的方法,福建道教依然久盛不衰。元一统后,南北文化开始交流融合,北方三派新道教中势力最大的全真教渡江南传,对闽地产生了影响。如金志阳(号金蓬头),赴武夷山宣扬全真教旨;牧常晃于福建建宁建有仰山道院,撰《玄宗直指万法同归》阐扬全真教理。据《福建通志·道士传》载,福建著名道士,元代有 9 人,明代有 34 人。1991 年 11 月漳平市永福镇紫阳村出土了一处土墓,从中发现一具明万历二十八年(1600 年)安葬的道士尸体,其身穿灰色道袍,头戴莲花漆金木刻道帽,左手拿一把竹柄纸扇,腰缠一条描金带,胸前安放一块约 30 公分的木笏和 7 枚"万历通宝"方孔钱。可见,明代福建道士的生活应是很舒适的。元、明时期福建也建造了大量道观,仅莆田就有许多著名道观建于元代,诸如元惠宗至元二年(1336 年)创建的江口佑圣观(后改为东岳观)、元仁宗延祐元年(1314)创建的崇元万寿宫等,明代莆田亦有近 20 余所道观创建。泉州有许多著名宫观,也多为明代修建。

清代,福建道教开始衰微,不仅新建道观少,以往大部分重要道观因得不到维修而久圮湮没,著名道士也寥若晨星,据《福建通志·道士传》载,清代著名道士仅德化人江士元、仙游人杨季雅两人。这主要有三方面原因:一是统治者尊黄教为国教,对道教开始限制;二是民间宗教在福建极为勃兴,虽然这些民间宗教多摄取道教内容,往往供奉道教神祇,但也在很大程度上削弱了道教地盘;三是住宫道士日益少见,道士大多走向社会,以为人操办各种法事为职业,人称"民间师公"。

道教在福建的早期发展与福建名山大川的关系极为密切。道教追求长生不老,讲究修炼养生,相信世间凡人可以飞升成仙。高山既是修身养性的好地方,又被认为与天接近,是飞升成仙的通天之处。福建被称为"东南山国",四季常青,从东北到西南,有洞宫山、武夷山、杉岑山,中有纵贯南北的鹫峰山、戴云山、博平岭山,奇峰挺秀,层峦叠峰,皆为道教活动的理想之处。北宋张君房总编、成书于天禧三年(1019 年)的《云笈七签》卷二十七《洞天福地》在划分三十六小洞天时,称:"第一霍桐(童)山(支提山)洞,周回三千里,名霍林洞天,在福州长溪县(今霞浦县),属仙人王纬玄治之。""第十六武夷山洞,周回一百二十里,名曰真升化玄天,在建州建阳县,真人刘少公治之。"在划分七十二福地时,称:"第十三焦源,在建州建阳县北,是尹真人隐处";"第二十七洞宫山,在建州关隶镇五岭里,黄山公主之";"第三十一勒溪,在建州建阳县东,是孔子遗砚之处";"第七十一庐山,在福州连江县,属谢真人治之"。在上述洞天福地中,被称为"真升化玄天"的武夷山最为著名。其原因,一是历史悠久。据《异仙录》载,始皇二年,有神仙降于此山,自称武夷君,统录群仙,山因此而得名。二是许多著名道人在此山修炼过。如北宋江西南丰人王文卿曾得神霄雷法真传,后入武夷山修道,在冲佑观广收道徒;北宋邵武徐熙春,曾与道人约期至武夷山;南宋祖籍闽清的全真道南宗五祖白玉蟾,在武夷山修道多年,自任止止庵住持,并有《武夷山重建止止庵记》;元代全真南宗道士金志阳,曾到武夷山隐居,住在白玉蟾所建的止止庵。武夷山由此成为道教神霄派和道教南宗的发祥地之一,在中国道教史上占有重要地位。三是道观众多。极盛时有九十九观,其中最著名的为冲佑观,它不仅是武夷山和福建历史上最大的道观,也是全国著名的道观。冲佑观建于唐天宝年间(742—755),始称天宝殿,北宋真宗时,已有屋宇 300 多间。"此后经过历代递修,更是雕梁画栋,气势恢宏,构成一个传统的院落式的巨大建筑群。"①四是历代统治者对冲佑观倍加重视。据《武夷山记》、《武夷志略》、《武夷山志》等史料载,五代闽王王审知曾赐钱扩建,易名为武夷观;五代南唐皇帝李璟因其弟李良佐入观修道,下诏重修殿宇,并改名为"会仙观";宋咸平年间(998~1003),宋真宗为会仙观御书"冲佑"之额,并于大中祥符元年(1008)下诏扩建;宋绍圣二年(1095),宋哲宗赵煦再下诏扩建,将观名正式改为冲佑观;宋理宗嘉熙六年(1242),理宗命道士 21 人于冲佑观启建灵宝道场三昼夜,设醮三百六十分位,告盟天地,诞集嘉祥;明万历三十年(1602),明神宗下谕赐冲佑观《道藏》一部,以广流传。五是山中浓郁的道教文化氛围。武夷山上星罗棋布的历代道观遗址、与道教有关的题刻、种种众仙飞天的传说、道士修炼时的住处、难以破译的勒壁诗、奇异的"洞天仙府"之说、山岩悬崖洞穴中所藏的古人遗骸(有说是仙人葬处)、大王峰

---

①　方彦寿编著:《武夷山冲佑观》,鹭江出版社 1996 年版,第 8~9 页。

升真洞中船棺内的 20 多个骨函、幔亭峰上的换骨岩等,都因神秘莫测而扑朔迷离,至今还有许多谜未能破译。① 其深邃广博的道教文化内涵,实为罕见。

较著名的福建道教名山还有:名列三十六小洞天之首的霍童山(支提山),此山位于宁德市西北 40 公里,明永乐皇帝赐匾额曰"天下第一山",相传三国吴葛玄,唐司马承桢、王元甫、邓伯元、褚伯玉等,都曾隐居此山修道,为仙人传真之所和东南道教圣地,至今留有葛仙岩、丹灶、药臼、石钵、石盂、碧玉镜等遗迹。位于福鼎县城以南 45 公里的太姥山,在东汉至晋时为道教名山,据汉代王烈《蟠桃记》载,尧时有一老母在此山中种兰为生,后被仙人点化,得九转丹法,于七月七日至山顶乘九色龙升天仙去,故名太母山,汉武帝时列太母山为三十六名山之首,改名太姥。位于泉州城北 3 公里的清源山,号称"泉州第一山",山中"蔡杖泉",相传唐代道士蔡如金举杖指石,石裂泉出。其蜕岩洞,相传南宋绍兴年间,裴程道人追赶一条伤害生灵的巨蟒到此,见巨蟒遁入洞中,他即坐化于洞口,故又名"裴仙洞"。宋代有北斗殿、真君殿、元元洞等,为道教宫观集中地,现存露天老君像一尊,高 5.1 米,宽 7.3 米,由一块天然岩石雕琢而成,为国内宋代道教石刻代表作。泉州紫帽山自古有"紫帽凌霄"之称,唐代山上建有金粟真观,传说唐德宗时,道士郑文叔在金粟洞修道,号元德真人。金粟洞西有石鼓、丹炉、试剑石、石棋局及所谓仙掌、仙迹等。北宋全真道所奉南五祖之一的张伯端(即紫阳真人)曾到紫帽山,并留下两方署名"紫阳真人"的石刻。紫阳真人是仙班中颇有地位的全真道师祖,联系这时期出现的太上老君石雕,可见当时紫帽山已是全真道教的胜地。德化的九仙山,据《德化县志》载,相传昔有隐士九人居此俱仙去,因

---

① 林莉:《试论武夷山道教旅游资源的开发》,何绵山等主编:《闽文化研究》,天津古籍出版社 1994 年版,第 152～158 页。

而得名。山中的永安岩、龙池、灵鹫岩、仙棋坪等原为道教场所。位于霞浦县城南10公里的葛洪山,因相传晋代著名道士葛洪炼丹于此而得名。山有石洞,传为得道者居室。洞中至今存有石屏、石几、棋局,上有篆文六字,人莫能辨。较著名的还如连城的冠豸山、莆田的壶公山、永泰的姬岩、漳州的鹤鸣山、长汀的朝斗岩等。

福建道教由深山向城镇推进,产生了遍布各城镇的宫观庙宇。百姓们为了祈保平安,需要创建宫观供奉护佑自己的神仙;地方官为了祭祀神灵,也需要宫观;道士们也常需要通过宫观进行斋醮,为此,大量宫观在各城镇应运而生。遍布城镇的宫观与深山中的道教胜地相比,形成另一景观。这些宫观的特点有三个方面:第一,生命力强,许多宫观不仅历年香火不断,在海外也有一定影响。以福州为例,较有影响的宫观为:位于福州肃威路的裴仙宫,始建于北宋英宗年间(1046—1067),迄今已有近千年历史,宫中所奉的裴仙师(也称裴真人)即周简法,传为福建督署衙内幕宾,《紫霞裴宗师宝经》载其"自宋修真皈依道教,恩施下士,德遍闽疆"。[1] 至今烧香拜谒者,络绎不绝,新加坡、美国、日本等及台港澳地区都有不少信徒在当地建有裴仙宫(或称督署宫)。[2] 位于福州于山的九仙观,建于宋崇宁二年(1103),初名"天宁万寿观",历代皆进行扩修,观内供汉初何氏九子(九仙君),以及三清尊神、玉皇大帝、王天君和斗姥元君等道教神祇,内有玉皇阁、娘娘宫、斗姥宫、天君殿、寥阳殿、钟鼓楼等,规模宏伟,在东南亚有很大影响。位于福州东门外的泰山庙(也称东岳庙),建于五代闽国王审知时代,历代不断扩修,规模雄伟,殿堂齐备,曾为全闽最大宫庙。再以泉州为例,位于泉州市涂门街的通淮关岳庙,始建于宋代,因主祀关帝,附祀岳

---

① 何敦铧:《福州裴仙宫》,《福州道教》总第5期。
② 何敦铧:《福州裴仙宫》,《福州道教》总第5期。

王,故名。庙宇占地两亩多,香火终年旺盛,信徒远及东南亚及台湾,如台湾云林县保长湖保安宫的《保安宫简介》云:"本宫所奉祀之山西夫子关圣帝君正驾,乃当时由唐山福建泉州涂门关圣帝庙,所雕刻分灵迎请来台之神尊也,距今已近三百多年之历史矣!"①位于泉州城内东面的玄妙观,始建于西晋太康年间(280—289),初名白云庙,后易名为中兴观、龙兴观、天庆观等,元代定名为玄妙观,明清两代曾设道纪司于此。全观占地2000余平方米,有三清殿、中殿、后殿等。位于泉州东门外的东岳庙,又称东岳行宫,始建于宋绍兴二十三年(1153),明代时将一殿拓为三殿,祀东岳大帝等神像。以莆田为例,位于莆田江口镇的东岳观,创建于元惠宗至元二年(1336),主祀东岳泰山之神,观中建有太子殿、地藏殿、观音殿、慈航殿、报功祠、中军府等,因江口镇与福清县新厝乡毗邻,皆为著名侨乡,故该观在海外华人聚居地有很大影响,印度尼西亚等都建有东岳观。第二,分布面广。几乎每个县镇都有许多在当地有影响的宫观庙宇,即使是偏远的县镇也不例外。如宁化县城的凝真观,始建于后唐天成年间(926—929),历数代从未间断;建宁县的迎厘观,始创于宋政和元年(1111);长汀州城东的开元观,始建于唐开元二十八年(740),观内设有圣祖殿、三清殿及唐高宗道装真容铜像等。第三,数量众多,目前无法统计全闽的道教宫观坛庙的确切数字,(也有人估测达数万座)但略举几个地方的数字,则足以说明其宫观之多。如据统计,1990年福州郊区(今晋安区)有香火供祀的就有173个宫观坛庙,②泉州市区道教文化研究会经过多年调查,出版了《泉州市区寺庙录》一书,其中收录各种寺庙

---

①　泉州通淮关岳庙董事会、泉州市区道教文化研究会合编:《泉州通淮关岳庙志》,1991年铅印本,第83页。

②　林国清:《1990年福州郊区宫观坛庙一览表》,张传兴主编:《福州道教文化研究》,1994年铅印本,第80~86页。

600余座。虽然这些宫观大多为民间信仰范畴,但由于福建道教长期不断从民间信仰中吸收新神,日趋世俗化,甚至出现俗神取代正神现象,道观与民间信仰的宫观有时也难以分辨。

　　道教在福建的兴盛和发展,其原因是多方面的。第一,闽越遗风。由于生存条件恶劣,早期闽越人普遍信巫好祀,这种媚鬼崇神恐妖的心理,不断被沿袭。许多事民众"宁可信其有,不可信其无"。第二,极具包容性。道教在福建传播过程中,汲取了佛教、儒教、民间宗教(民间信仰)中的许多内容,加以糅合改造。如泉州著名的元妙观,前殿祀玉清元始天尊、上清灵宝道君和太清太上老君;中殿祀天界诸神的最高统治者玉皇大帝;后殿中祀关圣帝君,左祀文昌帝君,右祀梓潼帝君。为了招徕香客,又在后殿增祀泉州一带地方神"王爷神"的总管萧太傅、开漳圣王陈元光等。再如许多地方寺观合融,既供佛祖,又供神仙。这种诸神兼容、神禅合混的现象,适应了更多民众的要求。最典型的如龙岩闾山教,它虽属正一道符箓派,但其除了有正统道教的遗传因素外,也吸收了由福建民间信仰和巫法衍变而来的"夫人教"、佛教部分斋科教法、古代巫术潜藏民间之余绪等多种成分,它实际上是"该地区历史上各类宗教信仰文化的聚合体,是各种宗教信仰融合的产物"[1]。第三,与民俗关系极为密切。福建许多民俗活动,无不打上道教的络印,一些活动已成为日常生活中不可或缺的内容,成为传统的保留节目。一些普度、祭神、禳灾等活动,参加人数之多、普及面之广、时间之持久,有时可用"盛况空前"来形容。

---

　　① 叶明生编著:《福建省龙岩市东肖镇闾山教广济坛科仪本汇编》,王秋桂主编:《中国传统科仪本汇编》(一),(台湾)新文丰出版股份有限公司1996年版,第46页。

第二节　福建道教的特点

一、道禅合混

这种现象在全国其他地方不多见。其主要表现形式为：

1. 理论混为一谈。其代表人物如宋代福建著名道士白玉蟾，他不讲道教的修炼，抛开了"命"，把心、性、道三合一。他认为内丹术里的第一妙法是禅宗的"顿悟成佛"和"以心传心"，把外在的修炼方法变成了内在的精神追求，认为"心上功夫，不在吞津咽气"（《谢仙师寄书词》）。他把金丹比作渡船，一到彼岸，也就不需要了。他在《武夷升堂》中说"渡河须是筏，到岸不须船"，"岸"即所谓"道"，是指最高精神境界，是一种清净无欲、淡泊自适的精神状态。这与禅宗的哲理是相通的。

2. 寺观合融。福建有不少庙宇，既供佛祖，又供神仙，有时前面供佛祖，后面供神仙。如建于北宋的安溪清水岩，二层为"祖师殿"，供奉清水祖师陈普足；三层为"释迦楼"，供释迦佛像。建于宋代的福清石竹山石竹寺，早期是典型的佛道共处之地，既有道场，又有大悲殿；门顶石匾为"石竹禅寺"，厅中却祀"土地正神"。此外，永泰的姬岩寺、方广岩，平和的三平寺等，都有这种情况。福建许多小庙这种现象更为普遍，百姓对佛道的概念也很模糊，既求佛又求道。

3. 在打醮拜忏等表演活动中杂混。以音乐为例："禅和曲"渊源于佛教，后福州民间艺人组织了"斗堂"，其流派有"禅和"与"正一"（道教）之分，二者互相渗透，以后道场也开始用"禅和曲"。以舞蹈为例：流传于闽清的"穿花舞"，既是佛教和尚做普度，为死者召魂引渡时的一种法场舞蹈，又是道教道士设法坛做报孝、超度父母亡灵时所表演的一种法事舞蹈。以戏曲为例："打天堂城"讲的是芭蕉大王巡视枉死城,超拔冤魂的事,为道士表演的节目,唱道情调;"打地下城"讲的是地藏王打开枉死城,分别善恶予以超度的事,是和尚表演的节目,唱佛曲。但二者间互相渗透,不仅表演形式和内容大致相同,连打击乐都用道士做经忏时所用的乐器。

二、产于闽地却走向全国及海外的多神信仰

道教是多神信仰,所祀神一般为:天神、地(方)神、人神这三个系统,与其他省不同的是,许多闽地神祇信仰已成为沿海各省和东南亚一带的共同信仰。如妈祖,不仅在福建被尊为最高女神,受到最隆重礼拜,而且由于历代统治者的推动,一次次地褒奖封敕,崇拜活动逐步升级,甚至列入国家礼典,北到京津,南到闽粤,到处建起妈祖寺庙,在台湾民众十有八九信仰妈祖,并向东南亚乃至更远地方传播。临水夫人陈靖姑信仰不仅在福建流行,在台湾也很流行,据方冠英《陈靖姑信仰在台湾》统计,台湾地区的临水夫人庙遍布 16 个县市,有 67 座之多。保生大帝吴真人信仰不仅风行闽南,在潮州、汕头也有影响,台湾大部分地区皆建有以保生大帝为主的寺庙,据颜章炮《台湾保生大帝香火何以鼎盛》统计,台湾保生大帝宫庙遍布 17 个县市,共 142 座。闽中的二徐真人徐知证、徐知谔,因有德于闽,故闽人为其立庙祭祀,在明代被朝廷敬奉达到极点,几乎成了皇室的家神。

以影响最为深远的妈祖为例。妈祖信仰之所以在福建多神信仰中最具代表性,首先表现在妈祖信仰在福建影响最为广泛,为其他民间信仰所难企及。妈祖信仰源于莆田湄洲岛,据不完全统计,目前可查考的妈祖庙,仅在莆田就有 248 座,其中湄洲岛 14 座,城厢区 14 座,涵江区 16 座……妈祖庙在福建全省共有 806 座,莆田的妈祖庙仅占 1/4 多。由此可看出妈祖信仰已涵盖全省,可称为福建的第一大民间信仰。其次,妈祖信仰在福建有着悠久的历史,历代至今从未间断过。闽地是从唐代才开始真正开发的,妈祖信

仰在北宋就已在闽南沿海民间流传。北宋雍熙四年(987),乡亲们就在湄洲岛上供香火奉祀妈祖,真宗咸平二年(999),湄洲岛上妈祖祖庙的香火开始分灵。历代朝廷的介入,又促进了妈祖信仰在福建的长盛不衰。如南宋高宗绍兴二十六年(1156),诏封妈祖为"灵惠夫人",从此到南宋末年累加封号13次。元代朝廷给妈祖赐额1次,加封号6次,每年都派官员往重点妈祖庙祭祀。明代朝廷给妈祖敕封2次,特派使节在庙中祭告则不胜枚举。清代朝廷给妈祖敕封16次,并诏普天下行三跪九叩首礼。在清代钦定的《礼典》上,享受这种最高待遇的只有三位,即至圣孔子、武圣关羽、天后妈祖。民国时期,取缔全国所有神庙,但特批天后宫改称"林孝女祠",一律加以保护。在官方的倡导下,民间信仰更为活跃,年复一年,连绵不绝。再次,妈祖信仰出现了多方面内涵,其功能也是多方面的,人们对妈祖的祀求已不仅仅是在海上救难护航,妈祖几乎成了有求必灵的女神。如清康熙二十一年(1582),施琅奉命率水师船只驻扎平海湾北岸平海卫城外妈祖澳,大军3万多人的饮水无法解决,当时有一井于湄洲祖庙分灵的第一座行祠平海天后宫前,但因渍卤浸润,味极咸苦。施琅拜祷妈祖,淘挖此井,泉忽沸涌,味转甘和。施琅乃于庙门内壁上立一石刻《师泉井记》记此事。

妈祖信仰在福建广泛而持久的传播,对福建文化产生了深远的影响,这种影响,主要表现在以下几个方面:

1. 在精神和品格上,对后代人产生了极大影响。正如著名作家郭风在《妈祖的传说·序》中所言,"至于林默,我们家乡莆田人民从来就亲切地称她为姑妈,为妈祖。她是我国人民慈爱、博大和救苦救难的品格的代表人物,是我国人民无限善良的一种象征"。这种精神和品质,主要是通过民间庙宇祭祀和民间传说等方式产生的。特别是民间传说中对妈祖不畏艰苦、济世解安、急百姓所急、舍身救难等事迹的描述,表达了人们善良的愿望和美好的理想。妈祖的善良与奉献,实际是中华民族善良天性的集中反映,也是人们对完美道德人格的向往与追求。如民间传说"焚屋引航"，讲一支外国船队在黑夜里遇上风浪迷航，林默将自己的住房焚烧以引航。再如"菖蒲祛病"，讲莆田县尹得了重病，林默给他开的药单是"赈济千家，散银万两，廉洁十分，良心一片"。这位县尹后来爱民如子，90岁临终前将林默神示嘱于后人："人生在世，为官为民，都要积德行善，才能偿灾弥福，福寿绵长。"

2. 妈祖信仰在福建的传播和渗透，繁衍了许多与妈祖有关的民间故事，丰富了福建民间文学宝库。在福建大量有关妈祖的民间故事中，主要内容有4个方面：(1)妈祖的身世。从妈祖的出生到升天，都有详尽的传说。如流传于莆田的"林默出世"、"窥井得道"等等。(2)妈祖庙的由来。福建几乎每县都有妈祖庙，每个妈祖庙，都有一个或几个动人的传说。如流传于东山县的"大屿妈祖庙的由来"，讲一位北方商人在海上因迷失方向而漂流了几天，后来因海上一团火而导引至虎屿头，终脱险境。商人极为感动，在离虎屿头不远处建"长盛宫"，以示对海神的敬意，这就是大屿的妈祖庙。(3)福建与台湾血缘相亲，地理相近，语言相通，一衣带水，因此福建流传不少妈祖与台湾的传说。如流传于同安的"安平城与银妈祖"，就是讲述郑成功收复台湾时妈祖的故事。(4)显神通救难除害。这类传说较多，也较为丰富多彩。在民间传说中，妈祖成了无所不能的救命菩萨，如流传于龙海的"妈祖智除白马精"，流传于莆田的"智收两怪"、"雷击鲤精"等等。

3. 妈祖信仰对福建的民俗也产生了很大影响。这种影响主要表现在两个方面：(1)节日纪念活动。这类活动主要日期为妈祖诞辰日。每年农历三月二十三日，是妈祖的生日，许多地方都举行纪念活动。如湄洲岛的纪念形式主要有"请香"、"朝拜"、"出游"三项。"请香"和"朝拜"都在天后宫进行。"出游"的仪队由穿着古装的美貌少女担任，她们簇拥着彩轿上的妈祖神像居中，由长管号、大铜锣、大龙旗在前面开道，彩旗、彩亭、凉伞、帆船、马队、执士、十音八乐等组成数里长的浩浩荡荡的队伍紧随其后。队伍沿着海岛,巡游一周。沿途男女老幼出来焚香迎接。火铳、鞭炮声震天动地,鼓乐齐鸣,非常热闹。春节期间的妈祖活动也较为重要。如在湄洲岛下山村一带,春节期间,妈祖要抬到各村去驻一夜。因据说妈祖驻在谁家就会大利大吉,所以以卜杯确定候选户。驻户要准备供品,张灯结彩,并通知亲朋好友等。其主要程序有拜妈祖、接妈祖、"过游"妈祖上(下)宫等,每道程序都有很丰富的内容。如妈祖出宫时,将妈祖抬出座殿,先点烛、烧香、放火铳,然后组成队伍出游,一路上各家各户都要点火堆、放鞭炮迎接,并把捆好的钱直接系在妈祖脖子上,两边有专门记账的人;妈祖出巡,一天一个自然村,直至农历正月十二日。(2)生活习俗。如目前湄洲岛上妇女成家后,一律梳蓬形髻,称为"妈祖髻",以示纪念妈祖。因妈祖升天显灵时穿朱衣,故闽南沿海渔村老太太有穿宽大红衣裳的习惯。凡婚嫁祝寿活动,丈夫健在的妇女必定穿起红衣红裤,以示接近妈祖。再如,闽南沿海渔村凡较大的渔船上都设有妈祖龛,较小的船只则写一条"天上圣母"的红布贴在所供奉的香炉处,以示妈祖与船同在。

4. 妈祖信仰的传播,也对福建民间艺术产生了影响。以舞蹈为例,福建极具民间传统特色的"摆棕轿"传说与妈祖出巡有关,妈祖所巡之处,皆必须有"摆棕轿"舞蹈。再以戏曲为例,许多地方的天后宫里,都设有戏台。如永定西陂天后宫,在大门入口处设永久性戏台一座,戏台两侧为化妆室和鼓乐室。这个有 300 多年历史的古戏台,至今仍被村民沿用。一年之中,大概三个节期要演戏,即农历三月二十三日妈祖生日、农历九月初九日妈祖升天日、农历七月十五日盂兰会。戏曲内容许多与妈祖有关,如寿宁梨园教道坛戏剧《奶娘传》,有六卷本之多。莆田有《天妃降龙全本》剧目。

5. 妈祖信仰的传播,对福建文学也产生了一定影响。其一是出现了许多与妈祖有关的诗文。如宋代赵师侠曾写了《莆中酹白湖灵惠妃三首》等。特别是历代莆籍文人写出了不少与妈祖有关的诗歌,如宋代莆籍诗人刘克庄写的《白湖庙》等、黄公度的《题顺济庙》,元代莆籍诗人洪希文的《题圣墩妃宫》,明代莆籍史学家黄仲昭的《题湄洲天妃庙》,清代莆籍诗人陈池养的《题湄洲圣母宫》、陈云章的《湄洲谒天后宫》。此外,随着妈祖庙的增多,出现了许多颇具特色的楹联,仅湄洲祖庙就有 10 余副,有代表性的如:"顺风天意涉川利,济险神功护国灵。""四海恩波颂莆海,五洲香火祖湄洲。"平海天后宫的楹联:"是处应知泉有圣,千年长颂海无波"。福州马尾天后宫的楹联:"地控制瓯吴,看大江东去滔滔,与诸君涤虑洗心,有如此水;神起家孝友,贯万古元精耿耿,望后世立身行道,无愧斯人。"值得注意的是,随着近十几年妈祖热的升温,妈祖庙又添了不少当代人撰的楹联,如湄洲祖庙山新雕妈祖石像前楹联:"呵护航行,羽化千年长在望;仰瞻石像,神通两岸合言欢。"再如泉州天后宫于 1990 年由台湾同胞捐资塑天后金身后,台湾鹿港施文炳分别为山门和正殿大门撰联:"毓秀钟灵,山拥清源江拥晋;封妃称后,功崇顺济德崇天。""晋水溯源流,泉鹿人文同一脉;湄洲传灵迹,闽台香火并千秋。"其二是出现了专门描写妈祖故事的神话小说。如明万历年间建阳熊龙峰忠正堂刊行的《新刻出像天妃出身济世传》(也称《天妃娘妈传》),主要叙述林默娘在海上与鳄精斗法,护救商船等故事。此外,罗懋登《三宝太监全传西洋记通俗演义》、佚名《新刊绣像增补搜神记大全》卷六中,都有关于天妃的神话故事。

6. 妈祖信仰对福建的造型艺术也产生了影响。首先,遍布全省的妈祖庙,其中不乏建筑艺术的精品。如位于泉州南门兜天后路的泉州天后宫,始建于南宋庆元二年(1196)。现存天后宫为培海侯施琅重新修建的,共占地 7200 平方米;整体结构包括山门、戏台、东西阙、正殿、东西廊、寝殿、东西轩、四凉亭、西斋馆及梳妆楼;大门两侧嵌有浮雕麟石垛,石雕花窗。天后宫正殿为全宫建筑中心，檐廊为卷棚式，四角柱头为圆形浮雕仰莲连珠斗，方形斗拱接连四挑。殿前祭坛前减去两根金柱，中柱后移，形成较宽的空间。正殿后的寝殿，为明代的木构建筑。泉州天后宫以其华丽壮观的结构和悠久的历史、特殊的地位，被列为全国重点文物保护单位。其次，在福建出现了许多极具特色的妈祖造型。保存至今的许多南宋木雕"夫人"神像、"圣妃"神像、明代天妃瓷像及明清各种刻本的天妃图像等，都把妈祖塑造得仪态端庄，令人肃然起敬。再次，留下了许多石碑石刻。较著名的如湄洲岛北端的摩崖石刻、藏于长乐县的明代郑和所立《天妃灵应之记》碑、藏于莆田涵江天后宫的明代星图、位于漳浦旧镇铺尾妈祖庙的明代石刻等，都极具文献价值。

三、与台湾、东南亚联系密切

福建是著名侨区，其道教信仰主要通过先民离乡时带出而在海外传播。除了上述妈祖、临水娘娘、保生大帝等福建地方神在台湾及东南亚一带有广泛影响外，其与海外联系主要还有两种形式。

（一）信徒从海外前来进香朝拜

旅居海外的先民们对家乡的神祇特别虔信，视为他们在海外生存、发展的保护神，这种"神缘"关系也是他们及其后人与故乡联系的重要纽带。如莆田壶山凌云殿，每年都有大批港台和东南亚的信众来此进香。南安的凤山寺奉祀郭圣王，曾分灵远至印尼、马来西亚、菲律宾、缅甸、新加坡等国家，并广泛传播于台湾。清《南安县志》载："尊王每年八月祭墓，凡闽、浙、吴、粤及南洋群岛到庙办香者，以亿万计"。台湾的信徒，每三年就要组团前来进香朝拜。

（二）由台湾同胞及海外华人在所居地建立庙宇，并冠上故乡的地名或祖庙的名称

先民们出走故乡时，往往到各自崇信的庙宇祈祷、许愿，并取香火。在异国他乡繁衍生息时，为不忘故土和感念神恩，陆续建造

了与故乡有关的庙宇。如莆田江口的东岳观,在印度尼西亚棉兰的海外侨胞由此取走了香火,建立了两座东岳观;泉州通淮关岳庙的香火在东南亚绵沿不绝,新加坡的裕廊通淮庙、菲律宾的岷尼拉黎刹大街的菲华通淮庙等,都是从泉州分灵过去的。台湾民众供奉祖籍乡土神祇的风气极盛,许多乡土神祇是从闽南分炉过去的,如广泽尊王、青山王、法主王、安溪城隍、清水祖师等皆与闽南关系密切,仅据台湾中寮安溪城隍庙"沿革志"载,数百年来,其分灵在台湾各地的安溪城隍庙宇已达 221 座。

四、庙多神多道士少

八闽庙观之多,为全国罕见,一些城乡小庙星罗棋布,几乎几步一庙,据考 1990 年福州郊区宫观坛庙,有长期香火奉祀的有 233 座,庙中所供神之多,亦令人惊讶。顾颉刚先生 20 世纪 20 年代末曾到泉州考查,写下了田野调查《泉州的土地神》,据登于《民俗》第 2 至 3 期的文章所示,仅泉州就有近 30 个神,其中大多为地方神祇。福州民间土神也有多种,大多亦为地方人物。如:闽山庙神卓祐之、拏公庙神卜拏福、白鸡庙神白鸡小姐、齐王府神丹霞大圣、九使庙神归守明等,几乎每个地方神,都有好多种动人的传说。但许多庙观实际上并没有道士居住。如在莆田乡村中,现有宫观社庙 500 座以上,所拥有信仰群众为全县人口的 50% 左右,却无常住道士,仅有一些专职"看香火"的人,一些规模较大的宫庙由当地人士组成董事会管理。

五、出现道教史上举足轻重的代表人物

如全真道以炼养为主,主张以"内炼成真,超离生死"为旨,融合内炼与禅宗,强调修真者先须去情去欲,以求明心见性,提倡出家修道、住观云游,建立丛林宫观,制定清规玄范。全真道南宋五祖之一为宋代闽清人白玉蟾,他提出以"精、气、神"为核心的内丹

理论,将内丹与雷法并传,强调"内炼成丹,外炼成法",认为符箓雷法是否灵验,关键在于行法者的内炼功夫,而内炼功夫,又全赖一心而起作用。其思想对元代以后道教的修炼方术有较大影响,被后世学者称为"道教南宋正统,丹鼎派中最杰出之才"。再如清微派是唐末产生的内丹与符箓相结合的新的符箓道派,也是唐宋间融道教诸派精华新构成的重要道派。建宁人黄舜申是宋末元初清微派主要传人,是清微雷法之集大成者和理论大师。陈采《清微仙谱》云:清微雷法至黄舜申,"覃思著述,阐扬宗旨,而其书始大备"。明张宇初《道门十规》云:清微法中,"凡符章经道斋法雷法之文,率多黄师(舜申)所衍"。今《道藏》中所存清微道书如《清微斋法》、《清微神烈秘法》等,皆出黄舜申之手。

六、道派繁多

从道教发展史上看,唐、宋、元时期流行于福建的重要道派有天师道、外丹派、灵宝派、茅山宗、闾山三奶派、内丹派、神霄派、清微派等。[①] 从道教职能上看,宋代福建就有炼养派和符箓派;明清时,全闽道教主要为全真道和正一道。全真道主张"出家修真,炼气养神",建有传戒和丛林制度,不饮酒荤,不要家室。从宋代全真道南宗五祖之一的白玉蟾始,迄至今日全真道在闽地时兴时衰,不过,就总体而言,至近代后乃全面衰落。福安 20 世纪七八十年代修建的青松观、真空观等,居住的均为全真道徒。正一道画符降妖,伐诛邪伪,祈福禳灾等,道士可居家亦可出家山居,但其入道者从师后,皆须得受经箓科戒,方算有了道位。著名的道士都亲往道教胜地江西龙虎山天师府受箓,没有到过龙虎山的道士,则采用就地受箓的做法。福建正一派道士的活动主要为斋醮、施符、偈咒、

---

①　陈支平主编:《福建宗教史》,福建教育出版社 1996 年版,第 20~29页。

驱邪、超度等。随着时间的推移,正一派道士逐渐流入民间,俗称
"师公"。如莆田辖境内至今还是由正一道教士划管社界,凡属于
这境内者均皆属"施主"。莆田市至 20 世纪 90 年代初,正一道士
尚有 86 人,而龙岩地区至上世纪 80 年代尚有 210 人,"半数以上
没有家庭教坛,主要活动为驱魔、超度、搞符箓、迎神打醮、消灾祈
禳,偶遇有大型庆典吊丧道场,则多人结伙,着各地不同的道装和
打扮,随带法器,活动三五天"。① 泉州的正一道士很少住庙,有家
有室,明清以来逐步走向民间,并各自在家设斋坛,衍化成宗教职
业者。这些斋坛一般都有名号,大多为世家,如泉州东岳庙陈姓道
士,其长房号是"慎德堂",二房号是"炼真堂",三房号是"丹真堂"。
至 20 世纪 50 年代,泉州正一道士尚有数十人。② 正一道内还有
许多诸如灵宝、三元、闾山等道派,而闾山派流传最广,最为活跃。
长期对闾山派有研究的当代学者叶明生认为:"闾山派是流传福建
最普遍和最有活动的教派,其历史之悠久、分布之广泛、传统之牢
固、道坛之数量、从业人员之众,以及与民众社会生活之密切,都是
可令人瞩目的。"③其历史之悠久,是讲闾山派可追溯到早期的闾
山三奶派,为民间符箓道支派,正如《道教大辞典》所载,"该派崇奉
'三奶夫人',即临水夫人陈靖姑及林纱娘、李三娘。据称临水夫人
在闾山修行,得江西西山许真君(许逊)授以道法。后林、李师事陈
靖姑,亦得道法。被福建一带道士奉为开派祖师,自称为'闾山道
法'"。④ 其分布广泛,指无论在闽中、闽南,还是闽西、闽北、闽东

　　① 《龙岩地区志》,上海人民出版社 1992 年版,第 1449 页。

　　② 郑国栋、林胜利、陈垂成编:《泉州道教》,鹭江出版社 1993 年版,第
85 页。

　　③ 叶明生:《福建道教闾山派现状与发展之探讨》,《福建省宗教研究会
论文集》,1994 年铅印本,第 116 页。

　　④ 阎智亭、李养正主编:《道教大辞典》,华夏出版社 1994 年版,第 748 页。

等地,都有闾山派,如泉州的"闾山派道士主要分布在永春、德化等地"①。其诸法纷呈,形态驳杂,指其虽都是主符法,但由于地理、历史等原因而产生诸多教法不同的派别,如:流传于闽西南的巫道佛三教合一的闾山教;流传于泉州、漳州、永春及漳平,后又传入台湾的崇祀张法主的法主教;②流传于闽中的城市化的净明闾山三奶派;流传于僻远山区、畲族村落的保持巫法特征的夫人教;流传于宁化、明溪、尤溪、将乐、大田、永安、上杭等地的援佛入道的闾山普庵派;流传于闽东的文教和武教等。其传统之牢固,指闾山派道士不仅大多为世家,还有道坛世袭传度的惯例,如闽西漳平永福社区的始传祖师历史上曾到江西龙虎山得到授箓,因此道坛有世袭传度的权力,龙岩道坛的所有师公的传度都要到永福去,当地师公称传度为"考法"。③ 其道坛数量众多,仅龙岩就有20余个,其中较有影响的有"祖灵坛"、"广济坛"、"惠灵坛"、"广灵坛"、"福兴坛"、"显灵坛"等。可以说闾山派法事活动在福建道教中最为突出。

七、法事名目繁多,科仪完整

早期福建道教的许多法事至今仍被保留,甚至为日常生活中不可或缺的内容,一些节令,如元宵、二月二、普施(七月或十月祭鬼)等都要请道士,常见的法事如:拜斗、拜恳斗、忏斗、过关、禳关、百童关、生子(满月或四月或周岁做北斗戏)、禳太步、禳春、禳霞(催生)、禳冲、禳荧(为火灾做火醮)、做寿(做诞生)、封神醮(解冤)、安土醮(建房)、祭台(刚建好的戏台)、施食(济幽之祭)、开光

---

① 郑国栋、林胜利、陈垂成编:《泉州道教》,鹭江出版社1993年版,第84页。

② 参见刘枝万:《闾山教之收魂法》,《中国民间信仰论集》(台湾"中央研究院"民族研究所专刊之二十二),1974年版,第209页。

③ 叶明生:《闽西南道教闾派传度中的永福探秘》,《民俗曲艺》第94、95期,第176页,1995年5月。

（刚塑好的神像）、安神、谢年、退送（驱邪）、起煞、起难产胎煞、解口（禳灾、呕血）、作出幼（男女婚嫁前等）、做亡（亡者殡后缴消死者生前一切口愿，以及病中家人一切祈愿；对死者床位和盛殓的地点施法祓除；对接触死者的人等祓除等）、送凶（缢死的第七天晚上）、引魂（非在家死亡者）、送瘟神（做祈安）、念清经、搬药筛、百日、周年、三年、阴寿、礼斗、押解等。道士做法事时，视场面和仪式的不同决定人数。一般"过关"、"谢神"为一个道士；做火醮、做祈安则"三人一鼓"、"五人一鼓"；还有 7 人、9 人以至 11 人的；众人共作的法事，称做道场，道场设有神座，并将桌子按大小自上而下叠为三层桌或五层桌以至七层桌，神案前陈设有烛台、香炉、花瓶、果盘等。笔者曾考察了 1997 年 7 月 1 日在福州裴仙宫举行的"迎香港回归，祈祝世界和平"法会，参与者共九人（共中两人专司奏乐），神座中坐一位老道士，左、右分别站立三位道士，先由裴仙宫道长站立神座下默诵道经，然后由神座中老道士发奏（奏申请牍、关发文字），接着两边道士净坛（以剑除氛）、请神、设共、进表（奏告诸神、祈求帮助）、辞神（化纸羊、谢坛）等。普度法事还有竖旗、点船、颁赦、安抚等仪式。科仪是道坛活动的主要内容，福建道坛科事主要有清事类（以禳灵祈福、迎祥纳吉、赛愿酬恩为主）、济度类（以济人度鬼、超度生死为主）等。每类仪式过程、场次编排都有一定顺序和框架，有时也视法事大小做一些调整。福建民间流传的道坛抄本极为丰富，据叶明生调查，仅漳平今日就保存各种类抄本 108卷，龙岩东肖广济坛今日所存科仪本，亦有 66 种 83 卷之多。道坛符箓也极为丰富，如闾山教道坛符箓，就有道坛灵符、道坛秘诀、道坛法印、道坛疏意等。王秋桂主编的《中国传统科仪本汇编（一）》对此有详细介绍，此不赘述。

八、产生了一大批道家金石和书籍

福建产生的大量道家金石和书籍，进一步丰富了福建地方文化史料和道家经文典籍。特别是一些铭文对深入研究道教在福建的活动及整个福建文化史,有着重要作用。以武夷山的道观为例,保存完好的有宋代张绍的《会仙观铭》,熊禾的《升真观记》,白玉蟾的《武夷山重建止止庵记》、《云窝记》、《棘隐庵记》,祝穆的《武夷山记》,吴拭的《冲佑观铭》,元代任士林的《武夷山天游道院记》,明代张凤翼的《朱邑侯复武夷宫田始末记》,无名氏的《武夷山冲玄观敕谕碑》等。福建还有许多其他道观的铭文也保存完好,如:宋代吕惠卿的《宋中太一宫碑铭》、楼钥的《建宁府冲应周真人祠记》,魏了翁的《泉州紫帽山金粟观记》等,都是研究福建文史不可缺少的资料。福建的高道和一些道教研究者撰写了许多内容丰富庞杂的道家书籍,不少还收入《道藏》。著名的如:朱熹的《周易参同契注》、《周易参同契考异》,李贽的《易因》,吕惠卿的《道德真经传》,林希逸的《道德真经口义》,彭耜的《道德真经集注释文》、《道德真经集注杂说》,曾慥的《道枢》,谭峭的《化书》,林辕的《谷神篇》,范致虚的《列子注》,郑所南的《太极祭炼内法议略》等。此外,中国第一部《道藏》刻版完成于宋代福州于山九仙观内,正如陈国符在《道藏源流考》中指出的,"政和中,诏搜访道书,设经局敕道士校定,送福州闽县镂板,总五百四十函,五千四百八十一卷。刊镂工讫,即进经版于东京。是曰万寿道藏,全藏刊板始于此"。

九、对福建民间艺术影响广泛而深远

　　道教在福建的久盛不衰,对福建民间艺术产生了广泛而深远的影响。其影响主要表现在以下几个方面。

　　(一)繁衍了许多与道教有关的民间故事,丰富了福建民间文学的宝库

　　道家对民间故事的影响,主要表现在四个方面:(1)道教中著名得道神仙在福建的传说。"八仙"在福建有说不尽数不清的故事,以吕洞宾为例,如流传在建宁的"吕洞宾度人"、流传在仙游的

"吕洞宾劝世"、流传在三明的"吕洞宾卖姓"、流传在云霄的"吕洞宾缓沉东京"、流传在石狮的"吕洞宾赠仙笔"、流传在南靖的"理发祖师吕洞宾"、流传在福鼎的"吕洞宾与四大汉"等,都讲述吕洞宾在福建度人惩恶的故事。(2)福建地方神的故事。这些地方神之所以能从"人"到"神",与民间传说有着密切的关系。以妈祖为例,不仅在出生地莆田有其从出世到升天等众多传说,在其他各地也有众多传说,如流传在厦门的"妈祖的传说"、流传在龙岩的"天后宫妈祖"、流传在连江的"连江妈祖"等,都从不同方面丰富了妈祖的故事。临水夫人陈靖姑,在古田有其从出生到殉难的系列传说,还有许多传说流传在与其生活关系密切的地区,如流传在罗源的"陈靖姑智除白蛇精"、"陈靖姑破蜘蛛网"、"陈靖脱胎记",流传在福州仓山区的"陈靖姑出嫁"、"陈靖姑避嫁"、"陈靖姑学法"、"陈靖姑收服石怪"、"陈靖姑除长坑鬼"系列等。再如保生大帝吴真人,有流传在厦门的"揭榜医太后"、"智破蜈蚣案"、"虎口拔银钗"、"吴本收徒"等,流传在龙海的"吴真人除妖",流传在同安的"吴真人斩蛟鳌",流传在石狮的"吴真人剖腹救民女"等。除了少数在全国都有影响的神外,大多数流传的神仙道人的故事都有一定的区域性,如流传于福州鼓楼区的"王天君得道"、流传于福州仓山的"怡山四仙人(王霸、徐登、赵炳、任敦)"、流传于泉州的"裴仙除神妖"与"董伯华卖雷"、流传于将乐的"张真人镇妖金华洞"、流传于建瓯的"钟山伯与钟山道人"、流传于闽侯的"六道公的传说"等。(3)道士施法术的故事。如:流传于泰宁的"道士斗法"、流传于厦门的"道士擒木学"、流传于三明的"道士抓鬼"、流传于长乐的"道士念经"等。(4)道家宫庙与名胜的来历。如:流传于泉州清源山的"老石匠与老君岩"、"火烧老君岩道观",流传于武夷山的"桃源洞",流传于东山的"东山关帝庙"等。流传在龙海的关于白礁慈济宫的传说,有好几十种。

（二）产生许多道教或与道教有关的歌谣

这主要表现在四个方面：(1)道士做斋醮法事(也称做道场)时的说唱。如流行于福州的《安祀歌》是道士在死者棺材埋葬后，于墓碑前设坛作法时所唱。道士在传经布道和募化时所唱的道情，内容繁杂，如流行于石狮的《生老病死苦》，抓住人一生"生老病死"及死后到阴司的"苦"，唱出人间苦难，令人柔肠寸断。《百花歌》则用于人间喜事，歌谣从正月唱到十二月，每月以一种花为代表，洋溢着喜庆的气氛。流行于云霄的道士诀术歌《毫光真言》是道士在跳神仪式上的歌咒，扶乩者口喊黑暗看不清时，道士即念此以助之。流行于将乐的《藏身咒》、流行于三明的《太保咒》等，也是道士常念的歌谣。(2)对各类神祇的赞颂。如传说王天君原为海盗，曾杀人杀猪无数，经点化后，自剖胃肠而成仙。流行于福州鼓楼的《天君诞》唱道："杀人杀猪罪如山，平生双手血斑斑。一日忽然思悔悟，放下屠刀一念间。"流行于福州台江的《唱八仙》："汉钟离羽扇招财进宝，李铁拐葫芦百宝仙丹，吕洞宾宝剑驱邪扶正，曹国舅大板天下太平，张果老骑驴年丰物阜，何仙姑遮篱五谷丰登，韩湘子玉箫黄金万两，蓝采和花篮桂子兰孙。"流行于平潭的《临水奶歌》、《临水夫人》都详尽地介绍了临水夫人陈靖姑的身世。(3)迎神活动时唱的歌谣。如流传于福州鼓楼的《迎泰山》、《迎城隍》，流行于厦门的《拜土地公》，流行于龙岩的《请神歌》等。(4)对道士的描绘，其中也不乏揶揄成分。如流行于福州的《道士摇铃哨》，活脱脱勾勒了一个道士形象；流行于石狮的《道士孝忠》，幽默生动。

（三）道教音乐别有韵味

福建道教音乐具有独特的乡土味，它从福建民间音乐和戏曲中汲取营养，又给福建民间音乐以多方面的影响。福州道教音乐是由吹奏琴串和打击乐自成一体的齐奏或协奏，使原来单调的道教诵忏，变得活泼多彩。莆田为古曲之乡，道士做法事专用的音乐曲牌有【九科五调】、【香赞】、【戒定真香】等，多至千阙，其唱时节奏缓慢,尾音悠长。首先由一人领唱曲词第一句,头几个字近似朗诵,后几字才拖起音韵,第二句起其他人才进行和声合唱,各种乐器加入伴奏。福州道教音乐汲取了民间"十番"的演奏特点,一些曲牌如【五凤吟】、【万年欢】、【升平乐】、【水底天】被汲取进道教音乐后,在座奏、行奏中广泛流行于福州各道观,曲词婉转,旋律悠扬,十分协调悦耳,从中可明显感受到民间音乐的熏陶和移植。福州道教音乐还汲取了闽剧四大门调之一的"洋歌"曲调。"洋歌"属于曲牌联套,有30多支曲牌,民歌风味浓。道教音乐在汲取"洋歌"时,以一种曲牌联奏方式出现,只奏不唱,起到渲染、制造气氛的作用。闽南道教音乐大量吸收了南曲,一些道士在做法事时所用音乐甚至就包括一些南曲常用滚门,二者区别在于南曲比较讲究韵味,曲调中有不少装饰性润腔;道歌曲调多反复,加上衬字和叠字,使曲调紧凑活泼。一些旨在净鬼驱魔的道教舞蹈的吹奏乐,旋律激昂,如《唠哩嗹,哩唠嗹》,其节奏源于做普度的咒语歌谱。福建道教音乐最大的特点是有着鲜明的区域性,以浓郁的地方乐曲使人倍感亲切而富有吸引力。流行于福州邻县(闽侯、福清、闽清、连江)的道教音乐【云中乐】、【集段锦】、【过海】、【攒板】、【春夏秋冬】、【燕金炉】、【香赞】等,既与传统道教斋醮法事中的音乐一脉相承,又融进了当地民歌,受到民众的喜爱。泉州的道教音乐在汲取地方音乐(如南曲)的同时,还融汇了民歌、戏曲音乐、木偶戏音乐、民间器乐曲以及佛曲等音乐,可谓内蕴丰富。对于泉州道教音乐的特点,有文章认为:"它的音乐结构大多为由几首至几十首曲牌连缀而成的套曲体制,在调性、调试、速度、节奏、节拍的设计上都有一定的规律和布局,各曲牌之间应用同宫音列、同主音、同腔句、同典型曲牌、近关系调等亲近关系的联系因素,使全套音乐浑然一体,呈现高度的艺术性与逻辑性。"①泉州的道教音乐和唱声

---

① 庄稼:《泉州道教音乐简述》,《泉州道教文化》1995年第3期。

部分可分为咏唱、吟唱、念唱等几种,因为主要靠口传,所以一些已开始失传。近年来,泉州市蔡俊抄老先生根据晋江正一派道士李孔雀等人的唱念音记谱,整理了《泉州道教音乐选》(第一辑)①,保存了这一珍贵文化遗产。书分四个部分。第一部分为《孔雀经》(上、中、下),其中上卷为22曲,中卷、下卷各为16曲;第二部分为道情杂曲,共8曲;第三部分为道场常用乐曲,共24曲,如:【北上小楼】、【北元宵】、【割仙草】、【伴将台】、【粉红莲】、【昭君闷】、【柳青娘】、【贵子图】、【傀儡点】、【火石榴】、【钟鼓声】、【园林好】、【万年欢】、【银柳丝】、【西湖柳】、【南澳折】、【燕儿乐】、【二字锦】、【玉兰操尾】、【玉美人】、【对面答】、【三叠尾】、【估来酒】、【龟摆水】等;第四部分为关岳祀典音乐,即泉州通淮关岳庙的祭祀音乐,共8曲,由泉州吴世忠先生按《关岳祀典》中的工尺谱译出。闽西道坛音乐也从民间汲取了大量音乐,并给民间音乐以多方面影响。如闽西道坛的【采茶歌】,即为古代道曲。流行闽东的道教音乐如【行江】、【云游四海】、【八仙出洞】等,也都与民间音乐有着密切的关系。

(四)道教舞蹈颇具技艺性和观赏性

福建的道教舞蹈极有特点。道士在做"法事"、"道场"时,其驱魔镇妖的一些动作,常被借用到舞蹈中。道教中奉行法事的礼仪规矩,其基本步法叫做"禹步",即所谓"步罡踏斗"。据《云笈七签》记:"先举左足,一跬一步,一前一后,一阴一阳,初与经同步,置脚横直互相承如丁字形。"这种动作周回转折,好像踏在罡星斗宿上的舞蹈步态,被神化后认为能"遣神召灵"。如流传于闽东的《奶娘催罡》,以行罡布法为手段,塑造了陈奶娘(陈靖姑)这个战胜南蛇、为民除害的女神形象。《奶娘催罡》共分三个章节:第一,净坛;第二,请神;第三,催罡。"净坛"、"请神"属道场的引子规程。"催罡"

---

① 泉州市区道教文化研究会编:《泉州道教音乐选》,1994年3月铅印本。

为道家法术,由 11 个动作组成。即:"八步",为道术,将天地分为"天门"、"地府"、"人门"、"鬼路"四个方位,用八步催赶邪魔,以免鬼魂在人间作祟成祸;"锁链",即锁妖链鬼;"失亥",为超度亡魂;"养身",为生儿育女;"梳头"、"扣缠"、"洗面"、"照镜",为奶娘出征前的梳妆打扮;"笼米"、"筛米"、"钓鱼",为对人寿丰年,共享太平的一种祈求和祝福。流传于闽北的道士舞蹈《仙女洗镜》分 11 个段落,其中扫净殿堂、引接仙女下凡、擦洗雷公镜、照镜行法驱鬼、接魂、亡魂得到超度等皆为道士超度亡魂时的动作。闽南的一些道教舞蹈不仅用于做功德、祭灵、超度亡魂等道教活动,也用于节日表演,如《五梅花》。舞时扮作道士者,或手执如意,或手摇谛钟,身穿八卦袍,头戴紫金冠,脚踏芒鞋。这类舞蹈尚有《玉如意》、《五人穿梭》、《跳神》、《祭祀》等。流传于莆仙一带的道教舞蹈是道士本人在行法事时跳的,力求遵照醮典的《科仪》、《科范》中的规矩,如《迎真走庭》,其法坛设在大庭上,还搭一高棚象征天阙,道士要从法坛上朝天阙,迎神下降,来回都要在大庭上穿花进行,舞蹈场面很壮观。《进贡围炉》是法事快结束时,道士们围绕焚化炉表演的穿花舞蹈。《祭火》由三个道士表演:甲手持长幡竿作舞蹈式的摇曳奔跳前行;乙右手抱铜剑,左手持小铜钵(里面盛水),禹步作追逐状;丙举火把跟著到做法事的人家门口,随即在火把的火上撒一把松香末,火雾一涌,乙即含钵中水一喷,火雾即灭。福建有不少道教舞蹈与佛教关系密切,有的源于佛教,传入道家后,其他角色都已改成道士装束,唯主坛一角,仍保持和尚本色(由道士扮和尚),即所谓"道代"(以道代僧)。如流传于闽东一带的《香花舞》,是民间设醮祭亡、还愿做好事道场的"建坛"道教舞蹈。表演者三、五、七人均可,其中一人主坛,着僧装,其余皆为道服。全过程有四个部分,分别为:"三台五步",表示僧道虔诚敬天,手不过眉;"五献",主坛和尚盘腿而坐,用五种手印,分别代表香、花、灯、涂(水)、茶,手指变化灵活,手腕转动灵巧;"散花",主坛和尚走四方,把香花撒向人间。

（五）福建道教戏曲流传广泛，长演不衰

如流行于闽南的"打城戏"，主要是由道士表演芭蕉大王巡视枉死城，释放屈死鬼魂的故事，戏起源于道士做法事的形式：超度时，桌上放一纸城，寓城内亡魂备受苦刑，迫切要求解脱出狱，但狱吏坚执不肯，道人激于义愤，破门而入，使之出狱。初时只设一男一女在灵前说唱，男穿道士服，女稍化妆，后演员多至一二十人，均由道士充当，角色有生、旦、丑，剧目有《双桃》、《会缘桥》、《过梅山收七怪》、《三霄黄河阵》、《斩龙王》、《诉血湖》等。① 流行于莆仙的道教代表戏曲有："北斗戏"、"愿戏"、"口戏"等。"北斗戏"共 10 场，讲陈靖姑护佑儿童的故事，其中演绎百花轿赛解关煞等习俗，常为道观中举行法事的仪式。"愿戏"共 9 场，讲某人家为还愿谢恩，请道士建醮，表示缴还前年许下的口愿，获得天庭恩赦，形象地演绎出系列赦罪程序。"口戏"源于小孩染上天花时，请道士在府中建醮演唱文戏。流行于闽西的道教戏曲剧目很多，表演形式也很复杂，有不少是闾山派法主神王姥（或陈靖姑）与陈海清除妖的故事，如《傅王公》演收老鼠精的故事，《瞎子算命》演收黑狗精的故事，《海清成仙》演收金蟾精、狐狸精的故事，《哑子扫墓》演地方神白无常收迷魂鬼的故事，《赵侯术主》演赵侯二郎和淮南术主下山收妖的故事。最有代表性的为流传于上杭的乱弹傀儡戏《夫人传》，演述陈靖姑从民女到法师，后成神的全过程，包括上闾山学法、下山救兄、出嫁生子、进宫救皇后、斩白蛇、平番救夫、收斩魔王等经历，全剧 15 段，共 145 场，文字达 26 万字。演出中有许多法事活动，如请神、献供（献酒）、上疏、侑纸钱、割雄鸡、画神符（并神咒）、安神等。此剧本由叶明生、袁洪亮校注，以《福建上杭乱弹傀

---

① 郑国栋、林胜利、陈垂成编：《泉州道教》，鹭江出版社 1993 年版，第 128～129 页。

傀戏夫人传》为名,于1996年6月作为王秋桂主编的"民俗曲艺丛书"之一在台湾出版。在福建有代表的还有师公戏,严格说,它还不是成熟的戏剧,而是穿插于道坛活动中有情节和表演色彩的科仪节目,分文戏(有完整剧情,有一定唱、念、做、舞形式,有人物装扮,可独立演出)、武戏(通过各种武术、技艺来演绎)等,其表演都带有一定的随意性,有时靠临场发挥。

(六)促使闽地出现了一大批以宣传教义与神仙思想为主要内容的造型艺术

其中一些已成为全国的宗教艺术珍品。如位于泉州清源山的巨型石雕老君像,背松倚望,意态谦恭,两眼平视,表现出老人健康愉快的神态;石像左手倚膝,右手靠几,美须飘向左右,似有向外扩展力量;大耳郭表现其善于听察。老君像高5.1米,以整块天然巨石雕成,衣褶分明,线条遒劲有力。一些道教建筑中的石雕刀法精湛,如泉州元妙观三清殿龙陛的双龙戏珠浮雕神态逼真,天后宫青石盘龙柱上的神龙生动欲飞。道教是多神教,人们根据自己的想象塑造了各类神祇,遍布八闽的道教神祇泥塑各有特色。如泉州天后宫的大型泥塑圣母坐像通高二丈,美而淑端;天后辅神顺风耳亦高二丈,半俯身,右手握板斧屈肘于腰间,左手握拳直伸至右腿上部,以写实手法表现出壮汉结实的肌肉,台湾鹿港天后宫还专程来仿造。其他一些庙观中的中型泥塑也很著名,如泉州通淮关帝庙中的马军爷扣住奋蹄欲腾的白马和枣红马,栩栩如生。分散于民间的各种小型泥塑神祇,更是不胜枚举。令人惊叹的是,一些宫庙由于种种原因,不仅建筑保留完好,其艺术品也保留完好。如龙海的白礁慈济宫历经800多年而保存完备,殿宇飞檐交错,门廊壁上浮雕精美绝伦,殿内盘龙石柱,彩绘描金,集宋元明清建筑、绘画、雕塑、书法艺术于一炉,有"闽南故宫"之誉。

第十一章　天主教在福建

第一节　天主教在福建的传播

天主教传入福建,主要可分为元代、明中后期、清初至康熙五十九年、雍正元年至鸦片战争、道光二十四年至 1919 年、1919 年至 1949 年这六个阶段。

元代为天主教在福建传播的第一个时期,当时泉州为全国海外贸易中心,全盛时期常居的海外经商者约 10 万人,其中有许多为天主教教徒。元大德十一年(1307),教皇批准北京设总主教区,意籍方济各会士约翰·孟高维诺(Joannes a Monte Corvino)为总主教,元皇庆二年(1313 年)设立刺桐教区,负责东南教务。此为元代全国仅有的两个教区。据肖若瑟《天主教传行中国考》卷二记载,元代"漳泉一带,奉教者尤多,缘其地滨临东海,屡有外洋商船至其地贸易,而热心传教士,搭船而至者,亦复不少,特姓氏未传耳,有一热心女教友,系亚尔默尼(亚美尼亚)人,昔年随夫来泉州贸易,夫死未归,出重资建大堂一座"。刺桐教区前后存在 49 年,首任主教为才拉尔(哲拉德)(Gerardus Aebuini),元皇庆二年(1313 年)到元延祐五年(1318)年间逝世。第二任为裴莱格林(Peregrine of Castello),元延祐五年(1318 年)至元至治二年(1322 年)间去世。第三任为安德鲁·佩鲁贾(Andveas de Perusia),是任主教时间较长的一位,元至治二年(1322 年)出任,元至顺七年(1335年)死于泉州,泉州东南城墙曾发掘出被确认为安德鲁·佩鲁贾的墓碑。安氏在泉州城外新建一座教堂和一座修院。第四任主教为白道禄(Petrus),继安德鲁后又修建了第三座教堂。第五任主教为雅格伯(Jacobus),元至正二十二年(1362年)死于泉州兵乱。当时全国天主教徒约3万人,刺桐教区约1万人。元代结束后,天主教因统治者的驱赶而绝迹。正如刚恒毅在《在中国耕耘》一书中指出的:"福建传教区是中国最早的传教区,时在十三世纪方济各会士已经到这个地方,但是只是一个孤立的传教区——随着元朝(1368年)的灭亡也不存在了。"①

天主教早期在泉州得以传播,主要原因有二:一是元代统治者没有对传教进行限制。正如安德鲁·佩鲁贾所言:"吾等可自由传道,虽无特别允许,亦无妨碍。"(亨利·王尔《古代中国闻见录》第3卷)二是泉州为著名的海上丝绸之路,外商云集,需要宗教活动。天主教早期在泉州的传播特点为:(1)五任教区主教皆为意籍方济各会士,赴泉州的传教士也均为意籍方济各会士,如1322年抵泉州的和德理(Bodoricus Mattiusi)、1346年抵泉州的马黎诺里(J. Marrirolli)等。(2)教会活动地点仅在泉州市内,没有在省内沿传。(3)教徒仅局限于蒙古人和色目人。(4)开始向邻省传教。据莫法有《1949年前的温州基督教史研究》一文介绍,"温州元代的也里可温最早是从福建泉州传入的,当时福建教区主教曾派助手来温开展工作,后不久便有相当规模的发展,仅市区就设有四个教堂"②。

明代为天主教在福建传播的第二个时期。这一时期又分为三

----

① 刚恒毅:《在中国耕耘》(上),(台湾)天主教主徒会1978年版,153～154页。

② 转引自陈村富主编:《宗教与文化论丛》,东方出版社1995年版,第115页。

个阶段。第一阶段为明天启五年(1625)前,为尝试期。随着元朝的灭亡,天主教的传播在福建中断了200多年。但外国传教士们并没有放弃中国这片广阔的土地,他们进行了长期的努力,试图从福建沿海登陆进而向内地渗透。由于明代福建实施海禁,这些传教士往往无功而返。如明正德四年(1509),西班牙多明我会士曾试图从马尼拉随一商船主偷渡海澄港尾白沙村,结果被官府送回。明万历三年(1575),西班牙奥斯定会士拉达(Pde Ra-da)和马林(P. Jerome Marin)从吕宋赴闽,要求福建总督准其传教,未被允许而返回吕宋。万历十年(1582年),7位西班牙方济各会士从吕宋前往福建传教,被官府截获而送澳门。耶稣会士对进入福建传教也进行了种种努力,如明嘉靖二十七年(1543年),耶稣会士曾趁葡萄牙人侵占海澄港尾之机,往漳州传教,后因葡萄牙人被驱逐而撤离。此外,1611年一些葡萄牙籍耶稣会士在从福建海岸前往日本途中被杀,如安安尼奥·德阿布雷乌(Antonio de Abreu)、约翰·阿尔贝托(Joao Alberto)、鲁伊·巴莱多(Rui Barreto)等。

　　第二阶段为明天启五年(1625)至明末,为高潮时期,天主教开始正式在闽传教。事情缘起似有些偶然性。意大利耶稣会士艾儒略[Aleni(Alenis),Giulio]在杭州结识了致仕归里的三朝相国叶向高(福建福清人),叶向高与艾氏交谈后,深为敬服,诚邀艾氏到福建传教。1624年12月29日,艾儒略与叶向高同舟抵福州,旋即在士大夫中进行传教,正如费赖之在《入华耶稣会士列传》中所称,“儒略既至,彼(叶向高)乃介绍之于福州高官学者,誉其学识教理皆优之,加之阁老叶向高为之吹拂,儒略不久遂传教城中。第一次与士大夫辩论后,受洗礼者二十五人,中有秀才数人”。由叶向高长孙带头集资,在福州城内宫巷建起天主堂(即“三山堂”),四个月后又往福清传教,并在县城水陆街建立了教堂。艾氏在福建传教取得了重大成就,正如肖若瑟在《天主教传行中国考》中所言,

"艾神父在福建传教,先后 23 年,共建大堂 22 座,小堂不计其数,授洗 1 万余人,勤劳丰著,可谓此省之宗徒"。艾儒略通晓中国传统文化,推行"入乡随俗"的传教方针,尊重中国的传统习惯,因此传教顺利。一些耶稣会士也由此相继进入福建,如葡萄牙神父阳玛诺(Emmanuel Diaz),曾于 1623—1635 年任中国副省会长,1638 年到福州,后去宁波,1648 年到延平(南平);澳门人助理修士陆有机于 1631 年抵福州;葡萄牙的罗纳爵(Inacio Lobo)可能1631 年左右抵福州;葡萄牙神父李范济(Francisco Pereira)于1634 年抵福州;立陶宛神父中安德[Rudamina(Rudomina)]1626年在澳门,后又到福州,1631 年 9 月于福州去世;意大利神父杜奥定[Agostino Tudeschini(Todeschini)]1639 年抵福建,1643 年在福州附近溺水而死。

　　第三阶段为明末,天主教传播呈马鞍形,时起时伏。明末,随着海禁松弛,西班牙吕宋总督与福建总督商谈通商、传教,随即多明我会士由吕宋(菲律宾)入闽传教。1632 年 1 月 2 日,最早两位在华的多明我会士郭奇(Angelo Cocchi)和谢拉(Tommaso Serra)抵达闽江口一小岛,受到福建总督礼遇。这是多明我会士在福建传教的开始。因当时艾儒略等已在福州地区传教,而闽东耶稣会尚未进入,故郭奇等多明我会士决定奔赴闽东开创教区。郭奇等到达福安后,即在溪东村购置房屋,设立闽东第一座天主教堂,由此在闽东建立了以福安为中心的多明我会根据地。之后,继续往闽南推进,以石码作为多明我会向福建输送传教士的登陆港口,并在泉州、莆田等地建立传教基地。1633 年 7 月 2 日,元代刺桐教区消亡 270 多年后,第一位方济各会士利安当(Antonio de Sainte-Marie Caballero)和多明我会士黎玉范(Juan B. Moralez)到福安罗家巷等地传教;同年 9 月,福安罗家巷人罗文藻经利安当洗礼入教。方济各会与多明我会划分传教范围,主要在宁德、建宁、泰宁、邵武等地传教。明末传教士在福建的活动曾受到不同程度的打击。其主要原因为:(1)传教方式的不适,引起群众不满。由于多明我会和方济各会反对耶稣会士"入乡随俗"的传教方式,极力反对教徒祀孔祭祖,引起当地群众不满。如 1635 年传教士徐方济各(Ftancicus Diag)、施自安(Juan Catcia)在福安城内教堂传教时被驱赶。(2)殖民者对中国的争夺,引起民众仇视外来势力。1637年,西班牙、荷兰两国殖民者争夺台湾,并时有船只骚扰福建沿海,时逢外国传教士多次偷渡入境,引起地方官的警觉和介入。福建地方官多次公开张布禁教公告,如 1637 年 12 月 16 日,福建巡海道施邦曜发布《示禁传教》通告:"凡有天主教夷人在于地方倡教煽惑者,即速举首驱逐出境,不许潜留,如保内有士民私习其教者,令其悔改自新;如再不悛,定处以左道惑众之律,十家连坐并究,决不轻贷。"[①]同年 12 月 20 日,福建提刑按察司徐世荫和福州知府吴起龙,也在福州发出告示,严禁天主教传播,福州府告示直接指名艾儒略和阳玛诺。有的地方官吏士绅联合呼吁反洋教士,如 1638年 11 月,福州府左中右三卫千百户掌印李维垣与福州府闽、侯二县儒学生员陈圻等发表《攘夷报国公揭》,称天主之夷"布满天下,煽惑交结,甚于万历之时,似不普中国而变夷狄不已也"[②]。(3)因天主教教义与中国正统儒家思想的矛盾冲突,引起传统文人和僧人联合反教。他们站在华夏中心论的立场,否定、排斥天主教,著文"辟邪"。1637 年,漳州人黄贞将这些反教论述汇编为《破邪集》,约于 1639 年送交浙江的费隐通容,后由浙江盐官徐昌治编节列目,为《圣朝破邪集》8 卷,约十万余言。官府和民众对传教士采取了一些行动,据《天主教传行中国考》卷四载:"各处教堂十六七

---

① 《破邪集》卷二,蓝吉福主编:《大藏经补编》(28),(台湾)华宇出版社1986 年版,第 252 页。

② 转引自陈村富主编:《宗教与文化论丛》,东方出版社 1995 年版,第180 页。

座,概遭封禁,没收入官;教友或受板责,或枷号示众,或锁押监中,甚有监毙者一名。"连尊重中国传统文化的艾儒略等耶稣会士也被迫躲到乡间,其他教派传教士则更被捉拿,据《宁波教区简讯》1935年卷转述西班牙多明我会若望·弗朗多(Juan Ferrando)著《多明我会士在菲律宾、日本、中国的传教史》载:"黎玉范于1640年前后曾被官府抓获,他在押送途中仍然手拿十字架,一路坚持宣道。"[①]

清初至康熙五十九年(1720年),是天主教在福建传播的第三时期。这一时期又分为四个阶段,第一阶段为全盛时期,其缘于隆武帝对天主教的公开褒扬和保护。1644年清兵入关,明亡。1645年,明唐王朱聿键在福州称帝,改元"隆武"。为了借助天主教势力恢复统治地位,隆武帝在福州召见耶稣会士毕方济(Francesco Sambiaso),命其与庞天寿一起赴澳门,向葡萄牙人购置火器。当时任首辅的漳浦人黄道周与握有兵权的郑芝龙(郑成功之父)均为天主教徒,毕方济通过黄、郑使隆武帝下诏书禁止教外臣民攻击天主教,隆武帝嫌"三山堂"狭小,"谓人曰,如此湫隘,岂足为上帝所歆格?遂发帑金,谕令重修。不数月堂工告竣,立牌坊于堂门前,大书勒建天主堂五字。又悬匾于堂上曰:上帝临汝。立碑记其事"[②]。由于隆武帝的支持,一时形成了天主教在福建的鼎盛时期,当时仅福州城内就有天主教徒2000余人。顺治三年八月(1646年9月),清兵克仙霞关,入福建,隆武帝奔汀州。时葡萄牙人孔西满正接艾儒略到长汀布道,至1648年,汀州教徒发展到800人。第二阶段为1647年后清兵入闽至1650年,这是由高潮转入低潮的时期。其原因为郑成功与清军对峙,而当时西洋传教士有十余人在郑军中服务,郑成功准许他们在闽南自由传教,促进

---

① 转引自陈村富主编:《宗教与文化论丛》,东方出版社1995年版,第320页。

② 肖若瑟:《天主教传行中国考》卷五。

了闽南天主教的发展,但也引起清廷的高度警惕。1650 年清廷在闽南推行"迁界法"时,闽南沿海教堂皆尽被毁,教徒被驱散各地。此外,清廷还悬图缉拿洋教士。适逢西班牙籍多明我会士加彼来(P. FCapileas)发展福安下邳已订婚女子陈子东为守贞女,福宁府以"拐骗妇女"罪,将加彼来捕杀于福宁湖山,这是被中国官方处死的第一位外国传教士。第三阶段从 1651 年至 1691 年,由于官方对天主教政策多变,所以天主教传播时起时伏。其标志有三:第一,出现了两位人物,对天主教的传播起了积极的促进作用。一位是天主教徒、闽浙巡抚佟国器,他 1655 年来闽视察,赠俸银重建"三山堂",并亲撰《福州重建圣堂碑记》,对天主教大加褒扬,推进了天主教的传播。另一位是福安人罗文藻,他于顺治十一年六月(1654 年 7 月)在马尼拉城由菲律宾总主教保佈肋陶(Michael Po-beto)祝圣晋铎为历史上第一位中国籍神甫。第二年,罗文藻即回闽传教,两年之中于福宁授洗 2500 多人。1665 年,官方规定外国传教士不得传教,罗文藻成为全国唯一能公开传教的天主教神职人员,于是全国各省各修会均将所辖教务托付罗文藻视察。罗反对禁止中国教徒"祀孔祭祖"的生硬做法,所以传教顺利,在他接受托付的两三年内,经其手付洗的人数较之当时全体在华外籍传教士 30 年中付洗的总数还要多。1685 年 4 月,罗文藻接受方济各会士伊大仁(Bernardinus Della Chiesa)主教的祝圣,在 57 岁时成为中国天主教历史上第一位中国籍主教。因当时福建传教区主教出缺,福建教务暂由隶属南京教区的罗文藻主管。第二,传教士从不同区域进入福建。如 1655 年 7 月,意籍多明我会士维克多利奥·黎奇(Victorio Ricci)从金门抵厦门,建立了厦门教会。1683 年法籍外方传教会会士巴陆(Francois Pallu)任福建传教区主教。巴陆与数名会士由台湾抵厦门,1684 年,巴陆与两名助手来到福安,同年九月,巴陆病逝于福安穆阳,临终前将教务委托给副主教颜珰。由于外国传教士介入,这一阶段天主教得到不同程度的发展,如清康熙三十七年(1698),天主教西班牙传教士司铎安尼南从福州到将乐传教,并在城关建造一座占地约 600 平方米的天主教堂。第三,展开批判《辩祭》的运动。随着康熙帝逐渐放松对天主教的限制,葡萄牙籍耶稣会士李西满(Rodrigues Simao)于 1677 年抵福州传教,1682 年在福州发现方济各会士于数年前写的《辩祭》一书,李西满认为该书把"祀孔祭祖"斥为"异端",是不尊重中国的传统文化,不利于天主教在中国的传播。福清天主教徒李九功的儿子李良爵写《〈辩祭〉参评》,对《辩祭》中对中国传统的曲解提出质疑,由此推动了福建各地士大夫中的天主教徒参与这场争论,使外国传教士进一步注意尊重中国传统文化,大大缓和了因礼仪之争而一度紧张的民教关系。第四阶段,由康熙三十二年(1693)至康熙五十九年(1720),这一阶段因教会内部的礼仪之争扩大到中国朝野,使朝廷再度对传教由支持转为有限支持,最后严格限制,使福建天主教传播进入低潮。1693 年 3 月 26 日,颜珰在福安发布"牧函",明令教内禁止用"天"与"上帝"字眼,禁止教徒祀孔祭祖,并将此"牧函",送教皇审阅。1705 年,罗马教廷正式批准颜珰的"牧函",并派教廷公使多罗(Carlo Tommaso Maillard de Tournon)到北京进行传达。面对康熙皇帝的提问,"多罗不敢直接答复,只说有一通晓中国问题的颜珰,今天抵京"[①]。1706 年 8 月初,颜珰在热河行宫拜见康熙,奏明自己所读的书不多,以前写书讨论中国礼仪,常用中国人当翻译。康熙因他讲福建土话,乃派巴多明(Dominique Parrenin)充翻译。随即问他认不认识御座后面贴的四个字,颜珰只认识一个字。康熙怫然不悦,旋即下御批:"颜珰既不识字,又不善中国语言,对话需用翻译。这等人敢谈中国经书之道,像站在门外,从未进屋的人,讨论屋中之事,说话没一

---

① 罗光:《教廷与中国使节史》,(台湾)传记文学出版社,1983 年版,第 116 页。

点根据。"①1706 年 12 月,颜珰被解送澳门;1707 年,颜珰前往罗马控告中国礼仪。1720 年,罗马教廷遣嘉乐(Carlo Mezzabarba)给康熙送来不准中国教徒祀孔祭祖的"禁约",康熙硃批:"此数条都是颜珰当日在御前,数次讲过使不得的话。他本人不识中国五十个字,轻重不晓、辞穷理屈,敢怒而不敢言,恐在中国致于死罪,不别而逃回西洋,搬弄是非,惑乱众心,乃天主教之大罪,中国之反叛。览此几句,全是颜珰当日奏的事,并无一字有差。颜珰若是正人,何苦不来辩别。"②此外,康熙在多次诏谕中斥颜珰为"不通小人",可见颜珰给康熙留下极坏的印象。康熙气愤硃批:"以后不必西洋人在中国行教,禁止可也,免得多事。"③清康熙四十年(1701),福建全省九府有天主教大堂 35 座。康熙收回"自由传教"谕旨,并下令凡外国传教士在中国传教,均须持由内务部印发的"领票"。天主教在中国的传播由此受到很大限制。

　　雍正元年(1723)至第一次鸦片战争(1840),是天主教在福建传播的第四个时期,也是低潮时期。这一时期最显著的特点是外国传教士不顾一切地传教和官府竭力地制止。1722 年,雍正继位,不久即下令禁教。其禁教的直接原因也缘于福建。当时,闽东经外国传教士多年传教,穆水流域已成为天主教行政中心,教徒已达万人。仅福安、宁德、霞浦三县就有天主堂 18 座,许多重要的外国传教士常住于此,成为罗马教廷在华传教的重要基地。福安知县傅植因教徒和非教徒冲突而上报闽浙总督满宝,告发教士在县内建造教堂。"满宝下令禁止。又于同年十一月廿一日,飞章上

---

①　转引自罗光:《教廷与中国使节史》,(台湾)传记文学出版社 1983 年版,第 117 页。

②　转引自罗光:《教廷与中国使节史》,(台湾)传记文学出版社 1983 年版,第 116 页。

③　转引自罗光:《教廷与中国使节史》,(台湾)传记文学出版社 1983 年版,第 159～160 页。

奏,建议除在京供职的西洋人外,其余俱驱往澳门,各省并禁止传教。"①雍正采纳了满宝的建议,通令全国禁止天主教,从此中国社会进入长达120多年的禁教时期。雍正就此事对在京的外国传教士表态:"在福建的西洋人践踏我法律,扰乱我子民,当地大吏已向我报告。事关国家,我应负责予制止。"②可见福建天主教的传播已引起雍正不满,为禁教导因。由于事因福建引起,故禁教令初下,福建执行格外彻底。一些教堂被封或改为他用,外国传教士大量被逐。如位于宁化城北翠华山下的天主教堂被改为朱子祠;福安、宁德、霞浦等县18座教堂被全部充公,教徒2000多人被扣押并勒令退教;福州"三山堂"改为关帝庙,长乐天主堂改为"临江馆";浦城天主堂改为"正音书院"。但被逐的外国传教士仍伺机潜入福建冒险传教,并为此付出了代价。雍正八年(1730),西班牙传教士华若亚敬(Poan Alchobar)受命为多明我会福建区会长。乾隆三年(1738)被逐至澳门的福建"代牧"、西班牙多明我会士白多禄(Petrus Sanz)从澳门潜回福安秘密传教。1746年,白多禄和华若亚敬等几位神父在福安穆阳为教徒行"坚振"礼时,被官府捕获押往福州。1747年5月,白多禄在福州西门外兜板桥被处以斩刑,成为唯一被中国官府处死的外籍主教。笔者1996年11月13日走访福州泛船浦天主堂时,见祭台两侧玻璃窗上绘有宗教人物画像,经福建省天主教爱国会秘书长介绍,始知其中有一画像即为白多禄。1748年,一起被捕获的神父均在狱中被处死,其中德方济(Serrano)、华若亚敬(Joachin Royo)被窒息死,费若望(Joan Alchobar)、施方济各(Diaz)被绞死。之后,福建巡抚"下令在全省

---

①　转引自罗光:《教廷与中国使节史》,(台湾)传记文学出版社1983年版,第170页。

②　《耶稣会士书信集选本》(Choix des Lettres Edifiantes)(中国部分第2卷),巴黎聋哑印刷所1808年,第257页。

禁绝天主教,查拿传教士,没收教堂,信教群众分别治罪,全省一致行动,扩大到全国,思一举消灭天主教"①。全省天主教活动受到沉重打击。闽东的天主教活动转入地下,外国传教士仍不时潜入传教。乾隆十八年(1753),西班牙多明我会士方巴拉斯(Francois Pallas)接任福建主教,并在福安活动;乾隆四十六(1781),西班牙多明我会士郭嘉恩(Joseph Calvo)继任主教;嘉庆十七年(1812),西班牙多明我会士罗明南(Roch Carpena Diay)潜入福安任主教,并在福安溪潭开设了圣十字架修院。无论官府对天主教怎么打击,福建天主教仍然保持一定规模。清道光十八年(1838),福建单独成立代牧区,天主教活动场所布于全省九府二州,约 40 多县,中心在福安。

　　道光二十四年(1844)至 1919 年,是天主教在福建传播的第五个时期,也是天主教在福建的复苏和发展时期。其特点是外国传教士不再偷偷潜入,而是通过法国驻闽领事馆,手执护照堂而皇之地来。这一时期天主教在福建的传播又分为两个阶段,每一阶段都与清政府下令给予传教士方便有关。第一阶段为两次鸦片战争后。第一次鸦片战争后,清政府于道光二十六年(1846)解除禁教令,道光皇帝发布命令:"所有康熙年间各省旧建天主堂,除改为庙宇民居者毋庸查办外,其原房屋各勘明确实,准其还给该处奉教之人。"②咸丰八年(1858),法国传教士又获得在华"保教权",外国传教士纷至沓来。先是与福建当局交涉归还教堂,如照会福州府,要求归还"三山堂",后又嫌福州府抵偿地太小,又要福州府续买毗连的一块地皮。当时天主教在各地建堂传教迅速,其标志包括:一是新建、扩建、重建教堂几十座,仅漳州府十年间就新建教堂 5 座。二是教徒人数增长,至光绪九年(1883)全省教徒近 4 万人。三是

---

　①　林泉:《福州天主教简史》,《福州文史资料选辑》第七辑,第 218 页。
　②　黄伯椽:《正教奉传》,第 169 页。

传播地域广泛,如仅鸦片战争后至 1899 年之间,所传入地方就包括:罗源、武平、漳浦、厦门、邵武、光泽、永定、建阳、连江、福清、平潭、泉州、古田、闽清、诏安、惠安、南安、长乐、南平,泰宁等。四是福建代牧区南北分立。清光绪九年(1883),福建代牧区分为北境和南境;北境代牧区活动中心在福州,范围为福州、福宁、延平、建宁、邵武、汀州、兴化七府;南境代牧区中心在厦门,范围为泉州、漳州、台湾三府及龙岩、永春二州。第二阶段为光绪二十五年(1899)至 1919 年,主要是外国传教士享有特权,由此促进了教务发展。当时,清政府在《接待教士事宜数条》中给予外国传教士以特权,如"主教其品位与督抚相同,应准其请见总督"、"自督抚司道府厅州县各官,亦按品秩,以礼相答"。福建官府对外国传教士有求必应,使教务发展飞快,如福建北境代牧区主教、西班牙多明我会士苏玛索(Salvador Masot)凭一张名片便可在福建各府县畅通无阻。故仅在十年内,就新建教堂 30 多座,至 1915 年,全省天主教徒有57800 人。

1919 年至 1949 年,是天主教在福建传播的第六个时期。这是天主教在福建继续发展的时期,其特点有二:第一,在传播过程中更加中国化。其标志,一是尽量在传教过程中适应中国习俗,使天主教教义儒学化;二是尽快培养中国籍的神职人员;三是大规模面向社会创办学校、医院、孤儿院等,至 1949 年,教会创办的修院、学校、医院、孤儿院等已达 50 多个。第二,进一步向纵深渗透。其标志,一是教区越分越细,如北境代牧区陆续一分为五,即福宁代牧区、汀州监牧区、邵武监牧区、建瓯监牧区、福州代牧区;二是入闽修会和各种国籍传教士增多,如入闽修会有德国教世主会、德国多明我会和美国多明我会等,传教士来自西班牙、德国、美国、瑞士、奥地利等国;三是天主教堂、公所分布广,量多,至 1949 年,全省共有 380 座教堂和公所。

第二节　天主教在福建传播的特点

天主教在福建的传播之所以在中国传教史上有着重要地位，是因为其历史悠久（元代始建有天主堂，福建为全国天主教传播最早的省份之一）、分布广泛（至 1949 年，教堂分布全省 53 个市县）、信徒众多（至 1949 年，全省天主教信徒近 10 万人）、神职人员多（仅清、近代到福建传教的外国神甫就有近 300 人，至 1949 年，全省神甫 179 人，其中外籍 104 人，中国籍 75 人）、外国修会多（先后有方济各会、奥斯定会、耶稣会、多明我会、巴黎方传教会、救世会等）。此外，还有以下特点：

一、使福建较早受到西方学术思想的吹拂和漫浸

如艾儒略在福建传教的 25 年中，不仅传播天主教教义，还将西方国家先进的地理学、数学、天文学、医学、绘画及哲学、典章制度在福建广为传播，在福建士大夫中产生了一定影响。艾儒略在福州刻印了大量的论文著作，如：第一次全面介绍西方学术概况的《西学凡》，对传入西洋医学颇多贡献的《性学觕述》，与叶向高析疑问难的《三山论学记》，以及《西方答问》、《几何要法》、《弥撒祭义》、《涤罪正规》、《五十余言》等。这些著作，在士大夫中引起一定反响，如最早与艾儒略结交的闽县人陈仪曾为艾儒略《性学觕述》作序，推崇备至："西泰入都，著书数种，推原天地人物所由天生，悉出于天主，为世间一大父母。"艾儒略还在福州刻印了利玛窦的《天主实义》、《二十五言》、《辨学遗牍》，罗雅各的《圣记百言》，庞迪我的《七克》，龙华民的《圣若撒法始末》。后由李之藻汇编成我国历史上第一部全面传播西学的丛书"天学初函"（50 卷）在杭州出版。福建不少士大夫读后深受影响，甚至连地方官也赞不绝口，如建宁知县左光先曾发表告示，称："艾思及先生在西儒中尤称拔萃，所著

书皆惊心沁耳,憬迷破梦。……本县职司风教,深知西儒之学,足辅王化,为此示渝士民人等,其贤智者,务虚心克己,将西儒所刻诸书,体心研求……且憬然会心,惊然愧计。"闽中士大夫在艾儒略感染下,有71人向艾儒略题诗赠文,后由明代晋江大学堂辑为《闽中诸公赠诗》,其中不乏当时的著名人物。

二、使福建成为中西方文化冲撞最早的发源地

天主教在福建的传播,一方面使不少士大夫受洗入教,但一方面也导致了另一些士大夫的反对和责难,使福建成为中西方文化冲撞的发源地。这种中西方文化的冲撞,具体表现在三个方面:

第一,虔诚的教徒教友们在困惑中的善意提问,表面上是反映天主教与中国文化之间的差异,实际上反映了中西文化差异中深层次的问题。艾儒略在传教过程中并不回避问题,而是大胆涉及,如在《三山论学记》中,他回答了叶向高等人所提出的问题。以下为陈村富《评艾儒略的传教的活动》所列的其被问及或回答的内容:(1)中国古圣说的"天"与"天主"有天壤之别,释迦牟尼、文王、孔子亦为"天主"所创。(2)"造物主超出理气之上",程朱之理、太极、二气不能自化万物。(3)天主造物也劳心劳力吗?(4)天主全智全能而又慈爱,为何创造污物、害虫和毒物?(5)天主至善,人间罪恶何来?为何恶人不得恶报?(6)天主既然万能,为何不为人间除恶?(7)中国的形神、魂魄观念同西方的灵魂观念的区别。(8)生死、审判、赏罚与佛教的轮回观念的区别。(9)天主既能创世,为什么不能救世而要降生为人?(10)既然要降生,何不自天而降而要"胎于女腹中"?岂不"损其本性"?(11)既要降生,为何不降为帝王之后而要投于微贱人家?(12)为何"不降我中土文明之域"?若然,"则不烦先生九万里之劳矣"。① 这些问题极有代表性,虽然

① 陈村富主编:《宗教与文化论丛》,东方出版社1995年版,第118页。

艾儒略对中国传统文化了解较深,但一旦试图使天主教中国化,就必然引发中西文化的冲撞和交流。

　　第二,深受传统文化影响的士大夫及僧人对天主教的坚决反对,最有代表性的是明末艾儒略与福建漳州儒生黄贞为代表的士大夫之间一场旷日持久的冲突。开始,这场冲突仅仅表现为辩论。如崇祯六年(1633),艾儒略入漳州传教,士大夫反应强烈,黄贞为探其奥秘,前往听讲多日,之后,与艾儒略展开辩论。黄贞在《请颜壮其先生辟天主教书》中对双方辩论有过记载:“彼教中有十诫,谓无子娶妾仍犯大戒,必入地狱。是举国历来圣帝明王有妃嫔者,皆脱不得天主地狱矣。贞诘之曰:文王后妃众多,此事如何? 艾氏沉吟甚久,不答。第二日,贞又问,又沉吟不答。第三日,贞又问曰:此义要讲议明白,立千古之大案,方能令人了然皈依而无疑。艾氏又沉吟甚久,徐曰:本不欲说,如今我亦说。又沉吟甚久,徐曰:对老兄说,别人面前我亦不说,文王也怕入地狱去了。又徐转其语曰:论理不要论人,恐文王后来痛悔,则亦论不得矣。”[①]黄贞认为艾氏的解释是谤诬圣人,于是又撰《尊儒亟镜》,指斥天主教,维护儒教。为推动各界一起抵制天主教,黄贞还撰《不忍不言》,呼吁儒生佛徒,联合“破邪反教”。之后,不少官员、文人、僧人纷纷撰文响应,并波及浙江,声势颇为浩大。撰文者以正统儒学排斥西学,表现了与天主教神学的不相容。其有代表性的有漳州王忠的《十二深慨》、福州黄问道的《破邪解》、福州陈侯光的《辩学刍言》、漳州林启陆的《诛夷论略》、漳州谢宫花的《历法论》、父亲曾任福建巡抚的许大受的《圣朝佐辟》等。值得注意的是,一些原来支持天主教的官员,在争论中弄清了天主教的教义后,态度也发生了变化,如泉州蒋德璟为翰林编修,曾以太子侍读身份巡视福建,与艾儒略关系

---

　　① 《破邪集》卷三,蓝吉福主编:《大藏经补编》(28),(台湾)华宇出版社1986年版,第258页。

密切,但他当时仅将传教士们视作从事历书和天文仪器工作的学者,一旦获悉传教士们"以汉哀帝时耶稣为天主",观点则完全改变了。① 夏瑰琦在《艾儒略入闽传教与〈破邪集〉》一文中认为:"正统士大夫们的'破邪'之论,虽多于意气,少于说理,然而耶儒之辩,总体上反映了中西文化的冲突与差异。他们客观上最早担负起中西文化比较的历史责任。"这个评价是恰如其分的。

第三,以中国礼仪之争为中西文化冲撞的发端。中国礼仪之争,从传教士内部看,实际是国外各教派对在华传教领导权的争夺,而其表现的形式,则是中西文化的冲撞:即天主教教义与中国传统礼仪习俗的矛盾。这场争论,也是由福建传教士为发端而蔓延全国的。1632 年,来自马尼拉的多明我会、方济各会传教士先后到福建传教,他们认为在华耶稣会士对于中国偶像崇拜和迷信行为过分宽容,有的传教士甚至手持耶稣像,于街市上高喊:"凡拒绝相信福音者,将如孔子一样坠落地狱。"②这种做法遭到耶稣会的反对。1693 年,颜珰在福建发表牧函,禁止使用"天"和"上帝"两个称谓,不准信徒祀孔祭祖,受到了在闽耶稣会士的抵制,使中国礼仪问题争论进一步激化,以致激怒了康熙皇帝。在此期间,教会内部争论双方都派人到罗马教皇面前陈述道理,教皇也多次发出指令,使这场争论不仅扩大到全国,甚至扩大到欧洲,历时半个世纪。

三、创办了文教卫生事业

天主教在福建的传播过程中,创办了许多学校、修道院、医院、

---

① 关于福建士大夫在《破邪集》中与西方传教士冲突的详情,法国谢和耐在《中国和基督教》(上海古籍出版社 1991 年版)中有具体介绍,此不赘述。

② 德礼贤:《中国天主教传教史》,商务印书馆 1934 年版,第 5 章第 67 页。

仁慈堂等。

1. 学校。最著名的中学为清宣统元年（1909 年）创办的福州私立扬光中学，由福州多明我会在津门路秀冶里河墩购地建校，为两部制，高小部学制三年，中学部学制四年，在经济上主要依靠多明我会远东分会拨款，校务实权掌握在主理手中，历任主理为薛良道、高金声、毕景贤、张国恩、赵炳文、伊国贤、赖蒙笃、李奋仁、贾善友等九人，均为西班牙籍多明我会士。高中部共毕业十个班，有数百人。此外，还有泉州私立启明中学、漳州私立崇正中学、长汀私立唯一中学、莆田私立正本学校、光泽私立启明高级中学等。天主教在福建创办的小学约 51 所，较出名的有福安私立崇一小学、泉州私立崇德小学、长汀私立培德小学等。天主教创办的不少学校在当时社会上较有名气，为福建培养了一批人才，毕业生不少升入大学或出国留学。

2. 修院。天主教在福建创办的修道院有 30 余所，培养了大批闽籍神学人才，由此大大推动了天主教在福建的传播。其中较有影响的如：清嘉庆十八年（1813）由多明我会在福宁溪潭开设的圣十字架修院，共培养了闽籍神甫 17 人；清道光三十年（1850），高居龙在宁德西隐创办的多玛斯修院，共祝圣了 15 位闽籍神甫；清同治三年（1864），福州代牧区在福州澳尾巷天主堂创立圣若瑟修院，祝圣闽籍神甫 30 余人；清同治七年（1868），福建代牧区在漳浦县前程乡创办南浦神学院，共祝圣闽籍神甫 13 人；民国 25 年（1936），福建天主教六个教区在福州泛船浦合办天主教福建神哲学院，共祝圣 30 多位神甫。此外，还有福安多玛斯神学院、漳州加大利纳女修院、海澄罗撒女修院、福安顶头女子传道师范、福州婴德修院、福安罗江女子传道师范、龙溪白水营修院、福安若瑟修院、邵武震旦修院、宁德三都澳多明我会女修院、福安真福方济各学校、福安留洋加大利纳女修院、光泽女修道院、邵武救世主女修院、福安穆阳罗撒女修院等。

3. 医院和仁慈堂。天主教在福建创办了近 30 所医院和诊所。其特点，一是分布面广，多达全省 21 个县市；二是收费低廉，多为济贫，对贫民少收药费或全免。天主教在福建开办最早、规模最大的一所西医院为福州德撒医院，位于福州澳尾巷原天主教"仁慈堂"内。还有位于厦门磁安路的圣若瑟医院、位于福安穆阳镇的真福医院、位于邵武东门的救世医院等。天主教传教士在福建创办的仁慈堂主要收养被弃女婴，对所收女婴一律先由神甫为之"洗礼"，长大后俗称堂妹，成亲时收一定聘金（如银圆 50 元等）。收养女婴较多的仁慈堂有位于福州泛船浦的圣若瑟育婴院、位于龙溪县的翰苑仁慈堂、位于福安的溪潭育婴堂、位于霞浦城关的公教慈爱堂等。

四、出版了许多中文书刊

天主教在福建出版了许多中文书刊，其中大多为宗教类，如明末艾儒略译述的《旧约创世纪》，清末沙瓦多编著的《伦理神学纲要》、刘若翰译述的《圣女四字经文》等，此外还有字典等，如西班牙神甫冯意纳爵编撰的《福安话西班牙语拼音字典》。值得一提的是，在产生基督教的闽南白话字后不久，也产生了天主教的闽南白话字，二者的不同在于，"基督教白话字用的是厦门音，而天主教白话字用的却是漳州音。这和他们最先传教的地点大有关系：基督教 100 年前初到闽南的地点是厦门新街，而天主教 300 年前初至闽南的地点是漳州后坂社。"[1]据《新发现的另一种闽南白话字》介绍，天主教白话字典《华班字典》多至 790 页[2]，这部按闽南方言音序编成的字典，逐字逐词先用白话字注音，然后再用西班牙文解释，在当年盛极一时。天主教白话字的读物，还有《古史录》、《一目

---

① 许长安、李熙泰编著：《厦门话文》，鹭江出版社 1993 年版，第 91 页。

② 许长安、李乐毅编：《闽南白话字》，语文出版社 1992 年版，第 59 页。

了然》、《善生福终》等，从头到尾都没有注上一个汉字。① 天主教在福建创办的主要刊物有厦门代牧区创办的《公教周刊》、福州代牧区"公教进行会"创办的《道南半月刊》、邵武监牧区创办的《救世报》、福宁教区主教赵炳文创办的《玫瑰月刊》等。

五、留下许多珍贵实物

天主教在福建传播的过程中，留下许多实物，不仅是研究福建对外关系史的文物，对研究天主教在中国的传播，也弥足珍贵。明代以来至近数十年，陆续在泉州发现了一批墓碑石，从中可印证、纠正并进一步丰富天主教传教史的研究。如 1946 年在泉州通淮门靠近龙宫的墙底下出土的碑石，碑顶为尖拱形，尖拱下浮雕着两个天使挟着一个圣物，碑面上刻九行拉丁文，据有关专家译读，可知此碑为元代曾任泉州方济各会主教的安德鲁的墓碑，由此纠正了有学者认为安德鲁西归故里之误。现存于泉州海交馆的元代十字架墓碑中，就有多方为元代泉州天主教方济各会传教士墓葬的遗物。已发现的天主教墓碑，大部分已发表于 1957 年出版的吴文良先生的《泉州宗教石刻》一书，以及陈列于厦门大学人类博物馆、福建省博物馆中，此不赘述。此外，福建各地保留的大量天主教石刻和碑文，亦为研究福建天主教传播不可或缺的珍贵文献。福安穆阳天主堂尚存当年清廷赔款重建福安穆阳天主堂圣旨石刻。福州泛船浦天主堂尚存化地玛玫瑰圣母亭碑文，碑文不长，且记如下："化地玛葡国一僻村也。一九一七年五月至十月间，圣母于每月十三日，显与路济亚、方济各、雅声达三牧童，于村西橡树上令虔诵玫瑰经并建堂敬礼，自是前往朝觐者络绎不绝。忧者害病者愈，而化地玛乃名闻环宇矣。救世主会士在邵武传教，设办事处于榕仓前山坊下路，屋旁筑岩，奉化地玛玫瑰圣母，八闽信众时往瞻依，

----

① 　许长安、李熙泰编著：《厦门话文》，鹭江出版社 1993 年版，第 92 页。

莫不渥沐恩膏。会民国三十三年十月四日,榕城二度沦陷,屋被拆毁,乃奉圣母像至泛船浦总堂。许光复之日构亭纪念。果闽海于翌年五月十八日重光,而亭亦于是年七月二十二日落成。谨数志语以扬鸿恩。"此外,清顺治年间于福州所立的《福州重建堂碑礼》、1882 年于龙海所立的《翰苑天主堂西教南传碑文》等,都详细记载了天主教在福建传播的情况,极具文献价值。

六、教务活动频繁

天主教在福建的教务活动开展频繁,一些重大宗教仪式在教区总堂举行,福州泛船浦总堂曾先后举行过对罗马教廷巡阅使光若翰、梵蒂冈驻华代表刚恒毅、梵蒂冈驻华代表蔡宁等人视察福建的欢迎仪式。外国修会还多次在福建祝圣主教,如福建代牧区修会会长弗尔南·德奥斯古特(Fernand Oscot)在福安祝圣为主教、福建溪潭圣十字架修院院长在福安溪潭祝圣为主教、高居龙在宁德岚口祝圣为主教、斐利亚加列诺在福安溪潭祝圣为主教、马守仁在漳州祝圣为主教等。福建天主教还举行过有关中国籍神甫晋铎金庆大典、中国籍修女入会仪式、纪念多明我会 300 年、白多禄主教致命 200 周年等各类活动。此外,除了耶稣复活、圣神降临、圣母升天、耶稣圣诞等传统的四大瞻礼外,福建天主教在各地还形成了一些颇有地方特色的活动,如福安教区于每年春节至元宵期间,都要举行"避静"活动,即男女分开,集中到就近教堂四五天,避免与外界来往,专心致志念经、祈祷、默想、领圣体、听道理等;闽南教区于每年 4 月 22 日至 30 日,于龙海岭东天主堂举行"若瑟主保九日瞻礼",由神甫轮流举行弥撒,以供各地朝圣教徒瞻望。

第十二章　基督教在福建

第一节　基督教在福建的传播

基督教(指新教,下同)传入福建的时间约在 1840 年前后。据李志刚《基督教早期在华传教史》记载,1807 年到 1842 年间在福建传教的外国基督教传教士有郭士立(Rev. charles Gutzlaff)、为仁(Rer. William Deen D. D)、施迪芬(Rev. Edwin Stevens)、娄理华(Rev. Walter M. Lowrie)等。[①] 据李玲《最早到达福州的基督教传教士》介绍,"最早到达福州的基督教传教士是普鲁士人古兹夫,他受尼德兰基督教会的派遣至亚洲活动,乘坐英国'蒙荷号'船于 1832 年到达福州。他在福州城内外活动了几天,通过一些医疗活动向群众散发基督教小册子。古兹夫向尼德兰基督教会报告说:'福州人民的态度十分友好。'"。[②] 1842 年至 1847 年,基督教各传教会教士大批涌入被列为五口通商的厦门、福州,据李志刚《基督教早期在华传教史》载,传教士有伦敦传道会的叶韩良(Rer. Willian Young)、施敦力亚力山大(Rev. Alexander

---

① 李志刚:《基督教早期在华传教史》,台湾商务印书馆 1985 年版,第 283~287 页。

② 李玲:《最早到达福州的基督教传教士》,《福建史志》1997 年第 1 期。

Stronach)、施敦力约翰（Rer. john Stronach），美部会的雅裨理（Rev David Abeel）、约翰生（Rer. Stephen Johnson）、罗啻（Rer. Elihu. Doty）、保尔民（Rer. Weilliam J. Pohlman）、弼利民（Rev. Lymen B Peet）、高民（W. H. Cumming M. D），美国圣公会的文惠廉（Rer. W. J. Boone），美国长老会的麦比烈特（Rev. Thomas L. B. d）、协帮（James C. Hepburn M. D）等。1847 年 1 月 2 日，美部会的杨顺（Stephen Johnson）只身来到福州，2 月 13 日迁入人口稠密的南台，自我感觉"很安全，白天和夜晚都是如此，正如我住祖国的任一大城市一样。这座城市及其附近的居民比其他地区的人谨小慎微，不会同外国居民争执不下"①。他最早在家中引导佣工及他的私人教师进行早晚祈祷。9 月 6 日，美部会的皮特夫妇，美以美会的怀特夫妇和柯林牧师也来到福州。1848 年 4 月 15 日，美以美会麦利和及喜谷夫妇到达福州，喜谷任美以美会福州监督，负责管理并指导在福州的传教士，使福州成为美以美会海外传教活动的第一个地区。1848 年 5 月 7 日，美部会的贝特林夫妇、卡林斯夫妇和理查德等一批传教士到达福州。1850 年 5 月 31 日，美部会的杜立德夫妇，英国圣公会的扎成、温敦也来到福州。1851 年 6 月 9 口，美以美会的卡特夫妇、威利夫妇、西尼小姐也抵达福州。至 1853 年底，约有 27 名传教者来到福州，但一些人因疾病而离开，最后仅有 15 名留下来。威利于妻子病逝后，撰写了《传教士墓地与陨落在福州的传教士》，对传教士被疾病困扰的情况作了详细介绍。这一阶段传教士们的工作进展并不顺利。至 1856 年，福建还没有人受洗入教。

第二个时期是 1857 年至 1900 年，这是基督教在福建的发展阶段，其特点是由厦门、福州向各地辐射。1857 年，陈安在福州天安堂领洗入教，从而结束了长期没有人入教的局面，基督教开始向

---

① Ellsworth C. Carlson.《福州基督教传教士》(陈名实译，未刊稿)。

各县渗透。其中主要可分几个区域：(1)福州邻县区域。以永泰县为例，1857年，美以美会派传教士麦利和、许播美到永泰售书传教，但人员流动没有定所；1864年，美部会吴思明到永泰传教，并聘请中国人陈烺皋襄理，1899年建礼拜堂——真道堂(后称思明楼)；1895年，美部会高智安携妻来永泰接任。再如闽清县，1864年，美国神学博士薛承恩到闽清布道，白衣白帽，乡人不敢接近；1864年，薛承恩又与谢锡恩、李德恩来闽清，为湖头村黄明旺所接纳，遂以黄宅为祈祷室，翌年十余人入教；1867年，福州年议会许扬美来闽清传教；1874年后，李齐美、潘贞惠、丁逢源先后继任；1882年，许则翰和薛承恩一起募资兴建闽清最早的基督教总教堂——湖头福源堂。又如福清县，以卫理公会为例，1863年，福州卫理公会教徒林振珍受美国传教士麦利和派遣，到福清县城传教，时有教徒6人；1872年，美国传教士李承恩抵福清传教；1884年，美国教士武林吉和中国籍传道叶英官将福清县民房改建为福华堂。再以圣公会为例，1863年，圣公会在福清江镜前宅和岸兜、港头、杭下、高山长安等5个地区设立布道所；1872年，有多人由英人马教士受洗入教。①再如莆田县，以卫理公会为例，1865年，莆田人林振珍、孙西川、杨得权等到莆田城东门外太师庙前传教，在莆田县草湖创建第一座卫理公会教堂，1867年，设立兴化教区，至1872年，仅莆田、仙游两县的教徒就有774人，设有多个牧区；1890年，美国蒲鲁士(W. N. Byew Stey)及其妻星氏(Elizaeeth E. Batuetei)奉命派驻兴化传教。(2)闽南区域。如漳浦县，以长老会为例，1843年，长老会传教士到长桥乡坑尾村买地设堂；1854年宾为霖牧师至后康传教；1862年，马坪堂会成立长老会，并设册纪事；1866年，在龙文时成立堂会；1881年，"长老会漳泉大会特集

———————————

①　曹于恩、何爱先、林茂铨总纂：《福清市志》，厦门大学出版社1994年版。

漳浦坑尾",堂会开始聘牧师;1882 年,在长桥路尾购地建堂;1884年,在新路尾建堂;1890 年、1891 年、1892 年,先后在马坪、县城创办小学;1899 年在县城成立浦邑堂会。漳浦是闽南较为偏僻的县城,基督教却如此普及,可见基督教在闽南已有较大的辐射面。(3)闽东区域。如福安县,以圣公会为例,1894 年 4 月 10 日,圣公会派英籍传教士到福安传教,并发展教徒 6 人;1898 年,英籍传教士星斯太来福安传教,并开设诊所,入教者日增。(4)闽北区域。如建阳县,以中华圣公会为例,1890 年,中华圣公会福建教区派英籍传教士鹿峥嵘到建阳设点传教;1896 年,于城内北关建天福堂,并派师姐往各乡演说《圣经》;1890 年,鹿峥嵘调离,由萨牧师接任。(5)闽西区域。如长汀县,以中华基督教会为例,1892 年,惠安人周之德牧师率布道团至长汀传教;1893 年,陈秋卿牧师到长汀,并成立"汀州区会",并于 1896 年,在城关购地建教堂;1900年,英籍陆医生、胡修德牧师、赖察理医生、明懿德姑娘来长汀开展教会活动。

　　第三个时期是 1911 年至 1949 年,这是基督教在福建的兴盛时期,其特点为:一是各种宣教会大量涌入福建,仅莆田就有中华基督教卫理公会、中华圣公会、中华基督教青年会、中华基督教自立会、真耶稣教会、基督复临安息日会、基督徒聚会处、耶稣自立会等;二是传播面广泛,几乎遍布福建各县;三是教堂和布道区急剧增加,据 1922 年基督教"中华续行委办会"统计,到 1920 年,全省正式的基督教教堂有 965 座,布道区 1164 座,教堂数目为全国首位,布道区数目为全国第二;四是教徒人数大大增加,如 1920 年,全省受餐信徒为 38584 人,绝对人数居全国第三位,按人口平均则为全国第一;五是不少外国传教士长期住在福建传教,如美部会传教士伊芳廷(Edward Huntiongtou Smith)28 岁到永泰传教,走遍了永泰全县 500 多个乡村,在永泰呆了 50 多年;六是许多传教任务由本地人担任。

第二节　基督教在福建传播的特点

一、各种教会林立

据陈支平主编的《福建宗教史》载:"早期的基督教传入福建的各种差会,有英圣公会、美以美会、归正教会、公理会、长老会、伦敦会、孟挪弟兄会、独立教会、男青年会等等。后来,在福建的基督教派系主要有英美三大公会:中华基督教会(即原来的美部会)、中华圣公会、中华基督教卫理公会。此外,还有基督教徒聚会处、恩典院、基督复临安息日会、真耶稣会、浸信会、归主会、耶稣自立会、圣耶稣会和中国基督教等小派系。"①这些教会形成了自己庞大的网络,层层控制渗透,以势力最大的三大公会为例:中华基督教会在福建的机构称福建大会,下设闽中协会、闽南大会、闽北协会,各协会(大会)下又分各县市的传教势力。中华圣公会福建教区下设榕林支区、建属支区、福宁支区、古田支区、屏南支区、福清支区、莆田支区、仙游支区、罗源支区、宁德支区,有的支区(如榕林、建属、福宁)下又有县一级的分支机构。中华基督教卫理公会在福建最早的机构为华南会督区,下设福州年议会、延平年议会、兴化年议会,各议会下再分各县。各教会都千方百计扩大自己的传教势力,以至在有的县市教派众多,如,仅福州就有中华基督教会闽中协会、中华基督教卫理公会、中华圣公会、中华基督复临安息日会、真耶稣教会、基督徒聚会处等。一些较为偏远的山区,也教派林立,如永春县,也有美以美会(1864 年传入)、圣公会(1874 年传入)、安息日会(1912 年传入)、真耶稣教会(1936 年传入)、英长老会(1886 年传入)等五种。

---

① 陈支平主编:《福建宗教史》,福建教育出版社 1996 年版,第 411 页。

二、创办各类社会慈善机构

基督教在福建创办了大量的医院，以此辅之传教。医院对病人送医送药，有的早晚搞宗教仪式，旨在吸引更多的人入教。由于各种教会都争相办医院，基督教在福建创办的医院，数量多，有一定规模，据《中华归主》介绍，福建"教会医院共41所，约比其他任何一省所报告的数目多一倍"。其实教会医院的数目远远超过这个数字，以福州教区为例，较著名的就有20余所，如中华基督教闽中协会开办的位于马江的马限医院、位于长乐的圣教医院，中华基督教卫理公会开办的位于古田的怀礼医院、位于福州仓前山岭后的妇幼医院、位于福清的龙田医院、位于闽清的善牧医院，中华圣公会开办的位于福州的柴井医院、位于霞浦的圣教医院、位于宁德的永生医院，位于建宁的叶先声医院等。有时各教会通过协商解决创办医院问题。如中华基督教卫理公会女布道部曾于浦城左所营创办妇幼医院，因中华圣公会已在浦城创办了圣教医院，经两派协商，规定凡某一事业在同一地点的，某教会已办了的另一方就不再办。卫理公会的妇幼医院于次年停办。卫理公会在莆田涵江办有兴仁医院（后为涵江医院），在黄石镇办有仁济医院等。一些基督教会的医院有不少分院，如中华圣公会在莆田县城有圣路加医院，还在涵江、江口、笏石、梧塘、广宫及德化设有分院。传教士还办了许多孤儿院，较有名的如位于福州仓前山下渡的福建孤儿院，较早的如位于古田新义山的育婴堂，从1910年至1953年，育婴堂收留了成千名儿童。传教士在福建办的育婴堂，从1893年至第一次世界大战后，共收留女婴3万多人。

三、创办大量的学校

基督教在福建创办了大量的学校。其特点为：（1）数量大。有的地区（如福州、莆田、南平等）的教会学校数量竟超过公立、私立学校。正如1878年撰的《福建传教故事》所言:"教育从来在福建差会传教工作中占了突出的地位。"[1]据有关资料统计,至1920年,基督教各公会在福建开办的学校近1000所,学生3万余人。[2](2)对平民敞开大门,招收了不少贫苦人家子女。如位于福州下渡的"旧电线书斋"(即福州陶淑中学的前身)为专收女子的学校,其中一部分是传教士到连江、罗源、宁德、建瓯、福清、古田等地招收来的,不少是贫苦人家出身的女孩。周之德的《伦敦会史厦门方面》(《神学志》第10卷第3号第16页)载伦敦会传教士创办的厦门英华小学"学生多属贫寒"。[3](3)种类多。仅中华圣公会创办的就有:培养医护人员的学校,如兴化双凤医学校、莆田圣路加高级助产护士职业学校;培养传道人员的学校,如兴化学习斋、培贞女子学校、福建圣经学校、古田妇女圣经训练学校、龙田妇女训练学校、仙游女传道训练学校、邵武圣经学校、泉州福音学校、闽清妇女学校、厦门妇女圣经学校、福州圣经师范学校等;还有不少是慈善性的学校,如古田盲人学校、福州女子盲童学校、福州灵光盲人学校等。(4)时间早。如早在1848年,美部会就在福州南台教堂内附办了一所小型学校,后又开设了福州书院。再如1907年创办的女子大学,也是基督教传教士在中国创办的第一批大学之一。(5)著名学校有预科班。如著名的福建协和大学,其生源来自于圣马可真华书院、福州书院、福州英华书院等预备学校的高年级班,生源起点较高。(6)培养出一批有一定水平的学生。特别是一些学生后来赴美国留学,成为著名学者。

---

① 转引自陈德金:《忆"旧电线书斋"》,《福建文史资料》第20辑,第89页。

② 陈支平、李少明著:《基督教与福建民间社会》,厦门大学出版社1992年版,第186页。

③ 转引自李志刚撰:《基督教早期在华传教史》,台湾商务印书馆1985年版,第274页。

四、办报出书

基督教在福建创办了大量的刊物,其中最有影响的西文报刊为 1867 年在福州创办的月刊《教务杂志》(Chinese Recorders),内容涉及中国社会的各个方面,其影响之大,正如吴梓明、陶飞亚在《晚清传教士对中国文化的研究》中认为的,"即使至今天,西方学术界仍很重视《教务杂志》,美国学术机构近来花费巨资编制该书目录和制作缩微胶卷,以供读者研究"①。较有影响的中文报刊有:美国卫理公会在福州创办的《郇山使者闽省会报》、闽南圣教书局在厦门主办的《闽南圣会报》、H. 汤普逊在厦门主编的《漳泉公会报》、普鲁士在莆田创办的《奋兴报》等。基督教传教士在福建出版了大量的书籍,其特点为:(1)数量大。据不完全统计,仅 1843 年至 1860 年,传教士在福州出版的中文书刊就有 42 种,在厦门出版的有 13 种。② 其中不少为个人编撰,如美国公理会传教士卢公明从 1853 年至 1858 年,仅在福州编写、出版的各种书籍就多达 25 种。(2)内容庞杂,除了宗教类外,还有伦理类、天文类、历书类、经济类、地理类、社会类、词类等。(3)用方言出版书籍。以福州方言为例,仅《圣经》的福州方言译本,就有 56 种。③ 其他以福州方言所写的读物还有如摩怜的《路加传福音书》、《圣学问答》、《神论》、《入耶稣教小引》,卢公明的《妈祖婆论》,温敦的《圣经新约福音评话》,弼利民的《上帝十戒注释》等。在这些以方言出版的书籍中,最值得注意的是汉英福建方言字典,据林金水的《在

---

①　吴梓明、陶飞亚:《晚清传教士对中国文化的研究》,《文史哲》1997 年第 2 期。

②　熊月之:《西学东渐》,上海人民出版社 1994 年版,第 162～163、167 页。

③　林金水:《在闽传教士与汉英福建方言字典》,《福建宗教》1997 年第 1 期。

闽传教士与汉英福建方言字典》介绍,其中较有影响的有英国伦敦会传教士麦都思编的《汉语福建方言字典》、伦敦会传教士戴尔编的《福建方言词汇》,美国归正教传教士罗啻编的《英汉厦门方言罗马注音手册》,英国长老会传教士杜嘉德编的《厦门腔注音字典》,麦利和和摩怜合编的《榕腔注音字典》等。① 编撰辞典成就最为突出的应为杜喜德,他 1855 年随英国长老会派遣来华的第一位传教士惠廉来到中国,能讲一口流利的厦门话,长期定居厦门,在闽南时间前后达 22 年,其编撰的《厦门腔注音字典》(也称《厦英大辞典》,即:Chinese English Ditionary of Vernacular or Spoken Language of Amoy)由伦敦杜鲁伯公司出版后,为外国传教士到闽南和台湾传教不可缺少的工具书,他由此获得母校格拉斯哥大学颁赠的博士学位,名列当时著名汉学家之中。为了出版书籍,基督教组织在福建创办了大量的出版机构。如伦敦圣教书会在厦门建立的闽南圣教书会、闽北圣教书会,皆为出版发行机构。以 1919 年为例,前者总发行量为 146967 册,后者总发行量为 61370 册。由美国卫理公会创办的福州卫理公会书馆,1866 年度印刷量为 1000 万页;该会创办的福建兴化美华书局,仅 1920 年就印书 3 万册。

五、促进了闽南白话字的产生

闽南白话字的产生,对基督教文化在福建的普及产生了重大的影响。闽南白话字是基督教传教士为了学习汉语以及满足传教需要而创造的,它是厦门话的拉丁字母拼音方案,共有 23 个字母,17 个声母,65 个韵母。其中普通韵母 31 个,鼻化韵 11 个,入声韵 23 个。语音以厦门音为标准,字母添设一个漳州音"j"[dz],采用符号标调法,字字标调;实行分词连写,连写手段是采用短横连接

---

①　许长安、李熙泰:《厦门话文》,鹭江出版社 1993 年版,第 76～80 页。

多音节词;其正词法的特点是拼写口语词,分词连写前后有所变化等。据倪海曙《基督教会的罗马字运动》、周有光《方言教会罗马字》①等介绍,闽南白话字的源头可追溯到马礼逊在马六甲开办的英华学院所拟的汉语罗马字方案,原是为外国传教士来厦门传教而设计的,传教士后以厦门话罗马字来翻译《圣经》,闽南各基督教会还要求每一个教徒都能读白话《圣经》。闽南白话字易学易写,凭23个字母,只要口里能说出,就完全可以写出,正如许长安、李青梅进行了大量调查后,在《还在民间使用的闽南白话字》一文中所介绍的:"我们所调查的人,没有一个不说白话字好学好用。好学,短则一星期,长则一个月,就能掌握。再经过三五个月到半年,就能熟练阅读《圣经》了。"②不少原来一字不识的妇女,学习了白话字后,不仅可阅读《圣经》,还可用白话字写信、记事。其功能和意义已远远超出传播基督教的范围,实际上起着拼音文字的作用。据黄典诚《从闽南的"白话字"看出拼音文字的优点》一文介绍:"庄乃昌先生(闽南圣教书局经理,引者注)的母亲,今年已经 70 岁了。(作者发此文时间为 1953 年,引者注),她是老有经验的白话字教师。据她说,一个完全不识字的人,每天只需两小时,不要一个月,她就可以教他会拼与会看;不要两个月,《圣经》会看,书信也会如口写出了,她说这是屡试不爽的经验。她这经验是完全可以相信的。笔者在厦门亲眼看到许多老太太,每星期天都挟着厚厚的一本白话《圣经》到礼堂去做礼拜、她们不但会看,而且会写,会写信给远地的儿孙和亲友。"③汉字文盲通过学习用闽南白话字编印的读物,掌握了简易的文字工具,又通过白话字学习汉字,可脱离文盲。闽南白话字还被用于翻译古籍,如给古籍汉字注音,用口语解

---

① 许长安、李乐毅编:《闽南白话字》,语文出版社 1992 年版,第 20 页。

② 许长安、李乐毅编:《闽南白话字》,语文出版社 1992 年版,第 33 页。

③ 许长安、李乐毅编:《闽南白话字》,语文出版社 1992 年版,第 21 页。

说等,其翻译古籍的意义,正如许长安在《闽南白话字翻译古籍的实践》中所评述的:"用白话字注音是学习汉字的好办法,白话字翻译古籍的实践说明拼音文字有利于古代文化遗产的继承,用现代口语翻译古籍是普及古代文化的一个重要途径。"①因此,闽南白字话产生的影响是深远的:首先,它极大促进了基督教的传播,仅据黄典诚20世纪50年代初期对大陆出版物的统计,传教士用闽南白话字共出版了298种书刊,其中图书120多万册,报刊110多万份;其次,它传播的面很广,不仅在闽南一带盛行,还传到广东、潮汕、台湾及其他省市,以及越南、缅甸、菲律宾、马来西亚、印尼等其他国家和地区,至20世纪50年代初,国内外能使用闽南白话字的人还有10万左右;再次,它在中国拼音文字发展史上占有重要地位,它为创制汉语拼音方案、解决汉语拼音文字的同音词问题等提供了借鉴和经验。

六、开展宣教活动

基督教传教士在福建传教的过程中,做过一些有利的宣教活动,其如:(1)反对缠足陋习。1874年,在英国传教士麦嘉湖(John Macgowan)极力倡导及其他厦门传教士的大力支持下,中国第一个反对缠足的社团"厦门戒缠足会"在厦门成立,开始时签署章程的中国妇女仅40多名,17年后会员已超过1000多名。"该会每年集会两次,凡不愿为女儿缠足者,在会中立约,约纸裁成两半,一半交给立约者,一半留在会中。"②(2)反对抽吸鸦片。一是出版了有关书刊,如卢公明于1853年在福州出版《劝戒鸦片

---

　　① 许长安、李乐毅编:《闽南白话字》,语文出版社1992年版,第39~40页。

　　② 魏外扬著:《宣教事业与近代中国》,宇宙光出版社(台湾)1981年版,第21页。

论》(1855年重印),温敦1856年在福州出版《劝戒鸦片论》等。二是设立戒鸦片组织。如卫理公会曾在莆田设戒烟社,协助政府戒绝鸦片,头十个月中戒绝者达397人。北京调查禁烟专员曾来视察,予以肯定。

第十三章　福建伊斯兰教

第一节　伊斯兰教在福建的传播

伊斯兰教是穆罕默德于公元 7 世纪初叶在阿拉伯半岛创立的。伊斯兰教在中国历史上曾有"大食教"、"回回教"、"天方教"、"回教"、"回回门教"等名称。金朝大定年间(1161—1189)的"移习览",为"伊斯兰"的最早汉译。1956 年,国务院通知规定,统一称为"伊斯兰教"。

伊斯兰教传入我国的时间,目前有多种说法,但一般认为于 7 世纪中叶始传入我国。伊斯兰教传入福建的时间,亦有多种说法。有的认为唐代福建就有伊斯兰教活动,其主要根据以下一些史料:(1)明代何乔远的《闽书·方域志》:"吗喊叭德(穆罕默德)圣人……门徒有大贤四人,唐武德(公元 618—626)中来朝,遂传教中国,一贤传教广州,二贤传教扬州,三贤、四贤传教泉州,卒,葬此山。"(2)《成达文荟》第二集载:"唐天宝玄宗十二年(753),有曼苏尔者到广州建口子寺,泉州建麒麟寺……"(3)1965 年发现于泉州的"侯赛因·本·穆罕默德·色拉退的墓碑石",上刻有阿拉伯古体字"真主赐福他,亡于回历二十九年三月(即公元 650 年)"字样。也有不少学者对这些资料存疑,学术界也有不同看法。但穆斯林于唐代进入泉州是可以确认的。唐代时泉州是我国四大对外贸易港之一,出现了"市井十洲人"的盛况,当时有不少阿拉伯、波斯穆斯林商贾进入泉州,初时乘季风之便,每年一至,其后有部分定居下来,只是当时以商贸为主,不一定四处传教。唐代会昌年间诗人薛能有"船到城添外国人"的诗句,可见当时泉州已成外商云集之地。五代时期,泉州的对外贸易有进一步发展,据《泉州府志》卷七十五载,泉州刺史王延彬"每发蛮船,无失坠者,人因谓之招宝侍郎"。

宋代,伊斯兰教在泉州很活跃,这与穆斯林人数急增有关。一是因为唐末居住于泉州的穆斯林许多人是单身而来,与当地人发生了婚姻关系,并在泉州购置产业,生子育女,代代相传。据史载,北宋初已有居五世者。二是宋代泉州为世界贸易大港,海外贸易空前繁荣,宋代诗人谢履有"岸隔诸藩国,江通百粤舟"、"州南有海浩无穷,每岁造舟通异域"的诗句,李文敏有"涨海声中万国商"的诗句,大批穆斯林商人沿着海上丝绸之路接踵而至。当时人们称这些人为"蕃客"。据日本桑原隲藏《蒲寿庚考》卷二十六记载:"泉州当宋真宗(998—1003)时,已为蕃客密居之地。"众多的穆斯林为满足自己的宗教生活需要,于北宋大中祥符年间,在泉州东南隅建立了一座模规宏大的古阿拉伯式伊斯兰教清真寺(即圣友寺),可见当时已经有了一定规模的宗教活动。南宋王朝为解决财政困难,鼓励对外贸易,阿拉伯、波斯等地穆斯林来泉州日益增多,宗教活动也更为频繁,又修建了许多礼拜寺。如波斯撒那威人在城南建寺,也门人奈纳·奥姆尔于涂门外津头埔修建了也门教寺。从多国伊斯兰教徒各自建寺的情况,可看出宋代伊斯兰教在泉州已有相当规模。赵汝适《诸蕃志》记载的 50 多个国家的风土人情,就是根据他在任福建市舶司时所见情况写的。南宋理宗时期(1225—1264),祝穆在《方舆胜览·泉州》中记载泉州"土产蕃货,诸蕃有黑白二种,皆居泉州,号'蕃人巷',每岁以大舶浮海往来"①。可见当时外国人已有一定数量。南宋政府从法律上保护

① ［宋］祝穆:《宋本方舆胜览》,上海古籍出版社 1991 年版,第 104 页。

各国穆斯林的人身和财产安全,如准许穆斯林在泉州购买房产和坟地等,阿拉伯人和波斯人都把泉州看成自己的第二故乡。一些"蕃客"后代已开始在政治生活中发挥作用,其中最著名的如先世系阿拉伯穆斯林商人的蒲寿庚,他于绍定六年(1233)出资为已故的泉州太守倪思建造了一座祠堂;淳祐三年(1241)和六年(1244),又相继在泉州修建龙津桥和长溪桥。南宋政府赐予他"承节郎"官衔。显赫的权力和雄厚的实力,使他成为当时一位举足轻重的人物。

　　元代,泉州继续成为世界贸易大港,穆斯林在福建有了很大的发展。其标志有多方面:(1)更多穆斯林从海上丝绸之路直接涌入泉州。泉州市舶司对大食商货抽解最少,管理得法,故元代大食商人直抵泉州,使泉州商业利润超过广州而跃为中国第一大海港。不少史籍都记载,元代泉州大食侨民成千上万,大食商船于泉州海内往来如织,不可胜计。(2)泉州又修建了多座清真寺。元顺帝至正十年(1350)泉州吴鉴撰《重修清净寺碑记》载:"今泉州造礼拜寺,增为六七。"目前可考的有东门外东头乡纳希德·艾斯玛尔·穆萨丁元至治二年(1322)重修的寺、南门穆罕默德·本·艾敏伯克尔建造的寺,以及仅存碑刻而不知原址的寺等。当时伊斯兰教的兴盛由此可见。(3)穆斯林的足迹已不局限于泉州。福州梅峰回民公墓有一座亭式"西域武公舍黑之墓",墓主为伊斯兰教徒伊本·穆尔菲德·艾米尔·阿莱丁,卒于伊斯兰历705年11月20日(即元大德十年,1306)。福州另一石墓碑,墓主伊本·艾米尔·哈桑卒于伊斯兰历766年斋月3日(元至正二十五年,1365)。此外,位于福州市安泰桥的万寿院,于元代始归伊斯兰教,改造为清真寺。可见当时福州的伊斯兰教徒也有一定人数。(4)元代泉州由于伊斯兰教极为兴盛,以至不少汉人被融合而皈信伊斯兰教。据泉州《荣山李氏族谱》载:"色目人来据闽者,惟我泉州为最炽。……然其间有真色目人者,有伪色目人者,有从妻为色目人者,有从母为色目人者,习其异俗。"其"伪色目人者",即指汉人皈信伊斯兰教者。(5)穆斯林不仅仅由海上丝绸之路而来,不仅仅是商人为做生意而来,也有西域的军士为驻屯而来。如西域穆斯林金吉在元文帝至顺三年(1332)因讨平王禅拜官武略将军,奉敕率扬州"合必军"(大多为波斯穆斯林)3000名,先入邵武,并留下部分军士在该地屯田,据《邵武县志》载:"元代城区迎春坊乌龙井巷后建造一清真寺,色目人香花供奉,洁身诵经,信仰其教。"也有随贡使来泉州的,如《重修清净寺碑记》载:"夏不鲁罕丁者,西洋喳啫例绵国人。皇庆中(1312—1313),随贡使来泉,住排铺街,修回回教(伊斯兰教),泉人延之,住持礼拜寺。"(6)穆斯林还向泉州附近的地区聚汇,并在泉州邻近地域修建了清真寺。以莆田为例,宋元时,穆斯林曾由泉州到莆田,所建教堂被当地群众称为"礼拜寺"。明弘治《兴化府志·户纪·土田考》载,莆田有"礼拜寺田八十亩三分",可见伊斯兰教在当地有一定的规模和影响。①《伊斯兰教史》对元代泉州伊斯兰教传播的兴衰有过精辟的论述:"泉州又名刺桐城。伊本·白图泰称它是世界最大港口之一,城内有穆斯林聚居区。元时的泉州中外客商荟聚,东西方货物云集,外贸鼎盛一时,长期由当地的阿拉伯客商掌管。祖籍阿拉伯的香料富商蒲寿庚南宋末年被提举泉州市舶司,亦官亦商,降元后因协助朝廷平定东南沿海有功,升任福建行省中书左丞;其后由阿拉伯人赛典赤·赡思丁(1211—1279)之孙艾伯克·乌马儿(伯颜平章)充任泉州提举市舶司。元末泉州曾发生十年兵乱,以至泉州由昔日之繁盛渐趋衰落,穆斯林富商大贾纷纷离去,有的则改名换姓,避居他乡。"②元代福

---

① 　[明]黄仲昭修纂《八闽通志》(上),福建人民出版社1990年版,第492页。

② 　金宜久主编:《伊斯兰教史》,中国社会科学出版社1990年版,第436页。

建伊斯兰教得以发展的原因有多方面:(1)唐末五代、宋代来福建的穆斯林经过几代乃至十几代人的长期繁衍,已在泉州等地扎下根,变侨居为永住。如晋江陈埭谱牒及调查资料表明,陈埭丁氏回族一世祖丁谨(1251—1298)、二世祖丁嗣(1273—1300)、三世祖丁夔(1298—1379)均系来中国的阿拉伯人"蕃客",均娶汉人为妻。(2)元灭宋后,穆斯林作为色目人中的一个重要部分,在元代的"四等人制"中属第二等,地位仅次于蒙古人而高于汉人、南人。当时在泉州参加了伊斯兰教可以得到某些保护,其领袖可以代表教徒"清理词讼,判断曲直"。泉州的几种回民家谱载有"迨元之时,于回免其扰,泉之回尤盛,世人因多以回"。与此同时,穆斯林多被选派为地方官。《元史》卷六《本纪》"至元二年"条有"以蒙古人充各路达鲁花赤,汉人充总管,回回充同知,永为定制"。(3)"蕃客回回"的代表人物、掌管福建沿海军事和民政的蒲寿庚于1277年弃宋降元,在客观上使泉州港不但未因战乱而受创,反而继南宋后走向极盛。蒲氏也由此受到元朝统治者重用,多次加官晋爵。其后由曾任平章政事的阿拉伯人赛典赤·赡思丁(1211—1279)之孙艾卜伯克·乌马儿(伯颜平章)充任泉州提举市舶司。蒲氏、丁氏集团在泉州的统治地位,对穆斯林无疑是有益的。

　　明代,福建伊斯兰教发展不平衡。明初,因元末泉州爆发了长达十年的战乱,并波及福州、仙游、莆田等地,泉州港开始没落,凡有能力的穆斯林商人纷纷航海远去。泉州一带,由于蒲氏集团与元朝统治者关系密切,故明初朱元璋严禁蒲姓子孙参加科举登仕,致使他们无法立足,大都改姓或外迁。许多在泉州的穆斯林后裔为防不测,也都隐居穷乡僻壤,改名换姓。但伊斯兰教在闽北一带却有所发展,一些外省来闽担任官职的穆斯林及其家属在闽北落户,如明洪武二年(1369),山西大同府柳御均人杨赍兴授任邵武府兵马指挥使,山西大同县南乡人马达霓授任邵武带兵指挥使,山西大同府大同县南乡人米开庵以边将调邵武卫,他们率军挈眷来邵武就任,并随身带阿訇,始在邵武定居下来。据杨氏族谱记载,当时随军到邵武的约 1500 余户 5000 余人。杨姓占 700 余人,其余为马、范、苏、沙、米、郝、王、兰、哈、史、黑、张、麻、蒲、常、李等姓。后或因贸易,或因居官,从山东、河南、河北、陕西、甘肃等地来的穆斯林也在邵武定居,泉州蒲姓也易姓逃到邵武避难,故有邵武回民占了城区半边天之说。洪武七年(1374),邵武清真寺迁迎风街和平巷重建,是目前闽北仅存的清真寺。明永乐五年(1407),明成祖朱棣降旨保护伊斯兰教,他颁发的保护穆斯林和清净寺的敕谕碑刻,至今完好无损地嵌置于泉州清净寺北墙壁上。永乐十五年(1417 年),钦差总兵太监郑和(回族)第五次下西洋经过泉州时,曾到清净寺礼拜并往灵山圣墓做"都哇"(祈求真主恩赐福祥)。穆斯林处境有所好转,泉州的一些穆斯林开始返回城里,定居于清真寺旁。明朝实行同化政策,不让蒙古和色目人"与本类自相嫁娶",而让他们与外族通婚,客观上促使了"回回"人口的大量增加,一些汉人始奉伊斯兰教。

清代由于泉州港的没落,海外穆斯林已不再从海上来;再由于福建地处东南一隅,与内地穆斯林联系也多有不便,所以福建伊斯兰教也远不如宋元时兴盛。当然福建伊斯兰教仍有一些活动,如重修泉州、福州、邵武的清真寺,并于道光元年(1821)在厦门建造清真寺,五次重修泉州灵山圣墓。据《白奇郭氏族谱·修葺义斋郭公墓文》载,康熙己丑年(1709)"陈都督讳有功仕于泉,重兴清真教"。同治年间,福建提督江长贵曾请阿訇劝导教徒,并在灵山圣墓立碑纪念。据《福州地方志》(简编)载:明清年间,福州有许多信奉伊斯兰教者,他们多从事商业、牛羊业、饮食业;也有少数充任"督署军需"、"海关监督"、"陆军军需"、"知事"、"处长"、"所长"等官职;也有的在衙门当差役,或为宗教职业者。

第二节　福建伊斯兰教传播的特点

一、穆斯林来源广泛

我国恐怕还没有哪一个省的穆斯林来源有福建这么广泛。简而言之,其来源主要有五个方面:(1)宋元时代从海上丝绸之路直接到泉州居住的,其来自巴士拉、哈姆丹、艾比奈、土耳其斯坦、施拉夫、设拉子、贾杰鲁姆、布哈拉、花剌子模、霍拉桑、大不里士、吉兰尼等地。其后代人被称为"海回",以区别陆上的"回回"。(2)有的先从海上到中国其他地方,再或由北方南下,如晋江陈埭丁姓族谱上记其一世祖"由姑苏行贾入泉",惠安白奇郭姓也是如此;或由南方北上,如蒲寿庚家族。他们多与当地回汉人士通婚。(3)明清两代由全国各地(以安徽、河南、广西为多)移居福建经商的回民,以聚集厦门为多。(4)元以后由外省来福建任职的将领及所带的兵士,这是闽北(特别邵武)回族的主要来源。(5)元以后,因种种原因(如受聘为阿訇、投亲、居官等)从甘肃、宁夏、陕西、山东、河南、河北来福建的回民,居住在福州等地。这五个方面来源,前两个方面是闽南(特别是泉州一带)穆斯林的主要来源。

二、居住分散

我国回族族居情况,大都是"大分散,小集中",回族虽然散布在各地,但其聚居点比起其他民族来说是小集中。即在城市集中于街坊,在农村由相连的村庄自成聚落。福建的回族族居却仅见大分散,难见小集中。不仅城市中不见街坊,农村中也仅有极少数几个点(如晋江陈埭、惠安白奇)可勉强称得上聚落,而全省回族分散在泉州、晋江、惠安、永春、安溪、德化、福清、福安、福鼎、平潭、福州、邵武、莆田、同安、厦门、漳州、龙海、漳浦、云霄、诏安等20多个县市中,大多数县市的回族没有形成聚居点,皆分散于普通居民中。其原因有多方面,多次迁徙是一个最主要的原因。他们或因避难,或因垦殖,或因从商而迁徙。这种不断地迁徙,不仅大大削弱了原聚居点的力量,且由于迁徙面过广,在新的迁徙地也是星星点点,也不可能形成强大的聚落。广泛的来源和悠久的历史,使福建穆斯林分布广泛,即使是相对集中的地方,也不都居住在一起。如惠安包括白奇在内在百崎地区的1万余人,目前分布在13个村庄。

三、同中有异的风俗民情

福建伊斯兰教在福建传播的漫长过程中,虽然大体上保持了穆斯林的风俗,但由于穆斯林来自不同国度和地区,又长期在福建不同地方生活,联系甚少,所以受到的影响也是不同的。因此,福建回族既与我国穆斯林有风俗相同处,也有不同之处。如惠安白奇四族长期坚持本民族互通婚姻,女不外嫁,而泉州、晋江陈埭等地,早就开始汉回通婚。按伊斯兰教规定,穆斯林归真后,要为其举行一套伊斯兰教特有的丧葬仪式,首先要为亡人净身,作宾礼,然后按土葬、速葬、薄葬的要求进行埋葬,但惠安白奇回族如遇丧事,则仅在灵堂放一本《古兰经》,"以慰死者,且镇邪灵"。在泉州一带回族人家的门头和清真饭馆字号上多贴挂着阿拉伯文写的"都哇",在回族使用的汉语中仍保留不少阿拉伯语词汇。而这种现象在邵武、福州一带少见。福建回民的职业也很不相同,如惠安白奇一带回民大都以航海经商和捕捞养殖海产为生,晋江陈埭回民大都以养殖海蛏、外出经商为生;逃居山区的蒲姓族人,多以操持传统香料制作业及教书为生;在邵武的回民则以经营布庄、线、丝店、牛羊屠宰等为生,邵武的回民一般人都掌握了一些诸如推拿按摩、针刺放血的独特医疗方法。

四、多次迁徙

这种迁徙,主要表现在四个方面:(1)在本区内迁徙,如惠安白奇的回族曾发生多次迁徙,目前白奇郭氏祠堂保存的楹联"支分法水源流远,地卜奇山甲第兴","分法水"指法石村,"卜奇山"指白奇村,道出了当地居民不断迁徙的历史。白奇回族的祖先为阿拉伯人及阿拉伯人后裔,于明初因避难向泉州四边迁徙,从泉州东郊法石村迁入白奇村,后代又向里春、山兜、下埭、后海、田吟、斗门头、加坑、后塘、埭上、贺厝、大山、吉围、下埭等邻近地迁移,有的迁往外县,如晋江、同安、厦门等。晋江陈埭回族前后迁往安溪、南安、福安、莆田、福州等。(2)向大陆地区的邻省迁徙。大陆地区福建回族外迁到浙江的平阳、温州、宁波,广东雷州半岛等。(3)向台湾迁徙。台湾有 80％的人祖籍福建,福建有大规模向台湾移民的历史。福建沿海一带穆斯林,曾从泉州东渡进入台湾。郑成功收复台湾时,福建不少穆斯林随军定居台湾。惠安白奇郭氏回族曾移居台湾,并在当地建清真寺。台北、基隆、彰化、高雄、新竹、台中、台南、屏东等地有白奇郭氏宗亲会,有的还建有宗祠,并遵伊斯兰教规。《台北市白奇宗祠落成特刊》记载:"先祖遗传,信奉回教,遵守教义……如有丧事……在出殡前须礼请回教主事阿訇莅场,诵念古兰经。"晋江陈埭丁氏也有人移居台湾漳化县鹿港乡。(4)向国外迁徙。如晋江陈埭丁氏,曾向新加坡、印尼、菲律宾等处迁徙,还组织了各种宗亲会,如菲律宾组织"菲律宾聚书丁氏宗亲会",还如在菲的丁、郭、金、马、白等五姓族人组织"菲律宾清真五姓联宗会"。①

---

① 何绵山:《试论伊斯兰教在福建的传播和特点》,《回族研究》1996 年第 2 期;又《福建的伊斯兰教》,《福建民族》1995 年第 1～2 期。

五、为研究伊斯兰教在中国的传播提供了珍贵的文献

福建伊斯兰教保存了有关伊斯兰教在福建传播的文字记载，为研究伊斯兰教在中国的传播提供了珍贵的文献。中国伊斯兰教的历史文献较为缺乏，而福建伊斯兰教在福建传播所留下的文字记载，对研究早期伊斯兰教史有着重要的价值。具有代表性的如：(1)文献资料。如载于《闽书·方域志》的《清净寺记》，为元代吴鉴于 1349 年所撰，是目前中国伊斯兰教寺院中所存最古老的汉字碑记。全文介绍了大食(即阿拉伯地区)的风土习俗，记叙了谟罕蓦德(即"穆罕默德")之教的信仰、斋戒、礼拜、经本、旨义等，记载了清净寺的修建人及修建时期。《闽书·方域志》载："自郡东南折而东，遵湖冈南行为灵山。有默德那国二人葬焉，回回之祖也。回回家言：默德那国有吗喊叭德圣人，生隋开皇元年，圣真显美，其国王聘之，御位二十年，降示经典，好善恶恶，奉天传教，日不晒曝，雨不湿衣，入火不死，入水不湿，呼树而至，法回而行，门徒有大贤四人，唐武德中来朝，遂传教中国。一贤传教广州，二贤传教扬州，三贤、四贤传教泉州，卒，葬此山。然则二人，唐时人也。二人自葬是山，夜光显发，人异而灵之，名曰圣墓，曰西方圣人之墓也。"虽然目前学术界对其有争议，但这毕竟是关于伊斯兰教传入中国的时间和途径的独家记载，具有较高参考价值。(2)宗族家谱。如《燕支苏氏族谱》，从中可看出泉州燕支苏氏家族开基及信奉伊斯兰教的过程和嬗变。据族谱载，元武宗至大四年至仁宗延祐七年(1311—1320)，唐舍因避难迁入泉州燕支巷，并由此信奉伊斯兰教，自元至大到明景泰的 150 年间，其家族皆为伊斯兰教信徒。谱载葬于苏厝围内的唐舍公，其墓为最早下葬于苏厝围的伊斯兰教墓。在重修《燕支苏氏族谱》的附记中，也记有其始祖与伊斯兰教的关系："公自银同迁居燕支里，学西域净教，名阿合妹，康熙丁末年(1667)余于涂门真教寺询南京教师杨姓者云，是名即世俗称长老也。"晋

江陈埭回族的《丁氏族谱》,自明初永年间就开始撰写,从中可看出泉州穆斯林是怎样随着社会变迁而发生变化的。在明代前期的正统年间就已修撰完毕的泉州晋江《李氏族谱》中,可看出明末思想家李贽的先祖曾信奉伊斯兰教,正如族谱所记:"船泛吴越,为泉巨商,洪武丙辰(1376)九年奉命发舶西洋,娶色目人为妻,遂习其俗,终身不荤,今子孙蕃衍,犹不去其异教。"再如明抄本《清源金氏族谱》,从中可知金氏也是阿拉伯后裔。族谱后附录的《重建清净寺碑》(与石刻碑记不同)、《丽史》等为研究元代泉州历史的珍贵文献。(3)石刻文字。据不完全统计,仅泉州就发现伊斯兰教的碑刻原文(阿拉伯文或波斯文)200余方,已由泉州海外交通史博物馆汇编、陈达生主撰为《泉州伊斯兰教石刻》出版,分为墓碑、塔式石墓盖、祭坛式墓葬石刻和拱北式陵墓建筑门楣石刻等四类,为研究中国穆斯林的第一手资料。如在泉州东门外法石的一方花岗岩石墓碑,额中阴刻一行波斯文,中文译文为"伊本·库斯·德广贡·纳姆";碑右上角阴刻小篆体汉文"惠"、"白奇",左上角刻"晋"、"坡庭",正中竖刻楷体汉文"元郭氏世祖坟茔"。从碑刻中可看出惠安白奇郭氏确属回族。

六、保存了许多伊斯兰建筑

所保存的伊斯兰建筑,大多极具文物价值。如:(1)清真寺。如泉州仅宋元可考的就有六七座清真寺,全国首批文物保护单位——位于泉州涂门街的清净寺,是宋代建筑,为国内早期四大著名清真寺之一(另三座为广州的怀圣寺、杭州的凤凰寺、扬州的仙鹤寺)。其大门建筑完全是伊斯兰教的情调,其建筑特点为外国常见制度,如全用石砌成,大门为阿拉伯式,大门在礼拜殿之前侧紧邻等,但也融入了泉州地方特色,如用雕刻的雀替换云纹,用深绿色花岗石砌墙等,为我国与伊斯兰教世界长期友好往来和文化交流的历史见证。福州南门兜清真寺始建于元代甚至元代前,今日规模大致为明嘉靖二十八年(1549)所建,当时"栋梁榱桷,金篆辉煌",可容两千人礼拜,后经多次改建。据刘致平著《中国伊斯兰教建筑》所记,现存大殿的后廊可能仍是明代建筑,大殿前卷棚则是清代建筑。大殿前卷棚特别低平,出檐斗拱用插拱,格门的方格细密,其他处少见。位于邵武迎风街和平巷的清真寺始建于元代,明洪武七年(1374)移地修建,1982年修葺,现石砌大门为阿拉伯式拱形建筑。位于厦门玉屏巷的清真寺始建于清道光元年(1821),后几经扩建,现为宫殿式厅堂建筑,礼拜大殿柱楣拱斗,皆刻有精致的伊斯兰花纹图案。(2)墓址。伊斯兰教在福建留有许多珍贵遗迹,如位于泉州东郊灵山的先贤墓,据载是唐武德年间(618—626)来华传教的"四贤"中两贤之墓,虽然学者对所述年代有不同看法,但客观上由于此古墓的存在,历代不断有穆斯林来此瞻仰和行香,郑和下西洋时曾于1417年到此行香,祀求圣灵庇佑。墓上有宽敞的白石亭,背后是白花岗岩结构的半圆形回廊。现存重修碑文五块,最早一块是元至治二年(1322)穆斯林集体所立,碑文为阿拉伯文,后四块为清代所立,皆为汉文,为研究伊斯兰教早期传播的珍贵实物。再如泉州南郊发现的伊斯兰教徒石墓盖,为青石所雕,长方形,分为三层,上层近半圆形,顶盖正中刻一方形花巾,作披盖状,两端侧面刻伊斯兰教墓常见的"云月"图案,中层四周刻方形组成几何图案,下层四周刻复莲瓣,推论为明代穆斯林墓。对此石墓的研究,有利于了解宋元明时代在泉州的外侨分布及风俗习惯。福州西郊井边亭村的伊斯兰教圣墓,占地面积60平方米,为元代阿拉伯传教士伊本·穆尔菲德·艾米尔·阿莱丁的墓,墓室在亭内,封顶三层,呈塔式,门楣有阿拉伯文题刻,墓区内还有48座清代伊斯兰教徒墓,是研究伊斯兰教在福州传播的重要遗迹。惠安的郭仲远夫妇墓,石碑雕刻典型的阿拉伯卷云环抱大圆月图案,几乎每一块围墙盖石都雕有一轮半月,半月向上,朝着大海和蓝天,体现了伊斯兰教对月的赞美和向往,两个五层塔式石墓呈长方形,左墓第二层除背面外,三面均有浮雕《古兰经》,译成中文为:"一切均要死亡,唯有真主活着不死","凡在大地上的都要毁灭,唯有你的主的本体,具有尊严与大德,将永恒存在","任何东西均要死亡,唯有真主永生不死"。石墓上第二层有浮雕卷云纹、莲枝花纹、莲花瓣等图案。(3)亭、祠。如惠安白奇的接官亭,极具伊斯兰风格,"一是亭内不像一般的惠安石建筑设龛,故不以物配主;二是不雕刻任何偶像或供奉任何偶像,认主独一;三是四个角呈椎体翘起,四个面呈半月形向上向外展向无限处,展向苍茫的宇宙天体;四是顶端装饰的半葱头形圆雕,更增添了建筑物的深厚饱满,适应了伊斯兰淡雅、素洁、朴实的要求"①。始建于明永乐年间的晋江陈埭丁氏宗祠,建筑形制为闽南特色的"宫殿式"建筑,但总体布局平面是呈"回"字形,又显示出回族文化色彩,它是福建省历史最久、规模最大、保存最完整的回族祖庙。

---

①　郭献辉:《伊斯兰文化与惠安石文化》,《福建民族》1996 年第 1 期。

第十四章　当代福建宗教

第一节　1949 年至 1966 年的福建宗教

解放初期,广大宗教界人士纷纷参加生产劳动,依靠集体力量,走上了自力更生的道路,不仅解决了生活困难等问题,还积极参加社会主义建设活动。广大宗教人士除一部分出走、自行脱离宗教场所外,大多还居住在原场所。据福建省宗教事务处 1952 年 12 月 13 日所写的《宗教工作情况报告》载:1952 年,福州鼓山涌泉寺有僧尼 176 人,西禅寺有 82 人,泉州开元寺有 24 人,厦门南普陀寺有 49 人,闽侯雪峰寺有 34 人。据福建省宗教事务处 1956 年 12 月 25 日关于请示成立福建省佛协的报告,当时尚有大小寺庙 400 多座,佛教徒 18300 余人,其中晋江专区大小寺庙 200 多座,僧尼 8000 余人,福州市寺庙 108 座,僧尼 990 余人。基督教全省共有教堂 1193 个,其中接受美英津贴的有 948 个,教徒约 4 万人,专职牧师约 1200 人,此两项数字均占全国基督教总数的七分之一。解放初期全省传教士 96 人。1951 年全省天主教有神职人员 129 人,其中外国传教士 56 人,中国神职人员 73 人。

怎样使教徒能够自食其力,这在当时是一个突出问题。以佛教为例,由于寺院的一部分土地被征收,僧尼无法靠田租和佛事收入过活,特别是庵中 70% 的年老妇女无法劳动,生活较为困难。福建省人民政府宗教事务处高度重视这个问题,及时扭转了个别同志鼓励佛教徒"写信到南洋争取外汇以改善僧众生活"的错误想法，并采取了一系列措施。一是召开佛教界生产问题座谈会，协同省统战部、民政厅、合作社等共同研究解决问题的办法；二是引导有劳动能力的人员参加力所能及的一些劳动；三是给予救济，如中共福建省委统战部于1956年发出了第134号文件，明确提出："对僧尼生活困难，除领导他们搞生产副业外，并请民政部给予适当救济。"宗教界人士也以各种形式，自食其力。一些能劳动的僧尼被组织起来参加手工业及农业生产，不能劳动的老弱有关方面酌情给予生活上的适当补贴。福州市佛协将散居在各小寺庙的30多名已70岁以上的老尼姑集中到一个寺庙，由政府民政部门每月拨款救济，一些庵堂尼姑还搞起了织布、织带、替人做衣服、编斗笠等副业。1953年至1956年，福州的法海寺、海潮寺、地藏寺、西禅寺等寺办了装订、纺织、缝纫、五金、竹壳、纸盒、搓线等7个工厂。宁德地区的福安观宗庵与赛岐万寿寺办起综合厂、制香厂。泉州开元寺办针织厂、缝纫组和中医诊所，承天寺办造纸厂，释迦寺办制药厂等。厦门南普陀寺成立了生产领导小组，全寺47名和尚，除5名老弱病残外，都参加了劳动。在已有的10多亩土地的基础上，又新开垦10亩果园，寺院收入仅1959年就比1958年增加了50%，全年收入达2185元，约占全寺僧众生活费的92%，之后逐年提高。1958年开始实行看病不要钱的待遇。1954年，厦门天主教会组织修女、教徒开办联合缝纫社、砂纸厂。福州市天主教爱国会创办了爱国化工厂，福安天主教会与佛教会合办综合加工厂。广大宗教界人士积极参加社会主义建设活动，如福州西禅寺僧人曾参加闽江下游防洪堤、工业路及斗顶水库、登云水库、八一水库的修建，福州崇福寺、地藏寺、海潮寺的尼众也参加了福州三八路的修筑。再如南平市有85名天主教徒参加鹰厦铁路建设，其中19人受表彰。

　　广大宗教界人士积极参加各项政治活动，紧跟时代步伐。中国共产党和人民政府实行宗教信仰自由政策,受到广大宗教界人士的欢迎,他们积极参政,表现出高涨的热情。在抗美援朝活动中,宗教界人士热情捐钱捐物,如1950年,长汀僧尼及居士400余人参加抗美援朝示威,并捐款购买飞机大炮。同年福安天主教康厝天主堂和穆阳天主堂组织2000多位教徒参加抗美援朝示威游行,并捐银元500多块购买飞机大炮。1951年,福州天主教3000多位教徒游行庆国庆,并捐款1080元新人民币用于抗美援朝。次年4月,厦门佛教界信徒5000余人参加"反美"示威游行。之后的五一节游行、庆祝西藏和平解放游行、国庆游行及拥护"亚洲太平洋区域和平会议"游行等多次大游行,厦门佛教界都有多人参加。有的基督教负责人还担任省抗美援朝委员会委员,并在省电视台发表了"抗美援朝,保家卫国"的讲话。土改运动中,福建各寺院拥护和执行人民政府关于农村土改期间暂停一切宗教活动的规定,其中各大丛林如福州鼓山涌泉寺、怡山西禅寺、雪峰崇圣寺及莆田南山广化寺等都将土地田亩资料上报,地契上缴,认真参加分田分地活动。福建农村的天主教徒也积极参加土改,全省天主教会有1000多亩田地被依法征收。在"镇反"运动中,宗教界人士也积极参与,如1951年,福建省佛教界代表200余人前往参观在福州举办的反特治安展览会,表示坚决拥护镇反决定。同年福州天主教界开展镇反运动,拥护市军管会取缔天主教内的反动组织"圣地军",并举办了"反帝展览会"。

在"三反"、"五反"运动中,福州市有100多位天主教徒参加"打虎队",揭发"五反"对象案子21件。1955年,"肃反"运动开始,福州天主教徒通过各种活动拥护人民政府依法惩办隐藏在天主教内的反革命分子,召开各种声势浩大的批判会、声讨会、座谈会多次,仅福州教区就召开控诉会74场,与会教徒累计15120人次,揭发反革命罪状1245条。有151名教友受到表彰。

党和人民政府对搞好福建宗教工作做了大量努力,取得了卓越成效。如：(1)关注宗教界人士的生活,对其具体问题予以研究,帮助宗教界人士解决困难。如福建省人民委员会宗教事务处(现为福建民族与宗教事务厅)在调查了解全省宗教界人士的生活情况后,在《1952年宗教工作报告》中指出:"目前佛教徒生活困难极为普遍严重,特别是福州鼓山及东门地藏寺僧众,几乎已成断炊之势。………组织生产者进行手工业及农业生产,对不能生产的老弱酌情予以救济,或以看山、护林、看管寺庵等名义给予生活上的适当补贴。"省人民委员会宗教事务处《1953年宗教工作计划》中决定"加强对全省佛教的调查研究","以福州为重点,先行召开佛教界生产问题座谈会,协同有关部门(统战部、民政厅、合作社等)研究生产的办法与计划,以安定其生活,创造经验后,逐渐推广"。许多地方领导及相关部门高度重视解决宗教界人士的生活困难问题,如中共漳州市委统战部曾对全市宗教政策执行情况进行了一次检查,邀请该市宗教界人士举行了一次座谈会,听取了他们的意见和反映,并写出了《关于宗教界中一些问题解决意见请示报告》,报告针对南山寺寺产被占用及僧人生活困难等问题,指出:①使用寺院房产的机构应向寺院交纳租金。②"已经入社的僧人,农业社应予适当先借钱。寺庙周围所有树木包括桔树和其他树都应该退还南山寺为庙产,入社的十三亩土地保持南山寺产权,并应考虑给予适当租金。"③"为解决其生活,另一个方法是成立南山寺顾客服务部,卖些烟、糖、纸张等,既增加收入又便利了游客。"漳州市统战部的报告考虑得极为周详可行。中共福建省委统战部高度重视这一报告,并及时予以批转,于1956年11月19日发出第134号文件,要求各地参考漳州市的做法,对宗教政策执行情况进行一次检查和处理,并要求将检查和处理情况及时汇报。有关部门闻风而动,迅速执行省委统战部第134号文件精神,收到很大成效。(2)根据新形势、新情况、新特点,指导宗教界工作,进一步团结宗教界人士,调动了宗教界人士参加社会主义建设的积极性。例如中共福建省委转发了省统战部《关于人民公社成立后有关宗教问题处理意见的请示报告》,报告提出五个方面问题,即:①关于宗教工作方针。"继续保护宗教信仰自由,团结、教育和改造宗教界的一切爱国守法人士。"②关于宗教活动问题。"在服从生产、遵守政府法令的原则下,对宗教职业者和教徒在寺庙、教堂、道观内举行的宗教仪式,教牧和神职必要时到教徒家中的访问,宗教徒个人的宗教活动,一般群众到寺庙烧香拜佛,均不加干涉,并允许教徒自愿地奉献和布施,教徒自愿放弃信仰,听其自由,宗教职业者还俗、转业,可予以协助。"③关于寺庙、教堂、道观问题。"目前留得多些,比留得少些主动。对国内外影响较大,有历史文物价值的寺庙、教堂、道观应予保留。教徒众多而多数还没有放弃信仰的地方,除军工要地和前沿地区外,其他无论属于城市或农村,都应该主动保留一些有必要保留的寺庙、教堂道观,以利于我们团结广大教徒群众。"④关于继续团结、教育、改造宗教职业者问题。"有计划地留下一部分宗教职业者(包括头面人物),特别是应有意识地保留一些进步的宗教职业者,教育他们不要脱离群众,以便保留必要的力量,继续开展工作。有些人从事宗教活动,有些人集中到各宗教学校进行长期教育改造或从事一些研究工作。"⑤关于宗教职业者参加人民公社问题。"参加公社后,寺庙、教堂内宗教职业者较多的,可以单独编队;零星分散的由公社统一编队。无论单独编队或统一编队,公社对教徒工和宗教职业者的宗教信仰和生活习惯都应予以适当的照顾。"上述政策的出台及时解决了新遇到而又非解决不可的宗教问题。(3)注重保护文物古迹。福建省人民委员会宗教事务处在《1952年宗教工作报告》中指出:"配合省文物管理委员会进行保管工作,并督促寺庙建立保管制度。""要严格贯彻保护寺庙、保存名胜古迹的政策,适当及时地处理现在发生的一些毁佛违法事件。"该工作报告批评了农村干部因破除迷信而损毁文物古迹佛像的做法,并要求对发生的事件进行认真调查。在《1953年宗教工作计划》中，该处继续指出："适当选择名胜古迹，配合有关部门进行重点修理，对各地寺庙，应严令保护。"省人民委员会宗教事务处经请示省委统战部后，就保护名寺向国务院宗教局写出报告，要求在已定的鼓山涌泉寺、厦门南普陀寺、泉州开元寺、福清黄檗寺外，再增加漳州南山寺、泉州承天寺和清净寺、宁德支提寺、莆田广化寺等为全国性长期保留的名山大寺。并呈送了这些寺院的有关资料，阐述了保留这些寺院的重要性。从报告中可了解到，1959 年之前，福建省人民政府曾多次拨款对这些寺院进行修葺，如曾拨款 2 万多元修葺福州鼓山涌泉寺，1952 年底拨款 5 亿元（旧人民币）左右修葺泉州开元寺，1956 年拨款 2 万元修葺厦门南普陀寺，1957 年拨款 600 元修葺莆田广化寺，拨款 1 万多元修葺漳州南山寺等。为保证寺院不受破坏，省人民委员会宗教事务处于 1957 年发出(57)宗佛字第 258 号文件，该文件明确规定："对现有的寺庙一般不再借使用和拆毁，如确因国家建设或国防需要而必须拆除的寺庙，需报经省人民委员会批准。但对寺中的文物法器和僧尼的生活，要作适当的安置。""海外华侨和华侨僧尼如自愿汇款修葺庙宇和塑菩萨者，原则上应予允许。""对于供参观游览、地处交通要道的寺庙，如南普陀寺、泉州开元寺、承天寺、福州鼓山涌泉寺、漳州南山寺等，应一律不再借使用。如确需要者应经市人民委员会批准。"

对开展各类宗教活动，省人民委员会宗教事务处也予以高度重视，积极引导，从各方面落实党的宗教政策。省宗教处对指导全省宗教工作发出了系列文件，如：1955 年的《关于全省宗教工作会议文件》、1956 年的《关于团体注销登记工作意见》、1957 年的《1957 年 8 月—1958 年 8 月佛道教工作计划》、1956 年的《成立福建省佛教协会的请示报告及批示》、1964 年的《省宗教处工作总结》等。省宗教事务处党组于 1957 年 8 月 20 日上报中共中央统战部和国务院宗教事务局的《1957 年 8 月至 1958 年 8 月佛教工作计划》中有这样的安排:"省佛教协会成立后,协助省佛教协会开办1至2期佛教徒短期培训班。""厦门南普陀寺提出要求开办初级佛学班,如果他们在人力、财力方面具备条件,能自己解决问题,原则上同意开办。但我们必须协助他们进行筹备工作。"该工作计划并为进一步贯彻宗教政策规定了三个内容,即:①成立省佛教协会。②传戒。"今年3月间我们已协助佛教界在鼓山涌泉寺举行了解放后第一次开堂传戒,受戒者150多人。但各地还有相当一部分僧尼要求受戒,因此,如果他们提出要求,我们准备明年再协助佛协组织传戒一次。"③尊重僧尼的正当宗教活动。

第二节　1966 年至 1978 年的福建宗教

1966 年,"文化大革命"事起,福建宗教界受到了强烈的冲击,横扫一切的浩劫,使福建宗教界遭受灭顶之灾。

宗教寺院、宗教场所被不同程度地破坏、侵占。例如闽侯雪峰崇圣寺被改作供销社和粮站,部分作为小学和医疗站。泉州开元寺被木偶剧团和商场占用;福州泛船浦天主堂钟楼上的巨大钢筋水泥十字架被人用八磅锤敲碎;武夷山桃源洞道观也被毁坏,只剩中间一座殿堂空壳。

毁坏、焚烧文物,使许多宗教珍品毁于一旦。如福州鼓山涌泉寺的宋版经书被毁800多本,明版经书被毁1200多本,明刻的佛经雕版有许多被焚烧。最令人扼腕长叹的是元版《毗卢藏》被毁。海澄港尾天主堂藏有一尊与常人一般高的"耶稣菩萨",四肢可活动,平时与十字架分开,"耶稣受难"之日钉上去,形象逼真,为国内天主堂所罕有,也于1966年被捣毁。再如建于元代的安溪清水岩,所藏各类文物堪称丰富,1966年农历七月十四日,清水岩内所有偶像、纶音坛石等全被砸碎,千年沉香木刻的雕像,竟被锯劫。

宗教场所被封闭,宗教活动被禁止,人员被遣散、批斗。如福州金鸡山地藏寺住持德钦法师半年多被拘留于斗室中,常遭到殴打、体罚,所住斗室被挖地三尺。南平市三自爱国会主席廖国英牧师、秘书长廖国仁被拘禁批斗,各类资料被烧毁,教会正式关门。

必须提到的是,"文革"中也有许多人挺身而出,保护了国家文物财产。如1966年红卫兵要捣毁福州鼓山涌泉寺中佛像,当时在省人民政府宗教处任领导的郭钢闻讯后,立即建议对佛像进行"挂牌批判",以应付来势汹汹的造反派,使寺中佛像完好地保存至今。闽侯雪峰崇圣寺僧人在慈觉和尚、瑞森和尚带领下,抢先一步将大殿封起,外面贴上领袖像,并及时将经书收藏起来,因此在红卫兵进寺乱砸一气时,大殿、佛像、经书得以保存。厦门南普陀寺的佛像也被保护起来,没有被砸。宁德支提山华藏寺妙果法师巧借造反派之名,先将各经橱查封,使寺中明版藏经躲过了造反派的焚毁。泉州开元寺中的佛像和历代经藏都被及时保护起来,没有受到大破坏。泉州承天寺中的一些珍品,在原泉州市长王今生的过问下也免于被毁。莆田南山广化寺的释迦文佛塔为第一批省级文物保护单位,建于宋乾道元年(1165年),当时造反派准备了炸药要将其炸毁,后被县军管会制止而未得逞。"文化大革命"中,虽然宗教场所被封闭,人员被遣散,也有不少宗教界人士以不同方式保持自己的信仰和宗教活动。

第三节 1978年至1999年的福建宗教

十一届三中全会以来,党和政府的宗教信仰自由政策逐步得到恢复贯彻。福建在落实宗教政策方面采取了一系列措施。

1. 大规模地平反冤假错案,逐步开放宗教场所,全面归还宗教房产。省各级政府遵照国发(1980)188号文件精神,使宗教界人士的冤案全部得到平反,并有不少宗教界人士被选为各级代表。全省共有405名宗教界人士担任各级人大代表或政协委员。福建省宗教事务部门把恢复寺庙、开放宗教场所作为重新落实党的宗教政策的大事。1983年，国务院批准省宗教处上报的福州鼓山涌泉寺、怡山西禅寺、金鸡山地藏寺、瑞峰林阳寺、闽侯雪峰崇圣寺、福清黄檗山万福寺，厦门五老峰南普陀寺，宁德支提山华藏寺，莆田南山广化寺、梅峰光孝寺、囊山慈爱寿寺，泉州开元寺，晋江县龙山大竺寺及漳州市丹霞山南山寺等14个寺庙为重点寺庙，迄今为止，福建省的全国重点寺庙数量仍居全国首位。到1989年止，福建有寺院3202座，其中有僧人居住的为2750座。1980年至1984年，天主教原福州、厦门、福安教区先后有22个堂区恢复活动。至1988年，福建省天主教堂逐渐开放，其中福州教区开放教堂、公所44处，厦门教区开放40处，闽东教区开放52处，居全国各教区之首。福建天主教目前有教堂300多座。基督教莆田堂曾在"文革"中被占用，经莆田县政府有关部门努力，终于在1985年5月将其归还基督教会，并筹资人民币7万元修葺一新，开放为宗教活动场所。一些无法归还的宗教场所，也另拨款重建。如基督教笏石南埔教堂被笏石公社改建为剧院，后由笏石镇人民政府拨人民币8万元并批给地皮由教会另行新建教堂。迄今为止，福建基督教有教堂1700多座。为了进一步检查宗教房产产权归还政策的落实，1985年，福建省政协组织了以省政协副主席、原福州军区司令部顾问蒋学道为组长的省政协宗教工作检查组，对各地进行检查，使一些"老大难"问题得以解决。

2. 恢复、建立、健全宗教团体，恢复正常宗教活动。为了进一步落实党的宗教政策，在省宗教局的支持下，各级宗教团体纷纷恢复了活动。1979年9月，中国佛教协会福建分会（现为福建省佛教协会）开始恢复活动，1981年4月，中国佛教协会福建分会在福州召开第三届代表会议，1986年7月又召开了第四届代表会议。至1998年10月，已召开了七届代表会议。20世纪80年代以来，福州西禅寺、闽侯崇圣寺、福清黄檗寺等大丛林先后举行过为期7

天以上的水陆道场法会,僧数最多的达到100多人。1995年8月14日至20日,福州法海寺内举办了为期一周的祈祷世界和平法会,1997年福州法海寺、金鸡山地藏寺、象峰崇福寺等都举办了"迎香港回归,祈祷世界和平"法会。近几年,福州鼓山涌泉寺、怡山西禅寺,象峰崇福寺还分别举办过传授三坛大戒和居士菩萨戒的活动。福建佛教界在传戒中继承二部僧戒的传统——即男、女众分开在不同的地方举行传戒仪式,这是在当时全国其他地方的传戒中所没有的。省佛协1999年5月在福鼎太姥山平兴寺举行的第13次传戒法会,谨遵唐道宣律师南山律而弘传,戒台按照《戒坛图经》建立,既庄严又符合规制,中国佛协教务部清远法师亲临戒场指导,中国佛学院副院长传印法师认为此次传戒如法如律,是最为成功的一次传戒法会。1979年底,福建省天主教爱国会恢复办公机构,1980年12月,福建省天主教爱国会第三届代表会议在福州举行,与会代表一致通过成立"福建省天主教教务委员会"的决议,祝圣本省籍神父20人,授洗约8万人。全省约有神职人员130多人,教徒30万人。福建省基督教协会于1981年元旦成立,之后,全省每5年举行一次会议,与"福建省基督教三自爱国运动委员会"联合召开。全省至21世纪初有教牧人员1200多人,教徒47万,另有慕道友14万。1983年,福建省伊斯兰教协会成立。之后,福州、厦门、泉州、邵武、晋江等县市也先后成立伊斯兰教协会。现有教徒3000多人。1993年,省伊协特派代表前往沙特麦加朝觐,完成了伊斯兰教最重要的一项宗教功课。省伊协在政府的帮助支持下,从宁夏、青海、河北、北京等地聘请阿訇来主持寺务。1999年元月,省伊协和泉州市伊协在泉州清净寺举行开斋节,盛况空前,在泉任教的穆斯林教授和马来西亚、印尼客人及新疆、陕西、甘肃、河南、河北、安徽及当地穆斯林100多人出席。道教方面,1997年元月,召开福建省道教第一次代表会议并成立省道协。在此之前,一些地市道协已先行成立。据统计,全省现有各级宗教社会团体200多个。一些宗教活动也开展得较为频繁。如1995年11月,全省选拔了一批道士参加全国正一道士和全真道士受戒。泉州道协还于纪念抗日战争胜利50周年之际,举行了大型太平清醮法事活动,并邀湖北武当山法务团与永春法务团同台表演科仪。福州裴仙宫也于1997年7月1日举行"迎香港回归,祈祝世界和平"法会。福建省道教协会发出了《关于福建正一道士证发放和管理试行规定》、《关于福建省正一派道士参加授箓的规定》等通知,进一步规范了管理。

3. 注重办好各类宗教院校,有计划地培养年青一代爱国宗教教职人员。福建宗教界认识到提高广大年轻宗教教职人员的水平,既是长远之计,又是当务之急。福建宗教界先后创办或复办了福建佛学院、福建神学院、闽南佛学院、福建天主教修院以及各类宗教培训班,已培养了1500多名中高级年轻的宗教教职人员,逐步实现了教职人员的年轻化、知识化。1987年创办的泉州女子佛学苑,1998年创办的长乐沙京龙禅学苑,以及福安观宗庵佛学苑、甘棠种德寺佛学培训班、福鼎僧伽培训班等,都遵照学修并重原则,使丛林学院化,学院丛林化,提高了佛家弟子的文化水平和佛学知识。各丛林都高度重视对僧才的培养,仅1997年就为福建佛学院捐赠办学经费139万元。创办于1983年的福建神学院学生学习认真,有的毕业后被选送到南京金陵神学院或国外深造。福建天主教至21世纪初培养了修生、修女58人,累计向上海佘山修院和全国神哲学院输送修生67人。福建省宗教院校培养的大批年青一代爱国宗教教职人员,大部分已成为各级宗教团体和宗教活动场所的骨干力量,大大缓解了"文革"造成的宗教教职人员青黄不接、严重老化的困难,逐步实现了新老交替的进程,部分教职人员应聘到东南亚国家及香港地区协理教务。

4. 进一步推进宗教文化事业,出版流通宗教书籍,创办宗教刊物。福建宗教界高度重视文化事业的建设,并为此投入了大量的人力、财力。福建省佛协创办了季刊《福建佛教》、会刊《通讯》，至21世纪初翻印佛教经书7种，共12万册，并出资73万元人民币开印"南山三大部"及有关经典，特别是提润法师捐献其行医所得30万元港币及台湾简丰文和林国莹捐资330万日元，用以在日本复印北宋刻本《毗卢藏》，现珍藏于福州法海寺。福建省佛协基金会设有佛教图书馆，藏各类书籍近万册，音带5000片。泉州承天寺创办了当时全国第一个宗教图书馆——广钦佛教图书馆，泉州开元寺按国家对博物馆的要求创建佛教博物馆。莆田广化寺于1982年以2000元资金办起印经处，多年来坚持赠送为主，所印赠的佛学读物遍及全国。佛教界公认其在普及佛法方面，为大陆最为突出者。福建省道协也创办了《福建道教》刊物，并由省道协研究室和各道观合作编写了一批道教丛书。福建省基督教三自爱国会创办了《溪水旁》丛刊，1995年10月该刊被选邀参加法兰克福国际书展，爱国会还印刷了许多阐释教义的经书。南平基督教福音堂创办了月报《方舟》。福建省天主教"两会"按期主编《工作简报》，还编印了一些诸如《圣教日课》、《公教瞻礼单》、《从人说起》等教友读本，编印了《中国天主教独立自主自办教会文选》等。

　　5. 在政府各部门的大力支持下，福建宗教界坚持"自治自传自养、独立自主、自办教会"的方针，改变了单纯依靠教徒供养的传统，积极发展农林副工生产和旅游服务业，建立自养基地，不仅实现了自养目的，也为社会创造了财富。佛教界多次召开"全省佛教界生产服务经验交流会"，评选先进寺庙和个人。福安万寿寺靠生产各类卫生香自养，至21世纪初年产值达60多万元，老人退休后每月可分300多元，产品已从内销转为外销，寺中年老的20多位僧尼，还实行了养老制度，参加了人身保险。宁德支提山华严寺以农业为主，加上茶叶、药材等，收入可观。他们还建成了12千瓦的水力发电站，配置了电动碾米机和磨浆机，实现了粮食、副食品和茶叶三项加工的机械化。连城中华山海性寺承包了周围油茶林

3000 多亩,种植粮食、茶树、果树,办起了砖瓦厂,靠劳动创造积累了财富,兴建了寺内数千平方米的殿堂建筑,大大改善了僧众生活。中国佛教协会赵朴初会长为之填词《采桑子》,高兴地称赞道:"举起锄头开净土,无尽庄严,顿现人间,宝树琪花山后前。如来家业须弥重,都在双肩,高唱农禅,普与恒沙结胜缘。"厦门南普陀寺、福州西禅寺、福州涌泉寺、泉州开元寺、漳州南山寺等都先后开办了具有佛教特色的素菜馆,受到游客欢迎。一些重点寺庙每年都接待游客上百万人次。全省形成了"山区寺庙以发展农、副业生产为主,沿海一带城市寺庙以发展旅游服务为主"的格局。福建道教也积极走自养之路。如武夷山桃源洞道士的主要生活来源为种植岩茶,开发旅游纪念品等,实现了劳动自养。在闽东山区各农村的全真道教徒依靠自己的双手,不仅粮油蔬菜自给,还将剩余资金用以维修宫观。宁德市玄元观开垦荒山 15 亩,种植水稻、番薯、蔬菜、茶叶、水果、毛竹等,其中仅毛竹一项年收入就可达 3000 元左右,1990 年以来,年收入高达万元。除了自供外,农产品还销售到市场上。玄元观靠自己收入铺平了石板路,修建了宫观,安装了电灯、电话。至 21 世纪初全省天主教共办有宾馆招待所 3 家、工厂企业 4 家,自建或购置自养店面 35 间,开发荒山种植果树 1 万余株,养禽养畜 1000 余头。厦门天主教爱国会创办的爱华宾馆,1996 年纯利润 15 万元,长乐天主教会承包的荒山已成为花果山,自供有余。闽侯县南屿镇南井天主堂在福州教区的支持下修建鱼池,放养鱼数万尾。长汀县天主教爱国会创办竹席厂,产品销到全省 20 多个县市。福建省基督教两会在兴办自养事业方面,走在全国教会前列。如基督教徒组织的罗源合一果场与村里达成协议,果树收成后,30％上交村委会,50％归果园,20％作为教会自养经费。他们向市、县基督教两会贷款,在 150 亩山地中种植荔枝树 500 株,龙眼 1000 株,番石榴 1000 株,不仅解决了教会的自养问题,也帮助了许多家庭脱贫致富。福建省基督教会还与莆田市农委合作开发利隆果场，有效地保护了当地的水源及林木的生态环境。

6. 福建宗教界人士积极开展公益事业，热心慈善，为社会奉献爱心。福建宗教界创办了多所义诊室，受到人民欢迎。福建省佛教协会所在地福州法海寺义诊所，发挥佛教中草药优势，以中药为主，治愈不少患者，至 21 世纪初义诊赠药款达 28 万余元。福建省佛教中草药医院筹委会主任兼肿瘤科主任提润法师行医几十年，救人无数。1989 年，提润法师赴泰国出诊时，泰国政府决定给他永久居留权，并让他主持一家医院，被他婉言谢绝。泉州花桥赠药义诊所历史悠久，现设有中西医内外科及妇科、儿科等，聘有老中医 10 余人，顾问 2 人，每年受诊者数以千计，施赠中西药人数均在 2 万人次左右，所赠药物 200 多种。南平市道协开设了有特色的义诊室，用传统医学治愈了许多病人。教界开办诊所两家，安老院一所。福州市基督教两会于 1995 年成立了爱心服务中心，在爱德基金资助下，赴老少边穷、缺医少药地区义诊，又相继成立了敬老院、医疗门诊部，在铺前堂、苍霞堂、花巷堂开办了医疗咨询室，至 21 世纪初为贫困户治病补贴费用达 6 万元。1994 年 12 月 14 日，中国大陆第一家佛教慈善机构——厦门市南普陀寺慈善事业基金会在南普陀寺成立，这是中国第一个由佛教界人士发起并具有法人社团资格的慈善团体。基金会向社会进行了大量捐助。在关怀优秀教师，资助失学儿童，帮助特困户、残疾人、孤儿和孤老等方面做了大量的慈善工作。据统计，1995 年共捐资 84 笔，76 余万元，其中社会慈善支出 60 余万元，教育支出 16 余万元。1996 年共捐 178 笔，109 余万元，其中社会慈善支出 80 万元，教育支出 29 万余元。1998 年共捐 239 笔 178 万元，其中社会慈善支出 158 万元，教育支出 20 万元。基金会产生了广泛影响，已有海内外会员 15000 多人，共募得慈善捐款 700 多万元。福建省佛协仅近四年就捐助慈善款 20 余万元，赈灾款 66 万元、支援三峡库区被淹寺院搬迁款 10 万元、希望工程款 13 余万元、放生及保护珍稀动物款 32 万元。1998 年 6 月,长江流域遭受特大洪水,福建省佛协向全省各地、市(县)佛协、各大寺院发出通知,号召全省佛教徒为灾区人民献爱心,短短时间内,即捐款 270 多万元。福建省道教界也踊跃向灾区捐钱捐物,共捐款项达 103.3 万元。福建省基督教两会向社会奉献爱心,曾经募捐 16 万元支持省监狱管理局办学;1996 年,为受强台风影响的龙岩、宁德灾区捐款 35 万元,捐赠救灾衣被 100 包。1999 年 5 月,基金会副会长亲自到福州市儿童福利院赠款,用以扩建聋儿培训班"扩音室"。之后,又到连江县为 80 名白内障患者捐款,以帮助他们做复明手术。

7. 福建宗教界人士注意弘扬教规教仪中的积极因素,加强爱国主义教育,热情参加各类政治活动,积极投身社会主义精神文明建设,为维护社会稳定作出了成绩。福建省佛教协会教内每周政治学习已成制度化,并多次选送省内各级佛协与部分寺院青年骨干参加省中青年爱国宗教界人士读书班。在香港回归之际,举办了书画会等各种形式的庆祝活动。1999 年 5 月,省佛协认真组织学习有关强烈谴责北约野蛮行径的讲话,对北约的暴行表示了抗议。福建省道教协会在青年道教徒中深入开展爱国主义教育,倡议在全省举行纪念香港回归,祈祷世界和平法会。石竹山法会配合福清市政府,邀请海外著名侨领和商务团,开展招商引资活动,直接推动当地经济建设,受到中央统战部好评。福建天主教界把爱国爱教和爱国守法教育融为一体,鼓励教徒多做善事,成绩显著。近五年来,全省天主教有五个教友村落被评为"双文明"村,近千户教友家庭被评为"五好家庭"或"文明之家",有 800 多位教友被评为各级先进模范,直接或间接引进外资 3000 万美元。福建省基督教两会充分发挥教义、教规和基督教伦理道德中的积极因素,坚持不懈地在教徒中进行"三自"爱国主义教育,曾被省民政厅评为先进社会团体,据统计,至上世纪末全省基督教界有九个集体

（个人）荣获国家、省（部）级荣誉称号。最为感人的是由连江县川石岛基督教会女教徒组成的教会拥军服务队，从 1981 年至 1993 年共为驻岛官兵拆洗、缝补衣服 45000 件，被福建省政府、省军区评为军民共建社会主义精神文明单位。泉州伊斯兰教的清净寺是一个对外宣传窗口，起了架设中阿友好桥梁的作用，曾被泉州市委、市政府授予"文明单位"，被省委宣传部评为"省对外宣传先进集体单位"。晋江陈埭镇回族事务委员会，曾被国务院授予"民族团结进步模范集体"荣誉称号。

　　8. 闽台宗教源远流长，关系密切，福建宗教界积极推动闽台之间的交流、沟通。福建佛教界与台湾佛教界的交往，在台湾当局解除戒严、松动两岸交流的年代就已开始。1988 年 1 月，台湾台北临济寺的盛满法师和瑞源法师来访；5 月，台湾台南大仙寺参观团来访；7 月，台湾高雄弘化寺的传孝法师和法成法师来访；11 月，台湾宽彻法师来访。1989 年，台湾宏善法师、振满法师、净良法师来访。进入 20 世纪 90 年代后，台湾佛教界来访的更多，有代表性的如：1994 年台湾 89 岁的印顺法师访问厦门南普陀寺，盛赞南普陀寺决定创办慈善事业基金会的计划，欣然挥毫题字："感三宝深恩重来此地，见一片光明喜乐无量。"1992 年，台湾宏法寺方丈开证法师、慈恩寺方丈传孝法师到厦门访问南普陀寺，得知妙湛法师兼任武夷山天心永乐禅寺方丈，发心为武夷山天心永乐禅寺重修尽心；1999 年 6 月，武夷山天心永乐禅寺举行大殿落成典礼，开证法师、传孝法师等 300 多名台胞参加了典礼。1995 年台湾悟因法师访问南普陀寺，商谈修建女众丛林，培养女众僧才事业。1996 年 7 月，台湾组成以两岸佛教交流委员会主任委员净良法师为团长的台湾佛教界祝贺访问团，前往福州鼓山涌泉寺参加普法方丈升座庆典，净良法师在祝词中指出："台湾佛教无论在戒法传承方面，或在教法传承方面，实不出福建之传承。"1999 年 7 月，台湾源灵长老、莲海法师等参加了福州西禅寺赵雄法师的升座庆典。福建佛教界人士也多次赴台,如1995年12月,当时任省佛教协会会长的界诠法师访问了台湾法鼓山佛学研究所。1998年7月,时任会长学诚法师及南普陀寺海如法师、济群法师,以及崇福寺全慧法师赴台湾参加了两岸佛学教育交流座谈会,学诚法师在会上作了《两岸佛学教育交流之建议》的讲演。1998年11月,闽侯雪峰崇圣寺方丈广霖法师与福州怡山西禅寺首座传和法师联袂赴台进行为期一个月的弘法活动。闽台道教源远流长,福建是台湾道教的主要祖籍地,正如专门研究闽台道教关系的法国学者劳格文所言,"台湾道教的仪式传统可一直追溯到它们在大陆福建的起源"。因此,两岸交往频繁,主要有:1998年1月,台湾"中华道教总会"理事长陈进富和台湾道教积善协会理事长臧忠望率台湾道教积善协会大陆文化交流访问团一行200多人来福建参访;1998年7月,以台湾道教总庙三清宫副主委黄姓煌为团长的台湾道教总庙三清宫福建文化交流访问团一行78人来福建参访,并参加了泉州元妙观"六月初七天门开"宗教活动,进行了科仪文化交流。据统计,福建省道教宫观每年接待台湾各地道教进香朝圣团达1000团次以上,人数超过二十几万人。1997年3月,应台湾道教总庙三清宫邀请,省道协会长林舟道长率团对台湾道教进行环岛参访交流;1998年11月,林舟再次应邀组团前往台湾进行宗教文化交流,在台北参加了罗天大醮,并主玄帝坛,整个斋醮时间从12月2日起到12月14日结束。福建省基督教界也与台湾交往频繁。1995年1月,应台湾平信徒传道会邀请,福建基督教牧师团一行9人首访台湾,开创了闽台基督教教会交流先河。福建天主教界也积极沟通与台湾的关系,省天主教两会秘书长池惠中曾应邀赴台交流。1995年4月,省天主教两会同意台湾章一士神父在其家乡光泽教堂同韩克允神父共祭,令章神父感动不已,他说:"自1985年以来我回乡探亲近20

次,但在家乡圣堂做一回弥撒的愿望始终未能实现。想不到省'两会'一出面就解决了,看来'两会'的确是帮教会做事的。"通过这些交往,大家消除了误解,培养了互信。

9. 福建宗教界对外交流频繁。海外佛教界一些著名高僧都访问过福建,如新加坡佛教总会主席宏船法师、副主席悟峰法师,印尼大丛山西禅寺住持慧雄法师,菲律宾瑞今长老等。据不完全统计,仅 1997 年,省内僧侣参访东南亚等国的就达 50 多人次。福建道教与东南亚关系也极为密切,民间往来不断。福建基督教界外事活动较为频繁,神学院接待了大批外国友人,教内牧师也多次赴国外访问。21 世纪初,省天主教界已接待过 20 多个国家和地区的天主教界人士 1000 多人。还多次接待外交官。如分别于 1993 年 4 月、1996 年 7 月、1998 年 4 月接待了美国三任驻广州总领事马继贤、林震泽、梅可恩等。泉州的清净寺曾先后接待过世界五大洲 130 多个国家和地区的贵宾和游客,以及联合国教科文卫、粮农、儿童福利、劳工等专门机构的官员。贵宾中有友好国家的国会主席、副总统、前总理、大臣等高级官员,还有各团体领导人,著名专家、学者等。通过交往,增加了与世界各国人民的相互了解,加深了友谊。

10. 福建宗教研究成果显著。其标志为:其一,成立了福建省宗教研究会。为了更好地探讨研究福建宗教问题,1993 年 11 月,由福建宗教事务部门干部、各宗教团体代表、宗教研究学者在福州成立了福建省宗教研究会,以便于举全省各方面之力进行研究。研究会成立后,开展多种活动,如:①创办刊物《福建宗教》,刊发了大量有针对性的文章,受到好评。②召开多种学术研讨会,出版研讨会论文集。如 1993 年 11 月召开首届年会,并从收到的 36 篇论文中选出 33 篇编成论文集;1997 年 6 月隆重纪念中共中央[1982]19 号文件(《关于我国社会主义时期宗教问题的基本观点和基本政策》)下发 15 周年,会后从收到的 43

篇论文中选出 38 篇编辑出版。③组织参观考察。如先后组织会员到江西龙虎山、安徽九华山等地考察。其二,组织撰写各种宗教志书,抢救了不少原始资料。县、市宗教事务部门组织编写了一批宗教志,其中《福州宗教志》、《泉州宗教志》等已由或即由出版社公开出版。省宗教局组织编写的《福建省宗教志》经过多年磨合,可望于近期杀青付排。此外,对一些重要寺志进行了校点和整理,如佛协周书荣校点的《南山略纪》、《雪峰志》、《温陵开元志》、《鼓山志》等,有的已发表,有的将出版。其他一些寺志如《黄檗寺志》、《龟洋古刹》等也都公开出版。其三,学者的介入使研究硕果累累。福建师范大学和厦门大学都先后成立了宗教文化研究所,招收研究生。相关学者也各有主攻方向,使福建省宗教研究领域,呈现一片百花齐放的景象。有代表性的作品包括:厦门大学陈支平主编的《福建宗教史》、陈支平与南平师专李少明合著的《基督教与福建民间社会》,厦门大学王荣国所著的《福建佛教史》、高令印主编的《厦门宗教》、詹石窗所著的《道教文学史》与《道教与戏剧》及《南宋金元的道教》,福建师范大学林金水著的《利玛窦与中国》、林国平著的《福建三一教》、林国平与彭文宇合著的《福建民间信仰》,福建社科院徐晓望著的《福建民间信仰源流》,福建教科所黄新宪著的《基督教教育与中国社会变迁》等。这些专著代表了各自领域的重要成就,大多在各类评奖中榜上有名。

福建宗教界改革开放后走上健康发展的道路,与福建省各级宗教事务部门的积极努力是分不开的。福建宗教事务部门认真落实中共中央[1982]19 号文件,紧紧围绕国家领导人“全面、正确地贯彻执行党的宗教政策;依法加强对宗教事务的管理;积极引导宗教与社会主义社会相适应”的重要指示,为把全省宗教工作提升到一个新水平做了大量工作。省宗教局干部多次深入基层开展调研工作,发现问题、解决问题。近几年来,对宗教场所的申报、对宗教房产的归还、对制止社会各方面向宗教界乱摊派、对宗教用品的有效管理、对滥建寺庙和露天佛像的制止等都取得显著成效。宗教事务部门为宗教界人士和宗场活动场所负责人举办了各类学习班、培训班,并多次召开宗教工作会议,及时研讨工作中的问题,在引导宗教与社会主义社会相适应方面做了大量工作。在宗教工作干部的努力下,全省宗教界团结稳定,同党和政府真诚合作,自觉遵守国家法律、法规和政策,努力发扬宗教教规、教义和宗教道德中的积极因素,使全省宗教工作呈现出勃勃生机。

后　　记

　　福建省是以汉族为主体的多民族散杂居省份,也是华东地区少数民族人口比例最多的省份。福建历来是一个宗教大省,五大宗教在福建有着悠久的历史和广泛的群众影响。福建民族与宗教以其独特的文化魅力,深深吸引着我们。长期以来,我们一直尝试着对福建的民族与宗教做一些肤浅的研究和探讨。我们的尝试,得到福建省民族宗教研究所、福建省民宗与宗教事务厅政法处的大力支持,他们不仅为我们提供了大量的宝贵资料,还对我们进行了具体指导。厦门大学出版社多年前就将本书列入出版计划,特别是本书编辑牛跃天先生的长期热情鼓励,也是我们坚持下来的主要动力。在本书出版前,我们研究的一些阶段性成果已在《近代史研究》、《宗教学研究》、《回族研究》、《海交史研究》、《教育评论》、《法音》、《中国穆斯林》、《中国道教》等刊物发表,经过这些刊物编辑的认真斧正,论文的水平均得以提升。借此机会,我们对厦门大学出版社牛跃天先生和发表我们阶段性成果刊物的编辑表示衷心的感谢。

　　本书第一、八、第九、十、十一、十二、十三、十四章由何绵山撰写,第二、三、四、五章由王芳撰写,第六、七章由郑建辉撰写。

作　者

图书在版编目(CIP)数据

福建民族与宗教/何绵山主编.—厦门:厦门大学出版社,2010.8
(2022.3 重印)
ISBN 978-7-5615-3612-4

Ⅰ.①福…　Ⅱ.①何…　Ⅲ.①民族历史-福建省-电视大学-教材
②宗教史-福建省-电视大学-教材　Ⅳ.①K280.57②B929.2

中国版本图书馆 CIP 数据核字(2010)第 134721 号

厦门大学出版社出版发行

(地址:厦门市软件园二期望海路 39 号　邮编:361008)

http://www.xmupress.com

xmup @ xmupress.com

厦门市明亮彩印有限公司印刷

2010 年 8 月第 1 版　2022 年 3 月第 9 次印刷

开本:850×1168　1/32　印张:11　插页:2

字数:276 千字　印数:18 601～20 600 册

定价:31.00 元

本书如有印装质量问题请直接寄承印厂调换